***ACCESO GRATIS** a la Lectura en la Nube*

Para visualizar el libro electrónico en la nube de lectura envíe junto a su nombre y apellidos una fotografía del código de barras situado en la contraportada del libro y otra del ticket de compra a la dirección:

ebooktirant@tirant.com

En un máximo de 72 horas laborables le enviaremos el código de acceso con sus instrucciones.

La visualización del libro en **NUBE DE LECTURA** excluye los usos bibliotecarios y públicos que puedan poner el archivo electrónico a disposición de una comunidad de lectores. Se permite tan solo un uso individual y privado.

AVANZANDO EN TRANSICIONES JUSTAS EN LA UNIÓN EUROPEA: EL TRABAJO DECENTE COMO MOTOR DE CAMBIO [ATJUE]

MATERIALES PARA EL ESTUDIO

[ERASMUS-JMO-2021-MODULE - Jean Monnet Actions in the field of Higher Education: Modules]

Financiado por la Unión Europea. Las opiniones y puntos de vista expresados solo comprometen a su(s) autor(es) y no reflejan necesariamente los de la Unión Europea o los de la Agencia Ejecutiva Europea de Educación y Cultura (EACEA). Ni la Unión Europea ni la EACEA pueden ser considerados responsables de ellos.

COMITÉ CIENTÍFICO DE LA EDITORIAL TIRANT LO BLANCH

María José Añón Roig
Catedrática de Filosofía del Derecho de la Universidad de Valencia

Ana Cañizares Laso
Catedrática de Derecho Civil de la Universidad de Málaga

Jorge A. Cerdio Herrán
Catedrático de Teoría y Filosofía de Derecho. Instituto Tecnológico Autónomo de México

José Ramón Cossío Díaz
Ministro en retiro de la Suprema Corte de Justicia de la Nación y miembro de El Colegio Nacional

María Luisa Cuerda Arnau
Catedrática de Derecho Penal de la Universidad Jaume I de Castellón

Manuel Díaz Martínez
Catedrático de Derecho Procesal de la UNED

Carmen Domínguez Hidalgo
Catedrática de Derecho Civil de la Pontificia Universidad Católica de Chile

Eduardo Ferrer Mac-Gregor Poisot
Juez de la Corte Interamericana de Derechos Humanos Investigador del Instituto de Investigaciones Jurídicas de la UNAM

Owen Fiss
Catedrático emérito de Teoría del Derecho de la Universidad de Yale (EEUU)

José Antonio García-Cruces González
Catedrático de Derecho Mercantil de la UNED

José Luis González Cussac
Catedrático de Derecho Penal de la Universidad de Valencia

Luis López Guerra
Catedrático de Derecho Constitucional de la Universidad Carlos III de Madrid

Ángel M. López y López
Catedrático de Derecho Civil de la Universidad de Sevilla

Marta Lorente Sariñena
Catedrática de Historia del Derecho de la Universidad Autónoma de Madrid

Javier de Lucas Martín
Catedrático de Filosofía del Derecho y Filosofía Política de la Universidad de Valencia

Víctor Moreno Catena
Catedrático de Derecho Procesal de la Universidad Carlos III de Madrid

Francisco Muñoz Conde
Catedrático de Derecho Penal de la Universidad Pablo de Olavide de Sevilla

Angelika Nussberger
Catedrática de Derecho Constitucional e Internacional en la Universidad de Colonia (Alemania). Miembro de la Comisión de Venecia

Héctor Olasolo Alonso
Catedrático de Derecho Internacional de la Universidad del Rosario (Colombia) y Presidente del Instituto Ibero-Americano de La Haya (Holanda)

Luciano Parejo Alfonso
Catedrático de Derecho Administrativo de la Universidad Carlos III de Madrid

Consuelo Ramón Chornet
Catedrática de Derecho Internacional Público y Relaciones Internacionales de la Universidad de Valencia

Tomás Sala Franco
Catedrático de Derecho del Trabajo y de la Seguridad Social de la Universidad de Valencia

Ignacio Sancho Gargallo
Magistrado de la Sala Primera (Civil) del Tribunal Supremo de España

Elisa Speckmann Guerra
Directora del Instituto de Investigaciones Históricas de la UNAM

Ruth Zimmerling
Catedrática de Ciencia Política de la Universidad de Mainz (Alemania)

Fueron miembros de este Comité:
Emilio Beltrán Sánchez, Rosario Valpuesta Fernández y **Tomás S. Vives Antón**

Procedimiento de selección de originales, ver página web:
www.tirant.net/index.php/editorial/procedimiento-de-seleccion-de-originales

AVANZANDO EN TRANSICIONES JUSTAS EN LA UNIÓN EUROPEA: EL TRABAJO DECENTE COMO MOTOR DE CAMBIO [ATJUE]

MATERIALES PARA EL ESTUDIO

[ERASMUS-JMO-2021-MODULE - Jean Monnet Actions in the field of Higher Education: Modules]

Directoras:
SUSANA RODRÍGUEZ ESCANCIANO
HENAR ÁLVAREZ CUESTA

Coordinador:
FRANCISCO XABIERE GÓMEZ GARCÍA

tirant lo blanch
Valencia, 2024

Copyright ® 2024

Todos los derechos reservados. Ni la totalidad ni parte de este libro puede reproducirse o transmitirse por ningún procedimiento electrónico o mecánico, incluyendo fotocopia, grabación magnética, o cualquier almacenamiento de información y sistema de recuperación sin permiso escrito de los autores y del editor.

En caso de erratas y actualizaciones, la Editorial Tirant lo Blanch publicará la pertinente corrección en la página web www.tirant.com.

© Varios autores y autoras

© TIRANT LO BLANCH
EDITA: TIRANT LO BLANCH
C/ Artes Gráficas, 14 - 46010 - Valencia
TELFS.: 96/361 00 48 - 50
FAX: 96/369 41 51
Email: tlb@tirant.com
www.tirant.com
Librería virtual: www.tirant.es
DEPÓSITO LEGAL: V-194-2024
ISBN: 978-84-1197-538-4

Si tiene alguna queja o sugerencia, envíenos un mail a: *atencioncliente@tirant.com*. En caso de no ser atendida su sugerencia, por favor, lea en *www.tirant.net/index.php/empresa/politicas-de-empresa* nuestro procedimiento de quejas.

Responsabilidad Social Corporativa: http://www.tirant.net/Docs/RSCTirant.pdf

Autores

Beatriz Agra Viforcos

Henar Álvarez Cuesta

Cristina Aragón Gómez

Alberto Arufe Varela

Susana Barcelón Cobedo

Javier Fernández-Costales Muñiz

Juan José Fernández Domínguez

Roberto Fernández Fernández

Juan Gorelli Hernández

David Lantarón Barquín

José Eduardo López Ahumada

Mª de los Reyes Martínez Barroso

Jesús Martínez Girón

Alberto Pastor Martínez

José Gustavo Quirós Hidalgo

Susana Rodríguez Escanciano

Cristina Sánchez-Rodas Navarro

Rodrigo Tascón López

Miren Edurne Terradillos Ormaechea

Francisco Vila Tierno

Índice

Capítulo I

Capítulo IV

Capítulo V

Capítulo VI

Capítulo XI

Capítulo XII

Capítulo XIII

Capítulo XIV

Capítulo I

Instituciones de la Unión Europea

ROBERTO FERNÁNDEZ FERNÁNDEZ
Profesor Titular de Derecho del Trabajo y de la Seguridad Social
Universidad de León

1. LA ESTRUCTURA INSTITUCIONAL DE LA UNIÓN EUROPEA EN LOS TRATADOS

Desde los primeros tratados constitutivos, la Unión Europea ha contado con una serie de instituciones para la consecución de sus fines. Desde el Tratado de Maastricht de 1992 se concibe como un marco institucional único. Tras el Tratado de Lisboa de 2007, las instituciones son siete: Comisión Europea, Consejo, Consejo Europeo, Parlamento, Tribunal de Justicia, Banco Central Europeo y Tribunal de Cuentas.

Además, existen otros órganos auxiliares como son el Comité Económico y Social y el Comité de las Regiones. Asimismo, Existe el Banco Europeo de Inversiones, con personalidad jurídica separada de la Unión Europea.

2. LA COMISIÓN EUROPEA

Con sede en Bruselas, está compuesta por un nacional de cada Estado miembro, nombrado para un período de cinco años.

Los dirigentes de cada país, reunidos en el Consejo Europeo, presentan al candidato atendiendo a los resultados de las elecciones al Parlamento Europeo. Para obtener la designación, el candidato necesita el apoyo de la mayoría de diputados del Parlamento Europeo.

El candidato a presidente elige a los posibles vicepresidentes y comisarios a propuesta de los países miembros. La lista de candidatos debe recibir la aprobación de los dirigentes nacionales reunidos en el Consejo Europeo.

Una vez superada esa fase cada candidato comparece ante el Parlamento Europeo para explicar su planteamiento y responder a las preguntas de los diputados. A continuación, el Parlamento decide por votación si acepta o no al equipo mediante voto colegiado. Por último, el Consejo Europeo los designa por mayoría cualificada.

Los Comisarios son independientes en el ejercicio de sus funciones, y sólo pueden ser cesados por el Tribunal de Justicia, a instancia de del Consejo o de la Comisión. Asimismo, el Parlamento Europea puede disolver la comisión en su conjunto.

Las principales competencias de la Comisión pueden ser reconducidas a las siguientes:

1. Iniciativa legislativa general. Los actos legislativos de la Unión sólo pueden adoptarse a propuesta de la Comisión remitida al Consejo y al Parlamento por decisión mayoritaria, excepto cuando los Tratados dispongan otra cosa.

2. Control de la legislación europea. La Comisión es la "guardiana" de que se apliquen los Tratados Constitutivos y las normas aprobadas por las instituciones. Si considera que un gobierno nacional no está aplicándola, como primera medida envía una carta oficial pidiendo que se corrija el problema. En última

instancia, la Comisión remite la cuestión al Tribunal de Justicia, que puede imponer multas y cuyas decisiones son vinculantes.

3. Presupuestos. La Comisión elabora los presupuestos de la Unión Europea, los cuales deben ser aprobados por el Parlamento Europeo y el Consejo. Asimismo, tiene la competencia de ejecutar el presupuesto en cooperación con los Estados miembros y supervisa el destino dado a los fondos.

4. Representación. Ostenta la representación interna y externa de la Unión Europea y puede negociar Acuerdos Internacionales, que deberán ser firmados por el Consejo.

3. EL CONSEJO EUROPEO

Se trata de una institución intergubernamental que está compuesta por los Jefes de Estado o de Gobierno de los Estados miembros, además del Presidente del Consejo Europeo y el Presidente de la Comisión (ambos sin derecho de voto), participando también en sus trabajos el Alto Representante para Asuntos Exteriores y Política de Seguridad.

Se reúne en Bruselas en sesión ordinaria dos veces por semestre por convocatoria de su Presidente, así como cuando este lo acuerde de forma extraordinaria.

Sus decisiones se adoptan por consenso, salvo que los Tratados dispongan otra cosa, debiendo alcanzar mayoría simple, cualificada o unanimidad según el tema a tratar, y siempre y cuando estén presentes dos tercios de sus miembros.

La función general del Consejo Europeo es dar a la Unión los impulsos necesarios para su desarrollo y definir sus orientaciones y prioridades políticas generales, así como sus intereses y objetivos en la acción exterior, si bien no tiene competencias para aprobar legislación.

4. EL CONSEJO DE LA UNIÓN

Institución intergubernamental con sede en Bruselas formada por un representante de cada Estado miembro de rango ministerial, variable según el tema a tratar, lo que determina las diez posibles formaciones del Consejo. El Consejo de Asuntos Exteriores estará presidido por el Alto Representante de la Política Exterior y de Seguridad, y el resto estará presidido por el Ministro que asista por el país que ostenta la presidencia de la UE, fijada por un sistema rotatorio cada seis meses.

El Consejo adopta sus decisiones por mayoría simple, cualificada o por unanimidad, en función de los temas a tratar.

Entre sus competencias principales cabe reseñar las siguientes:

1.- Legislativa. El Consejo ejerce con el Parlamento la función legislativa y de aprobación de los presupuestos, ya sea a través de un procedimiento ordinario (conjuntamente) o especial (previa consulta al otro o con preponderancia sobre el otro).

2.- Definición y coordinación de políticas.

3.- Firma de Tratados Internacionales.

5. EL PARLAMENTO EUROPEO

Según el Tratado de Lisboa no puede exceder de 750 miembros más su Presidente, que se distribuyen entre los Estados miembros en proporción a su población, teniendo un tope máximo de 96 y un mínimo de 6. En el año 2020, tras la salida del Reino Unido de la Unión Europea, el número de eurodiputados se ha reducido a 705, de los cuales España ha elegido 59.

Según el Acta Electoral Europea, los parlamentarios son elegidos por sufragio universal, libre, directo y secreto por los ciudadanos de la Unión Europea. No obstante, cada país miembro determina determinados aspectos como la circunscripción única o regional, umbral mínimo para la atribución de resultados, fechas y horas de la votación dentro del período electoral fijado o el sistema de listas abiertas o cerradas.

Los parlamentarios son elegidos para un período de cinco años y ejercen sus funciones con independencia del país por el cual han sido elegidos, gozando para ello de dedicación exclusiva e incompatibilidad con determinados cargos. Se reúnen en Grupos políticos, no por nacionalidades, y para la toma de decisiones es necesario, en primer lugar, que se encuentren presentes un tercio de sus miembros y, en segundo lugar obtener en la correspondiente votación una mayoría de los votos emitidos, si bien en algunos casos existen mayorías reforzadas.

Tiene su sede en Estrasburgo, si bien desarrolla la mayor parte de sus trabajos en Bruselas.

Sus principales competencias pueden quedar resumidas en las siguientes:

1. Legislativas. El Parlamento ejerce con el Consejo la función legislativa y de aprobación de los presupuestos, ya sea a través de un procedimiento ordinario (conjuntamente) o especial (previa consulta al otro o con preponderancia sobre el otro).

2. Control político. Puede censurar y disolver la Comisión, o solicitar su comparecencia para contestar las cuestiones que le planteen, así como la del Consejo o el Consejo Europeo. Asimismo, puede constituir Comisiones de Investigación y emitir informe.

3. Control jurídico de los actos de la Unión, pues se le reconoce legitimación activa para interponer recurso de anulación o por omisión ante el Tribunal, a quien podrá solicitar dictamen sobre la compatibilidad de los Tratados constitutivos con acuerdos a celebrar por la Unión con terceros países u Organizaciones Internacionales.
4. Nombramientos. Debe aprobar el nombramiento de los Comisarios, incluido su Presidente, y nombra al Defensor del Pueblo Europeo.
5. Puede recibir peticiones de los ciudadanos sobre un asunto propio de los ámbitos de actuación de la Unión Europea pudiendo realizar labores de investigación o verificación a través de su Comisión de Peticiones.

6. EL TRIBUNAL DE JUSTICIA DE LA UNIÓN EUROPEA

El Tribunal de Justicia encarna el poder judicial en la Unión Europea e interpreta el Derecho de la Unión para garantizar que se aplique de la misma forma en todos los países miembros. También resuelve conflictos legales entre los gobiernos y las instituciones de la UE. Los particulares, las empresas y las organizaciones pueden acudir también al Tribunal si consideran que una institución de la UE ha vulnerado sus derechos.

El Tribunal de Justicia funcionó como instancia única hasta el 1 de septiembre de 1989. En dicha fecha, el Consejo le agregó un Tribunal de Primera Instancia para mejorar la protección jurisdiccional de los justiciables y permitir que el Tribunal de Justicia se concentrase en su misión esencial, que es garantizar una interpretación uniforme del Derecho comunitario. La creación de esta jurisdicción se planteó para descargar al Tribunal de Justicia de su excesivo trabajo en cuestiones como función pública europea y temas de competencia. En 2009 el Tratado de Lisboa dio una nueva configuración al Tribunal de Justicia, en una composición que integraba tres órganos jurisdiccionales: el Tribunal de Justicia, el Tribunal General y los Tribunales Especializados. Hasta el año 2016 existió un solo Tribunal especializado, el Tribunal de la Función Pública (creado en 2004), cuyas funciones han sido asumidas en estos momentos por el Tribunal General.

El Tribunal de Justicia está compuesto por veintisiete Jueces y once Abogados Generales. Los Jueces y los Abogados Generales son designados de común acuerdo por los Gobiernos de los Estados miembros, previa consulta a un comité encargado de emitir un dictamen sobre la idoneidad de los candidatos propuestos para el ejercicio de las funciones de que se trate. Su mandato es de seis años con posibilidad de renovación, y se renuevan parcialmente cada tres. Se eligen entre personalidades que ofrezcan absolutas garantías de independencia y que reúnan las condiciones requeridas para el ejercicio, en sus países respectivos, de las más altas funciones jurisdiccionales o sean jurisconsultos de reconocida competencia.

Los Jueces del Tribunal de Justicia eligen de entre ellos y por mayoría absoluta al Presidente por un período de tres años renovables.

Los Abogados Generales asisten al Tribunal de Justicia. Están encargados de presentar, con toda imparcialidad e independencia, un dictamen jurídico (las "conclusiones") en los asuntos que se les asignen.

El Tribunal de Justicia puede actuar en Sala (de tres o cinco jueces), Gran Sala (quince jueces) o Pleno, en función de los asuntos sometidos a su conocimiento.

Por su parte, el Tribunal General atiende a similares reglas de composición y funcionamiento, si bien no cuenta con abogados generales. Está compuesto por 2 magistrados por cada Estado miembro.

Los principales recursos de los que conoce el Tribunal de Justicia son los siguientes:

1. Recurso por incumplimiento. Permite al Tribunal de Justicia, tras un requerimiento al país afectado, controlar si los Estados miembros cumplen las obligaciones que les incumben en virtud del Derecho de la Unión. Puede ser iniciado por la Comisión o por un Estado miembro. En cualquier caso, el Tribunal investiga las alegaciones y dicta sentencia. Si el Tribunal declara que se ha producido un incumplimiento, el país de que se trate está obligado a adoptar inmediatamente las medidas necesarias para ponerle fin. Si el Tribunal comprueba que el país no ha cumplido su sentencia, puede multarlo.

2. Recurso de anulación. Mediante este recurso, un particular, un Estado miembro, el Consejo, la Comisión o (en ciertas condiciones) el Parlamento pueden solicitar la anulación de una norma de la Unión Europea (en particular, reglamentos, directivas y decisiones) por considerarla ilegal. Corresponden su resolución al Tribunal de Justicia los recursos interpuestos por un Estado miembro contra el Parlamento Europeo y/o contra el Consejo (salvo los interpuestos contra el Consejo en relación con las ayudas de Estado, el dumping o las competencias de ejecución) y por una institución de la Unión contra otra institución. El Tribunal General es competente para conocer de todos los demás recursos de este tipo y, en concreto, de los interpuestos por los particulares.

3. Recurso por omisión. Permite, a instancia de un país miembro, de una institución comunitarias o (en determinadas condiciones) de los particulares o empresas, controlar la legalidad de la inactividad de otras instituciones, órganos u organismos de la Unión, tras un trámite de requerimiento. Una vez declarada la ilegalidad

de la omisión, corresponde a la institución de que se trate adoptar las medidas necesarias para ponerle fin. La competencia para conocer de los recursos por omisión se reparte entre el Tribunal de Justicia y el Tribunal General conforme a los mismos criterios que se aplican para los recursos de anulación.

4. Recurso directo. El Tribunal General conoce de los recursos directos interpuestos por personas físicas o jurídicas destinados a la reparación de los perjuicios causados por los actos u omisiones de las instituciones u órganos de la Unión o sus agentes.

5. Recurso de casación. Pueden interponerse ante el Tribunal de Justicia recursos de casación limitados a las cuestiones de Derecho contra las sentencias y autos del Tribunal General. Si el recurso de casación es admisible y está fundado, el Tribunal de Justicia anulará la resolución del Tribunal General. Cuando el estado del asunto así lo permita, el Tribunal de Justicia resolverá el litigio. En caso contrario, devolverá el asunto al Tribunal General, que estará vinculado por la decisión adoptada por el Tribunal de Justicia en el marco del recurso de casación.

6. La cuestión prejudicial. El Tribunal de Justicia trabaja en colaboración con los órganos jurisdiccionales de los Estados miembros, que son jueces ordinarios encargados de aplicar el Derecho de la Unión. Para garantizar la aplicación efectiva y homogénea de la legislación de la Unión y evitar interpretaciones divergentes, los jueces nacionales pueden, y a veces deben, dirigirse al Tribunal de Justicia para solicitarle que mediante sentencia motivada precise una cuestión de interpretación del Derecho de la Unión, a fin de comprobar la conformidad de la normativa nacional con este Derecho. En dicho procedimiento podrán intervenir las partes

litigantes, los Estados miembros y las instituciones de la Unión.

El órgano jurisdiccional nacional destinatario está vinculado por la interpretación efectuada a la hora de resolver el litigio que se le ha planteado, la cual vinculará también al resto de órganos jurisdiccionales que conozcan de un problema idéntico.

7. EL TRIBUNAL DE CUENTAS

Está compuesto por un nacional de cada Estado miembro por un período renovable de seis años, eligiendo entre ellos a su Presidente por un período renovable de tres años. Son nombrados por el Consejo, previa consulta al Parlamento, de entre las propuestas presentadas por cada país.

El Tribunal de Cuentas Europeo audita las finanzas de la UE, incluyendo a cualquier persona u organización que maneje fondos de la UE. Su papel consiste, por tanto, en mejorar la gestión financiera de la UE e informar sobre el uso dado a los fondos públicos. Asimismo, ejerce una función consultiva para el Consejo o cualquier otra institución.

Se creó en 1975 y tiene su sede en Luxemburgo.

8. EL BANCO CENTRAL EUROPEO

El Banco Central Europeo tiene su sede en Frankfurt. Gestiona el euro, la moneda única de la UE, y protege la estabilidad de los precios en la UE. Es también responsable de fijar las grandes líneas de la política económica y monetaria de la UE y de su aplicación. En concreto, establece los tipos de interés, controla la oferta de dinero, gestiona las divisas y controla el tipo de cambio, autoriza la emisión de billetes y vigila la evolución de los precios.

El Banco trabaja con los bancos centrales de los 27 países de la UE. Todos ellos forman el Sistema Europeo de Bancos Centrales (SEBC). Dirige asimismo la cooperación entre los bancos centrales de la zona del euro (los 20 países de la UE que han adoptado el euro), también conocida como eurozona. La cooperación entre este reducido y compacto grupo de bancos se llama "Eurosistema".

9. LOS PRINCIPALES ÓRGANOS CONSULTIVOS A NIVEL SOCIAL

9.1. El Comité Económico y Social

Es un órgano auxiliar y consultivo, con sede en Bruselas, que representa los diversos intereses socioeconómicos y está compuesto por representantes de las organizaciones empresariales, sindicales y otros sectores de la sociedad civil.

Su número de miembros es de 329 en el momento actual, nombrados para un período de cinco años renovables por el Consejo, previa consulta de la Comisión, a partir de las propuestas de cada Estado miembro.

Sus funciones, que ejercerán de forma independiente, consisten en emitir informes o dictámenes con carácter preceptivo para el Parlamento, el Consejo o la Comisión cuando así lo establezcan los Tratados constitutivos, quienes pueden además consultarles con carácter facultativo en todos aquellos casos que lo consideren oportuno, y sin perjuicio de que el propio Comité elabore un dictamen cuando lo juzgue oportuno. En cualquier caso, carece de fuerza vinculante, pero si fuera preceptivo y no hubiera sido cumplido dicho trámite el acto adoptado puede ser objeto de recurso de anulación.

9.2. El Comité de las Regiones

El Comité de las Regiones, con sede en Bruselas, es un órgano consultivo que representa a los entes regionales y locales de la Unión Europea.

Está formado por 329 miembros y un número igual de suplentes, nombrados por el Consejo a partir de la propuesta de los Estados miembros de entre quienes sean titulares de un mandato electoral en un ente regional o local (si cesan en éste, lo hacen también en aquél, entrando un suplente).

Sus funciones, que ejercerán de forma independiente, consisten en emitir informes o dictámenes con carácter preceptivo para el Parlamento, el Consejo o la Comisión cuando así lo establezcan los Tratados constitutivos, quienes pueden además consultarles con carácter facultativo en todos aquellos casos que lo consideren oportuno, y sin perjuicio de que el propio Comité elabore un dictamen cuando lo juzgue oportuno. Asimismo, cuando el Comité Económico y Social sea consultado, la institución solicitante informará al Comité de las Regiones de dicha solicitud, pudiendo éste emitir dictamen cuando estime que hay intereses regionales en juego.

En cualquier caso, carece de fuerza vinculante, pero si fuera preceptivo y no hubiera sido cumplido dicho trámite el acto adoptado puede ser objeto de recurso de anulación.

10. BANCO EUROPEO DE INVERSIONES

El Banco Europeo de Inversiones es propiedad de los 27 países de la UE. Pide prestado dinero en los mercados de capital y lo presta, a su vez, a un tipo de interés bajo a proyectos destinados a mejorar las infraestructuras, el suministro de energía o las condiciones medioambientales tanto dentro de la UE como en países vecinos o países en desarrollo (vecinos o futuros socios).

Por otra parte, es accionista mayoritario del Fondo Europeo de Inversiones, que tiene el cometido de ayudar a las pequeñas y medianas empresas, en particular a las que empiezan y a las orientadas al sector de la tecnología.

11. EL SISTEMA DE NORMAS Y ACTOS DE LA UNIÓN EUROPEA

11.1. El Derecho Originario

Se denomina "Derecho Originario" de la Unión Europea a los Tratados Constitutivos. Hoy en día, y tras las sucesivas modificaciones ya estudiadas (la última de ellas con el Tratado de Lisboa), son: el "Tratado de Funcionamiento de la Unión Europea" (nueva denominación del Tratado firmado en Roma en 1957 por el cual se estableció la entonces "Comunidad Económica Europea") y el "Tratado de la Unión Europea" (firmado en Maastrich en 1992), ambos con sus correspondientes Anexos y Protocolos.

Finalmente, forman parte del "Derecho Originario" la "Carta de Derechos Fundamentales de la Unión Europea" (desde el Tratado de Lisboa de diciembre de 2007) y los Tratados y las Actas de Adhesión de nuevos Estados Miembros.

11.2. El Derecho Derivado Institucional

Entre los actos jurídicos que completan el ordenamiento jurídico de la Unión Europea no existe, en general, un orden jerárquico, aun cuando todos ellos encuentran el límite de no contradecir el Derecho Originario

Es preciso diferenciar entre "actos típicos" y "actos atípicos", en función de que la categoría jurídica esté o no prevista expresamente en los Tratados Constitutivos (art. 288 TFUE). Los primeros, a su vez, pueden ser "vinculantes" (Reglamentos, Directivas y Decisiones) o "no vinculantes" (Recomendaciones y Dictámenes). Los segundos hacen referencia a una serie de actos de las instituciones (Resoluciones, Comunicaciones, Declaraciones, Acuerdos, Programas, Libros Blancos...) que se incluyen en los ámbitos de competencias de la Unión.

Además, actualmente se distingue entre actos legislativos y no legislativos, siendo los primeros aquéllos que tienen carácter obligatorio, crean derechos y obligaciones para todos susceptibles de ser exigidos en todo el territorio de todos los Estados miembros, a través de un procedimiento legislativo ordinario o especial. Por su parte, los actos no legislativos son aquellos emanados de las instituciones que, pese a no adoptarse conforme a uno de esos procedimientos, desarrollan el Derecho Originario u otros actos legislativos.

En cualquier caso, todos los actos jurídicos adoptados por las instituciones comunitarias deben expresar su motivación, ser publicados e indicar su entrada en vigor.

A. El Reglamento

El Reglamento es un acto jurídico típico, legislativo y de carácter vinculante, que se caracteriza por su alcance general (es decir, va dirigido y produce sus efectos a todos los estados miembros y ciudadanos de forma abstracta e indeterminada), por ser obligatorio en todos sus elementos (pues no cabe que sea alterado o selectivamente aplicado por los países) y por ser directamente aplicable en cada Estado miembro (porque contiene derechos y o obligaciones que no requieran mayor regulación o adaptación), características propias de una Ley en los Derechos internos. En materia social su utilización no está muy extendida, y se ha limitado a normas muy escasas pero de gran relevancia, especialmente en lo que se refiere a la libre circulación de trabajadores y en materia de Seguridad Social.

B. La Directiva

La directiva es un acto jurídico típico y vinculante que obliga sólo a los Estados destinatarios y les impone la necesidad de alcanzar un concreto resultado en un determinado plazo, quedando a elección de los Estados la forma y los medios adecuados para alcanzar tal resultado. En principio, no son directamente aplicables, ya que necesitan una norma nacional de desarrollo, adaptación al Derecho interno que se conoce técnicamente como "transposición". Es el instrumento más utilizado en materia social.

C. La Decisión

La decisión es un acto jurídico típico y vinculante u obligatorio en todos sus elementos pero que, a diferencia del reglamento, tiene un alcance individual, pues designa destinatarios identificados de forma concreta y no abstracta, siendo obligatoria para ellos. No es un instrumento muy utilizado en el campo de la política social, salvo en materia de empleo, pues además son utilizadas normalmente para imponer sanciones a particulares, empresas o Estados.

D. Actos no vinculantes: Recomendaciones y Dictámenes

La recomendación supondría un instrumento de acción indirecta de notable contenido político que consiste en la indicación de una conducta a seguir o la modificación de una situación o comportamiento, y el dictamen una opinión o valoración de situaciones o conductas o cuestiones concretas o asuntos determinados. En cualquier caso, son actos típicos no vinculantes, por lo que no están sometidos al control de legalidad.

12. PRINCIPIOS INSPIRADORES DEL MODELO DE RELACIÓN Y APLICACIÓN DEL DERECHO COMUNITARIO CON EL DERECHO DE LOS ESTADOS MIEMBROS

La pertenencia de un Estado a la Unión Europea implica la atribución y distribución de competencias entre ambos, de tal forma que aquél se reserva unas para su soberanía que serán regidas por su Derecho interno y ésta obtiene otras sobre las que rigen los Tratados y el Derecho derivado. Por tanto, los dos ordenamientos jurídicos coexisten, y sus relaciones se someten a los principios de autonomía, eficacia directa y primacía.

12.1. Principio de autonomía

En general el Derecho Internacional impide que el Derecho interno pueda invocarse como incumplimiento del mismo, pero al tiempo es respetuoso con las condiciones que el Derecho interno de cada Estado determina para su vigencia y, en definitiva, con la forma en que ese Derecho Internacional pasa a formar parte del Derecho interno y aplicable como tal.

No obstante, y aun cuando el Derecho de la Unión Europea es un subsistema de Derecho Internacional, no se atiene a las mismas relaciones entre el Derecho Internacional y el Derecho interno, pues es considerado como un ordenamiento jurídico propio integrado en el sistema jurídico de los Estados miembros.

En este sentido, el principio de autonomía significa que el Derecho de la Unión Europea no puede ser simplemente transformado en Derecho interno, sino que se integra en el Derecho interno sin perder su calidad de ordenamiento jurídico propio por medio de específicos sistemas de producción normativa cuya validez y eficacia no depende del Derecho interno.

12.2. Eficacia directa

La eficacia directa significa que las normas de la Unión Europea producen por sí mismas derechos u obligaciones para personas físicas o jurídicas, de tal forma que pueden hacerse valer ante las Autoridades Nacionales y ante el juez nacional.

La Jurisprudencia del Tribunal de Justicia de la Unión considera que una norma del Derecho de la Unión Europea tiene eficacia directa cuando cumpla concretos requisitos: deben ser incondicionales y suficientemente claras y precisas.

Por todo ello, es necesario precisar el distinto alcance de las diversas normas europeas:

En primer lugar, los Tratados constitutivos pueden tener eficacia directa plena y crear derechos y obligaciones para los particulares en sus relaciones con el Estado y en sus relaciones con otros particulares; o pueden tener eficacia directa limitada y crear derechos y obligaciones para los particulares sólo en su relación con los Estados; o, en fin, no tener eficacia directa alguna. En cualquier caso, su vigencia y aplicación (directa o no) es inmediata, pues se equiparan en general a cualquier Tratado Internacional celebrado por cada Estado fuera del ámbito de la Unión, por lo que es inmediatamente aplicable pero con la diferencia de que no se transforma en Derecho interno.

Por su parte, los Reglamentos son normas de alcance general y directamente aplicable, sin necesidad de que sean recibidos o publicados en cada Estado miembro.

En cuanto hace a las Decisiones, si van dirigidas a personas físicas o jurídicas, no sólo crean, por definición, derechos y obligaciones para tales personas plenamente exigibles en el ámbito interno, sino que de imponer una obligación pecuniaria constituyen títulos ejecutivos.

El mayor problema viene dado por las Directivas y por las Decisiones dirigidas a los Estados, que no tienen ese alcance general. En principio, el Tribunal de Justicia estableció que cuando incluyeran un contenido preciso y detallado podían tener eficacia directa para los particulares si se daban esos requisitos de incondicionalidad, claridad y precisión. Posteriormente, el propio Tribunal matizó que tal efecto directo quedaba limitado a aquellos supuestos en los cuales hubiera transcurrido el plazo de transposición sin que el Estado (entendido como administración pública estatal, autonómica, provincial local o institucional) lo hubiera hecho o lo hubiera hecho de forma insuficiente o deficiente. En tal caso, y sin que ello suponga eximir el Estado de tal obligación, los particulares podrán alegar el contenido de la Directiva o de la Decisión para excluir la aplicación de una normativa nacional y exigir una indemnización al Estado por los daños ocasionados.

12.3. Primacía del Derecho de la Unión

La primacía, no mencionada expresamente en los Tratados constitutivos pero recogida expresamente por la Jurisprudencia del Tribunal de Justicia, es un complemento necesario para la eficacia del Derecho de la Unión en el supuesto de que exista una norma interna, anterior o posterior, que esté en conflicto con una norma comunitaria. Significa que, como regla general, las autoridades y los jueces nacionales tienen la obligación de dejar sin aplicar la norma de Derecho interno incompatible con la norma de Derecho de la Unión, aun cuando no se derogue expresamente.

13. BIBLIOGRAFÍA

AA.VV.: *Lecciones de Derecho Social de la Unión Europea,* Valencia, Tirant lo Blanch, 2012.

AA.VV.: *Derecho Social de la Unión Europea. Aplicación por el Tribunal de Justicia,* Madrid, Agencia Estatal Boletín Oficial del Estado, 2023.

ALONSO GARCÍA, R. y ANDRÉS SÁENZ DE SANTAMARÍA, P.: *El sistema europeo de fuentes,* Madrid, Fundación Coloquio Jurídico Europeo, 2022.

GÁRATE CASTRO, F.J.: *Transformaciones en las normas sociales de la Unión Europea,* Madrid, Editorial Universitaria Ramón Areces, 2010.

MIRANDA BOTO, J.M.: *Las competencias de la Comunidad Europea en materia social,* Cizur Menor, Thomson Reuters-Aranzadi, 2009.

PREGUNTAS TIPO TEST

1. El mandato de los Comisarios Europeos tiene una duración de:
   a) 5 años.
   b) 4 años.
   c) 3 años.
   d) 10 años.

2. Señalar cuál de las siguientes afirmaciones es errónea:
   a) Los Comisarios son independientes en el ejercicio de sus funciones.

b) El nombramiento de los Comisarios está sometido a la aprobación del Parlamento Europeo.

c) El Parlamente Europeo puede disolver la Comisión en su conjunto.

d) Los Comisarios pueden recibir órdenes de los Estados miembros que los ha propuesto y están obligados a cumplirlas.

3. El Consejo Europeo está compuesto por:

a) Representantes de cada Estado miembro de rango ministerial.

b) Los Jefes de Estado o de Gobierno de los Estados miembros, además del Presidente y el Presidente de la Comisión.

c) Un representante de cada uno de los Estados miembros elegido directamente por los ciudadanos comunitarios mediante sufragio universal y directo.

d) Solamente por los Jefes de Estado o de Gobierno de los Estados miembros, sin poder participar en sus reuniones el Presidente de la Comisión.

4. El Parlamento Europeo:

a) Está compuesto por representantes nombrados por los Gobiernos de los Estados miembros.

b) El mandato de los europarlamentarios es de 1 año.

c) Ejerce junto con el Consejo de la Unión la función legislativa.

d) No tiene legitimación activa para interponer recursos de anulación.

5. Entre las competencias del Parlamento Europeo se encuentran:
   a) Aprobar el nombramiento de los Comisarios y nombrar al Defensor del Pueblo.
   b) Puede recibir peticiones de los ciudadanos sobre asuntos relativos a los ámbitos de actuación de la Unión.
   c) Puede constituir comisiones de investigación y emitir informes.
   d) Todas las respuestas son correctas.

6. ¿Cómo se denomina el recurso que permite controlar la legalidad de la inactividad de las instituciones, órganos y organismos de la Unión?:
   a) Recurso por omisión.
   b) Recurso por incumplimiento.
   c) Recurso de casación.
   d) Reexamen.

7. Forman parte del Derecho Originario de la Unión Europea, entre otros:
   a) Las Decisiones.
   b) Los Reglamentos y las Directivas.
   c) Los Tratados Constitutivos.
   d) Los Principios Generales del Derecho.

8. ¿Cómo se denomina la norma comunitaria que impone alcanzar un resultado determinado, pero deja a elección de los Estados la forma y medios adecuados para alcanzar dicho resultado?:
   a) Decisión.

b) Directiva.

c) Dictamen.

d) Costumbre

9. El Reglamento es un acto jurídico típico, legislativo y de carácter vinculante cuyo alcance es:

a) Determinado.

b) Concreto.

c) Individual.

d) General.

10. Los principales actos no vinculantes de la Unión Europea son:

a) Las Decisiones.

b) Los Dictámenes y las Decisiones.

c) Las Recomendaciones y las Decisiones.

d) Las Recomendaciones y los Dictámenes.

Preguntas cortas

1. Las competencias del Parlamento Europeo.

2. El recurso por incumplimiento ante el Tribunal de Justicia.

3.Las cuestiones prejudiciales.

4. Define el Reglamento.

5. Define las Directivas.

Caso práctico

1. Don P.S. es un Comisario comunitario propuesto por uno de los 27 países que forma la Unión Europea; sin embargo, su candidatura es rechazada por el Parlamento Europeo que, aún así, decide aceptar los otros 26 Comisarios propuestos y busca y nombra al sustituto de Don P.S. ¿Es acorde con la normativa comunitaria la actuación del Parlamento Europeo?.

2. Doña L.P. ha sido nombrada Comisaria por España. En una reunión de la Comisión va a ser tratada una reforma de la política agraria común, para lo cual dicha Comisaria recibe una serie de instrucciones del Jefe del Gobierno español instándola a que se oponga a una reducción de la cuota láctea y a la reforma del cultivo olivarero que perjudique los intereses del Estado español. ¿Está obligada la Comisaria Europea a seguir las instrucciones de España?.

Capítulo II

El concepto de trabajador/a y de proteccion social (ejes del trabajo digno) en la jurisprudencia del Tribunal de Justicia de la Unión Europea

CRISTINA SÁNCHEZ-RODAS NAVARRO
Catedrática de Derecho del Trabajo y de la Seguridad Social
Universidad de Sevilla

1. INTRODUCCIÓN

La Comunidad Económica Europea se creó con una finalidad eminentemente económica. Hoy en día ese factor sigue predominando sobre el social, tal y como ejemplifica el artículo 3 del Tratado de Funcionamiento de la Unión Europea, según el cual la economía social de mercado altamente competitiva se erige como la piedra angular sobre la que poder promover el bienestar de los pueblos y trabajar en pro del desarrollo sostenible de Europa.

En la misma línea, en la Comunicación de 23 de febrero 2022 de la Comisión al Parlamento Europeo, al Consejo y al Comité Económico y Social Europeo sobre el Trabajo Digno se lee: reforzar "el respeto del trabajo digno en todo el mundo redunda en interés de los trabajadores y empresas de la UE pues evita una competición a la baja basada en un modelo de atracción de la inversión mediante la reducción de las normas de protección laboral". Es decir, que en última instancia hay una motivación económica para fomentar el trabajo digno: evitar que productos y/o servicios provenientes de Terceros Estados fueran económicamente más competitivos -en detrimento de las economías de los Estados miembros- por el hecho de que no protegieran a sus trabajadores con los niveles jurídicamente exigibles en los países de la Unión Europea

Entre los elementos del concepto universal de Trabajo Digno nos centraremos en las siguientes páginas específicamente en la protección social, prestando especial atención a los conceptos de trabajador/a en la jurisprudencia del Tribunal de Justicia de la Unión Europea.

2. EL POLISÉMICO CONCEPTO DE TRABAJADOR/A EN EL DERECHO DE LA UNIÓN EUROPEA

A lo largo del articulado del Tratado de Funcionamiento de la Unión Europea y de la Carta de los Derechos Fundamentales de la Unión Europea frecuentemente aparece el término trabajador del que, sin embargo, no se ofrece definición alguna. El mismo problema se repite a nivel de Derecho derivado. Analizando la jurisprudencia del Tribunal de Justicia de la Unión Europea se llega a la conclusión de que no existe un concepto unívoco de trabajador, sino que se le dota de distinto significado según la normativa que sea aplicable. Ello lleva a concluir que el concepto de trabajador a efectos del ejercicio del derecho a la libre circulación no es coincidente con los sujetos incluidos en el ámbito de aplicación del Reglamento 883/2004 de coordinación de sistemas de Seguridad Social.

2.1. Libre circulación

A la luz del Reglamento 492/2011, que desarrolla al artículo 45 TFUE, el concepto se restringe a los trabajadores por cuenta ajena, quedando excluidos los trabajadores autónomos, los cuales se rigen por el principio de libertad de establecimiento o, en su caso, el de libre prestación de servicios.

El Tribunal de Justicia de Luxemburgo ha puntualizado que ha de tratarse de una relación laboral en la que la persona realice, durante un cierto tiempo, en favor de otra, y bajo la dirección de ésta, ciertas prestaciones, por las cuales percibe una remuneración, cualquiera que sea el campo en el que se desarrolla, siendo irrelevante el importe del salario y el carácter a tiempo parcial o intermitente de la actividad (STJUE de 19 de junio de 2014, ECLI:EU:C:2014:2007).

En todo caso, ha tratarse de actividades reales y efectivas, entre las que se incluyen las actividades deportivas (STJUE de 16 de marzo de 2010, ECLI:EU:C:2010:143).

Asimismo, la jurisprudencia ha establecido que resultan indiferentes tanto los motivos que impulsaron al trabajador de un Estado Miembro a buscar trabajo en otro país, como la naturaleza jurídica del vínculo entre empresario y trabajador.

En todo caso, para poder invocar el artículo 45 del Tratado de Funcionamiento de la Unión Europea es necesario que el trabajador por cuenta ajena ostente la nacionalidad de un Estado miembro, como se infiere del artículo 1.1 del Reglamento 492/2011. Si bien hay que matizar que también se beneficiaran del derecho a la libre circulación los trabajadores nacionales de los Estados del Tratado del Espacio Económico Europeo (Islandia, Noruega y Liechtenstein) y Suiza.

El Tribunal de Justicia de Luxemburgo ha defendido una interpretación tan extensiva respecto a la noción de trabajador a los efectos del ejercicio del derecho de libre circulación que tal derecho se reconoce no sólo a los que se desplazan con ocasión de "responder a ofertas efectivas de trabajo", sino, también, a las personas que "desean ejercer una actividad económica", esto es, los demandantes de empleo (STJCE de 31 de mayo de 1989, ECLI:EU:C:1989:226). E, incluso, en el caso extremo de que la legislación nacional previera la posibilidad de que un ciudadano comunitario pudiera ser obligado a abandonar el territorio de otro Estado miembro si no encuentra un empleo al cabo de un período razonable de tiempo, el Tribunal admite, como excepción, el supuesto de que el interesado aporte pruebas de que continúa buscando empleo y que tiene la posibilidad real de ser contratado (STJCE de 26 de febrero de 1991, ECLI:EU:C:1991:80).

Sin embargo, los derechos consagrados por el Tratado de Funcionamiento de la Unión Europea no son derechos absolutos. Por ello, incluso el propio derecho a la libre circulación, pese a ser uno de los pilares del Derecho de la Unión Europea, está sujeto a limitaciones por razones de orden público, seguridad y salud públicas (artículo 45.3 del Tratado).

También se proclama la inaplicación del artículo 45 a los empleos en la Administración Publica (artículo 45.4 Tratado de Funcionamiento de la Unión Europea) aunque este concepto ha de ser interpretado restrictivamente (STJCE de 13 de marzo de 1986, ECLI:EU:C:1986:114). Sólo pueden ser exceptuados aquellos empleos que "suponen una participación, directa o indirecta, en el ejercicio del poder público y en las funciones que tienen por objeto la salvaguardia de los intereses generales del Estado y de las demás colectividades públicas y que suponen por este hecho, por parte de sus titulares, la existencia de una relación particular de solidaridad respecto del Estado, así como la reciprocidad de derechos y deberes que son el fundamento del vínculo de nacionalidad" (STJUE de 30 de mayo de 1989, ECLI:EU:C:1993:333).

Por lo que a los miembros de la familia se refiere, el Tribunal de Justicia ha declarado que el artículo 45 del Tratado de Funcionamiento de la Unión Europea debe interpretarse en el sentido de que "confiere a un miembro de la familia de un ciudadano de la Unión, nacional de un tercer Estado, un derecho de residencia derivado en el Estado miembro del que es nacional dicho ciudadano, cuando éste reside en ese último Estado, pero se traslada regularmente a otro Estado miembro como trabajador en el sentido de dicha disposición, si su denegación tiene un efecto disuasorio del ejercicio efectivo de los derechos que el artículo 45 del Tratado confiere al trabajador (STJUE de 12 de marzo de 2014, ECLI:EU:C:2014:136).

2.1.1. Libre circulación y prohibición de discriminaciones directas e indirectas por razón de la nacionalidad

El principio de no discriminación constituye uno de los pilares sobre los que se erige el Derecho de la Unión Europea y su aplicabilidad directa es incuestionable. En el ámbito de la libre circulación de trabajadores la interdicción de la discriminación está expresamente consagrada en el propio artículo 45.2 del Tratado de Funcionamiento de la Unión Europea que prohíbe la discriminación por razón de la nacionalidad entre los trabajadores de los Estados miembros, con respecto al empleo, la retribución y las demás condiciones de trabajo.

Según la jurisprudencia del Tribunal de Luxemburgo el artículo 45 del TFUE prohíbe "no sólo las discriminaciones manifiestas basadas en la nacionalidad (discriminación directa), sino también cualquier forma de discriminación encubierta que, aplicando otros criterios de diferenciación conduzcan de hecho al mismo resultado" (discriminación indirecta).

Conforme a la STJUE 24 de febrero de 2015 (ECLI:EU:C:2015:108), para calificar una medida como indirectamente discriminatoria no resulta necesario "que tenga como efecto favorecer a todos los nacionales del Estado miembro interesado, o desfavorecer sólo a los nacionales de los otros Estados miembros".

Ejemplos de discriminación indirecta "son las situaciones en las que un subsidio concreto esté supeditado a un requisito de residencia o los requisitos de idioma para determinados puestos que, por definición, puedan ser cumplidos más fácilmente por los nacionales que por los no nacionales" (STJUE de 23 de marzo de 2004, ECLI:EU:C:2013:860).

El artículo 45.2 del Tratado también prohíbe la discriminación entre trabajadores no residentes si ésta lleva a otorgar de manera injustificada ventajas a los nacionales de unos Estados miembros frente a los de otros (STJUE de 24.2. 2015, ECLI:EU:C:2015:108-512/13). El Tribunal de Justicia ha interpretado que el artículo 45 "se opone a cualquier medida que, aunque sea aplicable sin discriminación por razón de nacionalidad, pueda obstaculizar o hacer menos atractivo el ejercicio, por los nacionales de la Unión, de las libertades fundamentales garantizadas por el Tratado (STJUE de 5 de febrero de 2015, ECLI:EU:C:2015:63).

2.2. La sustitución del término "trabajador" por "persona" en el ámbito de la coordinación de los Regímenes de Seguridad Social

Mientras que la libre circulación de trabajadores se concibe como uno de los pilares del mercado único, la coordinación de los sistemas de Seguridad Social tiene un mero valor instrumental para alcanzar ese objetivo y evitar que la coexistencia de una multiplicidad de sistemas nacionales de protección social constituya un obstáculo para la consecución de los fines económicos de la UE.

En cualquier caso, es un error identificar el concepto de "trabajador" a los efectos del ejercicio de la libre circulación con los sujetos protegidos por los Reglamentos de coordinación de sistemas de Seguridad Social.

El artículo 2 del Reglamento 1408/71, predecesor del vigente Reglamento 883/2004 incluía dentro de su ámbito de aplicación personal tanto a los trabajadores por cuenta ajena como por cuenta propia. Pero el Tribunal de Justica interpretó que, a estos efectos, "trabajadores" eran "cuantos, sea bajo la apelación que sea, se hallan inmersos en los diferentes sistemas nacionales de Seguridad Social", incluso si no ostentan en el presente un empleo, pero son susceptibles de ocupar un nuevo puesto laboral (STJCE de 19 de marzo de 1964, ECLI:EU:C:1964:19).

Es decir, aunque no se ejerza actividad profesional alguna, por el simple hecho de encontrarse afiliados a un régimen de Seguridad Social, los beneficiarios de una pensión o de una renta que deba abonarse al amparo de la legislación de uno o varios Estados miembros entraban dentro del ámbito de aplicación de las disposiciones relativas a los trabajadores (STJCE de 31 de mayo de1979, ECLI:EU:C:1979:142).

Por tanto, más que ante un concepto "laboral" nos hallábamos amos ante un concepto de "Seguridad Social" que conduce a que los términos de "persona asegurada" y "trabajador" se confundan. Esto es, precisamente, lo que explica que el artículo 2.1 del vigente Reglamento 883/2004 al delimitar su ámbito de aplicación personal haya sustituido "trabajador" por "persona" y que el mismo sea de aplicación "a las personas nacionales de uno de los Estados miembros y a los apátridas y refugiados residentes en uno de los Estados miembros, que estén o hayan estado sujetos a la legislación de uno o de varios Estados miembros, así como a los miembros de sus familias y a sus supérstites".

Con el Reglamento 883/2004, al igual que ocurría en el Reglamento 1408/71, ostentar la nacionalidad de un Estado miembro no es requisito *sine qua non* para ser incluido en su ámbito de aplicación, puesto que es aplicable también a los supérstites de las personas que hayan estado sujetos a la legislación de uno o varios Estados miembros, cualquiera que sea la nacionalidad de tales personas, cuando dichos supérstites sean nacionales de uno de los Estados miembros, o apátridas o refugiados que residan en uno de los Estados miembros (artículo 2.2. Reglamento 883/2004).

Por lo que al requisito de la afiliación se refiere, para el Tribunal de Justicia de Luxemburgo no resulta imprescindible que el sujeto se encuentre formalmente afiliado o no al régimen correspondiente, siempre que satisfaga las condiciones materiales exigidas por el régimen de Seguridad Social que le resulte aplicable. Asimismo, es indiferente a los efectos de su inclusión en el ámbito de aplicación del Reglamento de coordinación el motivo que impulsó los desplazamientos fuera del territorio nacional siendo la inclusión en un régimen coordinado de Seguridad Social de un Estado miembro lo que justifica la aplicación del Reglamento de coordinación, y no el ejercicio de la movilidad profesional.

En conclusión, el Reglamento 883/2004 resultará aplicable a aquellos ciudadanos de un Estado miembro de la Unión Europea (o del Espacio Económico Europeo o Suiza) que estén o hayan estado asegurados en un Estado miembro en virtud de una o más legislaciones incluidas dentro del ámbito material del Reglamento 883/2004, contra una o más de las contingencias descritas en su articulado, no siendo requisito imprescindible que realicen o pretendan realizar algún tipo de actividad profesional fuera de las fronteras del Estado del que son nacionales y siendo igualmente irrelevante los motivos que motivaron su desplazamiento.

Por tanto, la interpretación jurisprudencial de la noción de sujeto protegido por el Reglamento de coordinación de los sistemas de Seguridad Social desborda las exigencias de la libre circulación de trabajadores regulada en el Tratado de

Funcionamiento de la Unión Europea, puesto que prescinde del aspecto profesional transfronterizo.

A la vista de las consideraciones anteriores puede suceder que sujetos titulares del Derecho a la libre circulación no sean sujetos protegidos por el Reglamento de coordinación de regímenes de Seguridad social (caso de los funcionarios de la Unión europea) y, a la inversa, que existan sujetos protegidos por el Reglamento 883/2004 de coordinación excluidos del concepto de trabajador a efecto del derecho a la libre circulación: trabajadores autónomos, refugiados y apátridas.

3. DEL (IN)EXISTENTE CONCEPTO DE SEGURIDAD SOCIAL Y ASISTENCIA SOCIAL EN DERECHO ORIGINARIO Y DERIVADO A LA OMNICOMPRENSIVA NOCIÓN DE PROTECCIÓN SOCIAL

A nivel de Derecho español la frontera entre Seguridad Social y Asistencia Social resulta aparentemente diáfana dada la distribución de competencias que efectúa la Constitución española en sus artículos 149.1.17 y 148.1.20, atribuyendo al Estado en exclusiva la competencia legislativa en materia de Seguridad Social, y a las Comunidades Autónomas en materia de Asistencia Social.

Sin embargo, no ocurre lo mismo a nivel del Derecho social comunitario: en diversos preceptos del Tratado de Funcionamiento de la Unión Europea y en sus Protocolos hay referencias al término Seguridad Social, aunque en ninguno de ellos encontramos una definición legal de tal concepto. La expresión Asistencia Social, por el contrario, nunca es utilizada en el articulado del Tratado de Funcionamiento ni en sus Protocolos.

Tampoco resulta esclarecedor el artículo 34 de la Carta de los Derechos Fundamentales de la Unión Europea, cuyo artículo

34 lleva por rúbrica "Seguridad Social y ayuda social". Aunque esta última tiene por objeto "combatir la exclusión social y la pobreza" y "garantizar una existencia digna a todos aquellos que no dispongan de recursos suficientes" semejante descripción no permite trazar la frontera entre prestaciones no contributivas de Seguridad Social y prestaciones no contributivas de Asistencia Social. Incluso el significado del término Seguridad Social a los efectos de la Carta resulta ambiguo puesto que no se establece una nítida diferenciación entre Seguridad Social, servicios sociales y ventajas sociales.

Por lo que respecta al Derecho derivado, el artículo 3.2 del Reglamento 883/2004 incluye dentro de su ámbito de aplicación material a las prestaciones contributivas y no contributivas de Seguridad Social y a las prestaciones especiales en metálico no contributivas que son las "que, por su alcance personal, objetivos y condiciones para su concesión presenten características tanto de legislación de Seguridad Social como de Asistencia Social. Por el contrario, el citado Reglamento excluye a las prestaciones de Asistencia Social conforme a su artículo 3.5.a). Pero ni el Reglamento 883/2004 -ni su Reglamento de desarrollo- contienen una definición de tales términos. Es del todo evidente, por tanto, la importancia capital de calificar a una prestación como de Seguridad o de Asistencia Social pues de ello deriva su inclusión, o exclusión, del Reglamento 883/2004.

En esta materia la jurisprudencia del Tribunal de Justicia de Luxemburgo es clave debido a la exigencia de una aplicación uniforme del Derecho de la UE. Es decir, que los términos empleados por los Reglamentos de coordinación de sistemas de Seguridad Social no pueden ser alterados ni por las peculiaridades propias de los Derechos nacionales, ni por las interpretaciones internas sobre términos empleados por el Derecho comunitario (STJCE de 10 de enero de 1980, ECLI:EU:C:1980:7).

Como ha destacado reiteradamente el Tribunal de Justicia de Luxemburgo, "para poder responder a la cuestión de si una prestación se encuentra incluida entre las prestaciones de Seguridad Social comprendidas dentro del ámbito de aplicación material de los Reglamentos de coordinación conviene inspirarse en el objetivo fundamental del artículo 48 del Tratado de Funcionamiento de la Unión Europea, consistente en implantar las condiciones más favorables para llevar a cabo la libertad de circulación y empleo de los trabajadores comunitarios en el territorio de cada uno de los Estados miembros" (STJCE de 16 de noviembre de 1972, ECLI:EU:C:1972:99, entre otras muchas).

A resultas de lo cual, el Tribunal de Justicia ha hecho prevalecer un concepto extensivo del campo de aplicación de los Reglamentos de coordinación, de lo que deriva que la exclusión formal de la Asistencia Social, en virtud del artículo 3.5.a) del Reglamento 883/2004, sólo puede ser interpretada de manera restrictiva. Es decir, el concepto de Seguridad Social tiene una "*vis atractiva*" frente a la Asistencia Social

Siguiendo una jurisprudencia reiterada cabe afirmar que una prestación podrá considerarse como prestación de Seguridad Social a los efectos del Reglamento 883/2004 en la medida en que, al margen de cualquier apreciación individual y discrecional de las necesidades personales, se conceda a sus beneficiarios en función de una situación legalmente definida y en la medida en que la prestación se refiera a alguno de los riesgos expresamente incluidos en el ámbito de aplicación material del citado Reglamento.

A sensu contrario, el que la concesión de una prestación dependa de una apreciación individual de las necesidades personales del solicitante es considerado por el Tribunal de Justicia "una característica de la Asistencia Social (STJUE de 21 de junio de 2017, ECLI:EU:C:2017:485).

El escollo que presenta tal jurisprudencia es que resulta claramente insuficiente para delimitar nítidamente entre prestación no contributiva de Asistencia Social (excluida de la coordinación) y prestación no contributiva de Seguridad Social (coordinada). La consecuencia práctica es que a efectos del Reglamento 883/2004 prestación de Asistencia Social se define por exclusión: sólo aquella que no pueda ser calificada como prestación no contributiva de Seguridad Social o de prestación especial en metálico no contributiva de Seguridad Social. El propio Tribunal de Justicia es consciente de esta limitación, pues ha reconocido que "determinadas prestaciones contempladas por las legislaciones nacionales pueden pertenecer simultáneamente a la Seguridad social y a la Asistencia Social, debido a su ámbito de aplicación personal, sus objetivos y sus normas de desarrollo (STJCE 13 de noviembre de 1974, ECLI:EU:C:1974:122).

3.1. Asistencia Social a efectos de la Directiva 2004/38 relativa al derecho de los ciudadanos de la Unión y de los miembros de sus familias a circular y residir libremente en el territorio de los Estados miembros

De los Considerandos 10 y 16 de la Directiva 2004/38 y de sus artículos 7, 14 y 24 se infiere que el derecho de residencia de las personas no activas incluidas en su ámbito de aplicación que no son residentes permanentes no puede conllevar que se conviertan en una carga excesiva para la Asistencia Social del Estado miembro de acogida. Pero la Directiva no contiene una definición de Asistencia Social.

El Tribunal de Justicia aborda este trascendental tema de la definición del término Asistencia Social contenido en la Directiva 2004/38 a partir del caso Brey (STJUE de 19 de septiembre de 2013, ECLI:EU:C:2013:565). La cuestión prejudicial versó sobre una prestación austriaca que a efectos del Reglamento 883/2004 se califica de prestación especial no contributiva de Seguridad Social. El demandante, pensionista alemán que trasladó su residencia a Austria, no tenía reconocida la residencia permanente en dicho Estado de acogida. El Tribunal de Justicia en el caso Brey interpreta extensivamente el concepto de Asistencia Social contenido en la Directiva 2004/38 dotándole de un contenido autónomo frente al concepto de Asistencia Social a efectos del Reglamento 883/2004. Es decir, que la prestación en litigio se calificaría como prestación de Seguridad Social a efectos del Reglamento de coordinación, pero como prestación de Asistencia Social si resulta aplicable la Directiva 2004/38. Tesis que se reitera en los asuntos Dano, Alimanovic y García Nieto. Hay que concluir, por tanto, que en el Derecho de la Unión Europea pueden coexistir varios conceptos de Seguridad Social o de Asistencia Social según la concreta normativa de la UE que resulte aplicable al caso.

3.2. Protección Social

Vista la extrema complejidad que puede conllevar el deslinde entre los conceptos de Seguridad Social y Asistencia Social no es infrecuente que para eludir el debate terminológico se recurra a la expresión omnicomprensiva de "protección social".

En la legislación española, la primera mención al término protección social se encontraría en la Ley 46/1985, de Presupuestos Generales del Estado1

En la Recomendación del Consejo de 27 de julio de 1992 relativa a la "Convergencia de los Objetivos y de las Políticas de Protección Social" se afirmaba que "la protección social es un instrumento esencial de la solidaridad entre los habitantes de cada Estado miembros".

También es protección social el término utilizado en los artículos 21.3, 151 y 153.1.c) del Tratado de Funcionamiento de la Unión Europea (Tratado de Funcionamiento de la Unión Europa).

Igualmente, protección social es el término utilizado en la Comunicación de 23 de febrero 2022 de la Comisión al Parlamento Europeo, al Consejo y al Comité Económico y Social Europeo sobre el Trabajo Digno.

Y a nivel de Derecho internacional16 cabe traer a colación la Recomendación nº 202 de 2012 de la OIT "Relativa a los Pisos Nacionales de Protección Social".

Por su parte, el Informe Mundial sobre la Protección Social 2017-2019 de la OIT comienza con la siguiente frase: "la protección social, o seguridad social, es un derecho humano definido como un conjunto de políticas y programas diseñados para reducir y prevenir la pobreza y la vulnerabilidad en todo el ciclo de vida". Vemos, pues, cómo la OIT utiliza como términos sinónimos ambos conceptos.

4. EL PILAR EUROPEO DE DERECHOS SOCIALES Y LA PROTECCIÓN SOCIAL

El 9 de septiembre de 2015, con ocasión del Discurso sobre el estado de la Unión, el presidente Juncker anunció su intención de establecer un Pilar Europeo de Derechos Sociales con el objetivo de "conseguir un mercado europeo justo y verdaderamente paneuropeo.

El Parlamento Europeo adoptó una Resolución sobre el Pilar Europeo el 19 de enero de 2017 en la que hizo un llamamiento en favor de un Pilar Europeo de Derechos Sociales sólido a fin de reforzar los derechos sociales, ejercer un efecto positivo en la vida de las personas a corto y medio plazo y apoyar la construcción europea en el siglo XXI.

El Comité Económico y Social Europeo adoptó su Dictamen sobre el Pilar Europeo el 25 de enero de 2017. El 26 de abril de 2017 el Pilar Europeo de Derechos Sociales fue objeto de regulación mediante una Recomendación de la Unión Europea.

El Parlamento Europeo, el Consejo y la Comisión proclamaron conjuntamente el Pilar Europeo de Derechos Sociales el 17 de noviembre de 2017, coincidiendo con la Cumbre Social de Gotemburgo en favor del empleo justo y el crecimiento.

Con el respaldo al Pilar de Derechos Sociales como "contrapeso" al Pilar Económico las instituciones de la Unión Europea y los Estados parecen haber tomado conciencia de que era el momento de dar un giro político y prestar mayor atención a "la dimensión humana" para que la Unión Europea tenga futuro como proyecto económico y político.

Pero, pese a las expectativas que el ampuloso título de "Pilar Europeo" pudiera generar, hay que aclarar inmediatamente que no estamos ante nuevos derechos que se hayan incluido en el articulado del Tratado de Funcionamiento de la Unión Europa. El Pilar tampoco ha sido objeto de regulación por medio de un Reglamento -cuyas disposiciones tienen efecto directo en los Estados miembros y eficacia directa para sus ciudadanos-. Ni tan siquiera está recogido en el texto de una Directiva -que tiene eficacia horizontal pero no vertical (entre particulares)- y ha de ser traspuesta a los ordenamientos internos de los Estados miembros en el plazo que en la misma se disponga.

Lo cierto es que la regulación del Pilar Europeo de Derechos Sociales se ha llevado a cabo través de una mera Recomendación de la Unión Europea sobre la base del artículo 292 del Tratado de Funcionamiento de la Unión Europea. Y al igual que ocurre con todas las Recomendaciones de la Comisión Europea, las mismas no generan derechos ni obligaciones legalmente exigibles ni para los ciudadanos ni para los Estados de la UE.

No cabe, por tanto, hablar del carácter jurídicamente vinculante del Pilar Europeo, sino que meramente estaríamos ante "una guía para un proceso renovado de convergencia entre los Estados miembros participantes hacia unas condiciones laborales y de vida mejoradas".

De los veinte principios sobre los que se erige el Pilar Europeo de Derechos Sociales, el número doce reza así: "Protección social. Con independencia del tipo y la duración de su relación laboral, los trabajadores por cuenta ajena y, en condiciones comparables, los trabajadores por cuenta propia, tienen derecho a una protección social adecuada".

Sobre el principio número 12 cabría comentar, en primer lugar, que el derecho a la protección social de trabajadores por cuenta ajena y por cuenta propia ya esté regulada por las legislaciones de los Estados miembros y coordinadas éstas últimas por el Reglamento 883/2004.

En segundo lugar, la redacción del apartado 12 resulta no sólo imprecisa y genérica en cuanto a la extensión del derecho reconocido, sino que al igual que ocurre con todos los "derechos" recogidos en el Pilar Europeo no tiene por sí mismos fuerza vinculante por lo que para su operatividad será preciso que se adopten iniciativas legislativas concretas que, muy probablemente supongan un incremento del gasto social, lo que puede frenar su implementación.

En tercer lugar, es asimismo criticable la ausencia de una definición expresa del concepto de Protección Social.

En cuarto lugar, resulta si no anacrónica sí inexacta para muchos ordenamientos nacionales la dicotomía entre trabajadores por cuenta ajena y por cuenta propia como "titulares" del derecho a una protección social adecuada. Y ello por diversas razones:

- Porque se omite toda mención a los funcionarios públicos, lo cual obliga a realizar una interpretación integradora y equipararlos con los trabajadores por cuenta ajena a los efectos del Pilar Europeo, independientemente de la calificación que a nivel de Derecho interno pudiera corresponderle.

- Porque no se tienen en cuenta que en legislaciones como la española se regulan figuras "intermedias": los trabajadores autónomos económicamente dependientes.
- Mucho más criticable resulta que el Pilar Europeo retome la terminología del derogado Reglamento 1408/71 respecto a los destinatarios de la normativa de protección social, cuando el vigente Reglamento 883/2004 la ha superado definitivamente y los beneficiarios de las disposiciones de coordinación de sistemas de Seguridad Social son las personas (y no los trabajadores).
- Porque a efectos de protección social lo relevante no es si se ostenta, o no, la condición de trabajador (por cuenta ajena o por cuenta propia) a nivel de Derecho nacional. Lo decisivo para que a una persona y a sus familiares y causahabientes) se le apliquen las normas de coordinación es que estén protegidos por un régimen coordinado de Seguridad Social. En el mismo sentido se puede destacar cómo el Convenio Multilateral Iberoamericano de Seguridad Social -vigente en España-también utiliza el término personas como destinatarios de sus normas dc coordinación en vez de trabajadores por cuenta ajena y por cuenta propia.
- Asimismo, vincular el derecho a la protección con el status de trabajador (por cuenta ajena o por cuenta propia) entra en contradicción con la propia afirmación contenida en Recomendación de la Comisión Europea de 26 de abril de 2017 sobre el Pilar Europeo de Derechos Sociales respecto a que sus destinatarios son "los ciudadanos de la Unión y a los nacionales de terceros países con residencia legal".

5. BIBLIOGRAFÍA

CABEZA PEREIRO, J.; "El concepto de trabajador en la Jurisprudencia del Tribunal de Justicia de la Unión Europea", Documentación Laboral, nº 113/2018.

CARRASCOSA BERMEJO, M.D., "Libre circulación de ciudadanos de la Unión Europea inactivos y su acceso a las prestaciones no contributivas (incluida la asistencia sanitaria): el impacto de la jurisprudencia del Tribunal de Justicia", Revista del Ministerio de Empleo y Seguridad Social nº 127/2017.

ORTIZ CASTILLO, F., (Coord.); *Los Reglamentos de Coordinación de Sistemas de Seguridad Social en la Unión Europa,* Laborum, Murcia, 2021.

SÁNCHEZ-RODAS NAVARRO, C., "Libre circulación de personas en la Unión Europea y prestaciones no contributivas de Seguridad Social y Asistencia Social", Revista de Derecho de la Seguridad Social, nº 10/2017

SÁNCHEZ-RODAS NAVARRO, C., "Los divergentes conceptos de Asistencia Social en el Derecho de la Unión Europea y sus efectos sobre la propuesta de reforma del Reglamento 883/2004", Revista General de Derecho del Trabajo y de la Seguridad Social nº 49/2018.

TEST

1. El concepto de trabajo digno:
   a) Es un concepto regulado en el Tratado de Funcionamiento de la UE
   b) Es un concepto regulado por la Directiva 2004/38
   c) Es un concepto regulado en el Reglamento 883/2004
   d) Ninguna de las anteriores es correcta

2. Tienen reconocido el derecho a la libre circulación de trabajadores
   a) Todos los residentes en la UE

b) Tanto los trabajadores por cuenta ajena como los trabajadores por cuenta propia

c) Los trabajadores por cuenta ajena

d) Todas son correctas

3. El concepto de trabajador a efectos del derecho a la libre circulación

a) Coincide con el concepto del Texto Refundido del Estatuto de los Trabajadores

b) Es un concepto creado por el Tribunal de Justicia de Luxemburgo

c) Coincide en todos los casos con los sujetos protegidos por el Reglamento 883/2004

d) Ninguna de las anteriores es correcta

4. El concepto de Asistencia Social

a) Está definido en el Tratado de Funcionamiento de la Unión Europea

b) Está definido en el Reglamento 883/2004

c) Está definido en la Directiva 2004/38

d) Ninguna de las anteriores es correcta

5. El Pilar Europeo de Derechos Sociales

a) Tiene primacía y efecto directo

b) Ha de ser traspuesto a los ordenamientos internos

c) Es una Recomendación

d) Es un Reglamento

6. El artículo 45 del Tratado de Funcionamiento de la Unión Europa es desarrollado por
   a) El Reglamento 492/2011
   b) El Reglamento 987/2004
   c) El Reglamento 1408/71
   d) Ninguna de las anteriores es correcta

7. El artículo 45 del Tratado de Funcionamiento de la Unión Europa se aplica
   a) A todos los residentes legales en la Unión Europea
   b) Solo a los ciudadanos de Estados de la Unión Europa
   c) A refugiados y apátridas
   d) Ninguna de las anteriores es correcta

8. Los apátridas
   a) Son sujetos protegidos por el Reglamento 492/2011
   b) Son sujetos excluidos del Reglamento 883/2004
   c) Son sujetos incluidos en el Reglamento 883/2004
   d) Ninguna de las anteriores es correcta

9. El término protección social aparece incluido
   a) En el Pilar Europeo de Derechos Sociales
   b) En el Reglamento 883/2004
   c) En el Reglamento 492/2011
   d) Ninguna de las anteriores es correcta.

10. A efectos de la Directiva 2004/38
   a) El concepto de Asistencia Social coincide con el concepto del Reglamento 883/2004

b) El concepto de Asistencia Social no coincide con el concepto del Reglamento 883/2004

c) El concepto de Asistencia social se define expresamente en la Directiva

d) Ninguna de las anteriores es correcta

Preguntas

1. A efectos del derecho a la libre circulación ¿cuáles son los elementos definitorios del concepto jurisprudencial de trabajador?

2. ¿A quiénes se aplica el Reglamento 883/2004?

3. ¿Qué excepciones tiene el derecho a la libre circulación de trabajadores?

4. ¿Qué eficacia jurídica tiene el Pilar Europeo de Derechos Sociales?

5. ¿El concepto de Asistencia Social es unívoco en Derecho comunitario?

Caso práctico

Con apoyo en la jurisprudencia del Tribunal de Justicia de Luxemburgo sobre el concepto de trabajador dictamine si un funcionario español incluido en el Sistema de Clases Pasivas tiene reconocido el derecho a la libre circulación de trabajadores y si, simultáneamente, puede ser sujeto protegido por el Reglamento 883/2004.

Capítulo III

Trabajo decente en el ámbito europeo

J. EDUARDO LÓPEZ AHUMADA
Catedrático de Derecho del Trabajo y de la Seguridad Social
Universidad de Alcalá

1. EN TORNO AL CONCEPTO OIT DE TRABAJO DECENTE

El trabajo decente es un concepto de creación originaria de la Organización Internacional del Trabajo (OIT), que posteriormente ha sido recogido y promocionado por parte de la Unión Europea. Por ello, resulta necesario referirse, aunque sea de forma general, al concepto de la OIT relativo al trabajo decente, así como a su naturaleza jurídica y contenido protector.

El principio de trabajo decente está en conexión con el cumplimiento de las normas laborales internacionales y la noción de justicia social. Con ello, se intenta promocionar un modelo protegido de trabajo libre y en condiciones dignas. La OIT defiende el trabajo decente como "un trabajo productivo para hombres y mujeres en condiciones de libertad, equidad, seguridad y dignidad humana". Con carácter general, dicho principio persigue erradicar las distintas formas de pobreza y permitir la realización personal de los ciudadanos a través del trabajo.

Existe una relación intrínseca entre el trabajo decente y el principio de igualdad en el trabajo. El trabajo decente está implícitamente reconocido en los principales convenios internacionales que protegen los derechos humanos: a) Declaración Universal de los Derechos Humanos de 1948 (art. 2) y b) Pacto Internacional de Derechos Económicos, Sociales y Culturales de 1966 [arts. 3 y 7 i)]. De igual modo, debemos destacar la importancia de la Declaración de Filadelfia de 1944, actual Carta de Constitución de la OIT, que contempla que "todos los seres humanos, sin distinción de raza, credo o sexo, tienen derecho a perseguir su bienestar material y su desarrollo espiritual en condiciones de libertad y dignidad, de seguridad económica y en igualdad de oportunidades". [Anexo relativo a la declaración relativa a los fines y objetivos de la OIT, epígrafe II, letra a)]. La igualdad es un principio constitutivo de la propia OIT y la manera de hacer efectivo el trabajo decente es garantizar el principio de igualdad y no discriminación en el trabajo.

La OIT creó el término de trabajo decente en 1999, durante el mandato del director general de la OIT, Juan Somavía, en la Conferencia Internacional del Trabajo núm. 87. La noción de trabajo decente proviene de la Declaración de Filadelfia, donde se declara el objetivo de promover el desarrollo y el bienestar de las personas "en condiciones de libertad y dignidad, de seguridad económica y en igualdad de oportunidades". Los principios y derechos fundamentales en el trabajo son universales y se aplican a todas las personas en todos los Estados. Conviene igualmente expresar que el trabajo decente es un principio general del Derecho del Trabajo, que tiene un claro contenido jurídico y moral, entroncando con la propia finalidad tuitiva jurídico-laboral.

El trabajo decente es trabajo digno. Esta afirmación supone el reconocimiento de la dignidad de la persona y su centralidad en el ámbito laboral. El trabajo decente integra tanto la protección de la cantidad (creación de pleno empleo) y la calidad del empleo (en condiciones dignas). Existe, pues, en la noción de trabajo decente una dimensión cuantitativa, que implica fomentar el empleo protegido para todos, y una dimensión cualitativa, dirigida a preservar el trabajo digno, que supone asegurar empleos de calidad con condiciones de trabajo y empleo justas. Por tanto, el trabajo decente es un ideal que orienta a conseguir que las personas contribuyan a la economía y a la sociedad, tanto en la economía formal como en la informal.

El trabajo decente se define como un trabajo productivo, desarrollado en condiciones de libertad, equidad, seguridad y dignidad, en el que se protegen los derechos y que cuenta con una remuneración adecuada y una protección social, y en el que se respeta el tripartismo y el diálogo social. El principio de trabajo decente es un marco integrador de los objetivos estratégicos de la OIT y del desarrollo de los estándares laborales internacionales. Los bloques relativos al trabajo decente son los siguientes: a) estándares internacionales laborales: principios y derechos fundamentales en el trabajo (*standars*); b) empleo (*employment*); c) diálogo social (*dialogue*); y c) protección social (*social protection*).

El principio de trabajo decente no es una mera proclamación, sino que es un concepto jurídico conectado con la realidad y con la noción de justicia social. El concepto de trabajo decente tiene un naturaleza dinámica y consensual. Se ha mostrado como un principio de gran aplicación práctica y con efectos jurídicos transversales. Ciertamente, el trabajo decente es un concepto flexible, que puede adaptarse a los distintos contextos, coyunturas y realidades regionales en el mundo. El objetivo del "trabajo decente para todos" es erradicar las situaciones injustas que impiden la igualdad en relación a los derechos reconocidos. Todo ello demanda satisfacer a las personas oportunidades efectivas de empleo o una protección social adecuada.

El trabajo decente está vinculado con el futuro del trabajo, como fin constitutivo de la OIT. La vinculación de la garantía laboral universal con la justicia social nos conduce inevitablemente al espíritu constitutivo de la OIT de Filadelfia. Actualmente, la labor normativa internacional se ha visto cuestionada ante las nuevas vicisitudes que afectan al sistema económico. Estamos ante un auténtico desafío de la función protectora del Derecho del Trabajo. La reafirmación de la función protectora del Derecho del Trabajo está llamada a establecer nuevos límites. Nos encontramos ante un auténtico desafío desde el punto de vista de la protección del trabajo y de la propia efectividad de los derechos laborales. Debemos analizar los retos que plantea el trabajo desde la perspectiva del fomento de la justicia social en un mundo cada vez más incierto, convulso y globalizado.

No debemos olvidar que el Derecho del Trabajo es un derecho de inclusión social. El derecho al trabajo y el derecho a trabajar se manifiestan como un derecho efectivo a la inclusión social. Se trata de un derecho social de ciudadanía, como lo configura el art. 6 del Pacto Internacional de Derechos Económicos, Sociales y Culturales. Se reconoce un derecho a trabajar, amparando a cualquier persona para que tenga oportunidades de ganarse la vida mediante un trabajo libre y voluntario. Este planteamiento presupone la intervención pública en el ámbito social y económico. Es por ello que el derecho al trabajo se configura jurídicamente como un derecho social. El derecho al trabajo no se limita al mero reconocimiento de la libertad de trabajo, sino que requiere una labor proactiva de defensa jurídica. Esta idea da lugar a una reafirmación de las instituciones laborales, teniendo presente siempre el trabajo decente y sostenible. Se trata de luchar por la defensa del denominado *workfare*, como sistema propio del estado del bienestar.

Se pretende combatir la nueva informalidad. La informalidad laboral afecta al conjunto de los sistemas de relaciones laborales y se encuentra en constante cambio y transformación. Estamos realmente ante un problema global, siendo este uno de los grandes retos que afectan a las sociedades del siglo XXI. La informalidad laboral es un problema que se está igualmente desarrollando en los países europeos y, en especial, en España. El problema de la informalidad laboral es un desafío trascendental en el mundo actual, donde existe una clara desafección de la noción clásica del trabajo declarado y protegido.

Asimismo, el trabajo decente se impulsa internacionalmente en virtud de los objetivos de desarrollo sostenible (ODS) de Naciones Unidas. El trabajo decente está presente en los ODS. En este sentido, debemos destacar la centralidad del ODS número 8, que se refiere al trabajo decente y al crecimiento económico sostenible. Estamos ante un recurso renovado del trabajo decente, combinándolo con la noción de crecimiento justo y sostenible socialmente. Se trataría de aprovechar el crecimiento económico sostenible para ofrecer oportunidades de empleo pleno y productivo, con trabajo decente para todos. Ello supone erradicar el trabajo forzado, la trata de personas y el trabajo infantil, promover los derechos laborales y los entornos de trabajo seguros.

El trabajo decente supone garantizar ingresos económicos dignos, que aseguren percepciones de garantía asociadas al empleo. El salario mínimo decente es un reto que permite luchar contra la existencia de trabajadores con ingresos por debajo del umbral de la pobreza y asegura igualmente la eficacia de los sistemas de protección social, mejorando su financiación. Asimismo, el trabajo decente debe permitir la extensión del empleo a los grupos sociales más vulnerables, como son las mujeres, los jóvenes, así como las personas excluidas del mercado laboral.

2. LA RECEPCIÓN DEL PRINCIPIO DE TRABAJO DECENTE POR LA UNIÓN EUROPEA

La Unión Europea ha asimilado institucionalmente el principio de trabajo decente y se muestra como un modelo normativo y de política social ideal para conseguir su realización en la práctica. Tradicionalmente la Unión Europea se ha presentado como un sistema ejemplar en la lucha por la justicia social y la igualdad. La Unión Europea ha acogido el principio de trabajo digno, como un ejemplo de integración, de igualdad y de justicia social. Estos son objetivos que forman parte de las líneas maestras del proyecto de integración europea y que, según Naciones Unidas, tanto el modelo de Derecho social europeo, como su política institucional, son ejemplos de desarrollo de los compromisos de Naciones Unidas y de la OIT. Precisamente, una de las actuales líneas de desarrollo del trabajo decente en la Unión Europea se encuentra ligada al propio impulso de los ODS en las políticas sociales europeas.

La Unión Europea se presenta como un contexto ideal para identificar buenas prácticas de fomento del trabajo decente, tanto desde el punto de vista normativo, como en atención al desarrollo de las políticas sociales de referencia. Con todo, conviene destacar que el recurso a la noción de trabajo decente se presenta como una práctica de *soft Law* International. Es decir, en un contexto como el actual, presidido por una profunda crisis económica y por un alto grado de incertidumbre, el desarrollo de reformas normativas en la Unión Europea se encuentra actualmente en una fase de parálisis. Como sabemos, desde la salida del Reino Unido de la Unión Europea, el proyecto europeo pasa por una profunda crisis institucional y evidentemente el Derecho social europeo se ha visto afectado profundamente por esta situación.

Por ello, el fomento del trabajo decente se muestra como un importante programa de acción europeo, dirigido a exportar el modelo de integración europea, basado en la libertad, la igualdad, los derechos y la democracia, como referente desde el punto de vista global. En un momento de crisis del modelo europeo y de parálisis del Derecho social de la Unión Europea, el hecho de acoger un principio propedéutico como el trabajo decente permite seguir desarrollando una labor transformadora de la realidad. Este propósito se consigue sin necesidad de recurrir a las normas jurídicas vinculantes, que evidentemente requieren de un profundo consenso, que actualmente es muy difícil de conseguir. De igual modo, y sin posibilidad de producirse reformas sustanciales en el Derecho social europeo, el trabajo decente se muestra como una respuesta pragmática ante la crisis y la devaluación del Derecho del Trabajo en la actualidad.

En el mundo no existe una región con un nivel más avanzado de integración desde el punto de vista político y social. El hecho de que la Unión Europea sea un ejemplo internacional a la hora de desarrollar el trabajo decente se basa en importantes hitos de referencia. Se trata de manifestaciones normativas que permiten visualizar la lucha por el trabajo decente. De igual modo, estos precedentes europeos son la base en la que se asienta la promoción del trabajo decente como modelo de cohesión social. El propio Tratado de la Unión Europea contempla un concepto amplio de ciudadanía europea, que se orienta claramente al desarrollo de la libertad, la igualdad y el reconocimiento de derechos y obligaciones para los ciudadanos europeos. En este sentido, debemos destacar desde el punto de vista del proyecto de integración, el derecho de los ciudadanos europeos a circular y residir libremente en el territorio de la Unión Europea. Este derecho permite a los ciudadanos el desarrollo de sus proyectos de vida, en virtud de la observancia del trabajo digno y protegido.

En ese sentido, debemos destacar la proyección de la Carta Social Europea, que reconoce el derecho al trabajo, y entre otros aspectos, el derecho a ganarse la vida mediante un trabajo libremente elegido, promovido a través de una política económica y social destinadas a garantizar el pleno empleo (Parte I). Y en este modelo se prevé expresamente la necesidad de que ese trabajo se desarrolle en virtud de condiciones laborales justas. Efectivamente, se puede deducir de esta regulación el reconocimiento del trabajo decente. En el ámbito de la Unión Europea el desarrollo del trabajo decente se basa en los precedentes normativos de referencia.

Con carácter general, podemos destacar la Carta de Derechos Fundamentales de la Unión Europea, cuyas normas son jurídicamente vinculantes. Precisamente, uno de los rasgos más importantes de intervención de la Carta se refiere al hecho de asumir la jurisdicción sobre muchos aspectos del trabajo, que anteriormente se habían considerado como responsabilidad única de los gobiernos nacionales. La Carta reconoce el derecho al trabajo y la libertad para elegir el mismo y prestar con ello servicios en cualquier Estado de la Unión Europea. Entre los derechos básicos reconocido por ese texto normativo podemos destacar el derecho de los trabajadores a la información y a la consulta, el derecho a la negociación colectiva y a la acción sindical, el derecho de acceso a los servicios de empleo, la protección en caso de despido injustificado, las condiciones de trabajo justas y equitativas, la prohibición del trabajo infantil y la protección de los jóvenes en el trabajo.

De igual modo, debemos referirnos al Pilar Social Europeo, que reconoce hasta veinte principios relativos al desarrollo de los derechos sociales en Europa. La finalidad de esta proclamación de principios es conseguir una orientación efectiva hacia una Europa social, fuerte, justa, inclusiva y con oportunidades. En este punto, debemos referirnos a la relevancia del capítulo primero del Pilar Social, relativo a la igualdad de oportunidades y al acceso al mercado de trabajo. Entre los ejes de este apartado destacamos, la educación, la formación y el aprendizaje permanente, la igualdad de género, la igualdad de oportunidades y el apoyo activo para el empleo. Otro eje del Pilar Social se encuentra en el capítulo segundo, relativo al desarrollo de condiciones de trabajo justas, donde claramente se encuentra representado el trabajo decente. En este apartado encontramos las referencias al empleo seguro y adaptable, salarios dignos, información sobre las condiciones de trabajo y la protección en caso de despido, el diálogo social y la participación de los trabajadores, el equilibrio entre vida profesional y privada, un entorno de trabajo saludable, seguro y adaptado, y el derecho a la protección de datos. Por último, y como colofón al modelo de protección, es preciso referirse al capítulo tercero, dedicado a la protección e inclusión social. En este apartado destaca la garantía de asistencia y apoyo, protección social, prestaciones por desempleo, renta mínima, pensiones y prestaciones de vejez, sanidad, inclusión de las personas con discapacidad, cuidados de larga duración y acceso a los servicios esenciales.

Conviene indicar que el plan de acción del Pilar Social Europeo de derechos sociales anunció una comunicación sobre el trabajo digno en todo el mundo. Esta declaración ha servido de base para los siguientes instrumentos europeos, que han permitido visibilizar el impulso de la Unión Europea al desarrollo del concepto de trabajo decente de la OIT. En dicha acción se producía una revisión profunda de los instrumentos de la Unión Europea relativos al trabajo decente y contenía, a su vez, un plan director para una estrategia de la Unión Europea relativa a la dimensión social de sus actuaciones internacionales.

Aunque sea de forma general, es preciso reafirmar la relevancia del Derecho social derivado de la Unión Europea, a los efectos de asimilar el concepto de trabajo decente de la OIT. Se trata de un conjunto normativo que se asienta en el Derecho originario de la Unión Europea y cuyos ejes de protección están basados en los principios esenciales previstos en los tratados constitutivos de la Unión Europea. Desde esta perspectiva, debemos destacar la relevancia del reconocimiento de las políticas sociales europeas, la libre circulación de trabajadores, el derecho de ciudadanía europea y la proclamación de la igualdad de trabajo entre hombres y mujeres, que ha sido especialmente desarrollado por un conjunto ambicioso de directivas europeas. Igualmente, en el Derecho derivado existe una importante vertiente normativa relativa a la lucha contra las exclusiones sociales, el fomento del empleo y la consecución de un nivel de empleo elevado y duradero. Un lugar especialmente importante ocupa la mejora de las condiciones de trabajo, donde podemos destacar la ordenación de la salud laboral, el tiempo de trabajo, la protección laboral de los jóvenes, el permiso parental, el desplazamiento de trabajadores, la protección del trabajo a tiempo parcial y las normas de tutela del trabajo de duración determinada.

Este Derecho social derivado no solamente se ha centrado en la figura del trabajador, sino que también ha tenido en cuenta la propia significación de la empresa, en un modelo tendente a evitar el *dumping social* y la competencia en el espacio europeo en clave de devaluación de las condiciones laborales. Por lo que se refiere al estatuto de la empresa, en el Derecho social europeo debemos destacar la regulación en las directivas monográficas sobre despidos colectivos, traspasos de empresas e insolvencia empresarial. En este modelo de integración social, juega un importante papel el derecho a la participación de los trabajadores con la empresa en asuntos de índole laboral. Igualmente, la Unión Europea ha desarrollado un importante bloque de directivas relativas al diálogo y a la participación laboral en las empresas. Desde esta perspectiva, nos referimos a la regulación de los comités de empresa europeos y al procedimiento de información y consulta a los trabajadores. En este punto, es preciso destacar la regulación monográfica de la información y la consulta colectiva a los trabajadores, como ejemplo de diálogo social en las relaciones laborales. Asimismo, también cuenta la Unión Europea con una importante regulación de las sociedades anónimas y de las sociedades cooperativas europeas.

El último apartado se refiere a la regulación de los mecanismos de protección social, que son claves para la garantía del trabajo decente. El Derecho de la Unión Europea ha desarrollado, en virtud de sus reglamentos y directivas, un sistema de coordinación de los sistemas estatales de Seguridad Social. Se trata de un modelo que, sin privar la virtualidad de cada sistema nacional de Seguridad Social, permite su coordinación efectiva para asegurar el desarrollo de la movilidad de los trabajadores en la Unión Europea. Este reconocimiento permite que el desplazamiento por motivos de trabajo no suponga una merma para la protección social de las personas trabajadoras. Por tanto, este sistema es clave para el desarrollo efectivo de la propia ciudadanía europea y para la posibilidad de desplegar el trabajo protegido, compensando a las personas en situaciones de necesidad mediante mecanismos de protección social.

3. EL IMPULSO AL TRABAJO DECENTE EN LA UNIÓN EUROPEA

Naciones Unidas y, en especial la OIT, han destacado la decisión de la Unión Europea de promover el trabajo decente para todos desde el punto de vista internacional. El respaldo formal de la Unión Europea al programa de trabajo decente se produjo en el Consejo Europeo de 22 y 23 de marzo de 2005, en el que se aprobaron una serie de conclusiones relacionadas con la promoción del trabajo decente en la Unión Europea y en el mundo.

Concretamente, dicha proclamación se titulaba "la promoción del trabajo decente en la Unión Europea y en el mundo: hacer del trabajo decente una realidad global". De este modo, la Unión Europea daba un impulso efectivo al principio internacional de trabajo decente y lo incluía como una de las líneas estratégicas en su acción institucional. Esta decisión suponía adoptar una serie de políticas y acciones relacionadas con la propuesta del programa de trabajo decente de la OIT. Esta iniciativa de la Unión Europea suponía un paso importante, tanto en el ámbito de la política internacional comercial, así como desde la perspectiva de la cooperación internacional, aprovechándose de "la fuerza innovadora del trabajo decente y productivo".

La asunción por parte de la Unión Europea de la defensa del trabajo decente es especialmente importante a escala mundial. Ello supone una demostración de un claro liderazgo en un tema social clave, que se muestra especialmente importante en un momento propicio como el actual. En este contexto se está debatiendo la propia función protectora de los Estados sociales y democráticos de Derecho, frente al avance de las corrientes neoliberales y el mercado global sin intervenciones. Se confirma el liderazgo internacional de la Unión Europea en un tema que aborda la cuestión social de nuestro tiempo y que se desarrolla en un mundo cada vez más global. Esta situación permite visualizar la conexión de la Unión Europea y Naciones Unidas, como agentes necesarios para hacer del trabajo decente una realidad en nuestro tiempo.

A pesar del análisis del trabajo decente desde una perspectiva internacional, no cabe duda de que la adopción por parte de la Unión Europea de la defensa del trabajo decente es igualmente una respuesta a los problemas sociales que se han producido en el continente europeo. La crisis económica ha tenido especial repercusión en la Unión Europea y ha dado lugar a un importante repunte del desempleo. Esta situación ha afectado a casi veinte millones de personas, especialmente a los menores de veinticinco años. En este sentido, el gran reto europeo consiste en incorporar en torno a cuarenta millones de personas al mercado de trabajo europeo, factor esencial para la propia competitividad del continente europeo a escala global.

De igual modo, se ha producido un proceso de pauperización de los trabajadores europeos. Esta situación se suma a un contexto internacional en el que la mitad de los trabajadores del mundo viven por debajo del umbral de pobreza, estimado en torno a dos dólares diarios. Todo ello significa que también en la Unión Europea la deriva económica está teniendo efectos sociales adversos, a pesar de la existencia actual de un proceso de recuperación postpandemia. Esta recuperación económica no está dando lugar a una traducción efectiva de las mejoras en el trabajo decente en las sociedades europeas.

Si bien es cierto que el trabajo decente no se ha venido utilizando como principio en el Derecho social europeo, sí que podemos deducirlo tanto en el Derecho originario, como en el Derecho derivado. La meta es avanzar en términos de igualdad, libertad y justicia, así como trabajar por la defensa de condiciones laborales dignas. Este modelo de protección se puede deducir del modelo de protección social europeo de trabajo decente en todos sus efectos. De igual modo, y desde el punto de vista de los principios de acción, la Unión Europea ha creado igualmente conceptos como el trabajo decente, aunque con distinto significado, especialmente debido a la realidad donde se proyecta. La Unión Europea ha creado el concepto de flexiseguridad, que permite una respuesta renovada a las variables de la protección jurídico-laboral y la flexibilidad del modelo legal de referencia. Esta combinación permite adaptar la protección a la coyuntura económica del momento de referencia. Se trata de una propuesta original, muy apegada a la pasada crisis económica y financiera de 2008 a 2014, que ha sido seguida de la posterior crisis de la pandemia del Covid-19. Precisamente, los efectos de esta última crisis en términos de pobreza han obligado a instituciones europeas a intensificar el programa protector y a acoger en su línea de acción al programa general de trabajo decente de Naciones Unidas.

Igualmente, debemos destacar que las proclamaciones de la Unión Europea relativas al trabajo decente se presentan como un modelo internacional de referencia para otros Estados en el mundo. Igualmente, dicho apoyo al trabajo decente se configura como un objetivo y como una directriz para los propios Estados de la Unión Europea. El trabajo decente se presenta como una declaración institucional, que no tiene eficacia jurídica y que, por tanto, no se puede imponer a los Estados. No obstante, evidentemente por su propia pertenencia a la Unión Europea, los Estados tendrían que fomentar dicho principio en consonancia con las propias instituciones europeas. Por supuesto, como no se trata de declaraciones que tengan efecto jurídico directo, la proclamación del trabajo decente no genera por sí misma derechos subjetivos a favor de los ciudadanos europeos. Sin embargo, esta proclamación se encuentra implícitamente contenida en normas jurídicas del Derecho originario y derivado. Estas disposiciones se configuran como normas jurídicas a todos los efectos y se pueden invocar en las jurisdicciones nacionales y ante el Tribunal de Justicia de la Unión Europea.

En cuanto a los documentos de impulso del trabajo decente por parte de instituciones europeas, podemos destacar la declaración de la Comisión Europea, titulada "Estrategia para promover el trabajo digno en todo el mundo y preparar un instrumento para prohibir los productos derivados del trabajo forzoso" 2022 [14 de septiembre de 2022, COM(2022) 453 final]. De igual modo, podemos destacar el informe del Parlamento Europeo relativo a "Promover un trabajo digno para todos" de 2007 [15 de marzo de 2007, 2006/2240(INI)]. En este instrumento se recogían las observaciones del Consejo Económico y Social de las Naciones Unidas (ECOSOC), en el documento relativo a la declaración ministerial en la que se subrayaba la prioridad de lograr el empleo pleno y productivo y un trabajo digno para todos (2006) y que también figuraba en un trabajo previo, que se contempla en la comunicación de la Comisión Europea, relativa a "Promover un trabajo digno para todos. La contribución de la Unión Europea a la aplicación de la agenda de trabajo digno en el mundo [COM(2006)0249) (Comunicación de la Comisión sobre un trabajo digno)].

En atención a este programa, la Comisión Europea ha previsto varias acciones concretas, entre las que podemos destacar el refuerzo de la contribución del trabajo digno en la política de desarrollo y de ayuda exterior de la Unión Europea. También se contempla reforzar la cooperación con las organizaciones regionales, internacionales, la comunidad empresarial y la propia sociedad civil. En concreto, se afirma que una forma efectiva de desarrollar el trabajo decente se refiere a la necesidad de incluir al trabajo digno en todos sus acuerdos e instrumentos de cooperación con terceros países, incluidos los países candidatos, países vecinos y otros países en desarrollo, así como desarrollados. La clave de esta estrategia reside en reforzar el trabajo digno en un régimen de comercio abierto en el ámbito de la economía global. Finalmente, se anima a los países a que formulen estrategias orientadas a avanzar hacia el establecimiento de un trabajo digno para todos, que tengan en cuenta las necesidades y las dotaciones específicas de cada uno de los países socios afectados.

Asimismo, debemos referirnos a la ya citada propuesta de resolución del Parlamento Europeo, relativa a "Promover un trabajo digno para todos" (2006/2240(INI)). Este instrumento acoge el trabajo decente, como fórmula protectora, ante el desarrollo de la globalización. Dicha acción se contextualiza en una situación de compensación ante un proceso acusado de liberalización en todas las esferas de las políticas económicas y sociales. En especial, se anima a los Estados miembros y a los países candidatos, a que ratifiquen y apliquen los convenios de la OIT. En ese sentido, se indica que la mayoría de los países analizados no han ratificado algunos Convenios de la OIT. Especialmente, se trata del Convenio 168 sobre el fomento del empleo (España no lo ratificó), del Convenio 155 sobre seguridad y salud de los trabajadores (España si lo ratificó), del Convenio 183 sobre la protección de la maternidad (España no lo ratificó), del Convenios 118 y 157 sobre la igualdad de trato y el mantenimiento de los derechos en materia de seguridad social en caso de movilidad (España no ratificó el 118, pero sí el 157), los Convenios 97 y 143 sobre los trabajadores migrantes (España los ratificó).

De igual modo, debemos destacar la citada estrategia de la Comisión Europea para promover el trabajo digno en todo el mundo de 2022. La Comisión ha presentado está declaración, manifestando el compromiso de la Unión Europea de defender el trabajo digno tanto a nivel interno como en el resto del mundo. Se ha destacado la necesidad de eliminar, como aspecto central, el trabajo infantil y forzoso. Todavía en nuestro tiempo, ciento sesenta millones de niños se encuentran en situación de trabajo infantil. Ello supone que uno de cada diez niños en todo el mundo se encuentra en esta situación de explotación. Por su parte, se estima que veinticinco millones de personas se encuentran en situación de trabajo forzoso.

La Unión Europea intenta desarrollar el trabajo digno desde un enfoque global, dirigido a los trabajadores en los mercados nacionales, en terceros países y en las cadenas de suministros mundiales. A estos efectos, la comunicación insiste en la utilización de las políticas interiores y exteriores de la Unión Europea para lograr el trabajo digno en todo el mundo. Desde esa perspectiva, el trabajo decente se sitúa en el centro de una recuperación inclusiva, sostenible y resiliente.

Actualmente, la Comisión Europea está preparando un nuevo instrumento legislativo para prohibir de manera efectiva la entrada en el mercado de la Unión Europea de los productos elaborados mediante trabajo forzoso. Se trata de un instrumento que se proyectará sobre la entrada de bienes producidos dentro y fuera de la Unión Europea y que reforzará las obligaciones de los productores en materia de diligencia debida y de transparencia en el mercado.

4. RESULTADOS DE LA UNIÓN EUROPEA Y ESPAÑA EN MATERIA DE TRABAJO DECENTE

La Unión Europea ha adoptado medidas firmes para promover el trabajo digno a escala global. En concreto, se trata de un tratamiento transversal que ha considerado distintos retos de la sociedad, como las transformaciones en el mundo del trabajo. En estas acciones se incluyen los aspectos relativos a los avances tecnológicos, así como los problemas relativos a las crisis climáticas y a los cambios demográficos. Como sabemos, los resultados que se persiguen se contextualizan en el propio desarrollo de la globalización, haciendo posible que las medidas de trabajo decente tengan una respuesta interna, pero también externa a la Unión Europea.

Se trata de un programa de acción que está afectando a las relaciones bilaterales y regionales de la Unión Europea. Especialmente afecta a la política comercial de la Unión Europea, cuyo desarrollo se condicionará a la promoción de normas laborales internacionales y al respeto de los derechos de los trabajadores en terceros países, como parte esencial de las políticas de derechos humanos de la Unión Europea. Como ha indicado Von der Leyen, "hacer negocios y comerciar por todo el planeta no puede ir en detrimento de la dignidad y la libertad humanas". Sin duda, ello está en conexión con "la responsabilidad de examinar y considerar todas las políticas económicas y financieras internacionales, teniendo en cuenta el objetivo fundamental de la justicia social" (Declaración OIT sobre la justicia social para una globalización equitativa de 2008).

En relación a los resultados en materia de trabajo digno, con el fin de poder agrupar a los países industrializados por perfiles en función del grado de desarrollo del trabajo decente, podemos distinguir las siguientes categorías según la Unión Europea: a) Países nórdicos: Dinamarca, Finlandia, Noruega y Suecia; b) Países anglosajones: Australia, Canadá, Nueva Zelanda, Reino Unido y los Estados Unidos; c) Países del continente europeo: Austria, Bélgica, Francia, Alemania, Italia, Luxemburgo, Países Bajos y Suiza; d) Países en vías de industrialización: Grecia, Irlanda, Portugal y España. Por otro lado, podemos destacar algún ejemplo, como Japón, que no encaja plenamente en ninguna de estas categorías anteriormente citadas.

La Unión Europea destaca especialmente la necesidad de establecer programas nacionales sobre trabajo digno dirigidos por los propios Estados. Se insta a la Comisión Europea y a los Estados miembros a que apoyen y promuevan las iniciativas legislativas y las políticas emprendidas en los países en desarrollo sobre no discriminación y la igualdad de oportunidades. Se muestra como objetivo esencial, alcanzar los ODS y de reforzar el concepto de trabajo digno mediante la ayuda al desarrollo sostenible, que exige una política fiscal equitativa e innovadora. Se recuerda a los Estados miembros la importancia del Convenio núm. 100 de la OIT, relativo a la igualdad de remuneración entre hombres y mujeres, teniendo en cuenta el principio de igual salario por un trabajo de igual valor. De igual modo, es preciso tener en cuenta el principio del trabajo digno, especialmente mediante el incremento de los salarios de conformidad con la Recomendación 135 de la OIT (Recomendación sobre la fijación de salarios mínimos).

Sin duda, el desarrollo del trabajo decente necesita un apoyo financiero orientado al gasto social. Actualmente se permite un mayor margen de maniobra a la hora de financiar los programas sociales. Se ha superado la época de las políticas previas europeas de austeridad presupuestaria, como medida de garantía ante la crisis económica. El impacto de las políticas de austeridad, en su relación con el trabajo decente, ha afectado especialmente a los países del sur de Europa. Concretamente, los efectos de devaluación social se aprecian en países como Grecia, Italia y España, que se posicionan entre los países con peores resultados en términos de trabajo decente. El objetivo es corregir las disfunciones del mercado laboral, que nos hacen profundamente desiguales. En concreto, en el caso de España, la Unión Europea ha venido formulando recomendaciones para atajar los problemas del mercado de trabajo español, relativos a la precariedad, la temporalidad y la segmentación del mercado de trabajo. La calidad del trabajo en España es uno de sus grandes problemas estructurales, junto con el desempleo. Se trata de problemas persistentes y prácticamente invariables desde hace décadas. Con carácter general, ningún país de la Unión Europea tiene todavía un modelo económico sostenible y justo, y la Unión Europea en su conjunto está progresando muy lentamente en materia de trabajo decente.

5. BIBLIOGRAFÍA

CRUZ VILLALÓN, J., "La centralidad del trabajo digno en un nuevo modelo social", en *Revista Internacional y Comparada de Relaciones Laborales y Derecho del Empleo,* núm. 7-4, 2019.

DÍAZ AROCO, T., "Trabajo decente", en *Lex: Revista de la Facultad de Derecho y Ciencia Política de la Universidad Alas Peruanas,* Vol. 8, núm. 7, 2010.

LÓPEZ AHUMADA, J.E., "Trabajo decente y globalización en Latinoamérica: una alternativa a la desigualdad laboral y social", en *Documentos de Trabajo, IELAT,* núm. 98, 2017.

LÓPEZ AHUMADA, J.E., "Desafíos del programa de trabajo decente en Latinoamérica", en *Estudios Latinoamericanos de Relaciones Laborales y Protección Social,* núm. 1, 2016.

LÓPEZ AHUMADA, J.E., "Principios jurídicos y promoción de la igualdad de género como garantía del trabajo decente: problemas y experiencias en el seno de la OIT", en *Relaciones Laborales: Revista crítica de teoría y práctica,* núms. 15-18, 2012.

LÓPEZ AHUMADA, J.E., "La promoción del trabajo decente en virtud del objetivo de desarrollo sostenible núm. 8", en *Revista internacional Consinter de Direito,* Vol. 8, núm. 18, 2022.

LOZANO LARES, F. – SALAS PORRAS, M., "Trabajo decente para un futuro sin trabajo", en *Futuro del Trabajo: trabajo decente para todos,* mes 3 (marzo), 2017.

PREGUNTAS TIPO TEST

1. El principio de trabajo decente definido por la OIT se refiere a la defensa del trabajo productivo de las personas en condiciones de:
   a) Justicia moral.
   b) Igualdad.
   c) Fraternidad.
   d) Solidaridad.

2. El trabajo decente es un principio protector general que demanda
   a) Trabajo digno para todos.
   b) Trabajo digno para colectivos excluidos.
   c) Trabajo digno para colectivos especialmente vulnerables.
   d) Trabajo digno en el ámbito de la economía formal

3. El trabajo decente es:
   a) Un principio de creación de la Unión Europea.
   b) Un principio de desarrollo por parte de la Unión Europea.
   c) Un principio de creado por la doctrina del Tribunal de Justicia de la Unión Europea.
   d) Todas las anteriores alternativas son correctas.

4. El trabajo decente se encuentra relacionado especialmente con los ODS de Naciones Unidas. En concreto, con:
   a) El ODS núm. 2.
   b) El ODS núm. 5.

c) El ODS núm. 8.

d) El ODS núm. 11.

5. En el ámbito de la Unión Europea se realiza una referencia expresa al desarrollo del trabajo decente en:

a) El pilar social europeo

b) La Carta Social de la Comunidad Económica Europea

c) La declaración de principios y derechos constitutivos de la Unión Europea.

d) Todas son correctas.

6. El desarrollo del trabajo decente por parte de la Unión Europea se refiere a:

a) Su política de desarrollo y ayuda exterior.

b) La acción de los Estados miembros de la UE y de los países candidatos a ratificar los Convenios OIT.

c) Su desarrollo interno, teniendo en cuenta las necesidades y situaciones de los Estados miembros.

d) Todas las alternativas son correctas.

7. El principio de trabajo decente se incluye:

a) En el Derecho derivado, en virtud de Directivas específicas.

b) En el Derecho originario de la Unión Europea.

c) En la Carta Social Europea

d) Todas las alternativas son correctas

8. El objetivo de trabajo decente para todos se orienta a:

a) El ejercicio del trabajo en condiciones de libertad.

d) El derecho a prestaciones privadas en caso de necesidad.

c) La obligación de los Estados de legislar en la materia.

d) Su eficacia directa entre particulares.

9. Institucionalmente el trabajo decente desarrollado en la Unión Europea ha sido apoyado por:
   a) La Comisión Europea.
   b) El Consejo Europeo.
   c) El Parlamento Europeo.
   d) Todas las anteriores alternativas son correctas.

10. El trabajo decente forma parte de la acción de la Unión Europea en materia de:
   a) Política de distribución impositiva de la renta.
   b) Política fiscal (impuestos directos).
   c) Política jurisdiccional.
   d) Política comercial internacional.

Preguntas cortas

1. Define el concepto de trabajo decente destacando sus caracteres esenciales.

2. ¿Qué significa la declaración de la garantía laboral universal?

3. ¿Qué relación guarda el trabajo decente con los ODS de Naciones Unidas?

4. Identifique las principales manifestaciones de incorporación del concepto de trabajo decente por parte de la Unión Europea.

5. Destaque, al menos, tres ejemplos de incorporación del trabajo decente en el ámbito del Derecho Social Europeo

Caso práctico

Un trabajador presta servicios en base a un horario habitual de trabajo, durante el cual debe estar a disposición en cualquier momento y tiene siempre que estar preparado con su uniforme de servicio y dispuesto a trabajar. De igual modo, durante ese tiempo tiene acceso a un vehículo de servicio, puesto a disposición por la empresa. En estas situaciones de disponibilidad debe de responder a las llamadas y en ciertos momentos tendrá que asistir al lugar donde se produzca un incidente o bien acudir a su lugar de trabajo. Se destaca la necesidad de presentarse con un margen de veinte minutos. Ante estas circunstancias el trabajador considera que dicho tiempo se trata en realidad de jornada laboral efectiva y que debía ser retribuido como tal. El trabajador realiza su trabajo en una empresa en régimen de turnos sucesivos. Se trata de horarios diarios que contemplan dos pausas para la comida y el descanso intrajornada, con una duración de treinta minutos para cada una de estas interrupciones de la jornada diaria.

1. Revise la situación descrita desde el punto de vista del concepto de trabajo decente ¿Se trata de condiciones dignas de trabajo? ¿Por qué?
2. ¿Qué argumentos se podrían plantear desde la perspectiva del concepto de trabajo decente para modificar las condiciones de trabajo?

   Vid. Sentencia del Tribunal de Justicia de la Unión Europea de 21 de febrero de 2018, *Matzak,* asunto C-518/15 ENLACE

Capítulo IV

Libre circulación y desplazamiento de trabajadores en el marco de una prestación de servicios

DAVID LANTARÓN BARQUÍN
Catedrático de Universidad de Derecho del Trabajo y de la Seguridad Social
Universidad de Cantabria

1. LIBRE CIRCULACIÓN DE TRABAJADORES

1.1. Régimen jurídico de la libre circulación de trabajadores

Claves y referentes en el derecho originario de la UE

Libre circulación de trabajadores y desplazamiento "comunitario" de trabajadores constituyen dos realidades jurídicas íntimamente conectadas, si bien distanciadas porque refieren conceptos de "trabajador" muy diversos. Una aplicada a un concepto de trabajador estricto, propio, mucho más restrictivo que el ampliado a efectos de la libre circulación, como tendremos la oportunidad de ver.

Ambas partes de una realidad fáctica, el desplazamiento internacional en nuestro ámbito regional más cercano, semejante pero distinta, por su temporalidad y horizonte humano. Las migraciones son, en fin, un fenómeno histórico inveterado, de gran riqueza y complejidad desde el punto de vista de los derechos humanos implicados, y de creciente importancia. Un fenómeno, además, sustantivamente laboral, focalizado hacia Estados en función de su nivel de rentas, siendo por ello tradicionalmente Europa un importante destino. Un fenómeno en su mayor medida intrarregional. En nuestro caso, intraeuropeo. De ahí la importancia, sobremanera, de la libre circulación de trabajadores.

En aras de la realidad, desde distintas vertientes, del mercado único europeo, el ciudadano de un Estado miembro de la UE, pero también del EEE o de Suiza, dispuesto a efectuar una movilidad hacia otro de estos Estados a efectos de buscar y desempeñar un empleo, ostenta el derecho a la libre circulación. Derecho de circulación y residencia que se apoya en la UE sobre dos pilares: como derecho de la ciudadanía (arts. 20 y 21.1 TFUE) y como derecho de la persona trabajadora (art. 45 TFUE). Ambos arraigados en los artículos 3 TUE, mercado interior con una economía social de mercado y la garantía de la libre circulación de personas; 9 TUE, igualdad de los ciudadanos de la UE; y 18 TFUE, prohibición de discriminación en atención a la nacionalidad.

Derecho cuya titularidad corresponde a un colectivo muy amplio, comprensivo de los desempleados (mejor tratados en el Derecho de la UE, que el que busca su primera ocupación, as. Collins, STJUE de 23/3/2004, C-138/02), demandantes de empleo y trabajadores por cuenta ajena o propia y personal con una relación de servicios de naturaleza funcionarial.

Si esta cobertura normativa la traducimos en números, el porcentaje de población de la UE en edad de trabajar desplazado ha aumentado constantemente desde 2017. En la fecha de referencia del 1 de enero de 2020, representaban el 3,8 % de la población en edad de trabajar de la UE, aumentando a un ritmo similar cada año desde 2017, cuando la proporción era del 3,5 %. Debido al gran número de migrantes de la UE en

Suiza, los migrantes de la UE representaban una proporción significativamente mayor de la población en edad de trabajar en los países de la AELC, con un 15,1 %.

Descendiendo en detalle, en la identificación del régimen jurídico regulador de la libre circulación de trabajadores hemos de destacar, en primer lugar, el citado art. 45 TFUE, que partiendo de la abolición de toda discriminación por razón de la nacionalidad en el acceso y condiciones de empleo (art. 45.2), concreta su contenido (art. 45.3) hablando del acceso a puestos de empleo en otro Estado miembro distinto al de la nacionalidad; del libre desplazamiento; del derecho de residencia mientras se desempeñe un puesto o se esté buscando activamente un puesto de trabajo; y de la posibilidad de permanecer en el territorio de ese otro Estado miembro después de haber ejercido en él un empleo.

Un contenido limitado por razones de orden público, seguridad y salud pública, que pueden impedir la entrada; obstar la permanencia, mediante la denegación de la expedición de la tarjeta de residencia o de su renovación; o también obstar la residencia, ordenando la expulsión del territorio (en concordancia con lo dispuesto, en nuestro caso, en el art. 15 RD 240/2007). Véase, como botón de muestra, la STSJ Castilla y León, Sala de lo Contencioso, n.º 1335/2017, de 30 de noviembre de 2017.

Una salud pública especialmente evidenciada como límite durante la pandemia del COVID-19, que provocó el cierre de las fronteras interiores y ello, como consecuencia esperada, "afectó gravemente a la libre circulación de trabajadores y a las operaciones de EURES en 2020. Las nuevas actividades de colocación se paralizaron casi por completo durante la primavera de 2020" según informa la propia Comisión.

Al efecto, indicar brevemente que la salud pública es una limitación originaria a la libre circulación, siendo acogidas las pandemias en el art. 29 Directiva 2004/38/CE, sobre el derecho de los ciudadanos de la Unión y de los miembros de sus familias a circular y residir libremente en el territorio de los Estados miembros (DO, de 30 de abril).

El Covid-19 determinó el uso generalizado por los Estados miembros de esta limitación. En su gestión destacar una serie de instrumentos: el Reglamento (UE) 2021/953 del Parlamento Europeo y del Consejo de 14 de junio de 2021 relativo a un marco para la expedición, verificación y aceptación de certificados COVID-19 interoperables de vacunación, de prueba diagnóstica y de recuperación (certificado COVID digital de la UE) a fin de facilitar la libre circulación durante la pandemia de COVID-19 (DOL, 15 de junio); en segundo lugar, las directrices emanadas de las Comunicaciones de la Comisión, desde la efectuada el 16 de marzo de 2020, con especial protección de los trabajadores de servicios críticos y tratamiento de los trabajadores de temporada; la ya superada Recomendación (UE) 2020/1475 del Consejo, sobre un enfoque coordinado de la restricción de la libre circulación en respuesta a la pandemia de COVID-19 (DOL, 14 de octubre); y la Resolución del Parlamento Europeo, de 20 de mayo de 2021, sobre el impacto de las normas de la Unión en la libre circulación de trabajadores y servicios.

Una segunda expresión de derecho originario que contempla esta materia es la Carta de Derechos Fundamentales de la Unión Europea, que reconoce la libertad de circulación y residencia en el territorio de los Estados miembros en el art. 45.1 "a todo ciudadano de la Unión". En sintonía con ello, su art. 15 CDFU reconoce el derecho a trabajar, a la libre elección de profesión y a la libertad para buscar empleo o trabajar, en lo que nos interesa, en cualquier Estado miembro de la Unión. Su art. 29 garantiza el acceso a los servicios gratuitos de colocación y el art. 34.2 reconoce el derecho a prestaciones de Seguridad Social y ventajas sociales.

Derecho derivado de la UE y libre circulación de trabajadores

En el derecho derivado destacan el Reglamento (UE) 492/2011, de 5 de abril que sustituye al anterior 1612/1968, relativo a la libre circulación de los trabajadores dentro de la Unión (DOL 11 de mayo). Reglamento que responde a un modelo más social que económico y que se refiere a la mejora de las condiciones de vida de estos sujetos, a facilitar su promoción social o a ejercer la actividad de su elección dentro de la Unión. Les reconoce asimismo "otros derechos", instrumentales para el ejercicio pleno de la libre circulación, tales como el derecho de acceso a la vivienda y a las condiciones de integración de la familia del trabajador/a en el país de acogida. Y extiende la titularidad del derecho, como derecho derivado, a los familiares próximos del trabajador, cónyuge y descendientes fundamentalmente a los efectos de garantizar la agrupación familiar. Norma profundamente afectada por el art. 39 del Reglamento UE 2016/589 que regula la Red Europea de Servicios de Empleo (EURES), de 13 de abril de 2016 (DOL, 22 de abril).

Sobre este particular, la STJUE de 5 de junio de 2018 (asunto C-673/16, Relu Adrian Coman y otros contra Inspectoratul General pentru Imigrări y Ministerul Afacerilor Interne), aborda el contenido del término "cónyuge". Otras cuestiones relacionadas con ciertos ritos o la poligamia, reconocida en ciertos convenios bilaterales, pero frenada en su recorrido por la noción de orden público, precisarían, posiblemente, una mayor aproximación judicial. Junto a la crisis de salud pública, los nuevos modelos familiares y la digitalización, en particular el teletrabajo (STJUE de 18 de julio de 2007, asunto C-212/05, Gertraud Hartmann v Freistaat Bayern) constituyen según autorizada doctrina (Miranda Boto) tres grandes retos en este ámbito.

Con idéntico ámbito de aplicación al Reglamento, la Directiva 2014/54/UE del Parlamento Europeo y del Consejo, sobre medidas para facilitar el ejercicio de los derechos conferidos a los trabajadores en el contexto de la libre circulación de los trabajadores responde al objetivo de reforzar su contenido, y se aplica a los aspectos regulados en los artículos 1 a 10 del Reglamento, relacionados con el acceso al empleo, intermediación laboral, condiciones de reintegración profesional en caso de desempleo, igualdad de trato en el trabajo y en el empleo, acceso a ventajas sociales y formación y aprendizaje con expresa referencia a "los hijos de trabajadores de la Unión" (véase, sobre el particular, la STJUE de 15 de diciembre de 2016, as. Depesme, Kerrou, Kauffann y Lefort, as. acumulados C-401/15 a C-403/15).

Destacar también, en este ámbito laboral, por responder al objetivo de reducir los obstáculos para hacer efectiva la libre circulación de trabajadores, la normativa relativa a la coordinación de los sistemas de Seguridad Social (Reglamento 883/2004, de 29 de abril -DOL, 30 de abril-, y Reglamento 987/2009, de 16 de septiembre -DOL, 30 de octubre-, de aplicación (que con fundamento en el art. 48 TFUE incluyen reglas de exportación de prestaciones económicas–As. Tolley, STJUE de 1de febrero de 2017, C430/15- y otras de control administrativo por el Estado de residencia); al reconocimiento de títulos que habilitan para el desempeño profesional (Directiva 2013/55/UE, del Parlamento Europeo y del Consejo, de 20 de noviembre de 2013, por la que se modifica la Directiva 2005/36/CE relativa al reconocimiento de cualificaciones profesionales); y el mentado Reglamento de empleo.

Al margen de lo estrictamente laboral pero inextricablemente unida a esta normativa, es de subrayar la trascendencia de la Directiva 2004/38/CE, relativa al derecho de los ciudadanos de la Unión y de los miembros de sus familias a circular y residir libremente en el territorio de los Estados miembros.

Más allá de lo señalado, caracteriza a esta materia la escasa evolución normativa del derecho originario, por contraposición a los contenidos reales resultantes de las directivas y de la práctica administrativa y también de la intensa labor del actual TJUE, determinante de su impulso, entre otras razones porque atribuye efecto directo sobre el ordenamiento de cada Estado miembro a los derechos inherentes a la libre circulación de trabajadores, lo que los hace invocables ante los jueces y tribunales nacionales (STJCE 4 de diciembre de 1975, Van Duyn, 41/74).

Recordar, por último, que la Comisión Europea tiene asignada la tarea de comprobar que los Estados miembros han transpuesto plena y correctamente las Directivas en el ámbito de la libre circulación de los trabajadores, publicando los correspondientes informes anuales.

Normativa española

La transposición de la Directiva 2004/38 se realizó a través del Real Decreto 240/2007, de 16 de febrero, sobre entrada, libre circulación y residencia en España de ciudadanos de los Estados miembros de la Unión Europea y de otros Estados parte en el Acuerdo sobre el Espacio Económico Europeo (BOE, 28 de febrero), que ha sufrido distintas modificaciones desde su versión inicial. Si bien se aplicarán otras normas cuando resulten más favorables (DF. 1.ª).

Como es natural, al igual que la Directiva, responde a la amplia garantía de la libre circulación de personas. El objetivo último consiste en garantizar a todos los ciudadanos de la Unión o de un Estado parte en el Acuerdo sobre el EEE, que residan en España, que gozarán de igualdad de trato respecto de los ciudadanos españoles en una serie de extremos (art. 3.1 RD): entrar, salir, circular y residir libremente -incluso con carácter permanente tras haber desempeñado un empleo- en territorio español, previo cumplimiento de las formalidades previstas por éste y sin perjuicio de las limitaciones establecidas en el mismo.

Más allá de esta referencia general es múltiple la normativa laboral en la que cabe apreciar la proyección del concreto derecho a la libre circulación de trabajadores. Y ello partiendo de la interpretación amplia del art. 35 CE cuando regula el derecho y deber de trabajar de "todos los españoles", que ha ser entendido como extensiva a los mentados ciudadanos.

Recala así en nuestro ámbito la nueva L. 3/2023, de 28 de febrero, de Empleo (BOE, 1 de marzo). Entre otras referencias, en primer lugar, listando entre los objetivos de las políticas de empleo, "la garantía de la libre circulación de las personas trabajadoras, en el ámbito estatal y en el marco del Espacio Económico Europeo, facilitando e impulsando su movilidad geográfica" (art. 4.j).

En segundo lugar, prohibiendo "cualquier discriminación directa o indirecta que puedan sufrir las personas demandantes de empleo por parte de los servicios públicos y privados de empleo a causa de su vecindad civil, su residencia o su nacionalidad en cualquier Estado de la Unión Europea o del Espacio Económico Europeo". Si bien incluye la justificada excepción consistente en poder establecer "condiciones previas de empadronamiento, residencia o vecindad civil en el ámbito de los programas de apoyo al empleo local, así como preferencias de acceso a las acciones de fijación de población en ciertos entornos o de recolocación de personas que hayan perdido sus empleos" (art. 56.1. h).

En tercer lugar, en el contexto de un sistema holístico de protección ante la contingencia de desempleo, la inclusión de medidas de política activa de empleo en la acción protectora (265.2 LGSS), diseñadas de forma coordinada con las políticas pasivas, entre los destinatarios no cabe discriminación por razones varias, entre otras la nacionalidad (art. 39 L. 3/2023).

El Real Decreto 7/2015, de 16 de enero, por el que se aprueba la Cartera Común de Servicios del Sistema Nacional de Empleo (BOE, de 5 de febrero), al señalar que los servicios de colocación tienen por objeto "identificar y gestionar ofertas de empleo, incluyendo las procedentes del resto de los países del Espacio Económico Europeo u otros países" (art. 9.1).

Desde la perspectiva de la política de empleo actual, el Real Decreto 1069/2021, de 4 de diciembre , por el que se aprueba la Estrategia Española de Apoyo Activo al Empleo 2021-2024, se refiere a apoyar la movilidad geográfica como objetivo estructural en el Eje 4 sobre "igualdad de oportunidades en el acceso al empleo"; por su parte, a título de ejemplo, el Plan Anual de Política de Empleo 2021 (PAPE) señala en su Eje 4 el objetivo de promover la movilidad geográfica, con lo que habrán de establecerse servicios en materia de apoyo a la gestión de la movilidad laboral, servicios para la gestión de los instrumentos europeos diseñados para favorecer la movilidad en la formación y cualificación profesional, y programas de ayuda a la movilidad para inserción laboral, formación y prácticas en Europa.

Del mismo modo, la Estrategia en vigor destaca que se ha fortalecido EURES, en cumplimiento del Reglamento (UE) 2016/589, mediante el desarrollo de los procesos que se encargan de nutrir con datos de Sistema de Información de los Servicios Públicos de Empleo (SISPE) y Empléate https://www.empleate.gob.es/empleo/#/ las bases de datos de EURES. Esto permite el envío de las ofertas y de los CV de los demandantes de empleo, y aumentar el número de ofertas enviadas al portal EURES desde España.

1.2. Específico contenido y cuestiones de especial litigiosidad

El ejercicio de los derechos propios de la libre circulación de trabajadores no es sencillo, de ahí la propia creación de la Autoridad Laboral Europea, con sede en Bratislava. El artículo 1.2 del Reglamento (UE) 2019/1149 del Parlamento Europeo y del Consejo, de 20 de junio de 2019, por el que se crea la Autoridad Laboral Europea, se modifican los Reglamentos (CE) n. 883/2004 , (UE) n. 492/2011 y (UE) 2016/589 y se deroga la Decisión (UE) 2016/344 (DOUE L 186, de 11 de julio) le atribuye la función de "ayudar a los Estados miembros y a la Comisión en la aplicación y cumplimiento efectivos de la legislación de la Unión en materia de movilidad laboral en toda la Unión y la coordinación de los sistemas de seguridad social dentro de la Unión".

Esta nueva Agencia, que aglutina y coordina diversos instrumentos de la UE asociados a la movilidad intracomunitaria, también pretende promover la cooperación entre los Estados miembros y sus inspecciones de trabajo, mediar entre las administraciones nacionales en caso de conflicto y crear una plataforma europea para reforzar la cooperación en la lucha contra el trabajo no declarado.

Acceso a mercados laborales de otros Estados miembros de la Unión Europea

El acceso al empleo con idénticas prioridades a los nacionales, respondiendo a ofertas efectivas de trabajo, orillando presupuestos formalistas como la inscripción como demandante de empleo u otros procedimientos administrativos (STSJ de Canarias, de 26 de enero de 2016, Rec. núm. 49/2016, sobre caducidad de la tarjeta de residencia en relación con el requisito contemplado en el art. 7 RD. 240/2007) y con las mismas prioridades que los nacionales (45.3 a) TFUE, arts. 1 y 3.2 Reglamento 492/2011 y Considerando 11º Directiva 2004/38) es, pues, esencial. Es relevante, para mantener la "condición de trabajador" la búsqueda activa de empleo más que la vigencia de una relación laboral, siendo referente al efecto el art. 7.3 Directiva 2004/38.

Acceso al empleo que ha de ser entendido en un sentido amplio, englobando prestaciones económicas del Estado miembro de destino que contribuyan a dicho objetivo, a mejorar la empleabilidad (As. Vatsouras y Koupatantze, STJUE de 4 de junio de 2009, as. acumulados 22/08 y 23/08) y eludiendo minoraciones de la propia protección del Estado de origen a resultas de aquella circulación (STJUE, de 16 de julio de 2016, as. Pöpperl, C-187/15, en este caso de una pensión). Por el contrario, no alcanza la mera asistencia social (As. Alimanovic, C- 67/14, STJUE de 15 de septiembre de 2015).

Para poder acceder efectivamente a los mercados laborales de los distintos Estados miembros se precisa información sobre las ofertas de empleo disponibles, a cuyos efectos es clave la Red EURES, de servicios de empleo, a cuyo Reglamento de ordenación, ya mencionado, es preciso sumar la Decisión de ejecución (UE) 2016/716 de la Comisión en materia de la puesta en relación y la compensación de las ofertas y demandas de empleo y el restablecimiento de EURES. También, en nuestro país, el Real Decreto 207/2019, de 29 de marzo, por el que se regula el sistema nacional de admisión de miembros y socios de la red EURES en España (BOE, 30 de marzo). Un acceso y una libre circulación de trabajadores, en definitiva, que encuentra otro importante pilar en la Red SPE o Red de Servicios Públicos de Empleo para la cooperación administrativa, instaurada por la por la Decisión 573/2014/UE, modificada en el año 2020. Y, en fin, con menor relevancia un profuso tejido de redes de empleo que han de estar debidamente conectadas, tales como EQUINET, "Your Europe", el portal Europeo de la Juventud, SOLVIT, *Europe Direct*, etc.

Es importante tener presente que, para facilitar esa búsqueda activa de empleo, el art. 5 Reglamento 492/2011 garantiza al demandante de empleo el derecho a recibir la misma asistencia que ofrecen las oficinas de empleo a los nacionales del Estado de acogida; derecho reforzado por el art. 2.1. h) Directiva 2014/54, que lo reconoce expresamente.

El éxito de esta búsqueda pende en gran medida del acceso a la formación profesional y de la valoración de las titulaciones y de los méritos adquiridos en la propia realidad del ciudadano que ejerce esa libre circulación.

En primer lugar, el artículo 7.3 Reglamento 492/2011 garantiza el acceso a las escuelas de formación profesional, como si de un ciudadano nacional se tratase (STJUE, de 11 de abril de 2013, C- 443/11, as. Jeltes, Peeters y Arnold, en relación con el reciclaje profesional; As. Linares Verruga, STJUE de 14/12/2016, C- 238/15, concesión de ayuda económica para estudios superiores).

Cuestión distinta, pero muy trascendente, es la posible financiación pública de la formación y consiguiente obligación de ejercicio profesional resultante durante un cierto tiempo en el mismo, bajo sanción consistente en la restitución de parte del importe de la financiación concedida, que no se opone a los arts. 45 y 49 TFUE (En la STJUE, de 20/12/2017, as. Simma Federspiel, C- 419/16).

En segundo lugar, en relación con la acreditación de la titulación que capacita para el ejercicio profesional es preciso partir del reconocimiento de cualificaciones profesionales regulado por la citada Directiva 2005/36/CE, en su versión modificada por la Directiva 2013/55/UE del Parlamento Europeo y del Consejo, de 20 de noviembre de 2013. Clave es también la Agenda Europea de Capacidades y la Clasificación europea de capacidades, competencias, cualificaciones y ocupaciones (ESCO, por sus siglas en inglés) que, al tenor de la Estrategia de Empleo "se configura como un instrumento esencial para la transparencia y el reconocimiento de las capacidades y cualificaciones que facilite la movilidad funcional y geográfica del empleo en el conjunto de la Unión Europea".

Destacar, entre los pronunciamientos habidos el asunto Sosiaali ja terveysalan lupa ja valvontavirasto STJUE 16/06/2022 (C577/20) o la imposible supeditación de la posesión de unos títulos sólo a los del propio Estado miembro o de únicamente otro concreto Estado por equivalencia académica (STJUE de 6/10/2016, as. Brouillard, C-298/14).

No obstante, según el art. 31.1 Reglamento 492/2011 son legítimas las disposiciones que exijan un nivel de conocimientos lingüísticos proporcionados, lo que no se compadece, y con ello contraviene el art. 45 TFUE, con la exigencia de un único tipo de certificado a superar en el propio territorio del Estado miembro de destino (STJUE Comisión contra Reino de Bélgica, de 5 de febrero de 2015, as. C-317/14).

Por último, ha generado litigiosidad el reconocimiento -debido- de la experiencia profesional adquirida en otro Estado miembro a efectos de antigüedad. No obstante pronunciamientos como la STSJ de Palma de Mallorca, de 10/05/2013, n.º 237/2013, que se escudan en que el cómputo a efectos de la carrera profesional de únicamente los servicios prestados en las instituciones sanitarias integradas orgánica y funcionalmente en el Servicio Nacional de Salud, se aplica a trabajadores españoles y comunitarios, este argumento no parece tenga mucho recorrido. Así, se aprecia en sentido contrario a esta valoración la STJUE de 28 de abril de 2022, asunto C-86/21, Gerencia Regional de Salud de Castilla y León.

Desplazamiento libre, residencia con la finalidad de trabajar y derecho de permanencia

El art. 20.2 a) TFUE reconoce a "toda persona que ostente la nacionalidad de un Estado miembro", el derecho a circular y residir libremente en el territorio de la Unión. Lo que se corresponde con el título de la Directiva 2004/38, cuyos considerandos 1.º y 2.º afirman que "la ciudadanía de la Unión confiere a todo ciudadano de la Unión un derecho primario e individual a circular y residir libremente en el territorio de los Estados miembros..." y que "la libre circulación de personas constituye una de las libertades fundamentales del mercado interior, que implica un espacio sin fronteras".

El derecho a desplazarse libremente por el territorio de los Estados miembros, de los tres Estados parte del Espacio Económico Europeo y de la Confederación Suiza implica, para empezar, la garantía de un derecho de entrada en el territorio de ese otro Estado miembro del que no se es nacional.

Sobre el derecho de entrada (y "circulación de personas en el mercado interior"), ya el art. 3.d) TUE indicaba que habría que adoptar medidas. El art. 5.1 Directiva 2004/38 (art. 4 RD 240/2007) garantiza que a los ciudadanos de la Unión no se les podrá imponer ningún visado de entrada, por lo que los Estados miembros han de permitir el ingreso en su territorio a todo ciudadano de la Unión en posesión de un documento de identidad o pasaporte válido, y a los miembros de su familia que no sean nacionales de un Estado miembro pero que dispongan asimismo de un pasaporte válido. En el mismo sentido se regula el derecho de salida en los art. 4.1 y .2 Directiva 2004/38 (art. 5 RD 240/2007).

Derecho a circular y residir libremente que no debe desconectarse, en nuestro caso, del carácter instrumental que deriva del art. 45.3.b) a fin de "responder a ofertas efectivas de trabajo", con lo que nos sitúa en la perspectiva del "ciudadano europeo-trabajador" que se desplaza a otro Estado miembro para trabajar en él.

Siguiendo con el contenido enumerado en el art. 45.3 TFUE, su apartado c) se refiere a "residir en uno de los Estados miembros con objeto de ejercer en él un empleo, de conformidad con las disposiciones legales, reglamentarias y administrativas aplicables al empleo de los trabajadores nacionales".

El art. 6.1 Directiva 2004/38 contempla un periodo de estancia, previo a la residencia, de tres meses. Durante el mismo, el ciudadano europeo "trabajador" migrante, puede inscribirse como demandante de empleo y acogerse a medidas de política activa, tales como el seguimiento de cursos de formación o recibir una orientación profesional (de haber una buena distribución de los tiempos).

La regulación del *derecho de residencia* propiamente dicho, con ese carácter de vocación de permanencia e instalación que lo caracteriza, se contiene en el art. 7 Directiva 2004/38 (reproducido literalmente en el art. 7 RD), y se reconoce a una serie de sujetos.

En primer lugar, a los trabajadores por cuenta ajena o por cuenta propia en el Estado miembro de acogida. En sintonía con el art. 7.1 Reglamento UE, el art. 7.3 de nuestro RD reconoce el derecho de residencia temporalmente y el mantenimiento a estos efectos de la condición de trabajador, aunque ya no ejerza actividad alguna por cuenta ajena o por cuenta propia, al demandante de empleo que ha trabajado previamente en nuestro país en una serie de supuestos que incluyen las situaciones de IT, desempleo involuntario y si se encuentra siguiendo una formación profesional relacionada con el empleo previo.

En segundo lugar, a quienes dispongan, de una parte, de un seguro de enfermedad que cubra todos los riesgos en dicho Estado, suyos y de sus familiares; y, de otra, de recursos suficientes para los mismos. Aclarando qué lo son el art. 7.7 RD y pudiéndose acreditar por cualquier medio de prueba admitido en derecho, según el art. 3.2. c 2.ª Orden PRE/1490/2012, de 9 de julio (BOE, 10 de julio), de aplicación del artículo 7 del RD.

En tercer lugar, y cumpliendo los dos anteriores requisitos, a los matriculados en un centro público o privado, reconocido o financiado por el Estado de acogida, con la finalidad principal de cursar estudios, inclusive de formación profesional (el art. 3 Orden PRE/1490/2012 especifica la documentación acreditativa de cada uno de los supuestos).

El límite de la asistencia social presente en la Directiva 2004/38 tiene mucho que ver con la exigencia de recursos suficientes, permitiendo al Estado miembro de acogida la denegación de ciertas prestaciones y ayudas o ciertos límites resultantes de medidas de apoyo a cierto empleo y contratación (art. 24.2). E incluyendo la prohibición de expulsión de los beneficiarios del derecho de residencia mientras no supongan una carga para la asistencia social del Estado (Considerando 16°). Y, suponiéndola, la expulsión no es una medida automática (art. 14.4 Directiva y art. 9 bis RD 240/2007) si la situación es coyuntural (no es razonable ordenar la expulsión a los tres meses, STJUE, Comisión versus Bélgica, de 20 de febrero de 1997; sí parece razonable esperar seis para ver si se tienen oportunidades reales de ser contratado, as. Antonissen, Sentencia de 26 de febrero de 1992, C- 292/89) y, desde luego, no si existe al menos búsqueda de empleo durante un tiempo razonable (as. Collins, STJUE de 23 de marzo de 2004, C-138/02) y posibilidad real de contratación (véase, sobre el particular, la STSJ del País Vasco, Sala de lo Contencioso-Administrativo, núm. 139/2016, de 31 de marzo de 2016)

El art. 45.3 d) TFUE permite "permanecer en el territorio de un Estado miembro después de haber ejercido en él un empleo". En el derecho derivado se aprecia la adquisición progresiva del derecho de residencia por el cumplimiento de períodos de presencia "en otro Estado miembro". Nuestro art. 1 RD 240/2007 ya distingue entre "residencia y residencia de carácter permanente en España". Esta última está regulada en su art. 10 partiendo de un periodo continuado de residencia legal de cinco años, sin condicionantes económicos, pero sí de ausencia muy prolongada. Aunque también hay supuestos de adquisición previa para los trabajadores por cuenta propio o ajena relacionado con el fin de su vida laboral, por jubilación o incapacidad permanente, o por cambio de Estado en la misma manteniendo su residencia y vinculación al territorio nacional.

2. TRABAJADORES DESPLAZADOS EN EL MARCO DE UNA PRESTACIÓN DE SERVICIOS

La pieza clave de la legislación en el ámbito laboral en esta materia es la Directiva 1996/71/CE, de 16 de diciembre, sobre el desplazamiento de trabajadores en el marco de una prestación de servicios (DOL, 21 de enero de 1997), modificada por la Directiva (UE) 2018/957, que protege la libertad de prestación de servicios para las empresas imponiendo determinados requisitos para la aplicación de condiciones de trabajo de sus empleados.

Directiva 1996/71/CE que se aplica a las empresas establecidas en la UE, en el Espacio Económico y en Suiza, sin que las establecidas en un tercer Estado puedan obtener un trato más favorable. Las empresas de la marina mercante quedan expresamente excluidas del ámbito de aplicación de la Directiva sobre el desplazamiento de trabajadores en lo que respecta a sus trabajadores del mar (art. 1.2). Y existe una norma especial, una normativa específica, para los conductores dedicados al transporte por carretera. Directiva (UE) 2020/1057, de 15 de julio de 2020, por la que se fijan normas específicas con respecto a la Directiva 96/71/CE y la Directiva 2014/67/UE para el desplazamiento de los conductores en el sector del transporte por carretera (DOL, 31 de julio), transpuesta por el Real Decreto-ley 3/2022, de 1 de marzo (BOE, 2 de marzo).

La Directiva contempla trabajadores que se desplazan física y temporalmente para realizar una parte sustancial de su actividad en otro Estado de destino en aquel marco territorial. Para determinar si una parte sustancial de la actividad se ejerce en un Estado miembro, se tendrá en cuenta una lista indicativa de criterios: esencialmente el tiempo de trabajo y la remuneración. En el contexto de una evaluación global, un porcentaje inferior al 25 % para los criterios mencionados será un indicador de que una parte sustancial de las actividades no se ejerce en el Estado miembro en cuestión.

La Directiva sobre desplazamiento identifica tres tipos de desplazamiento de trabajadores que están sometidos a normas diferentes: el primero es el que realiza una empresa para prestar servicios contratados o subcontratados por otra empresa en otro Estado miembro; el segundo se refiere a la movilidad dentro de un grupo de empresas cuando están situadas en diferentes Estados Miembro; y el tercero es el que se deriva del desplazamiento de trabajadores por una ETT a una empresa usuaria situada en otro Estado miembro.

La Directiva despliega un claro objetivo *antidumping* obligando a las empresas a realizar una comparación entre la normativa laboral aplicable a los contratos de trabajo de los trabajadores desplazados en ambos Estados en relación con un núcleo duro de condiciones laborales básicas que la Directiva identifica en el art. 3.1.

Estas condiciones se han ampliado a través de la aprobación de la Directiva (UE) 2018/957, especialmente en lo que respecta a los llamados "desplazamientos de larga duración", aquellos que siendo temporales superan los 12 o, cuando existe notificación motivada de la empresa, 18 meses.

Destacar, además, la Directiva de Ejecución (Directiva 2014/67/UE), que tiene por objeto permitir a los Estados miembros establecer medidas y mecanismos de control adecuados para prevenir y sancionar cualquier abuso o elusión de las obligaciones impuestas por la propia Directiva de desplazamiento, que no modifica. Y que, entre otras modificaciones reseñables, para el caso de desplazamiento por (ETTs) deja atrás la opción de los Estados para pasar a imponer la igualdad de trato de los trabajadores temporales desplazados respecto a las condiciones laborales de la empresa usuaria, neutralizando cualquier ventaja competitiva.

Para concluir este análisis, son relevantes también en la ordenación de esta materia los ya mencionados Reglamentos de Coordinación de la Seguridad Social (Reglamentos (CE) nº 883/2004 y 987/2009). Reglamentos que, es de reseñar, se aplican a los trabajadores (por cuenta ajena o por cuenta propia) nacionales de los Estados miembros de la UE, del Espacio Económico Europeo y de Suiza y a los miembros de su familia y personas a su cargo, independientemente de su nacionalidad.

Desplazamientos que cuentan con normas de conflicto especiales aplicables a falta de acuerdo ad hoc entre las instituciones nacionales para determinar la ley nacional aplicable al desplazado, siempre en beneficio de este (art. 16 Reglamento 883/2004).

Aquellas reglas son, de una parte, posibilitar la continuidad, durante un máximo de 24 meses, de la aplicación de la legislación de seguridad social del Estado de origen si se cumplen determinadas condiciones (art. 12 del Reglamento 883/2004), estrictamente controladas por el Estado de origen, al que se continúa cotizando, para evitar el fraude. Estado que comunica al de acogida los certificados expedidos a través del *Electronic Exchange of Social Security Information (EESSI)* al Estado miembro de acogida, de acuerdo con el Reglamento de aplicación (art. 15).

De otra, y concluimos, su art. 13 excluye de la aplicación de los estrictos requisitos anteriores a los trabajadores por cuenta ajena o por cuenta propia que, con habitualidad y regularidad, no de forma marginal, trabajan, simultánea o alternativamente, en dos o más Estados miembros para una o varias empresas. Una actividad se considera marginal cuando se realiza durante menos del 5% del tiempo de trabajo normal y por un salario que supone menos del 5% de la remuneración ordinaria. Previsión especialmente útil para trabajadores de gran movilidad como los de temporada del sector agrícola o transportistas.

3. BIBLIOGRAFÍA

AGUILAR GONZÁLVEZ, Mª. C., "Despliegue de derechos en el ejercicio de la libre circulación de trabajadores en la Unión Europea", *Revista de Derecho Migratorio y Extranjería,* num.59/2022, ISSN 1695-3509, págs. 117-152

CABEZA PEREIRO, J.: "La libre circulación en la Unión Europea: entre movilidad económica y ciudadanía", *Revista del Ministerio de Empleo y Seguridad Social,* n.º 122, 2016, ISSN 2254-3295, pp. 19 a 39.

LANTARÓN BARQUÍN, D., "Migraciones laborales y Organización Internacional del Trabajo: revisando los pilares de una construcción normativa universal" "Temas Laborales", núm. 152, 2020, ISSN 0213-0750 pp. 53 a 96.

MIRANDA BOTO, J. Mª., "La libre circulación tras (¿?) la Covid-19. Retos en materia de restricciones, nuevos modelos familiares y digitalización", *Labos,* Vol. 3, No. 1, 2022, pp. 47-69, EISSN 2660-7360.

DOLORES CARRASCOSA BERMEJO y ÓSCAR CONTRERAS HERNÁNDEZ, "Desplazamiento intracomunitario de trabajadores desde y hacia España hechos y cifras", Posting. Stat. 2022, Leuven, Bélgica, 111 páginas.

EUROPEAN COMMISSION, *Intra-EU Labour Mobility a glance. Main findings of the Annual Report on Intra-EU Labour Mobility 2021,* Luxembourg., Publications Office of the European Union, 2022. PDF ISBN 978-92-76-47154-7, 15 pages.

PREGUNTAS TEST. LIBRE CIRCULACIÓN

1. La libre circulación de trabajadores:
   a. Se contempla por primera vez en el TUE, de Maastricht, en el año 1992.
   b. Es inveterado en el derecho de la UE y se diseña ya de forma muy definida en el art. 48 TCEE, de 1957.
   c. No se regula hasta el TFUE, en su art. 45
   d. Todas las respuestas anteriores son falsas.

2. El artículo 45 del TFUE establece que:
   a. Queda asegurada la libre circulación de los trabajadores dentro de la Unión.
   b. La libre circulación supondrá la abolición de toda discriminación por razón de la nacionalidad entre los trabajadores de los Estados miembros, con respecto al empleo, la retribución y las demás condiciones de trabajo.
   c. Que puede haber limitaciones justificadas por razones de orden público, seguridad y salud públicas
   d. Todas las anteriores respuestas son correctas.

3. La libre circulación de trabajadores:
   a. Se regula a nivel de derecho originario sólo en el TFUE
   b. Se regula únicamente en el TFUE y en normas de derecho derivado de la UE.
   c. Se regula, a nivel de derecho originario, tanto en el TFUE como en la CDFU.
   d. Todas las anteriores respuestas son incorrectas.

4. Las normas de derecho derivado que desarrollan el régimen jurídico implicado en la libre circulación de trabajadores son:
   a. El Reglamento (UE) 492/2011, Directiva 2014/54/UE y la Directiva 2004/38/CE
   b. El Reglamento (UE) 492/2011, Directiva 2014/54/UE y la Directiva 96/71/CE
   c. El Reglamento (UE) 492/2011, Directiva 2004/38/CE y la Directiva 2004/38/CE
   d. Todas las anteriores respuestas son incorrectas.

5. El acceso a los mercados laborales de otros Estados Miembros de la Unión comprende:
    a. Las prestaciones económicas encaminadas a favorecer la empleabilidad del solicitante de empleo.
    b. El derecho a recibir asistencia de las oficinas públicas de empleo en idénticos términos a los nacionales del Estados.
    c. El acceso a la formación profesional como si de un ciudadano del Estado en cuestión se tratara.
    d. Todas las anteriores respuestas son correctas.

6. El sujeto protegido por la libre circulación de personas comprende:
    a. solo al trabajador en sentido jurídico laboral estricto.
    b. solo trabajadores y funcionarios públicos
    c. solo trabajadores por cuenta ajena y por cuenta propia
    d. ninguna de las anteriores es correcta.

7. Señale cual es la respuesta incorrecta. La libre circulación de trabajadores demanda:
    a. Facilitar el acceso a la formación en el Estado de destino
    b. Valorar razonablemente las titulaciones adquiridas en su propio Estado.
    c. Excluir la valoración de méritos adquiridos en el Estado de origen cuando también para los ciudadanos nacionales del Estado de destino cuentan sólo los méritos contraídos en éste.
    d. Solo hay una respuesta incorrecta.

8. El derecho de residencia se reconoce a la luz del art. 7 Directiva 2004/38 a:
   a. Trabajadores por cuenta ajena pero no por cuenta propia.
   b. Personas involuntariamente desempleadas.
   c. Estudiantes, en cualquier caso.
   d. Quienes dispongan de recursos insuficientes.

9. ¿Qué sujetos quedan excluidos de la Directiva 1996/71?:
   a. Los maquinistas ferroviarios
   b. Los trabajadores del mar de la marina mercante.
   c. Las personas dedicadas a la estiba y desestiba portuaria.
   d. Los pilotos de aeronaves.

10. Para proceder a la aplicación de la Directiva 1996/71 sobre desplazamiento en el marco de una prestación de servicios se precisa:
    a. La inexistencia de una relación laboral directa con la empresa.
    b. La existencia dc actividades comerciales significativas de la empresa en el Estado de origen.
    c. Que el trabajador se desplace para sustituir a otro.
    d. Ninguna de las anteriores es correcta.

Preguntas cortas

1. Identifique la normativa de derecho originario de la UE relativa a la libre circulación de trabajadores.

2. Relacione la específica normativa española sobre libre circulación de trabajadores.

3. Identifique la normativa reguladora de los desplazamientos en el marco de una prestación de servicios.

4. ¿Cuáles son los límites que justifican restricciones a la libre circulación de trabajadores?

5. ¿En qué supuestos se tiene derecho a residir con carácter permanente en un Estado tras haber trabajado en el mismo?

Caso práctico

Efectué una búsqueda de pronunciamientos del Tribunal de Justicia de la Unión Europea del año 2022 sobre libre circulación de trabajadores y analícelos críticamente poniendo especial atención en evidenciar la pluralidad de sujetos titulares de la misma.

Capítulo V

El trabajo en plataformas digitales

PROF. DR. RODRIGO TASCÓN LÓPEZ
Profesor TU Derecho del Trabajo y de la Seguridad Social
Universidad de León

1. LA HUIDA DEL DERECHO DEL TRABAJO EN LOS ESCENARIOS PROPICIADOS POR LA ECONOMÍA DE PLATAFORMAS

La llamada economía colaborativa encontró pronto una manifestación señera en la prestación masiva de bienes y servicios a través de plataformas digitales (Gig economy), en tanto que los permitía agilizar y abaratar como nunca antes en la Historia y, al tiempo, dotarle de una pátina de modernidad que resultaba atractiva para dejar atrás algunas ineficiencias tradicionales del sistema productivo contemporáneo.

Ahora bien, dichos beneficios se lograban a costa de poner en tela de juicio algunos otros valores también dignos de protección en la cultura jurídica occidental; por cuanto a este ensayo ocupa, dicho contexto suponía la precarización de las prestaciones de servicios ocurridas a su albur (la creación de "una nueva casta de siervos digitales…, esclavos del click", identificados, no sin dosis de ironía, como "e-precariado", llamados a efectuar trabajos esporádicos, mal pagados y dudosamente protegidos).

Tornaron entonces los conceptos (o se decantaron con mayor precisión) y, a lo sumo, la *gig economy* (o economía de plataformas o aplicaciones) pasó a ser una mera especie del género, más amplio, de la economía colaborativa, y no la más representativa, en tanto trocaba la nota de altruismo que caracterizaba de forma primordial sus orígenes por la mera conveniencia lucrativa y mercantil de sus actores.

Al estudioso del Derecho del Trabajo, empero, no le puede pillar de sorpresa lo ocurrido, habida cuenta de que tratar de utilizar algún elemento novedoso para pretender desvirtuar la laboralidad de ciertas prestaciones de servicios constituye un intento de huida del Derecho del Trabajo tan antiguo como este sector del ordenamiento jurídico.

Los menores costes (salariales y de Seguridad Social) han jugado siempre como un poderoso incentivo para que se trataran de dotar de naturaleza extralaboral (civil o mercantil) a aquellas relaciones que, situadas en las zonas grises del Derecho del Trabajo, pudieran presentar dudas acerca de su verdadera naturaleza jurídica.

Por tal razón, no faltará quien piense que a este problema de la prestación de servicios a través de plataformas digitales le ocurre como al famoso Yelmo de Mambrino, que por más que presente el áureo brillo de la novedad proporcionado por la tecnología, en el fondo, encubre la más vil hojalata de bacía de barbero, cual es el fraude laboral.

Sea como fuere, es preciso reconocer una realidad evidente: en los últimos años han emergido con fuerza inusitada prestaciones de servicios bajo demanda (*on demand*) caracterizadas porque, gracias a la generalización de las TICS, los *Smart phones* y las conexiones remotas a Internet, a través de un variado elenco de plataformas virutales, se disponen de grandes grupos de prestadores de servicios esperando a que un consumidor solicite un bien o servicio a través de una aplicación digital.

Quizá la principal peculiaridad que presentan estas plataformas es que permiten determinar con exactitud el tiempo concreto que la empresa necesita de la prestación de una determinada persona, ofreciendo (o reclamando) vía *app* en tales momentos el desempeño, y liberando al sujeto en los momentos intermedios; esta realidad del trabajo a demanda no es ajena al acervo laboral clásico (piénsese en los tradicionales períodos de disposición, que no son tiempo de trabajo efectivo —salvo que sus condiciones sean tan exigentes que no permitan un mínimo de autonomía—, pero que sí solían tener hasta ahora una retribución específica y formaban parte, siquiera de forma indirecta, del cómputo total de las jornadas anuales).

Cuanto sucede ahora como novedad relevante es que dicho trabajo a demanda ha sido facilitado sobremanera por la herramienta tecnológica, lo que ha permitido una puesta a disposición más flexible (condicionada, además, por la existencia de una "multitud" de potenciales prestadores del servicio que están listos a sustituir a quien un momento puntual no pueda o no quiera asumirlo), si se quiere más natural, pero también más sutil para que el potencial empleador pueda diluir en ella las características exigidas y exigibles a una verdadera realidad laboral, hasta el punto de reclamar a quien así actúa que se dé de alta como autónomo, liberándose de las cargas de cotización a la Seguridad Social.

Así, los deseos permanentes de la empresa de ajustar sus necesidades productivas a la mano de obra, sin excesos ni defectos (hasta ahora resuelta a través del recurso a contratas y subcontratas o empresas multiservicios) encuentra una nueva forma de ajuste digital, instantáneo y permanente, facilitado por la tecnología de estas plataformas digitales.

A tan innegable realidad ha de enfrentarse el laboralista en una encrucijada insoslayable: tratar de responder a estos nuevos (*rectius*, renovados) desafíos a través de las herramientas tradicionales que proporciona el acervo jurídico laboral o, por el contrario, tratar de elaborar categorías nuevas (como específicamente ocurrió con los autónomos económicamente dependientes) que específicamente traten de dar respuesta a estas nuevas formas de trabajo y prestación de servicios.

2. LA RECONCEPTUALIZACIÓN DE LA RELACIÓN LABORAL A PARTIR DEL ANÁLISIS DE SUS NOTAS DEFINITORIAS EN EL CONTEXTO DE LA ECONOMÍA DE PLATAFORMAS

Como bien sabrá el lector avezado en problemas jurídico-laborales, la prestación de servicios a través de plataformas o aplicaciones digitales es una cuestión que ha suscitado la atención, primero y con gran denuedo, de la doctrina científica (como siempre, adelantando de forma especulativa los avatares que están por venir), y, después, de los tribunales laborales, que más pronto que tarde se han visto abocados a resolver las demandas, ora a instancia de parte, ora de oficio, dirigidas al reconocimiento de la laboralidad de tales relaciones.

Centrando la atención en los tribunales patrios (aun cuando no se puede pasar por alto que ya hay sugerentes pronunciamientos de órganos de otros países que pueden servir de referente, como la muy famosa Saga *Uber* e, incluso, un pronunciamiento indecisorio del Tribunal Superior de Justicia de la Unión Europea), cabe dar cuenta de que en España ha habido un notable acervo de pronunciamientos judiciales que, si bien en su origen invitaban a pensar en una contradicción duradera, lo cierto es que, más pronto que tarde ha quedado resuelta la cuestión de manera significativamente clara.

Conviene adelantar que en el marco de las prestaciones de servicios desarrollados a través de plataformas o aplicaciones digitales la casuística tiende a infinito, pues cada vez son más las que operan (o potencialmente pueden hacerlo) en España (y en otros muchos países) y cada una tiene sus propias circunstancias y condiciones de desempeño.

Como consecuencia que destila lo afirmado, es posible sentar una reglar de orden, cual es que procederá efectuar, en cada caso y siempre que se presente una demanda ante un tribunal laboral, un análisis de si concurren, en los términos reiteradamente exigidos por la Sala IV del Tribunal Supremo, las notas de ajenidad y dependencia, trabajo personal y retribución que determinan, *ex* art. 1 ET, la existencia de una verdadera relación laboral, con independencia de la denominación que las partes hubieran podido darle.

Procede recordar, en este sentido, cómo “tanto la nota de dependencia como la de ajenidad son conceptos de un nivel de abstracción bastante elevado, que se pueden manifestar de distinta manera según las actividades y los modos de producción, y que, además, aunque sus contornos no coincidan exactamente, guardan entre sí una estrecha relación”.

Esto hace que, en la mayor parte de los casos, la apreciación de su concurrencia haya de efectuarse de forma indiciaria, esto es, que es el órgano *a quo* quien debe valorar todas las circunstancias bajo las que se desarrolla una concreta prestación de servicios, identificando cuáles son las que actúan como indicios de laboralidad (*vr. gr.* un horario más o menos reconocible, la impartición de instrucciones concretas, la asistencia regular al centro de trabajo, la titularidad empresarial de los medios productivos…) y cuáles las que hacen presuponer la ausencia de la misma (capacidad de autoorganización de quien presta servicios, asunción del riesgo y ventura de la operación…).

Procede señalar, no obstante, cómo el entendimiento de dichas notas se ha flexibilizado en los últimos tiempos, en tanto los nuevos contextos productivos tecnológicos distan de ser similares a los propios del modelo fordista-taylorista sobre el que se cimentaron las bases del Derecho del Trabajo; y ello porque los nuevos modos de producir y de trabajar han “roto los indicadores clásicos de tiempo, lugar y modo de realización del trabajo por cuenta ajena y en régimen de dependencia y subordinación".

La dependencia, en su consecuencia, es equivalente a la existencia de órdenes o instrucciones sobre el modo de ejecución del trabajo, si bien no ha de entenderse como un concepto necesariamente rígido, como subordinación estricta en todos los aspectos y circunstancias de tiempo, lugar y modo, sino que también, en su modalidad flexible, es acomodación de la actividad a los programas de la organización productiva en la que aquélla se inserta.

La ajenidad, por su parte y en este contexto, queda referida a que es la empresa quien hace llegar (o al menos proporciona esa apariencia) los productos al mercado, proporcionando unas directrices uniformadoras en la realización de la prestación, y fijando los precios o tarifas para el cliente final, sin que la persona prestadora del servicio participe del posible lucro especial que caracterizan la activad del empresario.

Por tanto, la revisión de las notas definitorias del contrato de trabajo, sin minorar un ápice su anhelo tuitivo, abren nuevas posibilidades para extender la protección del ordenamiento social a quienes, como consecuencia de las nuevas realidades sociales y tecnológicas, prestan servicios conforme a parámetros distintos a los clásicos.

Será menester aceptar cada vez con mayor frecuencia que hay un número creciente de personas que no tienen un esquema contractual tradicional, que no están sometidas a una jornada concreta, ni a un horario determinado, ni prestan sus servicios en un lugar estable y predefinido pero que, pese a todo (incluidos los intentos empresariales de fuga del Derecho del Trabajo), son verdaderos trabajadores por cuenta ajena.

Lo crucial, al fin y a la postre, es si el prestador de un bien o servicio queda dentro del círculo rector y organizativo de la empresa, aun cuando el desarrollo concreto de la prestación pueda resultar más líquido y escurridizo que el pasado (horarios flexibles, trabajo remoto o intermitente...), pero pudiendo encontrar nuevos indicios (como la responsabilidad en el tratamiento de los datos necesarios para llevar a cabo la operación) que muestran la verdadera condición de quien actúa como empresario.

En España ha habido un nutrido elenco de pronunciamientos de los Tribunales Laborales que se han visto abocados a resolver sobre la laboralidad de las prestaciones de servicios en plataformas digitales (principalemente en dos sagas bien conocidas como la de *Glovo* o *Deliveroo*). En primer lugar y como no podía ser de otra manera, sobre este particular hubieron de pronunciarse los tribunales de instancia, dando pie a una evidente contradicción entre dos líneas de fallos judiciales; una primera que, a la luz de las circunstancias, consideraban que la relación no era laboral (poniendo énfasis en aspectos tales como la libertad de elección de horarios por el sujeto prestador del servicio o la aportación por la propia persona de algunos medios productivos como el *Smartphone* y la bici o motocicleta), sino que merecía la consideración de autónomos (de darse los requisitos para ello, económicamente dependientes).

Frente a esta línea de resoluciones de instancia, se alzaba otra —mayoritaria— que, usando similares argumentos de base (el análisis de la mentada jurisprudencia sobre las notas de ajenidad y dependencia) llegaba a la conclusión de que se trataba de verdaderas relaciones laborales, en tanto en cuanto los prestadores de servicios quedaban sometidos al poder de organización de la empresa titular de la *app*, que constituía el principal medio productivo, determinando quien debía asumir la condición de empleador.

En tal sentido, y completando los indicios necesarios para apreciar la nota de ajenidad (en sus versiones clásicas de ajenidad "en los riesgos" y ajenidad "en los frutos", que estudiaron tantas generaciones de juristas), resulta significativo para estos pronunciamientos que los repartidores sean identificados en mayor o menor medida como personal de la empresa (incluso, al principio, por la propia vestimenta con el logo de la entidad)..., son ajenos a las vicisitudes del servicio (estado, condiciones y exactitud de la entrega)... y es la empresa la que, en todo momento, factura al cliente final, procediendo al pago cada cierto tiempo al *rider* por los servicios prestados.

Como no podía ser otra manera, estos primeros pronunciamientos de instancia encontraron su proyección, a través de los pertinentes recursos de suplicación, en sentencias de los Tribunales Superiores de Justicia que, por lo general, convalidaban la decisión que en cada caso había tomado el Juzgado de lo Social correspondiente (aunque aquí lo extraordinario y tasado del recurso de suplicación laboral seguramente jugara un papel destacado), lo que llevó a que la contradicción se mantuviera, aunque con una línea ya más marcada hacia la uniformidad de pronunciamientos que consideraban este tipo de prestaciones de servicios como laborales, resultando más excepcional (casi un cabo suelto) que la decisión se decantara por considerar el carácter autónomo de la relación.

La mentada contradicción abocaba a que el asunto llegara, y con una velocidad inusitada (prueba inequívoca de la importancia que esta cuestión había alcanzado en la actualidad laboralista), al Tribunal Supremo, que ha tenido que resolver un recurso de casación para unificación de doctrina para considerar que los *riders* de *Glovo* son verdaderos trabajadores por cuenta ajena.

Encuentra así su culminación el viaje hacia la uniformidad, del que se ha dado cuenta páginas atrás, iniciado por los órganos de Suplicación, especialmente el propio Tribunal Superior de Justicia de Madrid, cuando quiso sentar criterio al dictar una sentencia plenaria que sujetara a sus distintas secciones en futuros recursos.

La Sala IV del Tribunal Supremo rechaza elevar la cuestión prejudicial al TSJUE (como había solicitado la empresa *Glovo*), en el entendimiento de que la doctrina existente sobre el particular es más que suficiente para resolver la peculiar situación que el asunto plantea en cuanto a la existencia de relación laboral, sin que existan dudas razonables en relación con la aplicación del Derecho Comunitario, y estima el recurso (interpuesto contra aquella nota discordante referida líneas atrás) bajo el inevitable argumento conforme al cual concurren las notas definitorias del contrato de trabajo, examinando en particular (y de forma extensa y acorde a los parámetros ya fijados en otras sentencias precedentes) las de dependencia y ajenidad.

A juicio del máximo órgano jurisdiccional, *Glovo* "no es una mera intermediaria en la contratación de servicios entre comercios y repartidores, sino una empresa que presta servicios de recadería y mensajería fijando las condiciones esenciales para la prestación de dicho servicio y siendo además la titular de los activos esenciales (fundamentalmente la aplicación) para la realización de la mentada actividad".

Los *riders*, por su parte y a juicio del alto tribunal, "no cuentan con una mínima estructura empresarial" (más allá del teléfono móvil y la bici o moto-cicleta) y, además y como criterio determinante, "se encuentran plenamente insertos en el ámbito rector y organizativo del verdadero empleador".

En fin, circunstancias tales como que la prestación de servicios se lleve a cabo bajo una marca ajena claramente identificable, que se produzca la utilización de la plataforma digital al margen de la cual no es posible la prestación del servicio, que sea la empresa quien toma todas las decisiones de índole comercial, o que el *rider* quede sometido al sistema de puntuación elaborado por la empresa para la valoración del servicio, juegan como indicios favorables que, unido a los efectos que se derivan de la presunción de laboralidad del art. 8 ET (que expresamente el alto Tribunal considera que despliega todos sus efectos sobre el particular), hacen que deba considerarse la existencia de una verdadera relación laboral.

Desde luego, con unas premisas tales como, de un lado, la propia jurisprudencia de la Sala IV sobre el entendimiento flexible de la ajenidad y dependencia en los albores del nuevo milenio y, de otro, la casi total uniformidad alcanzada en los tribunales de suplicación, la respuesta del máximo órgano de la jurisdicción social (aun cuando no mencione, como sería deseable, la Directiva UE 2019/1152) no puede decirse que haya sido ni mucho menos una sorpresa.

Con todo, quien este estudio firma considera (como se expondrá con mayor detalle en la reflexión final) que ni siquiera una sentencia que unifica doctrina va a poner punto y final al debate existente sobre los prestadores de servicios a través de plataformas digitales: cada app es diferente y establece unas condiciones propias que, además, pueden ser modificadas con el tiempo, lo que forzará a una continua aplicación de conceptos en los que, sin grandes divergencias, todos los laboralistas seguramente estén de acuerdo, pero que aplicados a cada caso concreto (en un elenco tremendamente heterogéneo) podrán producir resultados diversos (en función de las circunstancia concurrentes, hechos probados, etc) que, a veces, serán sorprendentes y otras veces encajarán en lo previsible.

Desde luego, en un caso tan evidente como el de los repartidores la opción por laboralidad era justa y necesaria para tratar de proteger a personas que se encuentran en una situación de precariedad muy acusada; pero, desde luego, la casuística de las plataformas digitales es y será tan rica que no puede decirse que todos los casos merezcan una misma y uniforme respuesta, aunque sí que serán resueltos con unos criterios claros y consolidados en la jurisprudencia y la praxis de los tribunales laborales españoles.

3. LA NUEVA REGULACIÓN DE LA PRESTACIÓN JURÍDICA DE LOS RIDERS Y SUS CLAROSCUROS

A juicio de quien estas páginas firmas, la Sentencia de unificación de doctrina que acaba de glosarse hubiera debido significar, cabalmente, el fin del recorrido jurídico de la cuestión ahora planteada, al menos en cuanto a sus argumentos de base (cosa distinta es que siempre hubieran podido plantearse nuevas dudas acerca de las condiciones concretas en alguna otra nueva específica plataforma), que no podían ser otros que los ya anunciados criterios flexibles sobre la valoración de las notas de ajenidad y dependencia del art. 1 ET, y siempre teniendo en cuenta que el lógico devenir del tiempo haría que tales prestaciones encontraran singularidad propia a través de la negociación colectiva, capaz de dotar de perfiles propios y sacar de la precariedad generalizada.

Pero el poder político [siempre tan atento a los problemas de actualidad para aportar soluciones regulatorias —incluso, a veces, en contra del sentir de una parte de los destinatarios de las normas— y poder colgarse la medalla de afirmar que ha resuelto problemas sociales que, a veces y como en este caso, ya estaban razonablemente en vías de solución] ha querido aportar un punto más al debate con la promulgación de una normativa novísima, incorporada al ordenamiento jurídico mediante el Real Decreto Ley 9/2021, de 11 de mayo (asumiendo, por tanto, que la cuestión era de tan extraordinaria y urgente necesidad y abusando de las facultades de producción legislativa emanada del poder ejecutivo, algo que, como bien es sabido, ha merecido severos reproches por quien debe velar por la salvaguarda de la esencia constitucional), y luego confirmada en todos sus términos por el texto definitivo de la Ley 12/2021, de 28 de septiembre; ambas normas rubricadas como de modificación del ET "para garantizar los derechos laborales de las personas dedicadas al reparto en el ámbito de plataformas digitales".

Dicha Ley tiene dos contenidos normativos netamente diferentes entre sí: de un lado, se introduce una nueva letra d) en el artículo 64.4 ET, incorporando entre los derechos de información de los representantes de los trabajadores el de conocer "los parámetros, reglas e instrucciones en los que se basan los algoritmos o sistemas de inteligencia artificial que afectan a la toma de decisiones que pueden incidir en las condiciones de trabajo, el acceso y mantenimiento del empleo, incluida la elaboración de perfiles".

Este precepto resulta interesante y, sin duda, puede tener gran utilidad práctica, para incorporar un nuevo espacio a la acción colectiva en el marco de la empresa. Así, los representantes de los trabajadores pueden conocer y, se supone, controlar y combatir cuando sea el caso, los criterios usados por la organización productiva en la configuración de sus algoritmos, que en la actualidad, como bien es sabido, presiden, en buena medida, la toma de muchas de las decisiones de cualquier empresa y que, obviamente, pueden incorporar, bajo su apariencia de objetividad, criterios discriminatorios y lesivos de los derechos de los trabajadores, como seguro se explicará en otro capítulo de esta misma obra que aborda el particular con mayor detalle.

En segundo lugar, se introduce una nueva disposición adicional vigesimotercera ET, con la siguiente redacción: "Presunción de laboralidad en el ámbito de las plataformas digitales de reparto: por aplicación de lo establecido en el artículo 8.1, se presume incluida en el ámbito de esta ley la actividad de las personas que presten servicios retribuidos consistentes en el reparto o distribución de cualquier producto de consumo o mercancía, por parte de empleadoras que ejercen las facultades empresariales de organización, dirección y control de forma directa, indirecta o implícita, mediante la gestión algorítmica del servicio o de las condiciones de trabajo, a través de una plataforma digital. Esta presunción no afecta a lo previsto en el artículo 1.3 de la presente norma".

Esta segunda norma, la que más afecta al presente discurso, obviamente resulta superflua e inútil, pues afirma tautológicamente que resulta de aplicación la presunción de laboralidad establecida en el art. 8 ET, algo que es obvio en sí mismo en una interpretación básica de las circunstancias de los trabajadores de plataformas y que, además, ya había sido establecido con meridiana claridad por la Sentencia de Unificación de Doctrina comentada páginas atrás. En consecuencia, no puede sino merecer la más severa crítica, habida cuenta de que no aporta nada nuevo (lo que hará las delicias de los filósofos del Derecho acerca de si una norma que no innova en absoluto el ordenamiento jurídico merece la condición de tal) y no ayudará en exceso a combatir la precarización y el fraude que rige en este sector, sino que es posible que incluso provoque o acreciente otros efectos indeseados, como la fuga de empresas, la eliminación de puestos (sobre todo los más precarios) y el recurso a la economía sumergida.

Por otro lado, es necesario dar cuenta de que, en la actualidad, está siendo tramitada la aprobación de una Directiva sobre la mejora de las condiciones laborales en el trabajo en plataformas digitales.

La propuesta de Directiva tiene por objeto garantizar que a las personas que trabajan a través de plataformas digitales se les conceda la situación laboral legal que corresponda a su modalidad de trabajo real. Proporciona una lista de verificación para determinar si la plataforma es un "empleador".

Se presume jurídicamente que la plataforma es un empleador si cumple al menos dos de los siguientes criterios:

- determina el nivel de remuneración o establece límites máximos;
- supervisa la ejecución del trabajo por medios electrónicos;

- restringe la libertad de elegir las horas de trabajo o los periodos de ausencia, de aceptar o rechazar tareas, o de recurrir a subcontratistas o sustitutos;
- establece normas vinculantes específicas en materia de apariencia, conducta hacia el destinatario del servicio o ejecución del trabajo;
- restringe la posibilidad de establecer una base de clientes o de realizar trabajos para terceros.

Si se cumplen al menos dos de estos criterios, las personas que trabajan a través de la plataforma deben disfrutar de los derechos laborales y sociales que se derivan de la condición de «trabajador por cuenta ajena», a saber:

- un salario mínimo (si existe);
- negociación colectiva;
- tiempo de trabajo y protección de la salud;
- vacaciones retribuidas;
- mejor acceso a la protección contra accidentes laborales;
- prestaciones por desempleo y enfermedad;
- pensiones de vejez de tipo contributivo.

Las plataformas tienen derecho a impugnar esta clasificación, en cuyo caso deben demostrar que no existe relación laboral. Por tanto, estas medidas también deben beneficiar a las plataformas, gracias a la mayor seguridad jurídica, a la reducción de los gastos procesales y a la facilitación de la planificación empresarial.

4. A MODO DE CONCLUSIÓN FINAL SOBRE LA ¿DEFINITIVA? SOLUCIÓN JURÍDICO-LABORAL AL COMPLEJO ENTRAMADO DE PROBLEMAS DERIVADOS DE LA ECONOMÍA DE PLATAFORMAS

Como las presentes páginas han tratado de poner de manifiesto, la problemática que orbita en rededor de la prestación de servicios en plataformas digitales es una historia inacabada y, quizá y dada la potencial y proteica cantidad de ellas llamadas a operar en el presente o futuro inmediato, acabe por convertirse en interminable.

En efecto, por mucho que el supuesto de hecho concreto de una plataforma haya acabado siendo resuelto por los órganos jurisdiccionales del máximo rango (a través de la tantas veces mencionada sentencia de Unificación de Doctrina), y quede claro que en dicho caso las personas que prestan servicios en esa plataforma son (o no) verdaderos trabajadores, nada impedirá que aparezcan nuevas plataformas, con condiciones distintas en las que surjan dudas renovadas y acaben por convertirse en situaciones litigiosas, donde, nuevamente, será menester efectuar un juicio casuístico para ponderar, indiciariamente y de forma conjunta, si concurren o no las notas exigidas por el art. 1 ET.

Item más, resulta posible (y los movimientos en los clausulados de las condiciones de prestación de servicios en diversas plataformas son buena muestra de ello) que incluso una plataforma que haya sido condenada a reconocer la laboralidad de quienes hasta ese momento prestaban servicios a su través, decida modificar las condiciones, concediendo un mayor grado de libertad, autonomía e independencia a sus prestatarios con el objeto de eludir la aplicación del ordenamiento laboral.

Desde luego, la aplicación expresa de la presunción de laboralidad a las prestaciones de servicios a través de plataformas (explícitamente recordada por la Sala IV del Tribunal Supremo y pomposamente articulada por la nueva disposición adicional vigésimo tercera ET) no desvirtúa la anterior afirmación, pues, aun partiendo de dicha presunción, siempre será posible que una concreta empresa aporte pruebas suficientes capaces de desvirtuarla, acreditando que las relaciones habidas en su seno no son laborales por no darse en ellas las notas de ajenidad y dependencia del art. 1 ET.

Por otro lado, no es ocioso recordar que han surgido distintas voces reclamando la elaboración de una especie de relación laboral especial para aquellas personas que prestan servicios a través de plataformas digitales (o, cuando menos, una regulación especial de los trabajadores "a demanda", conforme al art. 11 de la Directiva 2019/1152, del Parlamento Europeo y del Consejo, relativa unas condiciones laborales transparentes y previsibles), tratando de proporcionar una protección jurídica unificada y de naturaleza indubitadamente laboral, aun cuando especial, que, seguramente (y como suele ser norma cuando se trata de relaciones laborales especiales), estuviera por encima de la precariedad estructural de quien se ve forzado a actuar como autónomo sin unos mínimos medios de organización empresarial, pero por debajo de la plena protección laboral que proporciona la regulación general concedida a los verdaderos trabajadores por el ET.

En efecto, cuando todas las soluciones en presencia plantean inconvenientes o no resultan plenamente satisfactorias, hay que optar por el mal menor; y, en el caso de la prestación de servicios a través de plataformas, como en el dilema de Odiseo en el cantar homérico, es mejor sufrir algunas bajas en la *Scila* del casuismo (en forma de demandas de laboralidad desestimadas a quienes, entonces, deberán sufrir la mayor precariedad de una relación mercantilizada), que aceptar la *Caribdis* de la precarización total que seguramente supondría una relación laboral especial.

Además, resulta preciso admitir que el hecho aglutinante que dota de uniformidad a ciertos trabajadores como para hacerlos merecedores de una regulación laboral especial resulta, en este caso, difuso: el mero hecho de prestar servicios en una plataforma digital (indicio determinante tanto en la sentencia de unificación como en la da 23ª ET) no es más que un mínimo común que difícilmente homogeneiza las prestaciones de servicios habidas en sus por definición muy variables condiciones.

Por tanto, y no obstante la operatividad de la presunción del art. 8 ET, no siempre que haya una prestación de servicios a través de plataformas (por muy valioso que sea el *Know how* atribuible a este medio productivo) ha de proporcionarse la misma y unívoca respuesta, pues puede haber otras circunstancias suficientes para desvirtuarla; con lo cual la creación de una nueva relación laboral especial resulta artificial y poco preciso.

Además, si se permitiera una devaluación de condiciones de trabajo, vía relación laboral especial, por el mero hecho de ser prestados los servicios a través de una plataforma, tal supondría de incentivo perverso para que empresas de sectores tradicionales iniciaran un proceso de transformación con el único propósito de obtener la ventaja competitiva ínsita a unas condiciones de trabajo menos gravosas para la entidad.

La solución es y será el estudio del caso concreto, y ahí, desde luego, la sensibilidad social no ha de confundirse con el rigor jurídico, debiendo el iuslaboralista discernir en cada supuesto las circunstancias que resulten relevantes para la calificación (o no) como laboral de una prestación de servicios llevada a cabo a través de una plataforma digital.

Cosa distinta será que, precisamente el trabajo en plataformas sea un perfecto laboratorio de ensayo para que aquellos órganos judiciales llamados a crear jurisprudencia continúen avanzando en la senda ya emprendida de revisión de las notas definitorias de la relación laboral. Desde luego, profundizar en la flexibilización de los rasgos característicos de la ajenidad y la dependencia en los tiempos actuales resulta necesario para contribuir al apasionante reto que consiste valorar cómo han de adaptarse las relaciones laborales a la revolución tecnológica que se está viviendo de forma imparable y acelerada en las últimas décadas.

En este sentido procederá parar mientes para ponderar cómo afecta el componente tecnológico (en el caso ahora enjuiciado, la plataforma), y los medios de materialización (entre otros, las condiciones establecidas normalmente de forma unilateral por la titular de aquella) en la concreta prestación de servicios desarrollada.

Así, y como ya se ha dicho en su momento oportuno, será menester admitir que la subordinación propia del contrato de trabajo, y su plasmación en las notas de ajenidad y dependencia, habrá de adquirir hoy unos perfiles menos estrictos que en el pasado, entendiendo que el círculo rector empresarial actúa en círculos concéntricos pero igualmente dignos de protección.

En fin, que, de momento, y salvo mejores soluciones, el jurista del trabajo parece condenado a un eterno retorno a aquellos mitos fundacionales del Derecho del Trabajo; a saber, la ponderación de las notas de la ajenidad y la dependencia como criterio determinante de la aplicación del ordenamiento jurídico laboral a una concreta prestación de servicios; también y por cuanto ahora ocupa, en la economía de plataformas.

5. BIBLIOGRAFÍA

AA.VV. (RODRÍGUEZ-PIÑERO ROYO, M.; TODOLÍ SIGNES, A. y HERNÁNDEZ BEJARANO, M., Dirs.): *El trabajo en plataformas digitales: Innovación,* Derecho y Mercado, Pamplona (Aranzadi Thomson), 2018.

BELTRÁN DE HEREDIA RUIZ, I.: "Economía de las plataformas y contrato de trabajo", en AA.VV.: *XXIX Jornades Catalanes de Dret Social. Noves Tecnologies i relacions laborals,* Barcelona (Generalitat de Catalunya), 2018.

CAVAS MARTÍNEZ, F.: "Las prestaciones de servicios a través de plataformas informáticas de consumo colaborativo: un desafío para el Derecho del Trabajo", *RTSS (CEF)*, núm. 406, 2017.

GINÈS I FABRELLAS, A.: "Diez retos del trabajo en plataformas digitales para el ordenamiento jurídico-laboral español", RTSS (CEF), núms. 425-426, 2018.

MERCADER UGUINA, J.R.: *El futuro del trabajo en la era de la digitalización y la robótica*, Valencia (Tirant lo Blanch), 2017.

RODRÍGUEZ-PIÑERO ROYO, M.: "La agenda reguladora de la economía colaborativa: aspectos laborales y de Seguridad Social", *Temas Laborales*, núm. 138, 2017.

SUÁREZ CORUJO, B.: "La gran transición. La economía de plataformas digitales y su proyección en el ámbito laboral", *Temas Laborales*, núm. 141, 2018.

TASCÓN LÓPEZ, R.: "El eterno retorno a los mitos de la ajenidad y dependencia en la era hipertecnológica/postindustrial (revisión a la luz de los problemas surgidos en la economía de plataformas)", *RTSS (CEF)*, núm. 452, 2020.

TODOLÍ SIGNES, A.: "Nuevos indicios de laboralidad como resultado de las nuevas empresas digitales", en AA.VV.: *Economía colaborativa y trabajo en plataformas: realidades y desafíos*, Albacete (Bomarzo), 2017.

PREGUNTAS TIPO TEST

1. Las personas que prestan servicios a través de plataformas digitales:
   a) Serán en todo caso trabajadores autónomos.
   b) Serán en todo caso trabajadores por cuenta ajena.
   c) Se presume que son trabajadores por cuenta ajena *ex* art.8 ET, aunque puede demostrarse en un caso concreto que no concurren las notas de ajenidad y dependencia exigidas en el art. 1 ET.
   d) Ninguna de las anteriores es cierta.

2. La prestación de servicios de las personas que prestan servicios a través de plataformas digitales se caracteriza porque:
   a) Quedan sometidas al escrutinio de algoritmos digitales de gestión.
   b) Suelen tener libertad para determinar los horarios de conexión a la aplicación.
   c) La empresa dueña de la plataforma establece unilateralmente las condiciones de la prestación.
   d) Todas las anteriores son ciertas.

3. La propuesta de Directiva sobre el trabajo en plataformas considera:
   a) Que siempre y en todo caso el trabajo en plataformas tiene que ser considerado laboral.
   b) Que en ningún caso el trabajo en plataformas merece ser considerado laboral.
   c) Que el trabajo en plataformas será laboral si reúne algunas características o indicios que así permiten identificarlo.
   d) Son correctas la b y la c.

4. Desde la aprobación en España de la conocida como Ley Rider:
   a) Se ha creado una relación laboral especial para este tipo de trabajadores.
   b) Se ha creado un régimen especial de seguridad social para este tipo de trabajadores.
   c) Ninguna de las anteriores es cierta.
   d) Las dos primeras opciones son correctas.

5. La conocida en España como Ley Rider ha establecido que:
   a) Las prestaciones de servicios a través de plataformas digitales son siempre laborales.
   b) Las prestaciones de servicios a través de plataformas digitales se hacen en régimen de autónomos.
   c) Las prestaciones de servicios a través de plataformas digitales se hacen en régimen de autónomos económicamente dependientes.
   d) Ninguna de las anteriores es cierta

6. El Tribunal Supremo español
   a) Ya había considerado laboral la prestación en plataformas antes de la entrada en vigor de la Ley Rider.
   b) Sólo después de la aprobación de la Ley Rider ha considerado laborales las presaciones en plataformas.
   c) Aún no se ha pronunciado sobre el trabajo en plataformas.
   d) Está esperando a la aprobación de la Directiva Europea para pronunciarse sobre el asunto.

7. En la famosa Ley Rider, además del trabajo en plataformas se contempló:
   a) El derecho de desconexión de los trabajadores.
   b) El derecho de los representantes a conocer los algoritmos manejados por la empresa.
   c) El derecho de las partes a una adecuada protección social.
   d) Ninguna de las anteriores es cierta.

8. La propuesta de Directiva

a) Contempla en todo caso que la empresa que no esté de acuerdo con la calificación laboral de sus prestaciones de servicios la impugne ante un órgano judicial independiente.

b) En ningún caso permite que la empresa discrepe con la calificación laboral de sus prestaciones de servicios.

c) Dependerá de los casos.

d) Ninguna de las anteriores es cierta.

9. La prestación de servicios de las personas que prestan servicios a través de plataformas digitales se caracteriza porque:

a) Hay muchos potenciales prestadores del servicio, a los que sólo se les suele exigir darse de alta en la aplicación.

b) Los medios físicos concretos (Smart phone, Tablet…) suelen pertenecer a la persona prestadora.

c) La empresa dueña de la plataforma establece unilateralmente las condiciones de la prestación.

d) Todas las anteriores son ciertas.

10. Los medios productivos a considerar para identificar quién es el verdadero empresario son:

a) Fundamentalmente los artilugios informáticos concretos (Smart phone, Tablet…).

b) Fundamentalmente la aplicación informática a través de la cual se presta el servicio.

c) Fundamentalmente el vehículo utilizado en la prestación del servicio.

d) Ninguna de las anteriores.

Preguntas teóricas cortas

1. Indicar cuáles son las notas definitorias de la relación laboral.

2. Indicar la respuesta jurisprudencial al dilema sobre la laboralidad del trabajo en plataformas.

3. Indicar cuál ha sido la respuesta del legislador español a la problemática del trabajo en plataformas.

4. ¿Existe en el ordenamiento jurídico laboral español una relación laboral especial de trabajo en plataformas?

5. ¿Existe alguna regulación europea sobre el trabajo en plataformas?

Supuesto práctico

Elaborar dos supuestos de hecho sobre trabajo en plataformas describiendo alguna actividad productiva (tomada de la realidad o inventada): en el primero, define la situación fáctica de tal modo que la calificación de las prestaciones de servicios habidas en el seno de la plataforma merezcan ser calificadas como laborales; en el segundo, define la situación fáctica de tal modo que la calificación de las prestaciones de servicios habidas en el seno de la plataforma merezcan la calificación de civil o mercantil

Capítulo VI

La transparencia en las condiciones de trabajo en la Unión Europea y en España como elemento que combate el abuso en las relaciones laborales

EDURNE TERRADILLOS ORMAETXEA
Titular (acreditada a cátedra) de Derecho del Trabajo y de la Seguridad Social (UPV/EHU)

1. CONSIDERACIONES GENERALES DE LA DIRECTIVA (UE) 2019/1152, RELATIVA A UNAS CONDICIONES LABORALES TRANSPARENTES Y PREVISIBLES

La Directiva (UE) 2019/1152, relativa a unas condiciones laborales transparentes y previsibles (en adelante, la Directiva) se adoptó sobre la base del art. 31 de la Carta de Derechos Fundamentales de la Unión Europea, conforme al cual todo trabajador tiene derecho a trabajar en condiciones que respeten su salud, seguridad y dignidad, a la limitación de la duración máxima del trabajo y a períodos de descanso diarios y semanales, así como a un período de vacaciones anuales retribuidas. Pero esta Directiva no se enfoca únicamente a diferenciar con más precisión los espacios dedicados al descanso y al trabajo sino que reconoce a los trabajadores, con independencia del tipo y de la duración de su relación laboral, el derecho a un trato justo y equitativo en materia de condiciones de trabajo, así como el acceso a la formación; además de fomentar la transición hacia formas de empleo por tiempo indefinido, tal y como proclama el principio n.º 5 del pilar europeo de derechos sociales, adoptado en Gotemburgo el 17 de noviembre de 2017. Se apoya también en ese principio el objetivo que asume la norma jurídica europea de evitar las relaciones laborales que den lugar a unas condiciones de trabajo precarias, en particular prohibiendo la utilización abusiva de contratos atípicos, y limitando los períodos de prueba que deberán tener una duración razonable.

Por otro lado, se trata ésta de una directiva que propugna el cumplimiento y ampliación de los derechos de información de las personas trabajadoras, relativos al conocimiento previo al inicio de la relación laboral, de los elementos esenciales del contrato de trabajo: se conecta este objetivo con el principio n.º 7 del Pilar europeo, principio que reconoce ese derecho de información del trabajador, incluso del período de prueba. La proyección de este principio en las relaciones de trabajo alcanza también al despido, en tanto que reconoce el derecho de los trabajadores a ser informados de la causa del mismo, a que se les conceda un plazo razonable de preaviso, así como el derecho a acceder a una resolución de litigios efectiva e imparcial. Por último, el principio citado declara que, en caso de despido injustificado, los trabajadores tienen derecho a una reparación, incluida una indemnización adecuada.

Las modificaciones inducidas por los cambios demográficos y la inmigración, y la digitalización, sobre todo la aparición y consolidación del trabajo en plataformas de reparto de comida o de cualquier mercancía, han llevado al legislador europeo a adaptar la ya extinta Directiva 91/533/CEE a los mercados laborales actuales; aunque, en realidad, será la Directiva relativa a la mejora de las condiciones laborales en el trabajo en plataformas digitales, todavía en estado de propuesta, la que se encargue concretamente de regular el trabajo en las plataformas digitales arbitradas por algoritmos. Tan es así que mientras que la citada Directiva de 1991 no se aplicaba a todos los trabajadores de la Unión (Considerando 5 de la Directiva de 2019), ésta sí lo hace –con las reservas que se apuntarán más adelante. Y esta precisión es muy importante porque son muchos los falsos autónomos que últimamente han emergido a la luz en España, merced a la labor de la Inspección de Trabajo y de la Seguridad Social, pero también de la Ley 12/2021, de 28 de septiembre, que modifica el texto refundido de la Ley del Estatuto de los Trabajadores (ET), para garantizar los derechos laborales de las personas dedicadas al reparto en el ámbito de plataformas digitales; ley que introdujo una nueva disposición adicional vigesimotercera en el ET.

Uno de los objetivos más explícitos de esta Directiva de 2019 estriba en la promoción de un empleo transparente y previsible, al mismo tiempo que aspira a lograr la garantía de la capacidad de adaptación del mercado de trabajo (art. 1.1). Esa finalidad estaba presente en la Directiva de 1991, aunque la Directiva de 2019 perfecciona las deficiencias que acusó su antecesora: la propia sustitución del término "información" por el de "transparencia" en el enunciado de la norma europea da cuenta del avance que conlleva esta última Directiva.

Como la anterior, la Directiva de 2019 consagra la naturaleza de "mínimo" de los derechos que se recogen en su texto (art. 1.2), lo que supone que los Estados miembros pueden incorporar disposiciones más favorables para los trabajadores o conservar las que ya disponga su ordenamiento jurídico.

Otro de los objetivos claves de esta norma comunitaria, y que contrasta con la anterior a la que sustituye, consiste en que otorga cierta seguridad jurídica a los trabajos más precarios. La comprobación del tiempo de trabajo y la disposición de unas garantías mínimas para que las personas trabajadoras tengan un conocimiento previo de su jornada de trabajo, así como de otras condiciones pueden ser decisivas para combatir el abuso de los contratos “a demanda” y del denominado “contrato de 0 horas”.

2. EL ÁMBITO SUBJETIVO

El ámbito subjetivo de la Directiva (art. 1.1) se proyecta sobre todos los trabajadores de la UE que tengan un contrato de trabajo o *una relación laboral* conforme a la legislación, los convenios colectivos o la práctica vigente en cada Estado miembro. Esta Directiva no ha elaborado un concepto único de trabajador para toda la UE, sino que se remite a los ordenamientos de los Estados miembros aunque puntualiza que se deberá tomar en consideración la jurisprudencia del Tribunal de Justicia de la UE. Asimismo es oportuno tomar en consideración que en los Considerandos de la Directiva, ésta incluye en su ámbito de aplicación el “trabajo falsamente declarado”, es decir, aquel que a pesar de cumplir todas las notas características de una relación laboral, es declarado como trabajo por cuenta propia. Es sabido que la declaración de fraude busca evadir el cumplimiento de las obligaciones jurídicas que acompañan al trabajo por cuenta ajena. En el caso español, sin embargo, la labor realizada por la Inspección de Trabajo, la doctrina unificada del TS y, por fin, la Ley 12/2021, de 28 de septiembre, conocida como “Ley Rider”, en el sentido de presumir laboral la relación entre las plataformas digitales y los repartidores de cualquier servicio o mercancía, coadyuvarán a que esta Directiva se aplique a esos empleados.

Pero la Directiva también permite a los Estados miembros la posibilidad de no aplicar su contenido cuando la relación de trabajo en cuestión cuente con un número de horas predefinidas y reales que supongan una media igual o inferior a tres horas semanales, aunque en un periodo de referencia de cuatro semanas consecutivas (art. 1.3). No es menor observar que el cómputo de esas horas ha de incluir todo el tiempo trabajado para el empleador, incluidas las horas extraordinarias o el trabajo adicional al garantizado o previsto en el contrato de trabajo o relación laboral. Aún y todo, esta lasitud permitida por la Directiva que delimita de manera sostenida en el tiempo cuándo una relación de trabajo puede obviar la regulación, puede ser una válvula de escape de ciertas relaciones de trabajo que acaban siendo más largas de lo previsto.

Por su parte, la Directiva será aplicable a aquella relación de trabajo "en la que no se haya predeterminado una cantidad de trabajo remunerado garantizada antes de que comience el empleo" (art. 1.4). Esta excepción es plausible porque obliga a las personas empleadoras a hacer ese ejercicio de previsión del tiempo a contratar antes del inicio de cualquier relación de trabajo. De esta forma, además, la excepción anterior (art. 1.3) queda mejor delimitada dado que se trate de una relación de trabajo de menos de 3 horas o no, el empleador deberá hacer ese pronóstico.

En la norma europea se establecen algunas exclusiones que coinciden con el Derecho del Trabajo español (art. 1.3 ET). Así, su contenido podrá no aplicarse a los funcionarios públicos, los servicios públicos de urgencia, las fuerzas armadas, las autoridades policiales, los jueces, fiscales, investigadores y otras fuerzas o cuerpos de seguridad (art. 1.6 Directiva). Finalmente, las personas físicas que contratan empleadas de hogar cuando el trabajo se desarrolla en el domicilio de aquéllas, pueden ser excluidas de la aplicación de la Directiva si así lo decide el Estado miembro en cuestión (art. 1.7).

Por último, respecto de algunos grupos de trabajadores (la gente de mar y pescadores –art. 4-, por un lado, desplazados a otro Estado miembro o a un tercer país –art. 7-, los más destacados) se observan una serie de excepciones.

Con todo, en el Anteproyecto de Ley para la transposición de la Directiva UE 2019/1152[1], que es también utilizado para la transposición de la Directiva UE 2019/1158, relativa a la conciliación de la vida laboral y la vida profesional de los progenitores y de sus cuidadores, el legislador español no ha utilizado la técnica que permite establecer normas específicas para excluir de algunos requisitos establecidos en la misma, a ciertas personas trabajadoras por cuenta ajena del ámbito de la Directiva, ni siquiera se ha acogido a la oportunidad brindada por la norma europea (Considerando 14) para exceptuar a ciertas personas que actúan como empleadores de trabajadores domésticos en el hogar.

3. DEFINICIONES CLAVE DE LA DIRECTIVA

Tal como se adelantaba más atrás, la Directiva no ha provisto una definición europea de trabajador, por lo que esta acepción será entendida conforme a la definición nacional de cada país, en línea con la jurisprudencia de la UE.

El art. 2 de la norma recoge definiciones del "calendario de trabajo", "horas y días de referencia" y "patrón de trabajo".

---

[1] Anteproyecto de ley por la que se modifica el texto refundido de la Ley del Estatuto de los Trabajadores, aprobado por el Real Decreto Legislativo 2/2015, de 23 de octubre, y otras disposiciones en materia laboral, para la transposición de la Directiva (UE) 2019/1152 del Parlamento Europeo y del Consejo, de 20 de junio de 2019, relativa a unas condiciones laborales transparentes y previsibles en la Unión Europea, y la Directiva (UE) 2019/1158 del Parlamento Europeo y del Consejo, de 20 de junio de 2019, relativa a la conciliación de la vida familiar y la vida profesional de los progenitores y los cuidadores, y por la que se deroga la Directiva 2010/18/UE del Consejo. Véase también el Dictamen del Consejo Económico y Social de España 14, 2022.

Si las definiciones de las partes de la relación de trabajo no han derivado en un concepto europeo al uso, el legislador sí lo ha hecho, respecto del tiempo de trabajo. Ese precepto define el calendario de trabajo como "el calendario que determina las horas y los días en los que empieza y termina la realización del trabajo", en tanto que las horas y días de referencia se perfilan como "los tramos horarios en días específicos durante los cuales puede tener lugar el trabajo previa solicitud del empleador".

La última definición se refiere al "patrón de trabajo" que se concreta como "la forma de organización del tiempo y su distribución con arreglo a un determinado patrón determinado por el empleador". Sin perjuicio de que el Tribunal de Justicia de la UE todavía no se ha pronunciado sobre esas definiciones, se insistirá en que los conceptos transcritos se perfilan en términos tan generalistas que habrá que esperar para decidir sobre su eficacia. La amplitud y falta de concreción de esas definiciones han sido criticadas por la doctrina, enunciados que procuran abarcar todas las formas de empleo existentes en la UE. Sin embargo, ninguna definición que pretenda erigirse en un concepto jurídico que abarque la mayor cantidad posible de situaciones puede ser enunciada en términos demasiado concretos.

4. LA TRANSPARENCIA EN LA DIRECTIVA

Partiendo de que la Directiva 91/533/CEE introdujo ya el derecho de los trabajadores a recibir información por escrito respecto de una lista de elementos esenciales del contrato de trabajo o de la relación laboral, el crecimiento de las formas de empleo "atípicas", caracterizadas por patrones no clásicos de jornada y/o disponibilidad, ha motivado que el legislador europeo haya adoptado esta otra Directiva. En ésta, la lista originaria de elementos de la relación laboral se amplía, así como se complementa el único modo en que la Directiva de 1991 exigía el libramiento de la información: ahora también podrá hacerse en formato electrónico. Quizás por eso, la Directiva llama a los Estados miembros para que faciliten el cumplimiento de esta obligación empresarial, de modo que podrán elaborar plantillas y modelos que subirán a un sitio web oficial único a escala nacional, o – y éste ha sido el medio que ha utilizado el legislador español del Anteproyecto citado- garantizar que el marco normativo aplicable que deben comunicar los empleadores esté disponible de forma generalizada, gratuita, clara, etc. por medios electrónicos. Huelga añadir que este derecho de información incluye las posibles modificaciones que pueden darse a lo largo de la relación laboral y que afecten a los datos suministrados al inicio de la relación (art. 6).

En España ese derecho a la información previamente suministrada, en principio, al inicio de la relación de trabajo se contiene en el art. 8.2 ET, así como en el reglamento que lo desarrolla (Real Decreto 1659/1998, de 24 de julio). Téngase en cuenta, no obstante que tanto el art. 8.2 ET como el reglamento que lo desarrolla mandatan que su contenido se aplique a las relaciones laborales cuya duración sea superior a cuatro semanas, "suelo" mínimo que no se halla en la Directiva. El legislador español nos ofrece en el Anteproyecto de transposición de la Directiva, una serie de claves respecto de las modificaciones que deberán operarse en nuestra legislación para acoger el nuevo contenido de la Directiva dado que el legislador europeo haya adoptado esta otra Directiva, por lo que la lista inicial se amplor algoritmos)l Es (art. 4). En su texto, sorprende que no se proponga la acomodación del art. 8 ET (y de su desarrollo reglamentario) a las relaciones laborales de menos de cuatro semanas cuando debería eliminarse.

Por otra parte, dado que la lista con las materias objeto de información alcanza un número considerable (quince materias), dedicaremos nuestra atención a la distribución que realiza la Directiva europea entre (i) materias que deben ser informadas o antes del inicio de la relación de trabajo o, como máximo, en el plazo de siete días naturales una vez iniciada ésta; y (ii) aquellas otras que podrán ser informadas en el plazo de un mes desde el primer día de trabajo (art. 5).

- En el primer bloque (i) se encuentran materias altamente esenciales, como la identidad de las partes, el lugar de trabajo o la remuneración. En este bloque es particularmente relevante lo previsto en las letras l) y m) del art. 4.2. El enunciado de la letra l) se refiere a negocios donde el patrón de trabajo es total o mayoritariamente previsible. En esos casos, la información alcanzará a la duración de la jornada laboral ordinaria, diaria o semanal del trabajador, así como a cualquier acuerdo relativo a las horas extraordinarias y su remuneración y, en su caso, a cualquier acuerdo sobre cambios de turnos. Esta previsión motivará, conforme al Anteproyecto de transposición de la Directiva, algún cambio sobre la jornada irregular (art. 34.2 ET). Esa "irregularidad" puede suponer, conforme a la legislación vigente, el 10% de la jornada anual y podrá adoptarse unilateralmente por la empresa en caso de que no lo recoja el convenio colectivo, o de no haber acuerdo entre la empresa y los representantes de los trabajadores. De conformidad con el Anteproyecto citado, se propone la modificación del art. 34.2 ET, disponiendo que, en defecto de pacto, la distribución irregular del 10 por 100 de la jornada, sólo podrá establecerse unilateralmente por parte de la empresa, *cuando concurran causas económicas, técnicas, organizativas o de producción;* causas que hasta ahora no se deben acreditar. El legislador español ha evitado la aplicación mimética de la regulación europea apelando a circunstancias que afecten a la empresa aunque el Anteproyecto ni describe cuándo se entenderá que se está en presencia de esas causas, ni se remite a preceptos estatutarios donde sí figuran (arts. 41, 47 ó 71 ET, aunque de distinta forma en función de la intensidad de la medida empresarial en cuestión). Por eso, podría ponerse en cuestión la vía adoptada por nuestro legislador, en la medida en que la Directiva no ofrece vías excepcionales para la no aplicación de su texto.

Continuando con el Anteproyecto citado, la distribución irregular deberá observar *toda la normativa laboral sobre jornada y horario, así como la normativa sobre conciliación*, y no solo la normativa de descansos, tal y como se ha previsto hasta la transposición de esta Directiva. Sin duda alguna, con esta transposición, nuestra legislación laboral va a mostrarse más acorde con la doctrina del TJUE sobre tiempo de trabajo y tiempo de descanso. Finalmente, en la propuesta de transposición de la Directiva se establece que la compensación de la distribución irregular se realizará según lo dispuesto en convenio colectivo o en acuerdo entre la empresa y la representación legal de las personas trabajadoras. En defecto de pacto colectivo–y aquí radica la novedad que aportaría la transposición de la Directiva- esa compensación se establecerá *según la concreción que proponga la persona trabajadora*; propuesta que, en caso de conflicto, será finalmente decidida por la jurisdicción social teniendo en cuenta las necesidades de funcionamiento de la empresa y los derechos de conciliación y corresponsabilidad de la persona trabajadora, en un claro seguimiento de otras normas favorecedoras de la conciliación, como la regulación jurídica sobre la adaptación de jornada (art. 34.8 ET).

Por su parte, el art. 4.2 m) de la Directiva se dirige a negocios donde el patrón de trabajo es total o mayoritariamente imprevisible. En esos casos, el empleador tampoco podrá dejar de informar al trabajador sobre tres aspectos claves, como son la cantidad de horas pagadas garantizadas y la remuneración del trabajo realizado fuera de esas horas; las horas y los días de referencia en los cuales se puede exigir al trabajador que trabaje y, finalmente, el período mínimo de preaviso a que tiene derecho el trabajador antes del comienzo de la tareas y, en su caso, el plazo para la cancelación del mismo. Esta regulación jurídica va a afectar al trabajo a tiempo parcial. De conformidad con el texto del mencionado Anteproyecto, se procederá a la modificación del art. 12 donde, en resumen, los cambios se intercalan en la jornada de este tipo de contrato, en el régimen de las horas complementarias (donde se incluye la posible cancelación del encargo sin preaviso, y el derecho a garantizar una indemnización a favor del empleado), y en materia de preaviso, respecto del cual desaparece la habilitación al convenio colectivo para establecer un plazo inferior a tres días. Llama la atención que el Anteproyecto español silencie el indudable impacto de la Directiva sobre el trabajo fijo discontinuo, laguna que ha sido advertida por el Dictamen del Consejo Económico y Social de España (Dictamen 14, 2022, Sesión ordinaria del Pleno de 26 de octubre de 2022).

- En el segundo bloque (ii) se prevén otros elementos menos urgentes habida cuenta de que su efectividad queda postergada en el tiempo, como la cantidad de vacaciones remuneradas –en el bien entendido de que el trabajador deberá trabajar un tiempo hasta generar el derecho a vacaciones-, el procedimiento de terminación de la relación laboral o el derecho a formación, si lo hubiera.

En un apartado diferente, es oportuno informar de que el Anteproyecto –actuando "motu propio" respecto del silencio de la Directiva- añade un nuevo art. 8 bis) en el ET, relativo a la información adicional que debe proporcionarse a los trabajadores en los supuestos de utilización de sistemas automatizados de toma de decisiones, de seguimiento o de vigilancia. Ciertamente este contenido se aplica ya en las empresas y administraciones públicas españolas, toda vez que lo recoge la Ley orgánica 3/2018, sobre el derecho a la protección de datos personales y garantía de los derechos digitales (arts. 87 y ss). Con todo, es bienvenido que, siquiera con la transposición de esta Directiva, el legislador español opere en el propio texto estatutario y no se conforme con remitirse a la Ley orgánica citada, como ha ocurrido hasta ahora (véase el art. 20.3 bis ET).

Este Capítulo II de la Directiva finaliza con el art. 7, que se dedica a la información adicional que debe suministrarse a los trabajadores enviados a otro Estado miembro o a un tercer país, cuyo contenido no va a ser desarrollado.

5. REQUISITOS MÍNIMOS Y GARANTÍAS RELACIONADOS CON LAS CONDICIONES DE TRABAJO

El capítulo de la Directiva que más modificaciones va a reportar en la legislación española actual es el tercero, siendo el *período de prueba* uno de los aspectos más innovadores. En el período de prueba, la extinción de la relación de trabajo es voluntaria para ambas partes, y no se contempla ninguna indemnización que compense la falta de causa, o la imposibilidad de demostrar la razón que permite finalizar ese período de conocimiento mutuo de ambas partes. En esa secuencia temporal, en la legislación española las únicas razones que pueden motivar la declaración de nulidad del pacto sobre el período de prueba son las relacionadas con cualquiera de las causas de discriminación o vulneración de derechos fundamentales y libertades públicas.

En el Anteproyecto de Ley citado, se modifica el art. 14.1 ET en el sentido de que el período de prueba no podrá ser, en ningún caso, superior a seis meses (art. 8 Directiva), aunque se permiten períodos de prueba inferiores y diferentes en función del trabajo a desempeñar (técnicos y titulados, o no) y de que se trate de empresas de menos de veinticinco personas, en las que podrán existir períodos de prueba algo más largos en comparación con el resto de empresas (se suscribe así el principio de que los Estados miembros eviten establecer trabas de carácter jurídico que obstaculicen la creación y desarrollo de esas empresas, Considerando 48 de la Directiva).

En el caso de contratos temporales, la Directiva exige que la duración del período de prueba sea proporcional a la duración del contrato y a la naturaleza del trabajo; y lo mismo se encuentra en el Anteproyecto. En el mismo se prevé que, en el caso de contratos temporales de duración –real o prevista- inferior a 7 días, se suprimirá el período de prueba.

El mandato de la Directiva (art. 8.2 "in fine") de impedir que en caso de renovación de un contrato para el desempeño de la misma función y tareas en la misma empresa, la nueva relación de trabajo se someta a otro período de prueba, es transpuesto por el Anteproyecto en términos de nulidad. Y así, el pacto que establezca ese nuevo periodo de prueba será nulo, independientemente de la modalidad de contratación elegida (modificación del art. 14.1 ET).

Por otra parte, uno de los objetivos fundamentales de la Directiva es la lucha contra la precariedad. Son cada vez más numerosos los trabajos en los que se exige una permanente disponibilidad a las personas trabajadoras, en los que el tiempo de trabajo engulle el tiempo de descanso. La Directiva engloba a los trabajadores que no tienen un tiempo de trabajo garantizado, incluidos los que tienen contratos de cero horas y algunos contratos a demanda" entre los trabajadores "en situación especialmente vulnerable" (Considerando 12).

Por eso, entre los requisitos mínimos relacionados con las condiciones de trabajo, la Directiva recoge la posibilidad del "empleo paralelo" (art. 9), de modo que el empleador no podrá prohibir al trabajador aceptar empleos con otros empleadores fuera del calendario de trabajo fijado con dicho empleador, ni tratarle de modo desfavorable basándose en esa razón. La Directiva busca así impedir que las formas de trabajo sometidas a llamada inserten pactos de exclusividad que impidan la posibilidad del pluriempleo.

Este mandato europeo va a modificar el art. 21 ET, conforme se recoge en el Anteproyecto mencionado. En resumen, la empresa no podrá prohibir ni limitar la prestación de servicios para otras empresas por parte de las personas trabajadoras, sin que en ningún caso puedan sufrir un trato desfavorable por dicha situación. Aún y todo, conforme al Anteproyecto, el modificado art. 21 ET incorporaría una excepción, transponiendo así la posibilidad que el art. 9.2 de la Directiva ofrece a los Estados en lo casos en que el pluriempleo suponga una incompatibilidad que esté basada en causas objetivas y justificadas, como la salud y la seguridad, la protección de la confidencialidad empresarial, la integridad del servicio público y la prevención de conflictos de intereses. Y así, el Anteproyecto español señala dos restricciones legítimas y conformes con el derecho al trabajo y el pluriempleo, pero también con la libertad de empresa (art. 38 Constitución Española) que podrá observar el empleador y que podrán prohibir el empleo paralelo del trabajador: la concurrencia desleal o el pacto de plena dedicación mediante compensación económica expresa (tal y como se recoge en el texto ET anterior a la transposición).

En definitiva, tras la transposición de la Directiva, el texto estatutario apenas cambiaría su contenido actual aunque se expresaría en términos prohibitivos para la empresa, con excepciones, en lugar de como se recoge ahora (prohibición para el trabajador).

-El título de la Directiva que apela a la "previsibilidad" no supondría una protección del trabajador si no viniera acompañado de la obligación cumulativa del empleador de prever que, en los casos en que el patrón de trabajo sea total o mayoritariamente previsible (como suele ocurrir en los trabajos de reparto para las plataformas digitales) (i) el trabajo tendrá lugar en unas horas y unos días de referencia [art. 10.1 a), en relación con el art. 4.2 m, ii)], y, (ii) de la obligación de preavisar razonablemente al trabajador de la tarea asignada (art. 10.1 b). Se trata éste de uno de los preceptos de más importante valor de la Directiva, aunque los Estados deberán concretar esos mínimos de horas, días y razonabilidad en el preaviso. Además los Estados, en los casos en que el patrón de trabajo sea total o mayoritariamente *imprevisible*, puedan exigir al empleador que se abstenga de obligar al trabajador a trabajar incondicionalmente. No sólo lo anterior; además, la Directiva prevé el derecho de resistencia del trabajador que podrá no atender a alguna tarea "sin que ello tenga consecuencias desfavorables" (art. 10.2). Es más, si el empresario cancela una tarea sin observar un plazo razonable de preaviso porque la legislación de un Estado lo permita, entonces la Directiva reconoce el derecho a una indemnización a favor del trabajador.

En cuanto al número de días que debe contar el preaviso, la actual legislación se refiere a cinco días, que el Anteproyecto decide mantener, por ser más favorable que el previsto en la Directiva.

- Dado que la Directiva acepta las formas de empleo precarias pero pretende garantizar unos derechos mínimos para el trabajador, incluso favorecer la transición a otro empleo más previsible, los arts. 11 y 12 de la misma contienen más previsiones respecto de esos dos objetivos. El art. 11, para el caso de Estados que autoricen el uso de contrato de trabajo a demanda o similares, y seguramente anticipando los posibles abusos que puedan cometerse (así también se expresa el

Considerando n. 35) llama a los Estados a aplicar medidas eficaces para evitar el abuso (aunque la primera de ellas podría resultar insuficiente). Por su parte, el art. 12 se titula "Transición a otra forma de empleo", precepto que obliga a los Estados miembros a garantizar que los trabajadores con una antigüedad mínima de seis meses con el mismo empleador, puedan solicitar una forma de empleo con unas condiciones laborales que ofrezcan una previsibilidad y una seguridad mayores, así como a recibir respuesta motivada por escrito. El Anteproyecto de Ley se remite a lo previsto en los arts. 12.4 e) (la conversión de un trabajo a tiempo completo en un trabajo a tiempo parcial y viceversa) y 15.7 ET (contratos temporales y contratos formativos respecto de la existencia de contratos indefinidos) y añade que "la persona trabajadora con al menos seis meses de antigüedad en la empresa tendrá derecho a solicitar puestos de trabajo vacantes en la empresa que sean a tiempo de trabajo completo, tengan una jornada mayor, sean de carácter indefinido o reúnan condiciones de mayor previsibilidad o estabilidad en el empleo" (nuevo art. 21 bis ET).

A esas solicitudes deberá responder la empresa de manera motivada y por escrito en el plazo de 15 días u en otro distinto establecido en el convenio colectivo, que podrá ser superior, ya que el artículo citado exige que no supere el plazo de un mes, que es el máximo permitido por la Directiva. En el Anteproyecto ni se atiende a la habilitación permitida por la Directiva de limitar la frecuencia de las solicitudes que dan lugar a la obligación de responder por parte de la empresa, ni de ampliar el plazo de respuesta hasta los tres meses y permitir una respuesta oral en el caso de que las personas físicas actúen como empleadores, o se trate de personas físicas que actúan como empleadores, o de las microempresas y pequeñas o medianas empresas. Si el Anteproyecto se convirtiera en Ley por tanto, España habría optado por la regulación del modo de transición a otra forma de empleo más favorable para el trabajador.

- En estos tiempos en que la formación permanente se exige en cada vez más empleos, es bienvenido el art. 13 de la Directiva que establece que en caso de que la legislación nacional o de la Unión, o los convenios colectivos, exijan que el empleador facilite formación al trabajador para que éste lleve a cabo la prestación de servicios para la cual ha sido contratado, el Estado deberá velar porque se proporcione gratuitamente, se compute como tiempo de trabajo y "a ser posible", tenga lugar durante el horario de trabajo. En el Anteproyecto de Ley no se contempla la modificación del art. 23 ET, ni su ausencia se ha hecho notar por el Informe del CES citado.
- El último requisito mínimo que contempla la Directiva se refiere a los convenios colectivos (art. 14) aunque, ciertamente, es difícil englobarlo junto al resto de requisitos recogidos como derechos mínimos para todos los trabajadores. Lo anterior se sustenta en que, en virtud de la Directiva, las normas colectivas pueden establecer disposiciones relativas a las condiciones laborales de los trabajadores *distintas*, que no más favorables, que las contempladas en los artículos 8 a 13 de la Directiva. El límite, frágil, que establece la Directiva es que esas otras disposiciones colectivas respeten *la protección general de los trabajadores*, cláusula harto generalista que no permite desautorizar la posible derogación "in peius" de la legislación de transposición de la Directiva, por parte de los convenios colectivos. Por ahora, esto es en el Anteproyecto de Ley citado,

España no habría hecho uso de esa facultad que le reconoce la Directiva.

6. LAS DISPOSICIONES HORIZONTALES, FINALES Y RELATIVAS A LA TRANSPOSICIÓN DE LA DIRECTIVA

La última parte de la Directiva se dedica (i) a las disposiciones horizontales y finales que persiguen garantizar el cumplimiento de las disposiciones de la Directiva en los Estados miembros y que, por tanto, invoca la participación de estos en la articulación de esos mecanismos de protección de los derechos de los trabajadores; así como (ii) a recoger disposiciones relativas a la transposición y al derecho transitorio.

En cuanto a las disposiciones propiamente horizontales (i), la primera (art. 15) es de tipo procesal: en caso de que los trabajadores presenten ante un tribunal u otra autoridad u organismo competente, unos hechos que permitan presuponer que han sido despedidos o han sido objeto de otro perjuicio equivalente por haber ejercido sus derechos en virtud de esta Directiva, la carga de la prueba para demostrar que no ha habido despido o perjuicio equivalente por dichos motivos debe recaer sobre el empleador. El Anteproyecto de Ley no incorpora ninguna modificación al respecto en la Ley de la Jurisdicción Social. Es cierto que la Directiva permite también otra posibilidad de protección de los trabajadores en esos supuestos, pero no puede aplicarse en España dado que la norma europea se refiere en esos casos a sistemas en los que el despido debe ser aprobado previamente por una autoridad u organismo competente en esa materia.

En el marco de ese primer grupo de disposiciones, se halla también el derecho a reparación que tienen los trabajadores en caso de incumplimiento de los derechos que se derivan de la presente Directiva (por ejemplo, documentación, y ciertas condiciones mínimas como el período de prueba o el derecho a ser respondido cuando se solicite la transición a una vacante con más previsibilidad). La Directiva invoca a los Estados a fin de que permitan que esos trabajadores tengan acceso a una resolución de litigios eficaz e imparcial. Tampoco el Anteproyecto de Ley ordena ninguna modificación al respecto. Es cierto que respecto de algunas condiciones mínimas que contiene la Directiva, los distintos procedimientos procesales que se articulan en la Ley 36/2011, Reguladora de la Jurisdicción Social (LRJS) serían apropiados para que los trabajadores reciban una solución eficaz e imparcial a sus reclamaciones, pero se acusan ciertos vacíos en lo que se refiere a reparar los efectos provocados por el incumplimiento de las obligaciones documentales por parte del empresario. En tanto que dicho incumplimiento no genera una pérdida económica para el trabajador, no podría acudirse al proceso ordinario o monitorio en reclamación de cantidad. Por otra parte, una sentencia que declarara el derecho del trabajador a haber recibido esa documentación, tampoco resolvería el derecho a la reparación que le asiste. Actualmente el art. 6.4 de la Ley de Infracciones y Sanciones del Orden Social (RD-L 5/2000, LISOS) tipifica como infracción leve la falta de entrega de la documentación a la que se refiere el art. 8.2 ET (y su Reglamento de desarrollo) aunque es evidente que una sanción *administrativa*, de tipo leve (art. 40 LISOS), que sería impuesta por haberse cometido una infracción leve, no sería suficiente para cumplir esta disposición.

La protección contra el trato desfavorable o las consecuencias desfavorables que pueda padecer el trabajador por el ejercicio de los derechos que se le reconocen en esta Directiva, es otro de sus bastiones. En este sentido, en el Anteproyecto tampoco se indica nada pero el derecho fundamental a la tutela judicial efectiva (art. 24.1 de la Constitución), y la garantía de indemnidad aparejada a dicho derecho, exonerarían a España de modificar su ordenamiento jurídico-laboral.

Otra cuestión que se recoge en esas Disposiciones (art. 18) es la protección dispensada al trabajador contra el despido, protección que se concreta en la carga de la prueba. Si el trabajador considera que ha sido despedido (u medida equivalente) por haber ejercido los derechos contemplados en esta Directiva, el empleador deberá proporcionarle, por escrito, las causas que fundamenten ese despido. Es conocido que la legislación laboral española exige que los hechos que sustenten el despido se recojan debidamente en la denominada "carta de despido" (art. 55 ET, por ejemplo). Parece que esta disposición y su equivalente procesal son suficientes para declarar nuestra legislación acorde con lo mandatado en la Directiva. Ésta exige también (art. 18) que los Estados adopten las medidas necesarias para garantizar que cuando el trabajador pruebe ante un tribunal u otra autoridad u organismo competente que los hechos que sustentan el despido (o medida equivalente) se basan en el ejercicio de los derechos que le reconoce esta Directiva, corresponda al empleador demostrar que el despido se ha basado en otras causas. El Anteproyecto no prevé ninguna disposición o modificación para incorporar esta previsión de la Directiva. No obstante, la inversión de la carga de la prueba en los términos que exige el art. 103.1 LRJS sería suficiente para dar entender cumplido el mandato de la Directiva.

Las dos últimas disposiciones se refieren a las sanciones que deben tipificar los Estados miembros y a la denominada "cláusula de no regresión" (art. 20).

El art. 19 de la Directiva vuelve a invocar a los Estados para que establezcan el régimen de sanciones aplicables a cualquier infracción de las disposiciones nacionales adoptadas al amparo de la Directiva o, en su caso, a las disposiciones nacionales ya en vigor relativas a los derechos contemplados por la norma europea. Lo más importante de esta disposición –por el recorrido que pueda tener en la jurisprudencia del Tribunal de Justicia de la UE-, es que la Directiva proclama que esas sanciones sean "efectivas, proporcionadas y disuasorias". Actualmente el art. 7.5 LISOS tipifica como infracción grave la transgresión de las normas y los límites legales o pactados en materia de tiempo de trabajo contenidas en los arts. 12, 23 y 34 a 38 ET. Por otra parte, ya se informó más atrás que la infracción del deber de documentación se tipifica como infracción leve (art. 6.6 LISOS). Por último, en el caso de transgresión de otras condiciones de trabajo contempladas en la Directiva, distintas de las ya referidas, la tipificación de la infracción sería de grave, conforme a la cláusula genérica del art. 7.10 LISOS. Que las sanciones actualmente previstas sean consideradas como efectivas, proporcionadas y disuasorias será una decisión que deberá adoptarse por los tribunales a la vista del caso concreto.

La cláusula de no regresión del art. 20 persigue que la transposición de la Directiva no provoque un retroceso de los derechos favorables a los trabajadores que ya se contemplen en los ordenamientos jurídicos de los Estados. Y así, si la legislación de cualquier Estado es más favorable a los trabajadores que la prevista por la Directiva, seguirá manteniéndose la del Estado miembro.

Del segundo bloque de disposiciones (ii) sólo merece la pena destacar la mención a los interlocutores sociales que realiza la Directiva (art. 21.4), la única de su articulado. Conforme a ella, los Estados vuelven a ser los responsables de adoptar las medidas adecuadas para garantizar la participación efectiva de los interlocutores sociales y promover y mejorar el diálogo social con vistas a la aplicación de esta Directiva.

7. BIBLIOGRAFÍA

ARGÜELLES BLANCO, A.R., "Previsibilidad y transparencia de los tiempos de trabajo en la Directiva 2019/1152", *NET21,* n.º10, 2022.

MIRANDA BOTO, J.M., "Algo de ruido, ¿Cuántas nueces? La nueva Directiva (UE) 2019/1152, relativa a unas condiciones laborales transparentes y previsibles en la Unión Europea y su impacto en el derecho español", *Temas Laborales,* n.º 149, 2019.

MORARU, G.F., "Condiciones laborales transparentes y previsibles en la Directiva (UE) 2019/1152", *Revista del Ministerio de Trabajo y Economía Social*, n.º 54, 2022.

MERCADER UGUINA, J., "Los "tiempos" de la Directiva (UE) 2019/1152: transparencia y lucha contra la precariedad laboral como objetivos", *Documentación Laboral*, n.º 122, 2021.

RODRÍGUEZ-PIÑERO ROYO, "La Directiva 2019/1152, relativa a unas condiciones laborales transparentes y previsibles en la Unión Europea", *Derecho de las relaciones laborales*, n.º11, 2019.

SALA FRANCO, T., "La Directiva 2019/1152, relativa a unas condiciones laborales transparentes y previsibles en la Unión Europea y su transposición en el ordenamiento laboral español", *Revista Española de Derecho del Trabajo*, n.º 251, 2022.

TEST

1. Elija cuál de las siguientes afirmaciones es correcta:
   a. Esta Directiva se aplica a todos los trabajadores
   b. Esta Directiva se aplica a todos los trabajadores, aunque se excluyen los funcionarios públicos
   c. Esta Directiva se aplica a todos los trabajadores aunque se pueden excluir los trabajos de media de menos de 3 horas semanales, las personas empleadoras, los funcionarios públicos en general y los empleados de hogar
   d. Esta Directiva se aplica a todos los trabajadores aunque se excluyen los trabajos de media de menos de 3 horas semanales, los funcionarios públicos en general y los empleados de hogar

2. Elija cuál de las siguientes afirmaciones es correcta:
   a. La Directiva no se aplica a los contratos de cero horas y a algunos contratos a demanda dado que no existe previsión de jornada

b. La Directiva se aplica a los contratos de cero horas y a algunos contratos a demanda aunque no exista previsión de jornada

c. La Directiva se aplica a los contratos de cero horas y a algunos contratos a demanda cuando, una vez iniciada la relación, se confirme que supera de media las 3 horas semanales

d. La Directiva no se aplica a los contratos de cero horas pero sí a algunos contratos a demanda

3. Elija cuál de las siguientes afirmaciones es correcta:

a. El momento para facilitar la información a la que se refiere la Directiva debe ser entre el primer día de trabajo y el séptimo día natural.

b. El momento para facilitar la información a la que se refiere la Directiva varía en función de la información que se debe suministrar al trabajador

c. El momento para facilitar la información a la que se refiere la Directiva nunca podrá superar los primeros siete días naturales desde el inicio de la relación laboral

d. El momento para facilitar la información a la que se refiere la Directiva dependerá de si se trata dc una actividad con patrón previsible o con patrón imprevisible

4. La información a la que se refiere la Directiva deberá proporcionarse al trabajador:

a. Por escrito o a través de plantillas y modelos electrónicos

b. Por escrito

c. La decisión sobre cómo informar corresponderá al empresario y se cobrará al trabajador

d. La Directiva no prevé nada al respecto

5. Elija cuál de las siguientes afirmaciones es correcta:
   a. La Directiva prohíbe el empleo paralelo
   b. El trabajador deberá informar al empleador si practica el pluriempleo o tiene un empleo paralelo
   c. El empleador no podrá prohibir el empleo paralelo del trabajador fuera del calendario de trabajo establecido
   d. El empleador no podrá prohibir el empleo paralelo del trabajador fuera del calendario de trabajo establecido, ni tratar a éste desfavorablemente si ejerciera el pluriempleo, salvo causas objetivas

6. El período de prueba en contratos de duración indefinida en la Directiva
   a. El período de prueba no podrá ser superior a 6 meses en ningún caso, salvo que los Estados miembros decidan acogerse a las excepciones que prevé la Directiva
   b. El período de prueba no podrá ser superior a 6 meses en ningún caso, salvo que el convenio colectivo establezca otro plazo (legislación española actual)
   c. El período de prueba no podrá ser superior a 6 meses, salvo que el convenio colectivo de ámbito estatal establezca otro plazo
   d. El período de prueba no podrá ser superior a 6 meses, salvo que un acuerdo marco de ámbito estatal o de comunidad autónoma, establezca otro plazo

7. En la Directiva, el período de prueba en contratos de duración determinada
   a. Hay una regla general de que el periodo de prueba no exceda de un mes en los contratos de seis meses o más. En el resto de contratos, se prohíbe el período de prueba

   b. La legislación actual es más garantista que la prevista en la Directiva
   c. Hay una regla general de que el periodo de prueba no exceda de un mes en los contratos de seis meses o más, y de 15 días en el resto
   d. Hay una regla general de que el periodo de prueba no exceda de un 6 meses en los contratos indefinidos y de que sea proporcional a la duración de los contratos en el caso de que sean temporales.

8. Con la Directiva, respecto de trabajadores contratado por tiempo definido, y en cuanto a la información relativa al tiempo de trabajo, en la legislación española
   a. No cambia nada dado que la actual legislación española supera lo previsto en la Directiva
   b. No cambia nada dado que la actual legislación española iguala lo previsto en la Directiva
   c. En la información a proporcionar al trabajador se deberá especificar la fecha de finalización del contrato o duración prevista de la relación laboral
   d. La empresa deberá comunicar a la Oficina de empleo el horario concreto de inicio y finalización de su jornada

9. De conformidad con la Directiva, cómo pueden garantizar los Estados miembros que se proporcione la información debida al trabajador
   a. La Directiva permite la elección entre la previsión de presunciones "iuris tantum" favorables al trabajador y la reclamación por el trabajador ante una autoridad u organismo competente a fin de recibir una reparación adecuada de manera oportuna y efectiva

b. La Directiva permite la elección entre la previsión de presunciones "iuris tantum" favorables al trabajador y la reclamación por el trabajador ante una autoridad u organismo competente a fin de recibir una reparación adecuada de manera oportuna y efectiva, o la aplicación de uno de los dos modelos
c. La Directiva exige la aplicación de presunciones "iuris tantum" favorables al trabajador
d. La Directiva exige que el trabajador pueda reclamar ante una autoridad u organismo competente a fin de recibir una reparación adecuada de manera oportuna y efectiva

10. En virtud de la Directiva, un convenio colectivo podría prever un período de prueba de 8 meses para los contratos que se suscriban por tiempo indefinida:
    a. Es correcto, si la legislación del Estado miembro permitía, antes de la transposición de la Directiva, la posibilidad de realizar períodos de prueba de esa duración
    b. No es correcto, dado que la posibilidad de ampliar la regla general que impone un máximo de 6 meses pertenece al Estado miembro
    c. No es correcto ya que los convenios colectivos no pueden empeorar, en contra de los derechos de los trabajadores, las condiciones mínimas de esta Directiva
    d. Es correcto

Preguntas teóricas

1. En el caso de que durante la relación laboral cambie el grupo profesional de la persona trabajadora, ¿el empresario

debería informarle por escrito o de manera digital, de las nuevas tareas asignadas? Razone su respuesta

2. Si un trabajador practicara el empleo paralelo o el pluriempleo, ¿la empresa (empresa 1) podría restringirle ese derecho si se probara que el otro empleo se realiza en una empresa de la competencia de la primera? Razone su respuesta

3. En una empresa de reparto de comida a domicilio, con un patrón de trabajo mayoritariamente imprevisible, la empresa ¿podría pedirle al trabajador que trabajara a pesar no haberle preavisado? En su caso, ¿qué derechos le asisten al trabajador? Razone su respuesta

4. ¿Cuál es la antigüedad mínima que debe probar el trabajador para solicitar la transición a una forma de empleo más previsible y segura?

5. ¿Podría sancionarse a una empresa que no cumpla con la obligación de informar que se recoge en el art. 4 de la Directiva?

Caso práctico

Paco de las Heras ha sido despedido de la empresa XTC Engineering, S.A. en febrero. El trabajador tenía un contrato de trabajo temporal que terminaba en diciembre de este año. En julio del año pasado, reclamó a su empresa por no haber recibido parte de la información que recoge el art. 4 de la Directiva. El Sr. De las Heras acude a su despacho para consultarle qué derechos le asisten y qué vías tendría para satisfacer esos posibles derechos.

Capítulo VII

Contratación temporal y a tiempo parcial

JESÚS MARTÍNEZ GIRÓN
ALBERTO ARUFE VARELA
Catedráticos de Derecho del Trabajo y de la Seguridad Social
Universidad de A Coruña

1. LA DIRECTIVA 1999/70/CE, SOBRE EL CONTRATO DE TRABAJO DE DURACIÓN DETERMINADA

Esta Directiva es la norma del Derecho derivado de la Unión Europea más importante en materia de contratación temporal. Se trata de una Directiva peculiar, pues es el fruto del diálogo social entre los interlocutores sociales representativos a nivel europeo, habiéndose incorporado el acuerdo alcanzado por ellos a la propia Directiva, a título de «Anexo». Este «Anexo» es muy largo y consta de un preámbulo y siete cláusulas. En el preámbulo, hay una afirmación capital, relativa a que los contratos de duración indefinida tienen que ser la regla general, porque contribuyen a mejorar la calidad de vida del trabajador y su productividad. Dada esta afirmación, se comprende que los contratos de trabajo de duración determinada tengan que ser la excepción a dicha regla. De todas formas, conviene poner de relieve que esta Directiva tiene un interés secundario para las instituciones de la Unión Europea. Desde la perspectiva *ad extra*, porque la pieza capital de la política de empleo comunitaria es la llamada «flexiguridad». Desde el punto de vista *ad intra*, porque la Comisión Europea prescinde totalmente del contenido de dicha Directiva, dado que todo el personal laboral empleado por las instituciones de la Unión Europea es personal laboral precario.

Esto despejado, para exponer el tema del contenido del «Anexo» incorporado a la Directiva, así como su impacto sobre el Derecho del Trabajo español, vamos a seguir un hilo conductor muy claro. Este último se refiere a la problemática de la transposición de la Directiva a nuestro Derecho interno, teniendo en cuenta que dicho plazo vencía, en principio, el 10 julio 2001. Más en concreto, nos centraremos en cómo se transpuso en España la cláusula 5ª del «Anexo» de la Directiva, que es un precepto orientado a prevenir y a impedir la utilización abusiva por el empresario de contratos sucesivos de duración determinada. Dicho de otro modo, trata de impedir que el empresario satisfaga necesidades permanentes de su empresa, obviando la utilización de contratos de duración indefinida, y estipulando únicamente contratos de trabajo precarios. Se trata de un tema muy problemático en España, dado que la transposición de dicha cláusula a nuestro Derecho interno parece casi una «historia interminable» (*neverending story*). Cabe hablar incluso de una dinámica de la transposición, que dura ya 22 años, y que todavía no se ha acabado. Como es un proceso muy largo, lo vamos a dividir convencionalmente en tres fases, con mojones en cada una de ellas muy claros.

a) La primera fase de la transposición

Es una fase coetánea con la vigencia de la segunda versión de nuestro Estatuto de los Trabajadores, esto es, la vigente a partir del año 1995. Comienza con la promulgación de la Ley 12/2001, de medidas urgentes de reforma del mercado de trabajo, para el incremento del empleo y la mejora de su calidad. Por aquel entonces, era Presidente del Gobierno el Sr. Aznar.

Esta Ley entró en vigor el 11 julio 2001. Consecuentemente, cumplió el plazo de transposición de la Directiva, que finalizaba el 10 julio, justo el día anterior. Para transponer la cláusula 5ª del «Anexo» de la Directiva, lo que se hizo fue añadirle un nuevo apartado 5 al artículo 15 del Estatuto de los Trabajadores. Sobre este precepto, vamos a tener que volver muchas veces a lo largo de esta intervención. Ahora bien, se trataba de una transposición aparente, meramente formal (pero no real), que no daba cumplimiento al mandato de la cláusula 5ª del «Anexo» de la Directiva. Para probarlo, basta leer lo que afirmaba este nuevo artículo 15.5, a cuyo tenor «Los convenios colectivos podrán establecer requisitos dirigidos a prevenir los abusos en la utilización sucesiva de la contratación temporal». Como se ve, ni era una transposición actual, ni tampoco una transposición general. No era actual, porque remitía a lo que los convenios colectivos acordasen en el futuro. Tampoco era general, porque podrían quedar trabajadores sin cubrir, al no tratarse de un solo convenio colectivo general transpositor, sino de una pluralidad de convenios con sus respectivos ámbitos de aplicación. Consecuentemente, el incumplimiento de la Directiva era evidente. Pero para comprender el calibre de este incumplimiento, resulta preciso preguntarse acerca de lo que había en España, en aquella fecha, a efectos de impedir el encadenamiento abusivo de contratos de trabajo precarios.

Lo entonces existente era una jurisprudencia reiterada de la Sala de lo Social del Tribunal Supremo, dictada en casación para la unificación de doctrina, que enjuiciaba el supuesto de hecho de sucesivos contratos temporales de trabajo encadenados, y que se dictó conociendo sobre todo de pleitos por despido. Lo más llamativo de esta jurisprudencia es que se refería a que la cadena en cuestión podía romperse. Y se rompía cuando, entre contrato de trabajo precario y contrato de trabajo precario, mediase una solución de continuidad de al menos 20 días hábiles, igual al plazo de caducidad para accionar por despido fijado en el artículo 59 del Estatuto de los

Trabajadores. Si mediaba este paréntesis, entonces la cadena se rompía. Y los tribunales laborales sólo podían enjuiciar el último eslabón de la propia cadena (esto es, el último contrato temporal extinguido). Y ello, con la consecuencia de que se limitasen muchísimo las posibilidades de declarar que había habido contratación abusiva por parte del empresario. Evidentemente, esta jurisprudencia no cubría el vacío creado por la falta de transposición de la cláusula 5ª del «Anexo» de la Directiva. Y así lo puso de relieve una Sentencia del Tribunal de Justicia de la Unión Europea de 4 julio 20016, que desautorizaba totalmente la jurisprudencia de nuestro Tribunal Supremo. Además, esta Sentencia del Tribunal de Luxemburgo tiene un interés muy grande por otra razón. La ley nacional enjuiciada por ella, y declarada incompatible con la Directiva, se refería al empleo público (griego, en el caso). Y recuérdese que el nuevo artículo 15.5 del Estatuto de los Trabajadores sólo se refería al sector privado español. Consecuentemente, había que hacer algo en España, para poner fin al flagrante incumplimiento en nuestro país de la Directiva. Pero se produjo entonces un cambio de ciclo político en España, al acceder al poder el nuevo Presidente del Gobierno, Sr. Rodríguez Zapatero.

Dada la insostenible situación española, hubo que promulgar el Real Decreto-ley 5/2006 (luego convertido en Ley 43/2006), ambos para la mejora del crecimiento y el empleo. Estas normas hicieron dos cosas, en lo tocante a la transposición de la Directiva, desdoblando dicha transposición en el Estatuto de los Trabajadores. De un lado, se procedió a dar nueva redacción al artículo 15.5 del Estatuto de los Trabajadores, fijando unos marcos temporales, que ponían límites al encadenamiento de contratos de trabajo precarios (si los trabajadores, en un marco de 30 meses, hubiesen estado empleados con contratos temporales sucesivos más de 24 meses, con o sin solución de continuidad, pasaban a considerarse trabajadores fijos), todo esto en el sector privado. De otro lado, en el sector público, se añadió una nueva disposición adicional 15ª al

Estatuto de los Trabajadores, por virtud de la cual se declaraba aplicable al sector público la norma anti-encadenamiento de contratos del sector privado, pero con el matiz de que no podía declararse fijos a los trabajadores, a pesar de superarse los límites del encadenamiento de contratos de trabajo temporales. Esta norma no hablaba de «trabajadores indefinidos no fijos», pero todo apuntaba a la existencia de ellos. A este efecto, cabe recordar que dicho peculiar problema del empleo público laboral español se había iniciado en 1998, y no hacía más que crecer y crecer, lo que acabó aportando nuevos impactos en la dinámica de la transposición de la Directiva.

Este estado de cosas cambió, en septiembre de 2008, sólo dos años después, al estallar la crisis financiera global, provocada por la quiebra del banco especulativo norteamericano Lehman Brothers. Hubo necesidad de promulgar el Real Decreto-ley 10/2010 (luego convertido en la Ley 35/2010), ambos de medidas urgentes para la reforma del mercado de trabajo. Estas normas modificaron las dos normas transpositorias de la Directiva, esto es, el artículo 15.5 del Estatuto de los Trabajadores (aplicable en el sector privado) y la disposición adicional 15ª del Estatuto de los Trabajadores (aplicable en el sector público). Los retoques operados por estas normas resultaron ser meros parches provisionales, pues la crisis económica se incrementó, especialmente en 2011. Totalmente a la desesperada, el Gobierno español de entonces adoptó una serie de medidas con impacto directo en la transposición de la Directiva. Esta nueva tanda de retoques fue operada por el Real Decreto-ley 10/2011, de medidas urgentes (entre otras cosas) para promover la calidad del empleo de los jóvenes y la estabilidad en el empleo, promulgado por el Gobierno del Sr. Rodríguez Zapatero. Y también, por el Real Decreto-ley 3/2012 (luego convertido en Ley 3/2012), ambos de medidas urgentes de reforma del mercado laboral. Estas dos últimas normas fueron, sin embargo, iniciativa del Sr. Rajoy, que ganó las elecciones generales de noviembre 2011 por mayoría absoluta, con el consiguiente cambio de Gobierno. Pues bien, lo que hizo el Gobierno del Sr. Rodríguez Zapatero fue suspender la aplicación del artículo 15.5 del Estatuto de los Trabajadores durante un período de dos años (hasta 1 septiembre 2013), medida que asumió como propia el Gobierno del Sr. Rajoy, aunque anticipando el fin del período de suspensión ocho meses, al día 31 diciembre 2012. Como es fácil imaginar, se trata de suspensiones que implicaban la suspensión transitoria en España de la vigencia de la Directiva sobre el contrato de trabajo de duración determinada, lo que resultaba jurídicamente insostenible, por aplicación del principio de primacía del Derecho de la Unión Europea sobre los Derechos nacionales de los Estados miembros. Los jueces nacionales españoles no vieron, sin embargo, la ilicitud flagrante de este asunto, limitándose a dar por buenas las normas que temporalmente suspendían la aplicación de la cláusula 5ª del «Anexo» de la Directiva en nuestro país. En consecuencia, se equivocaron los poderes ejecutivo y legislativo al promulgar normas nulas de pleno derecho. Pero también se equivocó el poder judicial al limitarse a aplicar dócilmente esas normas nulas. Y concluimos, planteando a nuestros alumnos una pregunta que invita a la reflexión. Más en concreto, la de si se puede hacer algo si un tribunal aplica normas derogadas.

b) La segunda fase de la transposición

Este segundo período coincide temporalmente con la promulgación de la versión vigente del Estatuto de los Trabajadores, esto es, su texto refundido del año 2015. La nueva dinámica transpositoria ocurrió durante el mandato de nuestro actual presidente del Gobierno. Está marcada por el levantamiento de la suspensión de la vigencia del artículo 15.5 del Estatuto de los Trabajadores y de la disposición transitoria 15ª del Estatuto de los Trabajadores, que son —recuérdese— las dos normas que transponen en nuestro ordenamiento interno la cláusula 5ª del «Anexo» de la Directiva. A pesar de que el Estatuto de los

Trabajadores era un texto refundido, se produjeron retoques en el tenor de su artículo 15, aunque de menor cuantía, que de algún modo impactaban sobre su apartado 5, que es la norma transpositoria. Así, el apartado 8 pasó a convertirse en el artículo 16. El apartado 9 pasó a convertirse en el apartado 8. Y desapareció el antiguo apartado 10, en el que se afirmaba que «Se autoriza al Gobierno a desarrollar reglamentariamente lo previsto en este artículo». Por su parte, en cuanto a la disposición adicional 15ª del Estatuto de los Trabajadores, aplicable al empleo público, no hubo ningún tipo de retoque, y se refundió tal cual estaba. Ahora bien, se produjeron muy diversos hechos funestos (el estallido de la pandemia, con sus seis olas; la erupción del volcán de La Palma, la subida del precio de la luz, la invasión rusa de Ucrania, las sucesivas y reiteradas declaraciones de inconstitucionalidad de diversas normas que el Gobierno promulgó, incluidos los dos Decretos de declaración del estado de alarma, etc.), que acabaron impactando sobre la dinámica transpositoria de la cláusula 5ª del «Anexo» de la Directiva.

Estos hechos relevantes fueron, en lo esencial, dos Sentencias del Tribunal de Luxemburgo, relativas de algún modo no sólo en el artículo 15.5 del vigente Estatuto de los Trabajadores de 2015 (norma transpositoria de la Directiva, en el ámbito del empleo privado), sino también a la disposición adicional 15ª del propio Estatuto de los Trabajadores de 2015 (norma transpositoria de la Directiva en el ámbito del empleo público). La primera de estas dos decisiones judiciales es una Sentencia del Tribunal de Justicia de la Unión Europea de 24 junio 2021. Resolvió una cuestión prejudicial española, relativa a un trabajador del sector de la construcción, que llevaba 27 años como trabajador precario, a pesar de llamársele fijo de obra. Lo que el Tribunal de Luxemburgo declaró fue que el Convenio General de la Construcción era incompatible con la cláusula 5ª del «Anexo» de la Directiva. Repárese en que lo que se declara no era la incompatibilidad de la norma transpositoria contenida en el Estatuto de los Trabajadores, sino la incompatibilidad de un convenio colectivo de eficacia general, que había sido estipulado cumpliendo, aparentemente, la legislación española en materia de negociación colectiva. Resultaba así que eran los propios interlocutores sociales quienes fomentaban la utilización abusiva y fraudulenta de la contratación temporal. Se explica, por ello, que nuestra Ministra de Trabajo forzase la estipulación de un acuerdo tripartito que corrigiese este tipo de prácticas negociales reprobadas por el Tribunal de Luxemburgo. De ahí, entre otros motivos, la promulgación del Real Decreto-ley 32/2021, de medidas para la reforma laboral, que pretende darle un vuelco a la regulación de la duración del contrato de trabajo que teníamos en España. El impacto de esta Sentencia del Tribunal de Luxemburgo sobre el Real Decreto-ley es clara. Su exposición de motivos sólo cita dos Sentencias, al efecto de fundamentar la necesidad de modificar la legislación laboral española en materia de contratos de trabajo de duración determinada. Y una de estas Sentencias es justamente la del Tribunal de Luxemburgo, a que acabamos de hacer referencia. Este Real Decreto-ley reformula totalmente la norma transpositoria de la Directiva, esto es, el artículo 15.5 del Estatuto de los Trabajadores, cuya dinámica transpositoria de la Directiva parece no tener fin. En sustancia, lo que hace es acortar los plazos de referencia del encadenamiento de contratos temporales. Pasan a ser ahora 18 meses dentro de un período de referencia de 24 meses. Todo esto, por lo que respecta al sector privado.

En lo tocante al empleo público, recuérdese que la norma transpositoria de la cláusula 5ª del «Anexo» de la Directiva es la disposición adicional 15ª del Estatuto de los Trabajadores. Pues bien, el Real Decreto-ley 32/2021 también la modificó. Tenía tres apartados, y derogó los dos primeros. Pero la historia de la transposición de la citada cláusula todavía no ha acabado, pues la nueva regulación de la contratación laboral individual efectuada por el Real Decreto-ley 32/2021 ha sido tachada de inconstitucionalidad, resultando público y notorio que dos partidos políticos, que cuentan con al menos 50 diputados en el Congreso, ya han formalizado sendos recursos de inconstitucionalidad frente a este Real Decreto-ley, ante el Tribunal Constitucional. Lógicamente, si cayese el Real Decreto-ley, caerán también las modificaciones por él operadas en las dos normas transpositorias del Estatuto de los Trabajadores. Pero decíamos antes que había dos Sentencias europeas relevantes.

Esta segunda Sentencia relevante del Tribunal de Luxemburgo incide frontalmente sobre el empleo público. Y más concretamente, sobre la figura del indefinido no fijo «laboral», que es —lógicamente— cosa no del empleo privado, sino del sector público. Nos referimos a una Sentencia del Tribunal de Justicia de la Unión Europea de 14 septiembre 2016, un caso realmente revolucionario, que alarmó al Gobierno español, y que se refería a una mutación. De nuevo, esta Sentencia del Tribunal de Luxemburgo resolvió una cuestión prejudicial española. Pero no planteada por un tribunal laboral, sino por un tribunal contencioso-administrativo. Se refería al personal estatutario de un servicio autonómico de salud. Este personal no es laboral, sino personal administrativo, cuasi-funcionarial, de cuyos pleitos con su concreto servicio de salud empleador conocen, como es lógico, los tribunales del orden contencioso-administrativo. La situación de este personal cuasi-funcionarial era un escándalo en toda España. Les hacían nombramientos encadenados, como eventuales o interinos, de muy corta duración (por ejemplo, para cinco días en una semana). De modo que podían llegar a acumular centenares de nombramientos a lo largo de varios años. Pues bien, lo que declaró esta Sentencia del Tribunal de Luxemburgo es que este personal estatutario de los servicios autonómicos de salud estaba protegido por la cláusula 5ª del «Anexo» de la Directiva. Y ello, porque la jurisprudencia del Tribunal de Luxemburgo maneja un concepto amplio y europeo de trabajador, que no tiene necesariamente por qué coincidir con el concepto nacional español de trabajador, más estrecho. Había mutado la figura del indefinido no fijo, de laboral en administrativo. Y cabe imaginar las consecuencias. Era evidente un defecto de transposición de la Directiva, pues este personal no estaba cubierto por el artículo 15.5 del Estatuto de los Trabajadores (sector privado) ni tampoco por la disposición adicional 15ª del Estatuto de los Trabajadores (empleo laboral del sector público). Dado el flagrante incumplimiento de la Directiva, había que hacer urgentemente algo. Y lo que hizo el Gobierno español, sólo ocho meses después, fue promulgar la Ley 3/2017, de Presupuestos Generales del Estado para 2017. Hubo que darle una nueva vuelva de tuerca a la transposición de la Directiva, creando una nueva norma de transposición de la cláusula 5ª del «Anexo» de la Directiva. Esta tercera norma transpositoria, a añadir a las dos que ya conocemos, fue la disposición adicional 34ª de la Ley de Presupuestos Generales del Estado para 2017. En sustancia, esta norma establecía tres cosas. Primera, no cabe declarar que una persona es indefinida no fija por decisión administrativa (hace falta resolución judicial). Segunda, el indefinido no fijo, laboral o administrativo, no es fijo (tiene que concursar, para así dar cumplimiento a los principios constitucionales de igualdad, mérito y capacidad en el acceso al empleo público). Y tercera, había que exigir responsabilidades administrativas al funcionario o autoridad que hubiese cometido la irregularidad o irregularidades conducentes a que se hubiese declarado la condición de indefinido no fijo, de la concreta persona ilícitamente contratada o nombrada. Esta norma fue luego reiterada por la Ley 6/2018, de Presupuestos Generales del Estado para el año 2018, que contenía un precepto virtualmente clónico (y con idéntica numeración) al de la inmediatamente precedente Ley de Presupuestos Generales del Estado para el año 2017. Para nosotros, el carácter transpositorio de estos dos preceptos es claro, aunque se trataba de una transposición defectuosa, por constitucionalmente cuestionable. Hay que tener en cuenta que las Leyes de Presupuestos, según el Tribunal Constitucional, son leyes coyunturales. Y estas dos disposiciones adicionales eran preceptos de vigencia indefinida y, consecuentemente, preceptos de carácter estructural. Este defecto formal había que corregirlo. Y el Gobierno de la Nación acabó haciéndolo. Doctrinalmente se había defendido que en el empleo las irregularidades cometidas en la contratación laboral debían provocar no la declaración de indefinido no fijo, sino la nulidad del contrato de trabajo irregular, con las consecuencias que en principio establece para la nulidad total de los contratos de trabajo el artículo 9 del Estatuto de los Trabajadores. Había que cortar por lo sano. De un lado, por causa del agravio padecido por miles de opositores, que están años y años preparándose para ingresar en el empleo público. De otro lado, si se coge la balanza de la justicia para calibrar qué pesa más, porque era obvio que debía prevalecer el interés público sobre el interés privado. Y esta tesis fue la que acogió el Gobierno, cuando decidió completar en forma la transposición de la Directiva, por medio del Real Decreto-ley 14/2021, de medidas urgentes para la reducción de la temporalidad en el empleo público. Este Real Decreto-ley procede a modificar el Estatuto Básico del Empleado Público de 2015, añadiéndole una nueva disposición adicional 17ª, rotulada «Medidas dirigidas al control de la temporalidad en el empleo público». Es ya una norma estructural, que pretende completar la transposición de la cláusula 5ª del «Anexo» de la Directiva, cubriendo los huecos que no tapaban ni el artículo 15.5 del Estatuto de los Trabajadores, ni tampoco la disposición adicional 15ª del propio Estatuto de los Trabajadores. Sigue en la línea de las disposiciones coyunturales presupuestarias precedentes. Pero contiene una novedad radical y revolucionaria, que se aplica al «personal funcionario interino» y, también, al «personal laboral temporal». El párrafo clave de esta nueva disposición afirma lo siguiente: «Todo acto, pacto, acuerdo o disposición reglamentaria, así como las medidas que se adopten en su cumplimiento o desarrollo, cuyo contenido directa o indirectamente suponga el incumplimiento por parte de la Administración de los plazos máximos de permanencia como personal temporal será nulo de pleno derecho». Además, tras el cese, se le paga al trabajador o funcionario interino una indemnización coincidente con la del despido objetivo procedente (20 días por año trabajado, con un máximo de 12 mensualidades). Esto no es novedad, pues ya lo había establecido una importante Sentencia del Pleno de la Sala de lo Social del Tribunal Supremo de 1999, relativa a la anulación judicial de concursos para la provisión de plazas en el empleo público. Esta disposición del Real Decreto-ley pasó a la Ley homónima 20/2021, pero aclarando que sólo se aplica a las contrataciones o nombramientos posteriores a la entrada en vigor del Real Decreto-ley, teniendo en cuenta que esta última norma entró en vigor el día 8 julio 2021.

La pregunta a plantearse ahora es la de qué se hace con los contratos o nombramientos irregulares ocurridos en fechas anteriores a la que acabamos de citar. Repárese en que son cientos y cientos de miles de indefinidos no fijos, lo que explica que el Gobierno, mediante un pacto con UGT, CCOO y CSIF, intentase poner en marcha esos procesos de regularización. Pero ha surgido una novedad, imprevisible, que marca la tercera etapa de la transposición de la Directiva.

c) La tercera fase de la transposición

Es una etapa que se ha abierto el pasado año 2022, y que —en nuestra opinión— está rodeada de incógnitas. Sí queremos poner de relieve que se trata de una nueva etapa fascinante e imprevisible. Lo primero, porque todo depende de actuaciones estrictamente jurídicas, y que tienen, además, un marcado carácter jurídico-procesal. Lo segundo, porque el resultado de todo esto ni está en manos del Gobierno, ni tampoco la solución del problema depende de él. Depende de un tercero que está por encima del Gobierno, y que aplica a rajatabla el principio de primacía del Derecho de la Unión Europea, que antes mencionábamos. Este tercero es el Tribunal de Justicia de la Unión Europea, que va a acabar interfiriendo en el asunto de qué se hace con esos cientos y cientos de miles de indefinidos no fijos, laborales y administrativos, a los que nos referíamos antes, y que están pendientes de la regularización de su situación. No es descartable incluso que haya que volver a modificar la disposición adicional 17ª, tan reciente, del Estatuto Básico del Empleado Público.

Pues bien, ese factor con el que nadie contaba es la activación de diversas cuestiones prejudiciales, relativas a los indefinidos no fijos laborales que tenemos en España, y que acabará resolviendo el Tribunal de Luxemburgo, con toda la eficacia vinculante que otorga a sus resoluciones relativas a cuestiones prejudiciales, repetimos, el principio de primacía del Derecho de la Unión Europea. Se trata de tres cuestiones prejudiciales planteadas por tres Autos de la Sala de lo Social del Tribunal Superior de Justicia de Madrid. El primero es de diciembre de 2021, aunque el Aranzadi lo hizo público en 2022 (por cierto, con un error de publicación en el *Aranzadi Westlaw*, pues afirma que se trata de una Sentencia, y no de un Auto), relativo a un indefinido no fijo de la UNED. El segundo también es de 2021, y se refiere a un indefinido no fijo de la Consejería de Presidencia de la Comunidad Autónoma de Madrid. Por su parte, el tercero ya es de 2022, a propósito de un indefinido no fijo de la Agencia Madrileña de Atención Social. Si se examinan estos tres Autos desde un punto de vista formal, tienen los tres unos evidentes caracteres comunes que permiten considerarlos incluso como una unidad. En nuestra opinión, los tres Autos acabarán siendo acumulados por el Tribunal de Luxemburgo, para así resolver las cuestiones prejudiciales que plantean mediante una sola Sentencia. Además, estos tres Autos son resoluciones judiciales clónicas. En su fundamentación jurídica, que constituye el grueso de su contenido, así como en las cuestiones prejudiciales que plantean al Tribunal de Luxemburgo, no queda más remedio que concluir que se trata de resoluciones judiciales idénticas. Pero lo que más nos ha llamado la atención es su gigantismo Son resoluciones judiciales de aproximadamente 90 páginas (muy densas, con pocos puntos y aparte).

A propósito de su *Leitmotiv* común, se refieren a indefinidos no fijos, fraudulentamente contratados por su Administración pública empleadora, y declarados tales por una resolución judicial. Eran, además, indefinidos no fijos «laborales», no administrativos. Lo que explica que de estos asuntos conociese una Sala de lo Social, esto es, un tribunal laboral. Por supuesto, eran anteriores a 8 julio 2021, lo que significa que no cabe aplicarles la disposición adicional 17ª del Estatuto Básico del Empleado Público, que impone la nulidad de la contratación o del nombramiento fraudulentos, pero sólo de cara al futuro. Y sobre todo, eran trabajadores que llevaban muchos años en esa situación, la cual muy bien podría calificarse de auténtico limbo jurídico. Como nos interesa hacer un análisis intensivo, vamos a centrarnos en sólo una de las tres cuestiones prejudiciales. Esta cuestión prejudicial es la primera. Tiene un carácter seminal. Se refiere, además, a una Universidad pública (la UNED), como la Administración pública a que nosotros pertenecemos (la Universidad de A Coruña). Y se trataba, por último, de un supuesto especialmente dramático. En efecto, se refería a un técnico de vídeo, fraudulentamente contratado por la UNED, y luego despedido. Por resolución judicial firme del año 2001, fue declarado indefinido no fijo. Y lo que es más importante, su despido fue declarado nulo. Todo esto en 2001. Y estuvo en esa situación casi 20 años, hasta que la UNED sacó a concurso su plaza, pero en el marco de la convocatoria de muchas otras plazas, mediante concurso libre. Pues bien, este trabajador no se aquietó, y demandó a la UNED ante un Juzgado de lo Social, solicitando que fuese declarado indefinido «fijo» y, subsidiariamente, que se sacase a concurso cerrado sólo su plaza. Su petición fue desestimada por el Juzgado de lo Social, que invocó cosa juzgada en 2001. Y al recurrir, el Tribunal Superior de Justicia de Madrid planteó cuestión prejudicial. En ella, la Sala de lo Social del Tribunal de suplicación madrileño realiza un repaso fenomenal de jurisprudencia, afirmando que la situación actual de la jurisprudencia, así como de la práctica administrativa que se mueve dentro de ella, es un caos, procediendo a criticar la jurisprudencia del Tribunal Constitucional y la jurisprudencia de la Sala de lo Social del Tribunal Supremo, con todos sus bandazos, sobre la figura del indefinido no fijo, hasta el punto de poder hablarse de que se trata de una figura mutante, lo cual ha dado pie a que algunos tribunales de suplicación pasen abiertamente de la figura del indefinido no fijo, para concluir que estamos en presencia de indefinidos «fijos» (sobre todo si entraron por concurso, aunque fuese un concurso elemental), aunque también critica a las concretas Administraciones públicas empleadoras, pues —según pone de relieve— en España nunca se ha exigido responsabilidad disciplinaria a ningún funcionario, por la comisión de responsabilidades conducentes a la declaración de existencia de indefinidos no fijos. Pero el Auto dispara incluso contra el propio Tribunal de Justicia de la UE, que es quien está obligado a resolver estas cuestiones prejudiciales ante él planteadas. Con todo este telón de fondo, el asunto no es fácil de arreglar. Hay muchos intereses contradictorios en juego, que hay que casar, lo que lógicamente se deja en manos del Tribunal de Luxemburgo.

Esto despejado, los tres Autos le plantean al Tribunal de Luxemburgo hasta doce preguntas, ordenadas por letras, de la A) a la L). Todo un récord. No conocemos ninguna otra cuestión prejudicial en que se haya planteado un número tan abultado de preguntas. No vamos a leeros aquí el tenor de esas doce cuestiones, porque resultaría muy premioso. Indicaremos que hay preguntas principales. Y dependiendo de la respuesta a estas preguntas («sí» o «no»), que se plantean también preguntas subsidiarias o secundarias. En realidad, todo se reconduce a dos preguntas. De un lado, ¿son fijos? Hay argumentos para sostener que lo son, y especialmente, uno de carácter formal, relativo a la jurisprudencia constitucional sobre el artículo 23 de la Constitución, resumida por los Autos. De otro lado, por el contrario, ¿son temporales? También hay argumentos para entender que los indefinidos no fijos lo son. Así lo viene sosteniendo la jurisprudencia del Tribunal de Luxemburgo, que ha considerado incluso que cabe hablar de indefinidos no fijos, no solamente «laborales», sino también «administrativos», siempre por aplicación de la cláusula 5ª del tan citado «Anexo» de la Directiva. En nuestra opinión, sea cual sea el fallo del Tribunal de Luxemburgo, tendrá consecuencias transpositorias, y obligará a modificar la disposición adicional 17ª del Estatuto Básico del Empleado Público, que antes razonábamos que era una norma incompleta, al efecto de formalizar el fallo en cuestión del Tribunal de Luxemburgo, sea cual sea.

2. LA DIRECTIVA 97/81/CE, SOBRE EL CONTRATO DE TRABAJO A TIEMPO PARCIAL

El paralelismo entre esta Directiva y la Directiva sobre los contratos de trabajo de duración determinada, a que acabamos de referirnos, es muy grande. Son mellizas, pero no gemelas. También aquí la iniciativa reguladora procede de los interlocutores sociales europeos. Consecuentemente, la sustancia de esta otra Directiva es su «Anexo», donde aparece incluido el texto del acuerdo marco que alcanzaron. Es más breve que la Directiva que tratamos antes. Consta solamente de seis cláusulas, casi telegráficas. Y sólo ha sufrido una enmienda, muy poco relevante a nuestros efectos. Fue modificada el año siguiente de su publicación, al efecto de incorporar al Reino Unido a su contenido (hoy, además, un tema intrascendente, por causa del Brexit). Las seis cláusulas sustantivas de que se compone tienen un contenido exclusivamente laboral. Queremos destacar esto, para poner de relieve que no regula la problemática de seguridad social del trabajo a tiempo parcial. Ambas problemáticas están, sin embargo, profundamente interrelacionadas. Y en nuestra opinión, la problemática más relevante, y la que más juego ha dado (desde el punto de vista del Derecho de la Unión Europea) es precisamente la problemática de seguridad social del trabajo a tiempo parcial. Veamos ahora cómo se operó la transposición de esta Directiva al ordenamiento laboral español.

Nos hubiese gustado optar por que la transposición, como en el caso anterior, fuese también el hilo conductor de nuestra exposición. Pero, a diferencia de la otra Directiva, aquí la transposición ha dado muy poco juego, porque fue operada (cuando era presidente del Gobierno el Sr. Aznar) por el Real Decreto-ley 15/1998, fruto del diálogo social. Su denominación es la de Real Decreto-ley de medidas urgentes para la mejora del mercado de trabajo en relación con el trabajo a tiempo parcial y el fomento de su estabilidad. Entró en vigor el día 29 noviembre 1998, con lo que cumplió con holgura el plazo máximo de transposición fijado en la Directiva. Operó la transposición en cuestión, dando nueva redacción al artículo 12 del Estatuto de los Trabajadores, que era el precepto que venía regulando (desde el año 1980) el trabajo a tiempo parcial en España. Nosotros queremos destacar únicamente que el precepto, tras su enmienda, perdió todo su contenido de seguridad social, pasando a centrarse sólo en los aspectos laborales del trabajo a tiempo parcial. Sus contenidos de seguridad social, a los que se les dio una vuelta de tuerca, pasaron a alojarse en la Ley General de la Seguridad Social, también modificada por este Real Decreto-ley 15/1998.

A diferencia de la problemática laboral del trabajo a tiempo parcial suscitada por esta Directiva, que es una problemática muy magra, la problemática de seguridad social del trabajo a tiempo parcial es otra cosa completamente distinta. Ha sido muy movida, y con un condicionamiento muy fuerte del Derecho de la Unión Europea y del Tribunal de Luxemburgo. Había que contar con un factor muy relevante, anclado en la realidad social. Este factor era el de la feminización del trabajo a tiempo parcial. Tradicionalmente, «cosa de mujeres» en España, al recaer sobre ellas el grueso del peso de la carga de tener que conciliar la vida laboral y la vida familiar. Sobre esta problemática incidió la jurisprudencia del Tribunal de Luxemburgo, haciendo valer el principio primacía del Derecho de la Unión Europea, especialmente a través de una Sentencia del Tribunal de Justicia de la Unión Europea de 22 noviembre 2012, en la que se declaró que la disposición adicional 7ª de la Ley General de la Seguridad Social debía ser expulsada del ordenamiento jurídico español, pues era contraria a las Directivas antidiscriminatorias de la Unión Europea. Este fallo tuvo repercusiones inmediatas sobre la jurisprudencia de nuestro Tribunal Constitucional. A través de cinco sentencias suyas, que son las Sentencias 61/2013, 71/2013, 72/2013, 116/2013 y 117/2013, se declaró ahora que la disposición adicional 7ª de la Ley General de la Seguridad Social era inconstitucional, pues producía una discriminación indirecta por razón de sexo, que violaba el artículo 14 de la Constitución. Pero el fallo en cuestión del Tribunal de Luxemburgo tuvo también repercusiones normativas. Hubo que promulgar el Real Decreto-ley 11/2013, que procedió a dar nueva redacción a la disposición adicional 7ª de la Ley General de la Seguridad Social de 1994. Al promulgarse la Ley General de la Seguridad Social actualmente vigente, dicha disposición adicional 7ª desapareció, y su contenido fue distribuido entre los artículos 246, 247 y 248 del nuevo texto refundido, en los que la clave radicaba en el llamado coeficiente de parcialidad. Se trataba de evitar, como fuese, la equiparación de día trabajado a día cotizado, creando una fórmula intermedia y equidistante, entre esa más justa y la declarada inconstitucional. Lo curioso es que esta nueva regulación agrupaba las prestaciones de seguridad social de los trabajadores a tiempo parcial en dos grandes bloques. Uno de ellos se refería a las prestaciones por desempleo. Y el segundo bloque, al resto de prestaciones contributivas. Sobre ambos bloques, en donde jugaban las técnicas de ingeniería jurídica a que acabamos de hacer referencia, acabó incidiendo el Tribunal de Luxemburgo, a través de la resolución de cuestiones prejudiciales.

La primera cuestión prejudicial fue planteada por un Juzgado de lo Social de Barcelona, a propósito de prestaciones contributivas de desempleo de una trabajadora a tiempo parcial. Sobre ella, una Sentencia del Tribunal de Justicia de la Unión Europea de 9 noviembre 2017 declaró discriminatoria por razón de sexo la regulación relativa al desempleo de los trabajadores a tiempo parcial. Como consecuencia de este fallo, no se modificó la Ley General de la Seguridad Social, sino que bastó con promulgar el Real Decreto 950/2018, restableciendo —a propósito sólo del desempleo contributivo— la regla general de un día cotizado por cada día de trabajo. Pero hubo también una segunda cuestión prejudicial, planteada ahora por la Sala de lo Social de Valladolid del Tribunal Superior de Justicia de Castilla y León, la cual fue resuelta por una Sentencia del Tribunal de Justicia de la Unión Europea de 8 mayo 2019, donde se declara contraria al Derecho anti-discriminatorio de la Unión Europea la fórmula de cálculo de la pensión de jubilación de las trabajadoras a tiempo parcial. Y sólo tres meses después, en agosto de 2019, la sentencia del Tribunal Constitucional núm. 91/2019 declaró, a su vez, inconstitucional la fórmula de cálculo de la pensión de jubilación, por violar el artículo 14 de la Constitución. Curiosamente, el Gobierno no modificó la Ley, y pretendió encajar este golpe mediante un acuerdo de gestión del INSS, aunque referido sólo al cálculo de la pensión de jubilación. En fin, esta situación se ha hecho totalmente insostenible, tras haberse fallado recientemente la Sentencia del Tribunal Constitucional núm. 155/2021. El Gobierno no tuvo más remedio que adaptar nuestro Derecho interno a la doctrina judicial comunitaria y constitucional a que acabamos de hacer referencia. La adaptación la llevó a cabo el Real Decreto-ley 2/2023, procediendo a dar nueva redacción al artículo 247 de la vigente Ley General de la Seguridad Social, a cuyo tenor —y con esto concluimos— «A efectos de acreditar los períodos de cotización necesarios para causar derecho a las prestaciones de jubilación, incapacidad permanente, muerte y supervivencia, incapacidad temporal y nacimiento y cuidado de menor se tendrán en cuenta los distintos períodos durante los cuales el trabajador haya permanecido en alta con un contrato a tiempo parcial, cualquiera que sea la duración de la jornada realizada en cada uno de ellos».

3. BIBLIOGRAFÍA

JESÚS MARTÍNEZ GIRÓN y ALBERTO ARUFE VARELA, *Derecho Crítico del Trabajo. Critical labor law*, 4ª ed., Atelier (Barcelona, 2016), 287 págs.

JESÚS MARTÍNEZ GIRÓN y ALBERTO ARUFE VARELA, *Fundamentos de Derecho comparado del Trabajo y de la Seguridad Social*, 3ª ed., Atelier (Barcelona, 2023), 335 págs.

TEST

1. ¿Existe alguna norma de Derecho derivado de la Unión Europea reguladora de las garantías mínimas otorgadas a los trabajadores con contrato de duración determinada?
   a) Sí
   b) No
   c) No, pero se promulgará
   d) Ninguna de las respuestas anteriores es correcta

2. ¿Cuál es la norma de la Unión Europea reguladora de las garantías mínimas otorgadas a los trabajadores con contrato de duración determinada?
   a) El Reglamento UE 47/2018
   b) El Reglamento UE 21/2022
   c) Una Decisión del Parlamento Europeo de 14 mayo 1992
   d) La Directiva 1999/70/CE

3. ¿Se ha transpuesto en España la Directiva 1999/70/CE?
   a) Sí
   b) No
   c) Sí, de manera incompleta
   d) Ninguna de las respuestas anteriores es correcta

4. ¿Cuántas normas se han promulgado en España para transponer la Directiva 1999/70/CE?
   a) Una, contenida en el Estatuto de los Trabajadores
   b) Dos, contenidas en el Estatuto de los Trabajadores
   c) Tres, contenidas en el Estatuto de los Trabajadores
   d) Tres, dos contenidas en el Estatuto de los Trabajadores y la tercera en el Estatuto Básico del Empleado Público

5. ¿Ha sido problemático el proceso de transposición en España de la Directiva 1999/70/CE?
   a) Sí
   b) No
   c) No se ha transpuesto
   d) Ninguna de las respuestas anteriores es correcta

6. A día de hoy, ¿puede considerarse cerrado en España el tema de la transposición de la Directiva 1999/70/CE?
   a) Sí
   b) No, por causa del planteamiento por un Juzgado de lo Social de A Coruña de una cuestión prejudicial
   c) No, por causa del planteamiento por un Juzgado de lo Social de A Coruña de tres cuestiones prejudiciales
   d) No, por causa del planteamiento por la Sala de lo Social del Tribunal Superior de Justicia de Madrid de tres cuestiones prejudiciales

7. ¿Existe alguna norma de Derecho derivado de la Unión Europea reguladora de las garantías mínimas otorgadas a los trabajadores con contrato a tiempo parcial?
   a) Sí
   b) No
   c) No, pero se promulgará
   d) Ninguna de las respuestas anteriores es correcta

8. ¿Cuál es la norma de la Unión Europea reguladora de las garantías mínimas otorgadas a los trabajadores con contrato a tiempo parcial?
   a) El Reglamento UE 47/2018
   b) El Reglamento UE 21/2022
   c) Una Decisión del Parlamento Europeo de 14 mayo 1992
   d) La Directiva 97/81/CE

9. ¿Qué tipo de contenidos tiene la norma de la Unión Europea reguladora de las garantías mínimas otorgadas a los trabajadores con contrato a tiempo parcial?
   a) Sólo laboral
   b) Sólo de seguridad social
   c) Laboral y de seguridad social
   d) Ninguna de las respuestas anteriores es correcta

10. ¿Qué norma transpone al ordenamiento interno español la Directiva 97/81/CE?
    a) El artículo 1 del Estatuto de los Trabajadores
    b) La disposición adicional decimoquinta del Estatuto de los Trabajadores
    c) La disposición adicional decimoséptima del Estatuto Básico del Empleado Público
    d) El artículo 12 del Estatuto de los Trabajadores

Preguntas cortas

1. Qué peculiaridades te parece que tiene la Directiva 1999/70/CE, sobre el contrato de trabajo de duración determinada, frente a las Directivas más usualmente promulgadas por la Unión Europea.

2. Describe brevemente las fases por las que ha atravesado la transposición en España de la Directiva 1999/70/CE, sobre el contrato de trabajo de duración determinada.

3. A la luz del Derecho de la Unión Europea, ¿crees que un indefinido no fijo contratado antes de 8 julio 2021 debería

ser declarado trabajador temporal o, por el contrario, trabajador fijo?

4. Qué peculiaridades te parece que tiene la Directiva 97/81/CE, sobre el contrato de trabajo a tiempo parcial, frente a las Directivas más usualmente promulgadas por la Unión Europea.

5. A la luz del Derecho de la Unión Europea, ¿consideras justo que se le aplique a un trabajador a tiempo parcial la fórmula día trabajado día cotizado o, por el contrario, la fórmula hora trabajada hora cotizada?

Caso práctico

Localiza la Sentencia más reciente del Tribunal de Justicia de la Unión Europea sobre el impacto de la Directiva 1999/70/CE en los trabajadores españoles. Resume su contenido. Valora positiva o negativamente su fallo, y razona qué impacto tiene sobre el ordenamiento jurídico laboral español.

Capítulo VIII

La normativa comunitaria en materia salarial: principio de igualdad retributiva y garantías de una remuneración suficiente

JOSÉ GUSTAVO QUIRÓS HIDALGO
Profesor Titular de Derecho del Trabajo y de la Seguridad Social
Universidad de León

El art. 153.1 TFUE alude a las "condiciones de trabajo" al enumerar las materias sobre las que apoyará y completará la acción de los Estados, pero sin embargo establece expresamente en su apartado 5 que la remuneración constituye un aspecto excluido de la competencia de la Unión Europea y cuya determinación y cuantificación corresponde a cada país miembro. Sin embargo, tal previsión no impide la afectación indirecta o tangencial en cuestiones retributivas cuando éstas aparecen unidas a alguno de los asuntos incluidos en aquel listado.

Ello determina, por tanto, que un análisis de la regulación salarial comunitaria deba tener en cuenta al menos cuatro apartados, todos ellos haciendo prevalecer la perspectiva social y orientados a garantizar un salario no discriminatorio y digno, mínimo o suficiente, a saber: el principio de igualdad retributiva por razón de sexo o por otros motivos, el salario del trabajador en los desplazamientos transnacionales temporales, la garantía ofrecida a las deudas salariales en caso de insolvencia empresarial y, finalmente, la previsión de un salario mínimo adecuado en la Unión Europea.

1. EL PRINCIPIO DE IGUALDAD Y NO DISCRIMINACIÓN EN MATERIA RETRIBUTIVA

El principio de igualdad retributiva entre hombres y mujeres se remonta al origen mismo de la Unión Europea, pues ya aparecía recogido en el art. 119 de la primera redacción del Tratado de Roma constitutivo de la Comunidad Económica Europea en 1957. En la actualidad, el art. 157 TFUE establece que "cada Estado miembro garantizará la aplicación del principio de igualdad de retribución entre trabajadores y trabajadoras para un mismo trabajo o para un trabajo de igual valor", previsión desarrollada por la Directiva 2000/78/CE del Consejo, de 27 de noviembre de 2000, relativa al establecimiento de un marco general para la igualdad de trato en el empleo y la ocupación; la Directiva 2006/54/CE del Parlamento Europeo y del Consejo, de 5 de julio de 2006, relativa a la aplicación del principio de igualdad de oportunidades e igualdad de trato entre hombres y mujeres en asuntos de empleo y ocupación; y la Directiva 2023/970/UE del Parlamento Europeo y del Consejo, de 10 de mayo de 2023, por la que se refuerza la aplicación del principio de igualdad de retribución entre hombres y mujeres por un mismo trabajo o un trabajo de igual valor a través de medidas de transparencia retributiva y de mecanismos para su cumplimiento. Cabe recordar que este principio de igualdad retributiva tiene reconocido un efecto directo vertical y horizontal, de tal forma que podrá ser invocado para su aplicación en las relaciones entre particulares y entre estos y el Estado [por ejemplo, STJUE de 6 de marzo de 2014 (C-595/12, Asunto *Loredana Napoli*) o STJUE de 3 de junio de 2021 (C-624/19, Asunto *Tesco Stores*)].

Al amparo de lo anterior, el art. 4 de la Directiva 2006/54/CE prohíbe cualquier manifestación de discriminación directa o indirecta en el conjunto de los elementos y condiciones de retribución, entendiendo por tal el "sueldo normal de base o mínimo, y cualesquiera otras gratificaciones satisfechas, directa o indirectamente, en dinero o en especie, por el empresario al trabajador en razón de la relación de trabajo" [art. 2.e)], lo que ha permitido entender incluido cualquier complemento cualquiera que sea su período de devengo y su objeto, las partidas extrasalariales o las indemnizaciones por despido, con independencia de su origen legal, convencional o voluntario [entre muchas otras, *vid.* STJUE de 26 de junio de 2001 (C-381/1999, Asunto *Brunnhofer*) o STJUE de 9 de diciembre de 2004 (C-19/2002, Asunto *Hlozek*).

Si bien las manifestaciones de discriminaciones directas —entendidas como aquellas en las cuales una persona sea tratada por razón de sexo de manera menos favorable que otra en situación comparable [art. 2.1.a)]— presentan hoy día un carácter casi anecdótico, ha existido en cambio gran litigiosidad para valorar la eventual concurrencia de una desigualdad indirecta, derivada de una disposición, un criterio o una práctica aparentemente de carácter neutro pero que sitúan a personas de un sexo determinado en desventaja particular con respecto a las del otro sexo, y ello salvo que exista una justificación objetiva y una finalidad legítima y tal excepción constituya un medio adecuado y necesario [art. 2.1.b)].

En muchos casos, ese distinto y perjudicial trato ha obedecido a la feminización de puestos y de categorías profesionales, por lo que el art. 4 de la Directiva 2006/54/CE establece que "cuando se utilice un sistema de clasificación profesional para la determinación de las retribuciones, este sistema se basará en criterios comunes a los trabajadores de ambos sexos, y se establecerá de forma que excluya las discriminaciones por razón de sexo".

Numerosos son los pronunciamientos judiciales que cabría traer a colación, pero baste con aludir a las vías más evidentes por más utilizadas: en primer lugar, separar en dos categorías cuanto son en realidad unas mismas funciones, retribuyendo —por ejemplo— a las "azafatas" en menor medida que a los "auxiliares de vuelo" [STJUE de 8 de abril de 1976 (C- 43/75, Asunto *Defrenne II*)] o a las "limpiadoras" que a los "peones" (STCo 145/1991, de 1 de julio); en segundo término, y cuando las tareas de ambas categorías fueran distintas, reconocer un salario más bajo a la ocupada predominantemente por mujeres infravalorando un trabajo de igual valor [STJUE de 17 de octubre de 1989 (C-109/88, Asunto *Danfoss*) o STSJU de 1 de julio de 1986 (C-237/85, Asunto *Dato*); a nivel interno, STCo 286/1994, de 28 de noviembre]; por último, justificar diferencias retributivas en la temporalidad o en la parcialidad de la relación laboral, modalidades también utilizadas en su gran mayoría por el sexo femenino [STJCE de 13 de Julio de 1989 (C-171/1988, Asunto *Rinner Khun*)].

Con todo, el gran reto en la actualidad sigue siendo la discriminación indirecta por incorrecta valoración de los puestos de trabajo. En este sentido, la Recomendación de la Comisión, de 7 de marzo de 2014, trataba de reforzar el principio de igualdad de retribución entre hombres y mujeres a través de la transparencia, aconsejando a los Estados la adopción de alguna medida favoreciendo la información a los trabajadores o a sus representantes o incluso introduciendo auditorías salariales.

En nuestro ordenamiento interno, el art. 14 CE, y los arts. 17 y 28 ET asumen el principio de igualdad retributiva por trabajos de igual valor, el último de los cuales introdujo, tras el Real Decreto-Ley 6/2019, de 1 de marzo, de medidas urgentes para garantía de la igualdad de trato y de oportunidades entre mujeres y hombres en el empleo y la ocupación, la obligación de llevar un registro retributivo en todas las empresas y realizar una auditoría salarial en aquellas que cuenten con al menos cincuenta trabajadores, todo lo cual ha sido desarrollado por el Real Decreto 902/2020, de 13 de octubre, de igualdad retributiva entre mujeres y hombres.

Por lo tanto, cabría afirmar que el legislador español, cumpliendo ampliamente las recomendaciones europeas, se adelantó y sigue ofreciendo una regulación más exigente a la contenida en la reciente Directiva 2023/970/UE del Parlamento Europeo y del Consejo, de 10 de mayo de 2023, por la que se refuerza la aplicación del principio de igualdad de retribución entre hombres y mujeres por un mismo trabajo o un trabajo de igual valor a través de medidas de transparencia retributiva y de mecanismos para su cumplimiento.

La Directiva establece que los empleadores deberán informar a los solicitantes de empleo sobre el salario inicial o la banda retributiva de los puestos ofrecidos, ya sea en el anuncio de la vacante o por cualquier otro medio, sin que puedan preguntar acerca del historial retributivo en las relaciones laborales actuales o anteriores, y garantizando el uso de términos neutros en el proceso de selección (art. 5).

En cuanto hace a la política de retribuciones en el seno de la unidad productiva, las empresas pondrán a disposición de su personal los criterios objetivos y neutros utilizados para determinar los salarios, los niveles retributivos y la progresión retributiva, pudiendo los Estados eximir de tal obligación a aquellas que tengan una plantilla inferior a 50 trabajadores (art. 6).

Cada trabajador tiene así derecho a solicitar y conocer en un plazo máximo de dos meses por sí mismo, a través de sus representantes o de un organismo de fomento de la igualdad su nivel retributivo individual y los niveles retributivos medios, desglosados por sexo, para las categorías de trabajadores que realicen el mismo trabajo o un trabajo de igual valor al suyo (art. 7).

Adicionalmente, toda empresa de cien o más trabajadores deberá elaborar cada tres años —uno para las de doscientos cincuenta o más— un informe sobre la brecha salarial, de implantación progresiva en función de su tamaño (pero en cualquier caso antes de 7 de junio de 2031), obligación que puede ser ampliada por cada Estado a las de menor plantilla o asumida voluntariamente por estas (art. 9).

Cuando lo anterior resulte preceptivo, se realizará una evaluación retributiva en cooperación con los representantes de los trabajadores si existe una brecha salarial de al menos el 5 % entre hombres y mujeres en cualquier categoría, si el empleador no hubiera justificado tal diferencia en motivos objetivos y neutros y si, además, no se hubiera subsanado en los seis meses siguientes. Tal instrumento, que estará a disposición de los trabajadores, de los representantes, de la Inspección de Trabajo y de los órganos competentes en materia de igualdad, debe contener: "a) un análisis de la proporción de trabajadoras y de trabajadores en cada categoría; b) información sobre los niveles retributivos medios de las trabajadoras y los trabajadores y los componentes complementarios o variables para cada categoría de trabajadores; c) cualquier diferencia en los niveles retributivos medios de las trabajadoras y los trabajadores en cada categoría de trabajadores; d) las razones, si las hay, de tales diferencias en los niveles retributivos medios, sobre la base de criterios objetivos y neutros con respecto al género y determinadas de forma conjunta por los representantes de los trabajadores y el empleador; e) la proporción de trabajadoras y de trabajadores que han recibido alguna mejora de su retribución tras su reincorporación después de un permiso de maternidad o de paternidad, un permiso parental o un permiso para cuidadores, si se produjo tal mejora en la categoría profesional pertinente durante el período en que disfrutaban del permiso; f) medidas para resolver las diferencias de retribución, si no están justificadas sobre la base de criterios objetivos y neutros con respecto al género; g) una evaluación de la eficacia de las medidas de anteriores evaluaciones retributivas conjuntas" (art. 10).

Por otra parte, y junto a todo lo anterior, tras la aprobación del Tratado de Amsterdam en 1997 la Unión Europea incorporó causas adicionales de discriminación —"de nueva generación"—, pero manteniendo una regulación fragmentada. En este sentido, la Directiva 2000/43/CE del Consejo, de 29 de junio de 2000, relativa a la aplicación del principio de igualdad de trato de las personas independientemente de su origen racial o étnico, y la Directiva 2000/78/CE del Consejo, de 27 de noviembre de 2000, relativa al establecimiento de un marco general para la igualdad de trato en el empleo y la ocupación por motivos de religión o convicciones, de discapacidad, de edad o de orientación sexual, proscriben la discriminación directa o indirecta en material salarial que tenga su fundamento en las citadas circunstancias. Conviene recordar que el art. 21 CDFUE prohíbe también de forma expresa la discriminación por dichas causas, por lo que al gozar del mismo valor jurídico que los Tratados potencia la eficacia directa de ambas Directivas, las cuales fueron transpuestas al ordenamiento interno por la Ley 62/2003, de 30 de diciembre, de medidas fiscales, administrativas y del orden social.

De los citados supuestos, el de la edad ha sido el que más pronunciamientos judiciales ha propiciado. Así, y entre otros ejemplos, la STJUE de 8 de septiembre de 2011 (C-297-10 y C-298/10, Asuntos *Hennigs y Mai*) estableció que vulnera la normativa comunitaria la ley o el convenio colectivo que fijen directamente la retribución, o una parte de la misma, en atención a la edad ostentada por el trabajador en la fecha de ingreso en la empresa, criterio luego reiterado en similares términos por la STJUE de 19 de junio de 2014 (C-501/12 a C-506/12, C-540/12 y C-541/12, Asuntos *Specht* y otros) o la STJUE de 9 de septiembre de 2015 (C-20/13, Asunto *Unland*).

No obstante, el art. 6.1.b) Directiva 2000/78/CE permite establecer condiciones mínimas de edad, experiencia o antigüedad para acceder a determinadas ventajas y excepciona su carácter discriminatorio si atienden a razones objetivas, como así ha apreciado el Tribunal de Justicia en relación con la valoración de la experiencia a través del complemento de antigüedad que incide en una menor retribución para los trabajadores más jóvenes. A partir de ahí, y bajo tales premisas, habrá de valorarse en cada caso concreto si los inferiores salarios asignados a los primeros niveles del sistema de clasificación profesional donde se integra el personal de nuevo ingreso y por lo común de menor edad determinan o no un supuesto de discriminación indirecta [por ejemplo, STJUE de 7 de junio de 2012 (C-132/11, Asunto *Tyrolean Airways*), STSJU de 28 de enero de 2015 (C-417/2013, Asunto *Starjakob*), STJUE de 21 de diciembre de 2016 (C-539/15, Asunto *Bowman*), STJUE de 7 de febrero de 2019 (C-49/18, Asunto *Escribano Vindel*) o STJUE de 14 de febrero de 2019 (C-154/18, Asunto *Horgan y Keegan*)].

2. LA PROTECCIÓN DEL SALARIO DEL TRABAJADOR EN LOS DESPLAZAMIENTOS TRANSNACIONALES TEMPORALES.

La libertad de circulación y residencia que se reconoce genéricamente a cualquier ciudadano europeo en los arts. 3.2 TUE y 45.1 CDFUE se reitera en particular para los trabajadores en el art. 45 TFUE y comprende la facultad de desplazarse y residir libremente en cualquier Estado miembro para ejercer un empleo, sin que puedan ser objeto de discriminación por razón de su nacionalidad en la retribución y en las demás condiciones de trabajo.

Desde ese punto de vista estrictamente laboral y sustantivo la regulación comunitaria viene dada por el Reglamento 492/2011 del Parlamento Europeo y del Consejo, de 5 de abril de 2011, relativo a la libre circulación de los trabajadores dentro de la Unión, y por la Directiva 96/71/CE, del Parlamento Europeo y del Consejo, de 16 de diciembre de 1996, sobre el desplazamiento de trabajadores efectuado en el marco de una prestación de servicios, modificada por la Directiva 2018/957/UE del Parlamento Europeo y del Consejo, de 18 de junio.

El objetivo viene dado por determinar la legislación aplicable a las condiciones laborales de los trabajadores desplazados temporalmente por una empresa de un Estado miembro en el marco de una prestación de servicios transnacional al territorio de otro Estado miembro —excluyendo la marina mercante y el transporte internacional [STJUE de 19 de diciembre de 2019 (C-16/18, Asunto *Michael Dobersberger*) o STJUE de 1 de diciembre de 2020 (C-815/18, Asunto *Federatie Nederlandse Vakbeweging*)]— para garantizar que la misma es ejercida en igualdad de condiciones, evitando así tácticas de *dumping* social y una competencia desleal derivada de la diferencia de los costes laborales entre los distintos mercados intracomunitarios que pudieran incidir en el valor final del producto o del servicio ofertado.

En concreto, y desde el punto de vista subjetivo, se atenderá al concepto de trabajador que resulte aplicable conforme al Derecho del Estado miembro en cuyo territorio aquel esté desplazado (art. 2.2) y, por otro lado, afectará no solo a empresas en sentido estricto sino también a las prestaciones de servicios que se hagan en el seno de grupos de empresas, contratas y subcontratas o empresas de trabajo temporal y agencias de colocación.

En cuanto hace al concepto de desplazamiento, la norma incluye cuantos se produzcan "durante un período limitado" (art. 2.1), lo que determina que debe existir una contratación y una prestación de servicios en el país de origen, un posterior traslado temporal a otro Estado europeo y, finalmente, una previsión de regreso o un retorno efectivo; de esta forma, quedan excluidos aquellos supuestos en los cuales la contratación tiene por objeto la prestación de servicios en el extranjero desde el principio y durante toda su duración, aunque sean distintas las nacionalidades de las partes o del lugar de trabajo. Tras la reforma operada por la Directiva 2018/957, se distingue entre desplazamientos inferiores y superiores a 12 meses —o, excepcionalmente, a 18 cuando el empleador presente una notificación motivada— para exigir en el segundo caso una protección reforzada.

En cualquier caso, en materia salarial, quedan excluidos "los trabajos de montaje inicial o de primera instalación de un bien contemplados en un contrato de suministro de bienes, indispensables para la puesta en funcionamiento del bien suministrado y ejecutados por los trabajadores cualificados y/o especializados de la empresa proveedora, cuando la duración del desplazamiento no supere los ocho días", excepto para las actividades del Anexo relativas a la construcción (art. 3.2); asimismo, los Estados miembros pueden decidir la inaplicación de la Directiva para los realizados en el seno de contratas y grupos de empresa cuando su duración no sea superior a un mes o establecer salvedades con motivo de la escasa importancia de los trabajos que deban efectuarse, permitiendo a su vez en el primer caso que los convenios colectivos sectoriales puedan introducir excepciones (arts. 3.2, 3,2 y 3.4).

Sea como fuere, el art. 3 establece que cualquiera que sea la ley aplicable a la relación laboral las empresas habrán de garantizar a los trabajadores desplazados las condiciones de trabajo y empleo del Estado miembro donde se prestan temporalmente los servicios como mínimo en determinadas materias, entre las cuales se encuentra —por cuanto ahora importa— "la remuneración, incluido el incremento por horas extraordinarias"; y, si se trata de un trabajador desplazado de larga duración, la totalidad de las condiciones con excepción de las relativas a la celebración y la resolución del contrato y los regímenes complementarios de jubilación. Es decir, introduce una norma de conflicto prevalente, pues prima la *lex specialis* frente a *lex contractus,* salvo que esta última establezca un régimen más favorable y beneficioso (art. 3.7).

Esas condiciones serán las que vengan establecidas y reguladas por disposiciones legales, reglamentarias o administrativas o por convenios colectivos o laudos arbitrales de carácter universal —en alusión a los sectoriales y de cumplimiento obligatorio, sin perjuicio de la posible ampliación admitida por el art. 3.8— o, tras la reforma introducida por la Directiva 2018/957, por cualquier otro que resulte aplicable, alcanzando por tanto a los de ámbito empresarial y a los de eficacia limitada para evitar posibles vacíos normativos —y una excepción injustificada al principio de igualdad de trato— en aquellos Estados donde el resultado de la negociación colectiva no goza de aquel carácter universal.

A estos efectos, el concepto de remuneración incluye todos y cada uno de los elementos que constituyen el salario en atención a las precitadas fuentes reguladoras, lo que supone acoger el criterio de la STJUE de 12 de febrero de 2015 (C-396/13, Asunto *Sähköalojen ammattiliitto*) frente a la versión inicial de la Directiva 96/71 que aludía ambiguamente a "las cuantías del salario mínimo"; además, la letra i) del art. 3.1 remite también a la legislación del país de destino en cuanto a las partidas extrasalariales relativas a los gastos de viaje, alojamiento y manutención para aquellos casos en los que el trabajador desplazado, a su vez, deba puntualmente prestar servicios en un lugar distinto por motivos profesionales.

Cuestión distinta es la referida a los gastos ocasionados por el propio desplazamiento inicial, pues si se abonan como complemento específico tendrán carácter salarial y la consideración de remuneración y entrarán en la regla general indicada, pero si se abonan como reembolso de los gastos efectivamente realizados serán extrasalariales y quedarán sometidos a la normativa de origen aplicable a la relación laboral; no obstante, para evitar que la primera modalidad pueda ser utilizada para aumentar artificialmente los salarios y alcanzar fraudulentamente los más elevados del país de destino, la Directiva establece que si aquélla no especifica los elementos de un eventual complemento específico ni su configuración como compensación o retribución "se considerará que la totalidad del complemento se abona en concepto de reembolso de gastos" y, en consecuencia, no podrá ser considerado auténtico salario para verificar el cumplimiento de la obligación de igualdad en la remuneración.

En España las Directivas 96/71 y 2018/957 han sido transpuestas respectivamente por la Ley 45/1999, de 29 de noviembre, y por el Real Decreto Ley 7/2021, de 27 de abril, siendo por tanto aplicables a "las empresas establecidas en un Estado miembro de la Unión Europea que desplacen temporalmente a sus trabajadores a España en el marco de una prestación de servicios transnacional" y que, en general, amplían la protección ofrecida por la normativa europea.

3. LA PROTECCIÓN DE LAS DEUDAS SALARIALES EN CASO DE INSOLVENCIA EMPRESARIAL

Sin perjuicio del Reglamento (UE) 2015/848 del Parlamento Europeo y del Consejo, de 20 de mayo de 2015, sobre procedimientos de insolvencia, y que constituye la norma de coordinación en esta materia, la Directiva 80/987/CEE del Consejo, de 20 de octubre, estableció un sistema uniforme de protección de los trabajadores frente a las situaciones de insolvencia empresarial, modificada por la Directiva 2002/74/CE, del Parlamento Europeo y del Consejo, de 23 de septiembre de 2002 y derogada por la actualmente vigente Directiva 2008/94/CE del Parlamento Europeo y del Consejo, de 22 de octubre de 2008, que expresamente establece el principio de no regresión en el nivel de protección dispensado por un Estado miembro si fuera ya superior.

En concreto, la norma comunitaria ofrece un amparo de carácter patrimonial a través de una institución de garantía que será la encargada de satisfacer determinados créditos de los trabajadores en tales situaciones, debiendo para ello cumplir tres requisitos (art. 5): su patrimonio ha de ser independiente del capital empresarial e inembargable; su financiación puede ser íntegramente pública o, en su defecto, total o parcialmente privada mediante la contribución de los empresarios; y, en fin y en su caso, el incumplimiento de esa obligación patronal no impide que nazca la responsabilidad subsidiaria, vinculada a la efectiva insolvencia empresarial.

En este sentido, ofrece un concepto autónomo, pues con independencia de lo previsto en cada ordenamiento nacional el art. 2 lo anuda a que, de un lado, se haya solicitado la apertura de un procedimiento colectivo —concurso— basado en la insolvencia del empresario que implique su desapoderamiento parcial o total y el nombramiento de un síndico o persona que ejerza una función similar —administrador concursal—; y que, de otro y en consecuencia, la autoridad competente haya acordado su apertura o haya comprobado el cierre definitivo de la empresa o del centro de trabajo y la insuficiencia del activo disponible. No obstante, el art. 2.4 permite a los Estados miembro extender la protección a otras situaciones de insuficiencia patrimonial manifestadas a través de procedimientos distintos, pero en tal caso no será aplicable a los supuestos de insolvencia transfronteriza.

Respecto a su ámbito subjetivo, resulta de aplicación al trabajador asalariado conforme al derecho nacional, sin poder excluir las relaciones laborales a tiempo parcial o temporales o de duración determinada, pues su operatividad no puede quedar condicionada a una vinculación mínima (art. 2.2 y 3). No obstante, permite excluir determinadas categorías de trabajadores siempre y cuando queden cubiertos por otras formas de garantía que ofrezcan una protección equivalente (art. 1.2), como pudieran ser, por ejemplo, los altos directivos sometidos a relación laboral de carácter especial [*vid.* STJUE de 16 de diciembre de 1993 (C-334/92, Asunto *Wagher Miret*)]; a los pescadores remunerados a la parte y al personal doméstico al servicio de una persona (art. 1.3), como ocurría en España hasta la entrada en vigor del Real Decreto-Ley 16/2022, de 6 de septiembre, para la mejora de las condiciones de trabajo y de Seguridad Social de las personas trabajadoras al servicio del hogar; y en fin, las situaciones de abuso, de vínculo particular entre trabajador y empresario, o de propiedad de aquel por sí mismo o junto con sus parientes próximos de una parte esencial de la empresa ejerciendo una influencia considerable en sus actividades, pues en tales supuestos existe riesgo cierto de colusión para generar artificial y fraudulentamente prestaciones a cubrir por la institución de garantía (art. 12) [*vid.* STJUE 18 octubre 2001 (C-441/99, Asunto *Gharehveran*) o STJUE de 10 de febrero de 2011 (C-30/10, Asunto *Lotta Andersson*)].

Los créditos impagados objeto de garantía son los resultantes de los contratos de trabajo, entendiendo como tales los salarios adeudados y, si así lo dispone el derecho interno, las indemnizaciones debidas al término de la relación laboral (art. 3). Aun cuando corresponde al derecho nacional establecer lo que haya que entender por "remuneración" (artículo 2.2), el Tribunal de Justicia ha venido corrigiendo, a la luz de los principios de igualdad y no discriminación, alguna de las disposiciones de los Estados miembros; por ejemplo, y por cuanto hace a España, cabe destacar la inclusión de los salarios de tramitación [STJUE de 16 de diciembre de 2004 (C-520/03, Asunto *Olaso Valero*)], de las indemnizaciones reconocidas no por sentencia sino en conciliación judicial [STJUE de 12 de diciembre de 2002 (C-442/00, Asunto *Rodríguez Caballero*)] o de las derivadas de supuestos extintivos no previstos expresamente conforme ocurría con la resolución contractual decidida por el trabajador ante una previa modificación sustancial o traslado [STJUE 28 agosto 2018 (C-57/17, Asunto *Checa Honrado*)], criterios jurisprudenciales que quedaron reflejados en el art. 33 ET.

Por su parte, la Directiva permite a los Estados dejar fuera de la cobertura de la institución de garantía las cuotas a los regímenes legales o complementarios de Seguridad Social que hayan dejado de ser abonadas por el empresario insolvente (art. 6), pero en tal caso deberán adoptar las medidas necesarias para garantizar que el impago de cotizaciones obligatorias anteriores a la insolvencia no tenga efectos perjudiciales sobre el derecho a prestaciones, garantizándolas por otra vía distinta como ocurre en España mediante el principio de automaticidad (art. 7) y para proteger los derechos adquiridos o en curso de adquisición de los trabajadores que ya hubieran dejado la empresa sobre prestaciones derivadas de regímenes complementarios de previsión (art. 8) [*vid.* STJUE de 25 de enero de 2007 (C-278/05, Asunto *Carol Marilyn Robins*)].

Los Estados tienen la facultad de limitar la obligación de pago en un doble sentido. De un lado, cuantitativamente, respetando en cualquier caso un umbral compatible con el objetivo social de la norma; dicho tope operará una vez calculadas las cantidades efectivamente adeudadas por el empresario insolvente tras descontar el importe íntegro de los eventuales pagos parciales realizados [STJUE 4 marzo 2004 (C-19/0, Asunto *Alberto Barsotti*)]. De otro, temporalmente, bajo los siguientes criterios: en primer lugar, acotando el período cubierto —excluyendo los tiempos que no den lugar a prestación salarial [STJUE 15 de mayo de 2003 (C-160/01, Asunto *Karin Mau*)]—, que no podrá ser inferior a los tres últimos meses de la relación laboral anteriores y/o posteriores a la fecha que se determine, lapso mínimo que a su vez puede incluirse en un período de referencia cuya duración no podrá ser inferior a seis meses; en segundo término, si el período de referencia fijado es superior a dieciocho meses cabe reducir la cobertura a ocho semanas, en cuyo caso se considerarán los períodos más favorables para el trabajador.

Por otro lado, la pretensión del trabajador a solicitar la cobertura de la institución de garantía no puede quedar sometido a requisitos distintos a los expuestos —como pudiera ser la obligación de estar inscrito como demandante de empleo [STSJUE 17 noviembre 2011 (C-435/10, Asunto *Van Ardennen*)]— pero sí a los plazos de caducidad o de prescripción previstos para el ejercicio de sus derechos, debiendo ser equivalente a los aplicables a otras prestaciones análogas y suficiente para asegurar su efectividad [STJUE 16 julio 2019 (C-69/08, Asunto *Raffello Visciano*)].

Por último, en los supuestos de insolvencia transfronteriza, donde los trabajadores prestan sus servicios en un Estado miembro distinto al de la sede de la empresa insolvente, la institución de garantía competente para el pago de los créditos será la de aquel en cuyo territorio el trabajador desarrolle o haya desarrollado su trabajo, y de acuerdo al derecho nacional de dicho país (art. 9). A estos efectos, la Directiva contempla la necesidad de intercambiar información entre las administraciones públicas competentes y/o entre las instituciones de garantía para conocer los créditos impagados.

En nuestro país, la transposición de la normativa comunitaria en esta materia se ha realizado básicamente a través de las modificaciones del art. 33 ET operadas por la Ley 38/2007 con ocasión de la Directiva 2002/74/CE, pues tras la Directiva 2008/94/CE España comunicó a la Comisión que consideraba innecesaria adoptar medida legislativa alguna; no en vano, el FOGASA como institución de garantía existe desde la Ley 16/1976, de 8 de abril, de Relaciones Laborales, financiándose a través de cotizaciones empresariales. En concreto, y sin perjuicio de los privilegios crediticios reconocidos adicionalmente (art. 32 ET), la responsabilidad subsidiaria opera en los casos de insolvencia singular declarada judicialmente y en los de declaración concursal, siempre que se solicite en el plazo de prescripción de un año, y alcanza a los salarios reconocidos en acto de conciliación o en resolución judicial, incluidos los de tramitación, con el límite del doble del SMI diario con parte proporcional de pagas extras por el número de días adeudados o, como mucho, 120, así como a las indemnizaciones reconocidas en sentencia, auto, acto de conciliación judicial o resolución administrativa con el tope general de una anualidad, y sin que el salario diario base del cálculo pueda exceder del doble del SMI.

4. LA REGULACIÓN DE UNOS SALARIOS MÍNIMOS ADECUADOS EN LA UNIÓN EUROPEA

El art. 4 de la Carta Social Europea garantiza "el derecho a una remuneración equitativa", imponiendo a los Estados el reconocimiento a los trabajadores de "una remuneración suficiente que les proporcione a ellos y a sus familias un nivel de vida decoroso". En este sentido, el salario bruto medio en la Unión Europea es de 2.194 €/mes (año 2021), si bien oscila en los distintos Estados miembro desde los 3.502 € de Luxemburgo hasta los 562 € de Bulgaria. Ambos países repiten puesto de atender al salario mínimo, alcanzando los 2.387,40 € en el primero y quedándose en 398 € en el segundo. Como cabe observar, y aun cuando la brecha existente se ha ido reduciendo en los últimos años, las diferencias resultan muy importantes, lo cual no ha impedido un largo proceso que ha culminado con la Directiva 2022/2041/UE del Parlamento Europeo y del Consejo de 19 de octubre de 2022 sobre unos salarios mínimos adecuados en la Unión Europea.

La norma no pretende armonizar el nivel de los salarios mínimos en toda la Unión ni establecer ningún mecanismo uniforme para fijarlos —lo cual iría en contra de lo previsto por el art. 153.5 TFUE—, sino que tiene por objeto lograr unas condiciones de vida y de trabajo dignas, fomentar la negociación colectiva sobre la fijación de las retribuciones y mejorar el acceso efectivo de los trabajadores al salario mínimo cuando así lo establezcan el Derecho nacional o los convenios colectivos. En cualquier caso, no impone la obligación de crear y regular por ley un salario mínimo cuando la formación de los salarios esté garantizada exclusivamente a través de convenios colectivos —conforme ocurre en Dinamarca, Suecia, Finlandia, Austria e Italia— por lo que cabe afirmar que establece un sistema dual. En este contexto se encuadran las disposiciones de fomento de la negociación colectiva previstas en el art. 4, destacando que cuando su tasa de cobertura no alcance al 80 % de los trabajadores resultará preceptivo elaborar un plan de acción consultado, negociado o pactado con los interlocutores sociales y que habrá de incluir un calendario claro y medidas concretas para llegar a aquel porcentaje, todo lo cual será objeto de revisión cuando sea necesario y, al menos, cada cinco años.

De existir salario mínimo legal, los Estados designarán o crearán uno o varios órganos consultivos para asesorar a las autoridades competentes y fijarán —con participación de los interlocutores sociales— los procedimientos para su fijación y para su actualización —cada dos años como mínimo— atendiendo a criterios que se establezcan de forma clara y que podrán ser objeto de ponderación relativa, debiendo incluir en cualquier caso los siguientes: el poder adquisitivo de esos salarios mínimos teniendo en cuenta el coste de la vida; la cuantía general de los salarios y su distribución; la tasa de crecimiento de los salarios; y, en fin, los niveles y la evolución de la productividad nacional a largo plazo. Adicionalmente, podrán utilizar un mecanismo automático de ajuste de indexación basado en criterios apropiados, sin que pueda dar lugar a una disminución del salario mínimo legal, y que será objeto de revisión al menos cada cuatro años.

Para asegurar el acceso efectivo de los trabajadores a la protección del salario mínimo legal se deberán adoptar medidas como, por ejemplo, controles e inspecciones sobre el terreno efectivos, proporcionados y no discriminatorios, llevados a cabo por las inspecciones de trabajo o por los organismos responsables de garantizar el cumplimiento de los salarios mínimos legales.

El art. 6 dispone que si se establecieran cuantías distintas para grupos específicos de trabajadores o deducciones que afectaran al salario mínimo legal, las mismas no podrán resultar discriminatorias y habrán de ser proporcionales en atención a una finalidad legítima.

A partir de ahí, la Directiva introduce una serie de disposiciones horizontales, aplicable tanto a los salarios mínimos legales como a los convencionales. En primer lugar, contempla el deber general de garantizar que en la adjudicación y ejecución de los contratos públicos los operadores económicos y sus subcontratistas cumplan las obligaciones salariales, la libertad sindical y la negociación colectiva previstas por los convenios o por la normativa nacional, europea e internacional, aludiendo de forma expresa a los Convenios OIT núm. 87, sobre la libertad sindical y la protección del derecho de sindicación, y núm. 98, sobre el derecho de sindicación y de negociación colectiva (art. 9). Tal previsión reitera lo ya dispuesto por las Directivas aplicables en materia de contratación pública (Directivas 2014/23, 24 y 25) y ratifica el criterio mantenido en la STJUE de 17 de noviembre de 2015 (C-115/14, Asunto *Reguio Post*) admitiendo la posibilidad de exigir a los licitadores el compromiso de abonar a los trabajadores encargados de ejecutar las prestaciones objeto del contrato el salario mínimo legal.

En segundo término, el art. 10 establece el deber de los Estados de implementar "herramientas eficaces de recogida de datos para hacer el seguimiento de la protección del salario mínimo" para presentar un informe bianual con determinada información y datos estadísticos desglosados por género, edad, discapacidad, tamaño de la empresa y sector, a partir de lo cual la Comisión informará al Parlamento Europeo y al Consejo y publicará simultáneamente los datos y la información transmitidos por los Estados miembros. En relación con esto, los países también garantizarán que la información relativa a los salarios mínimos y a su protección y reparación esté a disposición del público en la lengua más pertinente, de manera exhaustiva y fácilmente accesible para personas con discapacidad.

En tercer lugar, su art. 12 exige la introducción de ciertas garantías frente al incumplimiento en materia de salario mínimo. Así, los Estados deben asegurar que los trabajadores, incluidos aquellos cuya relación laboral haya finalizado, tengan acceso a una resolución de litigios efectiva, oportuna e imparcial y tengan derecho a la reparación de los perjuicios causados por tal infracción. Por otra parte, y como manifestación específica de la garantía de indemnidad, los trabajadores y representantes deberán estar protegidos frente a cualquier trato desfavorable o consecuencia adversa derivada de una previa denuncia por vulneración de estos derechos.

Por último, el art. 13, exige un régimen de sanciones para los incumplimientos en materia de salario mínimo que sean efectivas, proporcionadas y disuasorias, admitiendo que puedan tener un carácter penal, administrativo o meramente contractual.

La transposición al ordenamiento interno, admitida hasta el 15 de noviembre de 2024, no exigirá grandes modificaciones en el art. 27 ET que regula el salario mínimo interprofesional a determinar anual o semestralmente a través del correspondiente Real Decreto, pero sí puede requerir retoques en el procedimiento y los criterios para su fijación, una mayor participación de los interlocutores sociales o la atribución de funciones de asesoramiento a un órgano consultivo —creado *ex novo* a tal efecto o ya existente, como pudiera ser el Consejo

Económico y Social—, un esfuerzo de las autoridades competentes para la recogida y transferencia de datos e información y, en su caso y a la luz de los datos definitivos para 2023 tras el incremento hasta los 1.260 €/mes establecido por el Real Decreto 99/2023, de 14 de febrero—, garantizar un nivel digno en su cuantía pues España no ha cumplido en el período 2017-2020 —tampoco en los anteriores— con tal compromiso en tanto el salario mínimo interprofesional no alcanza el 60 % por ciento del salario medio.

TEST

1. Señale la respuesta correcta:
   a) La materia salarial es competencia normativa exclusiva de la Unión Europea.
   b) La Unión Europea no tiene competencia normativa en materia salarial en cuanto a su determinación o cuantificación.
   c) La Unión Europea no tiene competencia normativa alguna en materia salarial.
   d) Todas las respucstas son falsas.

2. El principio de igualdad retributiva entre hombres y mujeres...
   a) Ya estaba prevista en el Tratado de la Comunidad Económica Europea de 1957.
   b) Se incorporó expresamente en el Tratado de Ámsterdam en 1997.
   c) Al estar regulado por una Directiva, no tiene reconocido un efecto directo

d) Se aplica al salario base, pero no a los complementos salariales, pues estos por definición pueden ser variables y diferentes para cada trabajador.

3. La Directiva 2023/970/UE del Parlamento Europeo y del Consejo, de 10 de mayo de 2023, por la que se refuerza la aplicación del principio de igualdad de retribución entre hombres y mujeres por un mismo trabajo o un trabajo de igual valor a través de medidas de transparencia retributiva y de mecanismos para su cumplimiento, contempla la obligación de informar sobre la brecha salarial...
   a) A todas las empresas, con independencia de su tamaño.
   b) A las empresas con cincuenta o más empleados.
   c) A las empresas con cien o más empleados.
   d) A las empresas con doscientos cincuenta o más empleados.

4. Una ley o un convenio colectivo que fijen directamente la retribución, o una parte de la misma, en atención a la edad ostentada por el trabajador en la fecha de ingreso en la empresa...
   a) No vulnera el principio de igualdad retributiva, pues la edad no es un motivo previsto de discriminación.
   b) No vulnera el principio de igualdad retributiva, pues atiende a una causa objetiva como es la mayor experiencia.
   c) Vulnera el principio de igualdad retributiva, porque el dato objetivo de la edad no se corresponde necesariamente con una mayor o menor experiencia laboral ni con una mayor o menor necesidad económica.
   d) Ninguna respuesta es correcta.

5. La Directiva 96/71/CE, del Parlamento Europeo y del Consejo, de 16 de diciembre de 1996, sobre el desplazamiento de trabajadores efectuado en el marco de una prestación de servicios...
   a) Se aplica cuando el desplazamiento tiene por motivo prestar servicios a través de una contrata.
   b) Se aplica cuando el desplazamiento tiene por motivo prestar servicios en el seno de un grupo de empresas.
   c) Se aplica cuando el desplazamiento tiene por motivo prestar servicios a través de una empresa de trabajo temporal.
   d) Todas las respuestas son correctas.

6. Un trabajador español, que presta servicios en España para una empresa española, es desplazado por la misma a Francia por un período de 9 meses. En tal caso, la legislación aplicable al salario que deba percibir ese trabajador durante ese desplazamiento será...
   a) La ley aplicable a la relación laboral o la ley aplicable en el lugar de prestación de servicios; por tanto, la española o la francesa, según acuerden libremente las partes.
   b) La ley aplicable a la relación laboral; por tanto, la española.
   c) La ley aplicable en el lugar de prestación de servicios durante el desplazamiento; por tanto, la francesa.
   d) La ley aplicable en el lugar de prestación de servicios durante el desplazamiento; por tanto, la francesa, salvo que la española establezca un régimen más favorable y beneficioso.

7. La institución de garantía que asuma responsabilidad en el supuesto de insolvencia empresarial, según la normativa europea
   a) Debe estar financiada por completo públicamente.
   b) Debe estar financiada por completo privadamente.
   c) Puede estar financiada por completo públicamente o privadamente.
   d) Puede estar financiada total o parcialmente con carácter público y privado.

8. Según la normativa europea, los créditos impagados cuya responsabilidad subsidiaria asume la institución de garantía…
   a) Son los salarios y, opcionalmente, las indemnizaciones por extinción del contrato.
   b) Son los salarios y las indemnizaciones por extinción del contrato.
   c) Son los salarios.
   d) La responsabilidad es objetiva.

9. La Directiva 2022/2041/UE del Parlamento Europeo y del Consejo de 19 de octubre de 2022 sobre unos salarios mínimos adecuados en la Unión Europea.
   a) Establece un salario mínimo común a toda la Unión Europea.
   b) Establece un mecanismo común para fijar el salario mínimo en toda la Unión Europea.
   c) Establece la obligación de que todos los Estados de la Unión Europea fijen por ley un salario mínimo.

d) No establece la obligación de crear y regular por ley un salario mínimo si su fijación se realiza a través de los convenios colectivos.

10. Según la Directiva 2022/2041/UE, el salario mínimo fijado legalmente en un país...
    a) Debe ser único para todos los trabajadores.
    b) Debe ser distinto para cada grupo o nivel de cotización.
    c) Puede ser distinto para grupos específicos de trabajadores, siempre que no resulte discriminatorio y atienda a una finalidad legítima.
    d) Puede ser distinto para grupos específicos de trabajadores, siempre se haya fijado un mecanismo automático de ajuste de indexación.

Preguntas cortas

1. Ejemplos de discriminación retributiva indirecta entre hombres y mujeres.

2. Discriminación retributiva por razón de edad.

3 ¿Qué desplazamientos quedan incluidos en el ámbito de aplicación de la Directiva 96/71/CE?

4. Ámbito subjetivo de aplicación de la Directiva 2008/94/CE del Parlamento Europeo y del Consejo, de 22 de octubre de 2008, relativa a la protección de los trabajadores asalariados en caso de insolvencia del empresario.

5. Criterios a tener en cuenta para fijar el salario mínimo legal según la Directiva 2022/2041/UE del Parlamento Europeo

y del Consejo de 19 de octubre de 2022 sobre unos salarios mínimos adecuados en la Unión Europea.

Supuesto práctico

Razone jurídicamente si existe o no discriminación indirecta retributiva entre hombres y mujeres en el siguiente supuesto.

El personal al servicio de una empresa se distribuye entre personal de producción y personal de acabado, envasado y empaquetado, quedando el primero conformado casi en su totalidad por hombres y el segundo por mujeres. Ambos colectivos están integrados por unas mismas categorías (oficiales de 1ª; oficiales de 2ª y ayudantes), siendo superior el salario base diario establecido para el personal de producción. Existen cuatro mujeres que, pese a realizar trabajos de producción, son remuneradas como el personal adscrito al sector de empaquetado. Y hay hombres que realizan tareas de empaquetado que perciben retribuciones propias del personal de producción.

Capítulo IX

Tiempo de trabajo y desconexión

FRANCISCO VILA TIERNO
Catedrático de Derecho del Trabajo y de la Seguridad Social
Universidad de Málaga

1. TIEMPO DE TRABAJO

Diversos son los conceptos que se deben tener presente cuando se trata del más genérico sobre tiempo de trabajo. Y, en este sentido, puede aludirse a los de jornada, horario, tiempo a disposición, descansos e incluso desconexión. Todos ellos contribuyen a delimitar el período en el que la persona trabajadora se obliga a estar a disposición del empleador. Período que se concreta a través de una determinación tanto en positivo (tiempo de prestación efectiva o disponibilidad para ello), como en negativo (tiempos reservados, esencialmente, para el ocio o la conciliación, sin que exista actividad ni disponibilidad).

Si nos atenemos a la regulación interna sobre el primero de los conceptos citadas, esto es, respecto a la jornada laboral, de un modo más estricto, es cuando podemos referirnos, de manera concreta en el tiempo durante el cual el trabajador pone a disposición del empleador su actividad laboral, mientras que por jornada ordinaria de trabajo se entiende el tiempo que cada día, semana o año dedica el trabajador a la ejecución de su prestación de trabajo. Expresamente el art. 34.5 ET dispone que "el tiempo de trabajo se computará de modo que tanto al comienzo como al final de la jornada diaria el trabajador se encuentre en su puesto de trabajo" (art. 34.5 ET).

Se refiere, por tanto, al tiempo debido por la persona trabajadora a su empresa en el marco del contrato de trabajo, de la relación laboral que les vincula. Sin embargo, no se especifica, de manera exacta, cuál es el contenido y alcance de aquel concepto.

Entran en colisión, así, dos posibilidades, y frente al tiempo de trabajo efectivo podemos confrontar el tiempo de mera presencia o disposición. Esto es, el tiempo que la persona trabajadora está a disposición de la empresa no siempre es un período en el que está desarrollando una actividad, en tal caso ¿el período sin prestación se considera, de manera estricta, tiempo de trabajo? ¿Merece una calificación distinta? ¿qué efectos tiene? ¿qué consideración?

Al fin y al cabo, debemos tener presente que la relación laboral es una relación sinalagmática, en la que existe, en sentido genérico, un intercambio de servicios por salario, pero tanto la remuneración como el tiempo de trabajo son conceptos cuantitativos que requieren una determinación. De hecho, en la propia aplicación de la teoría general de los contratos, cuando aludimos al objeto, como elemento esencial, viene a reflejar en el art. 1273 que "El objeto de todo contrato debe ser una cosa determinada en cuanto a su especie. La indeterminación en la cantidad no será obstáculo para la existencia del contrato, siempre que sea posible determinarla sin necesidad de nuevo convenio entre los contratantes". De tal forma que cuando se perfecciona el contrato debe estar perfectamente su contenido, sin que sea preciso alcanzar un nuevo acuerdo, ya que, en esas circunstancias no estaríamos ante un contrato, sino ante tratos preliminares (vid. Arnau Moya).

Ello exige, por tanto, la determinación del trabajo debido y, en consecuencia, del tiempo de prestación o disponibilidad, pero ¿cómo se computa? ¿cuánto es el tiempo por el que se realizar una contraprestación económica?

Para dar respuesta a estas interrogantes debemos volver nuestra mirada a Europa, puesto que la ordenación del tiempo de trabajo, como otras materias, encuentra unos parámetros mínimos a nivel comunitario. Unos parámetros que van a servir para determinar el tiempo exacto en el que una persona trabajadora debe estar a disposición de la empresa, o al menos, esa es la intención, en tanto que lo que se pretende es acotar o limitar aquellos períodos como garantías del descanso y de un trabajo decente.

2. UNA BREVE APROXIMACIÓN A LA REGULACIÓN COMUNITARIA DEL TIEMPO DE TRABAJO

La Directiva 2003\88\CE, de 4 noviembre, establece las disposiciones mínimas en la materia y se declara aplicable a todos los sectores de actividad, privados y públicos (salvo excepciones), constituyendo, de este modo, el marco de referencia obligatorio para todos los países de la UE que, en virtud de la necesaria transposición, deberán trasladar a su normativa interna aquellas previsiones.

Esta Directiva, en cualquier caso, está completada por directivas específicas para algunos sectores de actividad, del mismo modo que es preciso relacionar con la Directiva UE/18/2010, de 8 marzo, sobre permiso parental (derogada a partir de 2-8-2022 por Directiva 2019/1158/UE, de 20 junio), y la Directiva 94/33/CE, de 22 de junio relativa a la protección de los jóvenes en el trabajo.

En cualquier caso, el elemento esencial y de partida, es que la Unión Europea conecta la regulación del tiempo de trabajo con el derecho a la seguridad y salud en el trabajo, de dónde se deduce que hay que limitar el tiempo de trabajo para garantizar los tiempos necesarios de descanso. Y así, tal y como se reconoce en su art. 1 "establece las disposiciones mínimas de seguridad y salud en materia de ordenación del tiempo de trabajo" (Vid. v.gr. STJUE de 21-2-2018, asunto C-518/15).

A tal efecto, el art. 2 de la Directiva 2003/88/CE, incluye las definiciones de:

- tiempo de trabajo,
- período de descanso,
- período nocturno y trabajador nocturno,
- trabajo por turnos y trabajador por turnos,
- trabajador móvil,
- trabajo off-shore y
- descanso adecuado

Respecto al primero de los conceptos, el citado precepto de la Directiva dispone que se entiende por tal, "todo período durante el cual el trabajador permanezca en el trabajo, a disposición del empresario y en ejercicio de su actividad o de sus funciones, de conformidad con las legislaciones y/o prácticas nacionales".

Definición que es completada por la jurisprudencia comunitaria para advertir que "para que se pueda considerar que un trabajador está a disposición de su empresario, este trabajador debe hallarse en una situación en la que esté obligado jurídicamente a obedecer las instrucciones de su empresario y a ejercer su actividad por cuenta de éste" (STJUE 10-9-2015, asunto C-266/14).

Respecto al tiempo de descaso, por contraposición con lo anterior, se va a considerar como tal, todo aquello que no tenga la condición de tiempo de trabajo. Con una previsión adicional sobre el concepto de "descanso adecuado" como los "períodos regulares de descanso de los trabajadores, cuya duración se expresa en unidades de tiempo, suficientemente largos y continuos para evitar que, debido al cansancio o a ritmos de trabajo irregulares, aquellos se produzcan lesiones a sí mismos, a sus compañeros o a terceros, y que perjudiquen su salud, a corto o a largo plazo".

3. LA DISTINCIÓN ENTRE TIEMPO DE TRABAJO Y TIEMPO DE DESCANSO

A partir de aquella regulación comunitaria puede extraerse una primera advertencia: que se alude a la actividad que se ejerce por cuenta del empleador para identificar que se entiende por tiempo de trabajo.

Sobre este elemento es preciso señalar que, nuevamente atendiendo a los parámetros comunitarios, pueden enumerarse una serie de de actividades que, por nuestra regulación legal interna, se entienden como tiempo de trabajo, así como otras que tienen tal condición por interpretación de la jurisprudencia.

Así, en primer término, haciendo un recorrido por la normativa laboral, pueden encontrarse ejemplos de períodos que deben considerarse como tiempo de trabajo, sea el caso de los registros previstos en el art. 18 ET (sobre la persona trabajadora, taquillas o efectos personales), el tiempo dedicado a formación en materia de prevención de riesgos laborales (art. 19 ET), o para la formación operada en el puesto de trabajo (art. 23 ET), etc.

Por su parte, los tribunales han reconocido que tiene esta naturaleza situaciones como la relativa al desplazamiento entre los domicilios de los clientes y el particular del trabajador cuando no éste no tiene un centro de trabajo habitual, actividades comerciales realizadas fuera del puesto de trabajo o la disponibilidad en guardias localizadas cuando se reúnen determinados caracteres, entre otras.

Al mismo tiempo, bien por convenio colectivo, bien por contrato, pueden incluirse tiempos en los que no se desarrolla trabajo efectivo, pero se está a disposición de la empresa. Períodos que pueden tener carácter voluntario u obligatorio.

Recordemos, en cualquier caso, que según Directiva 2003/88 el tiempo de guardia debe calificarse como "tiempo de trabajo" o como "período de descanso". Y a veces hay "zonas grises", esto es, situaciones en las que no se puede identificar de un modo muy claro cuando estamos ante uno u otro.

Particularmente complejo es el supuesto de las guardias, debiendo de distinguir, en tal caso cuando se trata de:

- guardias con presencia física
- en régimen de disponibilidad no presencial

Sobre las primeras se ha pronunciado de manera reiterada la Corte comunitaria, pudiendo señalar como referentes las siguientes resoluciones (cuyo extracto se añade):

- STJUE 3-10-2000 (SIMAP, C-303/98). Tiempo de trabajo y, en su caso, horas extras (las guardias localizadas no, por tener más libertad el trabajador);
- STJUE 9-9-2003 (Jaeger, C-151/02). Tiempo de trabajo, aunque disponga de espacios y períodos de descanso en el ámbito de trabajo (limitaciones del trabajador).
- STJUE 1-12-2005 (Dellas, C-14/04). Tiempo de trabajo en su totalidad.
- ATJUE de 11 de enero de 2007, Asunto C-437/05 (en el mismo sentido).

La evolución ha sido, por tanto, en el sentido de considerar como tiempo de trabajo estas guardias, teniendo en cuenta que la persona trabajadora no dispone del suficientemente margen de libertad para organizar el tiempo libre, estando, de manera permanente, a disposición de la empresa.

Cambia, no obstante, la apreciación cuando nos referimos a las llamadas guardias localizadas, esto es, aquellas que no exigen presencia física en un lugar concreto de trabajo, sino una disponibilidad de respuesta para atender a las necesidades del servicio o de su empleo.

Se llega, por tanto, a una deducción contraria respecto a las presenciales y lo señalado en las resoluciones anteriores, dándoles la calificación tiempo de descanso, siendo únicamente tiempo de trabajo la prestación efectiva de servicios cuando se atiende al requerimiento empresarial. En este sentido, la STS 2747/2020, de 18 de junio, con guardias de disponibilidad que se pueden cubrir en remoto y solo excepcionalmente en el centro de trabajo, no es tiempo de trabajo. Y, de manera expresa, la STS 4471/2020, de 2 de diciembre, señala que "Será tiempo de trabajo cuando la guardia exige la obligada permanencia en un determinado espacio físico y dar respuesta inmediata en caso de necesidad, porque en tales circunstancias el trabajador se encuentra en el ejercicio de sus funciones laborales. Mientras que se considerarán como tiempo de descanso, si el trabajador puede dedicarse a las actividades personales y de ocio que libremente quisiere realizar, en los que solo será tiempo de trabajo el dedicado a la prestación efectiva de servicios que requiera la intervención necesaria para atender la incidencia".

No es, sin embargo, una afirmación absoluta, sino en la que existe la necesidad de incluir una serie de matizaciones:

- Las guardias localizadas que se realizan en el domicilio del trabajador, con la obligación de permanecer físicamente en tal ámbito y personarse en el centro de trabajo en un breve intervalo de tiempo (8 min), de forma que se limita la posibilidad de realizar otras actividades, deben considerarse como tiempo de trabajo (STJUE 21-2-2018, Matzak, C-518/15).

- SSTJUE de 9-3-2021: a) C-344/19, Radiotelevizija Slovenija; b) C-580/19, Stadt Offenbach am Main. Se establece como tiempo de respuesta: Una hora / 20 minutos. Este período de respuesta no es un criterio absoluto, sino que debe ponerse en combinación con otras limitaciones que afecten a la persona del trabajador (no son consideradas las derivadas de elecciones de éste o por circunstancias naturales, no por convenio o contrato). Si, en su conjunto se entiende que no son limitantes respecto de la libertad de la persona trabajadora para organizar su tiempo de ocio: no es tiempo de trabajo. En el mismo sentido la STJUE 11.2021, Dublin City Council, C-214/20 considera como tiempo de descanso.
- STJUE 9-9-2021 (XR, C-107/19): en casos como el que se analiza, con un tiempo de respuesta de 2 minutos, somete a la persona trabajadora a una situación de imprevisibilidad e incertidumbre que motiva su consideración como tiempo de trabajo

En síntesis, serán las limitaciones que afectan a la libertad del trabajador, así como el mayor o menor tiempo de respuesta (no siendo finalmente éste el elemento determinante frente al primero), el que sirve de criterio al TJUE para concretar si estamos ante la regla general -tiempo de descanso- o ante un supuesto en el que aquellas limitaciones no permiten calificarlo de este modo. Se introduce, por tanto, un importante grado de incertidumbre ligado a la casuística de forma absoluta, por lo que tendrán que analizarse, en cada caso concreto, cuáles son los elementos fácticos que permiten identificar un período como tiempo de trabajo o como tiempo de descanso y esta es, precisamente, el criterio que viene aplicando la Sala Cuarta del Tribunal Supremo.

Siguiendo este planteamiento, solo en el caso de que realice una actividad, podría computarse como tiempo de trabajo, pudiendo tener la naturaleza de horas extraordinarias (o una jornada diferenciada del resto). En consecuencia:

- Si se produce accidente durante el tiempo de disponibilidad, no sería laboral.
- Posibilidad de pactar un plus o complemento de disponibilidad, pero que no retribuye el exceso de trabajo, sino la posibilidad de ser llamado por la empresa en cualquier momento (sin que se una prestación, aunque cabe exigir habitualidad).

De aquí se ha concluido que no el tiempo de disponibilidad no se puede equiparar al tiempo de trabajo, teniendo un tratamiento distinto.

No obstante, el art. 15 de la Directiva 2003\88\CE prevé que esta norma "se entenderá sin perjuicio de la facultad de los Estados miembros de aplicar o establecer disposiciones legales, reglamentarias o administrativas más favorables a la protección de la seguridad y la salud de los trabajadores, o de favorecer o permitir la aplicación de convenios colectivos o acuerdos celebrados entre interlocutores sociales que sean más favorables a la protección de la seguridad y la salud de los trabajadores". Y es que ha de retomarse la idea de que la ordenación del tiempo de trabajo en la normativa comunitaria, se vincula a la garantía de la Salud de los trabajadores (y la Directiva Marco 89/391/CEE).

Por tanto, actúa aquella Directiva como suelo mínimo que puede ser mejorado por disposiciones que resulten ser más favorables en materia de Salud laboral (Vila Tierno, 2023).

Se ha planteado judicialmente, en este orden, la duda de sí España se encuentra obligada por un estándar superior de protección en esta materia por la Carta Social Europea (CSE), ratificada por España en 2021 en su versión revisada.

Así, pueden citarse interesantes resoluciones como la SJS Guadalajara 3017/2022, de 28 de enero o la SJS n.3 de Barcelona, 321/2015, de 27 de octubre. En las mismas se enfoca el tratamiento de la Guardias localizadas con base a la regulación del tiempo de trabajo, pero no sólo por la normativa comunitaria, sino la que se contiene en la CSE, con la interpretación por el Comité Europeo de Derechos Sociales (CEDS) a partir de las Consideraciones y Decisiones de Fondo. Más aún en el marco constitucional que se desprende de los arts. 10.2 y 93 a 96 CE.

Cierto es, en cualquier caso, que no el CEDS un órgano judicial, pero sí el intérprete auténtico de aquella norma internacional.

Expresamente, aquella sentencia de Guadalajara viene a señalar que "Aunque los períodos de guardia localizada en los que no haya intervención no pueden ser considerados como tiempo de trabajo efectivo, no obstante, no pueden ser, sin límite alguno, asimilados a un tiempo de descanso en el sentido del art. 2 de la CSE, salvo en el marco de profesiones concretas (que no dice) o en circunstancias particulares (que no precisa, por cierto)". Y añade: "Por más que la realización de la prestación presente un carácter meramente eventual, la puesta a disposición del empleador para cumplir, si este le requiere, una prestación laboral, impide incontestablemente al asalariado que pueda dedicarse a otras actividades de su libre elección, programadas dentro de los límites del tiempo disponible antes de ponerse a trabajar en un término preciso y sin que se vea sometido al azar en el ejercicio de la actividad asalariada o en la situación de dependencia que con aquella obligación se genera".

Se apoya, de manera concreta, en la Decisión de Fondo de 23.VI.2010 y Decisión de Fondo de 19.V.2021 para afirmar que "Para el CEDS, la ausencia de trabajo efectivo, observada con posterioridad para un período temporal del cual el asalariado no pudo disponer libremente a priori, no constituye un criterio suficiente de equiparación de este período a uno de descanso. Y hacerlo así atenta contra el derecho a una duración razonable del trabajo, aunque se trate de un tiempo de guardia en el lugar de trabajo o en el domicilio. Lo que constituye -insiste una vez más- una violación del art. 2.1° CSE [...] no se puede garantizar el derecho al descanso suficiente si se posibilita que el trabajador esté pendiente constantemente de los encargos que le ordene el empresario durante el período de guardia localizada.

Se trata, por tanto, de una interpretación más protectora que la que ha elaborado el TJUE hasta el momento, para admitir (este último), sólo en supuestos muy restrictivos, la asimilación del período de guardia no presencial a la condición de tiempo de trabajo [...]

Y es que, en efecto, la mera amenaza de reincorporación a la prestación de trabajo durante la guardia supone que el trabajador de facto ya se vea sometido a una presión psicológica impeditiva de que pueda organizar adecuadamente su tiempo libre y dedicarlo a sus asuntos personales, con los riesgos que ello acarrea para el efectivo descanso y la salud del trabajador".

En este sentido, la STS núm. 268/2022, de 28 de marzo, siguiendo la doctrina que se establece, entre otras, en la STC 140/2018, de 20 de diciembre (sobre el control de convencionalidad), reconoce que "la jurisprudencia constitucional viene entendiendo que cualquier juez ordinario puede desplazar la aplicación de una norma interna con rango de Ley para aplicar de modo preferente la disposición contenida en un tratado internacional, sin que de tal desplazamiento derive la expulsión de la norma interna del ordenamiento, como resulta obvio, sino su mera inaplicación al caso concreto . El análisis de convencionalidad que tiene cabida en nuestro ordenamiento constitucional no es un juicio de validez de la norma interna o de constitucionalidad mediata de la misma, sino un mero juicio de aplicabilidad de disposiciones normativas; de selección de Derecho aplicable, que queda, en principio, extramuros de las competencias del Tribunal Constitucional [SSTC 10/2019 (FJ 4°), 23/2019 (FJ 2°),35/2019 (FJ 2°), 36/2019 (FJ 2°), 80/2019 (FJ 3°) y 87/2019]". Si bien, añade que "Puesto que el contenido de la CSE es muy heterogéneo, no es seguro que todo él posea la misma aplicabilidad directa en el ámbito de una relación de Derecho Privado..." Pero concluye, que "Las reservas sobre aplicabilidad directa de la CSE antes de ratificar su versión revisada [...] deben ser superadas por todos los argumentos expuestos. Como cualquier otra norma, la CSE forma parte del ordenamiento jurídico, y ha de interpretarse en concordancia con las restantes, no de forma aislada [...]" (Vid. Vila Tierno, 2023).

Todo ello introduce dudas sobre la consideración del tiempo de disponibilidad en las Guardias localizadas puede ser tiempo de trabajo y la doctrina que viene manteniendo el Tribunal Supremo, creando un campo abonado para el debate y cierta inseguridad jurídica, aunque la doctrina de la Sala Cuarta se sigue manteniendo fiel a los parámetros europeos (Vila Tierno, 2023 b).

4. TIEMPO DE TRABAJO Y TIEMPO DE DESCANSO EN NUESTRA NORMATIVA INTERNA. LA JORNADA DE TRABAJO Y EL DERECHO A LA DESCONEXIÓN DIGITAL

Según lo dispuesto en el art. 34 ET, la duración de la jornada ordinaria de trabajo será la que fije el correspondiente convenio colectivo aplicable, en su defecto, el contrato individual de trabajo (sin que los pactos individuales en masa puedan alterar lo acordado en convenio colectivo: STC 238/2005, de 26 septiembre) y en defecto de ambos, el ET. Si bien, tanto la autonomía colectiva como la individual están limitadas por la regulación normativa establecida en el propio art. 34 ET: "la duración máxima de la jornada ordinaria de trabajo será de 40 horas semanales de trabajo efectivo de promedio en cómputo anual".

La jurisprudencia, a partir de los límites legales (también los de los descansos obligatorios), ha especificado que la jornada máxima anual equivale a 1826 horas y 27 minutos de trabajo (resultado de multiplicar 40 horas por las semanas del año y restando las vacaciones, el descanso semanal y los días festivos).

Para el cómputo de dicha jornada (sea como sea su concreción, sea anual o no) se considera únicamente el trabajo efectivo, es decir, que no incluyen a efectos de la determinación de la jornada los tiempos de acceso o salida del trabajo, ni los tiempos dedicados a la preparación para el trabajo que deba realizar la persona trabajadora, si bien, recuérdese que determinados períodos de tiempo se han considerado como de trabajo efectivo de acuerdo con la normativa vigente o la jurisprudencia al respecto.

Una cuestión importante al respecto es que el tope de las 40 horas no resulta un límite absoluto, en tanto que cabe una posible distribución irregular de jornada, aunque para ello, además de los requisitos legales (negociada en convenio colectivo o acuerdo de empresa o el 10% que se atribuye a la empresa), si hay aceptación expresa y libre por parte del trabajador. No basta con una mera previsión la norma pactada, o por referencia en el contrato a aquélla.

Fijado, por tanto, el tope máximo de jornada, cabe apreciarse, de forma reiterada, la invasión del tiempo de "no trabajo" por trabajo efectivo.

Esta realidad invasiva es más relevante en el marco del uso de TIC y ordenaciones del tiempo de trabajo como el teletrabajo, el trabajo móvil basado en las TIC y el trabajo con horario flexible. En este sentido, frente a veces en las que contribuyen a conciliar mejor la vida personal y profesional, aparecen un importante número de situaciones en las que se confunden los límites entre la vida personal y el trabajo, mediante una erosión de las barreras que separan el tiempo de descanso del tiempo de trabajo.

De este modo, la prestación laboral invade la esfera privada y la persona trabajadora ya no dispone de un tiempo de descanso reconocible que le permita disfrutar de su ocio, familia y otras actividades.

Teniendo presente la ordenación comunitaria, y la garantía al descanso como cuestión vinculada con la Salud, se introducen o perfeccionan nuevos derechos subjetivos como el derecho a la desconexión digital, al tiempo que se refuerzan deberes como la obligatoriedad del registro horario. Todo ello como límites frente a la vulneración del derecho de descanso.

Aparecen, en este contexto, en marzo de 2019 dos significativas reformas legales, concretamente:

- El RDL 6/2019, sobre medidas urgentes para garantía de la igualdad de trato y de oportunidades entre mujeres y hombres en el empleo y la ocupación. En esta disposición normativa se fija que son contrarias al derecho a la igualdad de trato y de oportunidades entre mujeres y hombres entre, otros aspectos, la asunción de obligaciones familiares o el ejercicio de los derechos de corresponsabilidad de la vida personal
- De otra parte, el RDL 8/2019, de medidas urgentes de protección social y de lucha contra la precariedad laboral en la jornada de trabajo, viene a establecer el registro de la jornada de trabajo para garantizar el cumplimiento de los límites en materia de jornada, crear un marco de seguridad jurídica y posibilitar el control por parte de la ITSS.

Junto a ellos, poco después, y con la urgencia pandémica (aunque no aplicable a la misma), se regula por el RDL 28/2020, primero, y por la Ley 10/2021, después, el trabajo a distancia (antes art. 13 ET). En esta fija un marco de equivalencia entre las condiciones y derechos del trabajo a distancia y el trabajo presencial. Respecto al tiempo de trabajo, en el art. 13 se garantiza el derecho de la persona que desarrolla trabajo a distancia a flexibilizar el horario de prestación de servicios, mientras que en el art. 14 se establece un sistema de registro horario para concretar el tiempo efectivo, sin perjuicio de la flexibilidad horaria que se pueda admitir o reconocer.

Respecto al registro horario y el cómputo de tiempo de trabajo, en sentido general, con anterioridad no se venía exigiendo jurisprudencialmente más allá de las horas extraordinarias, si bien, la ITSS formuló discrepancias al respecto. Y ello dio pie al Auto de la Audiencia Nacional de 19 de enero de 2018, en torno a la cuestión prejudicial UE con relación a los arts. 3, 5, 6 y 22 de la Directiva 2003/88, ya que se carecía de un instrumento idóneo de verificación del cumplimiento.

Ello nos sitúa ante la STJUE de 14-5-2019, C-55/18 que resolvía la necesaria implantación de un registro de jornada obligatorio a través de un sistema objetivo, fiable y accesible que permita computar la jornada laboral diaria realizada por cada trabajador. Obligación que alcanza a todos Estados miembros y empresarios y que supone rectificar el criterio de la STS 246/2017, de 23 de marzo (que no lo consideraba obligatorio). Cada Estado definir los criterios concretos de aplicación, especialmente la forma y en España se realiza por el citado RDL 8/2019 y la guía elaborada al efecto por el Ministerio de Trabajo.

Se configura un marco normativo sobre esta materia en el que los principales preceptos son los siguientes:

- Art. 34.9 ET: La empresa debe garantizar el registro diario de jornada. Incluirá el horario concreto de inicio y finalización de la jornada de trabajo, sin perjuicio de la flexibilidad horaria.

Se organizará y documentará este registro de jornada mediante negociación colectiva, acuerdo de empresa o, en su defecto, decisión del empresario (previa consulta con los representantes legales de los trabajadores en la empresa).

Es obligatorio conservar los registros durante cuatro años y ponerlos a disposición de trabajadores, de sus representantes legales y de la ITSS.

- Art. 34.7 ET se pueden establecer especialidades en las obligaciones de registro de jornada, para aquellos sectores, trabajos y categorías profesionales que por sus peculiaridades así lo requieran.
- Art. 7.5 LISOS: será infracción grave en materia de relaciones laborales individuales y colectivas, la transgresión de normas y límites legales o pactados en materia de registro de jornada.

No se predetermina, sin embargo, la forma de registro, que se deja en manos de la empresa cumpliendo las exigencias legales. De este modo, puede ser papel, digital, con datos biométricos, o de cualquier otro modo, si bien, no obstante, con especial atención para la normativa sobe protección de datos, en la que se dispone que los carácter biométrico son categoría especial de datos y requieren especiales medidas.

Bajo este paraguas normativo surgen diversas cuestiones que han ido teniendo sucesivas respuestas en el ámbito judicial, que giran en torno a diversos aspectos vinculados al modo en el que se realiza el registro horario.

De un lado, por ejemplo, se ha precisado que si un sistema de registro se apoya en datos declarados unilateralmente por la persona trabajadora no vulnera el STJUE ni art. 34.9 del ET (remite a la negociación colectiva). En cualquier caso, se reitera la necesidad de que sea sistema objetivo y fiable, lo que no resulta descartable por el hecho de que sea el trabajador quien a diario lo cumplimente a través de una aplicación informática y, excepcionalmente, si no dispone de ningún dispositivo, se haga en papel, mediante hojas escritas (SAN 9 de diciembre de 2020).

Sobre este último particular, se ha aclarado que no es un sistema de registro de jornada válido, en el que la persona trabajadora firma en una hoja de papel solo al inicio del servicio, pero no cuando concluye el mismo (SAN de 15 de febrero de 2022).

De otra parte, se considera que se trata de un sistema neutro y objetivo, aquel que se caracteriza por los siguientes aspectos (STS 299/2022, de 5 de abril):

a) requiere su activación diaria al encender y apagar el ordenador al inicio y finalización de la jornada de trabajo,

b) Posteriormente pasa a operar de manera totalmente automatizada

c) No exige de la persona trabajadora ningún tipo de autodeclaración sobre la calificación jurídica como tiempo de descanso o dc trabajo de las distintas actividades que realiza a lo largo del día,

d) El cómputo se modula posteriormente con la introducción un elemento de ajuste para computar los periodos de descanso

Por último, se cuestiona la adecuación a la doctrina de la STJUE 14/5/2019 de un sistema de registro que:

a) imputa al trabajador -entre otros caracteres- la obligación de registrar el inicio y finalización de su jornada de trabajo y;

b) además, le impone el deber de respetar una serie de criterios que le obligan a efectuar una valoración jurídica de su quehacer diario, para conceptualizar cada una de la tareas que realiza y decidir lo que haya de entenderse por tiempo de trabajo efectivo…

Se concluye que, en tales circunstancias, a la empresa le incumbe la obligación de asegurar la existencia de instrucciones, para que el sistema de registro sea objetivo y fiable (STS 41/2023, de 18 de enero).

5. BIBLIOGRAFÍA

ARNAU MOYA, F. (2008) Lecciones de Derecho Civil II. Obligaciones y contratos–2008/2009 – UJI

VILA TIERNO, F. (2023). Una necesaria revisión de la doctrina del Tribunal Supremo sobre el tiempo de trabajo en las guardias localizadas conforme al contenido de la Carta Social Europea y su interpretación por el Comité Europeo De Derechos Sociales. Lex Social, Revista De Derechos Sociales, 13(1),1–16. https://doi.org/10.46661/lexsocial.7889

VILA TIERNO, FRANCISCO (2023) ¿Debe considerarse el tiempo de espera como tiempo de trabajo?, Revista de Jurisprudencia Laboral, núm. 2, 2023, https://www.boe.es/biblioteca_juridica/anuarios_derecho/anuario.php?id=L_2023&fasc=2

TEST

1. En virtud de la regulación por la normativa comunitaria si un trabajador dispone de menos de 5 minutos para atender a un servicio requerido, su tiempo de disponibilidad, en el que no está prestando el servicio, se considera:
   a) Tiempo de descanso
   b) Tiempo de trabajo

c) Tiempo de esparcimiento

d) Tiempo de disponibilidad

2. La jornada nunca podrá superar las 40 horas semanales:

a) Verdadero

b) Falso

c) Sólo en vacaciones

d) Solo en el caso de empleados de fincas urbanas

3. El registro de jornada:

a) Es obligatorio solo para las horas extraordinarias

b) Es obligatorio solo para el trabajo nocturno

c) Es obligatorio, pero no solo, para la jornada ordinaria

d) No es obligatorio

4. La distribución irregular de jornada se establece:

a) Es una opción dentro del poder de dirección empresarial

b) Se fija por acuerdo del Gobierno

c) Se fija por convenio colectivo o acuerdo de empresa

d) Se puede pactar por contrato de trabajo

5. En el registro de horario, conforme a la interpretación del TJUE:

a) Debe ser un sistema objetivo y fiable

b) Existe total libertad por las partes

c) Debe regularse por Ley Orgánica

d) Permite una ampliación de jornada de un 10%

6. En virtud de la interpretación de la regulación en la Carta Social Europea el tiempo en el que una persona trabajadora está a disposición de la empresa para prestar servicios, aunque en ese momento no lo haga, en principio, puede catalogarse como:
   a) Tiempo de disponibilidad
   b) Tiempo de trabajo
   c) Tiempo de descanso
   d) Tiempo de presencialidad

7. Si una persona trabajadora, en virtud de la interpretación del Derecho Comunitario, debe realizar una prestación de servicios, una vez que ha concluido su jornada laboral, pero se encuentra en situación de guardia de disponibilidad no presencial, ese tiempo computará como:
   a) Un exceso de jornada sancionable por la ITSS
   b) Tiempo de descanso compensable económicamente
   c) Horas extraordinarias
   d) Jornada ordinaria a compensar en un sistema de distribución irregular

8. Según la ordenación en el marco del Derecho Comunitario, una persona trabajadora que está en el contexto de una guardia presencial, durante el tiempo que no presta servicios, se considerará:
   a) Tiempo de trabajo
   b) Tiempo de descanso
   c) Tiempo de disponibilidad
   d) Tiempo de guardia

9. Según la ordenación en el marco del Derecho Comunitario, una persona trabajadora que está en el contexto de una guardia no presencial y con un tiempo de respuesta flexible, además de poder desplazarse libremente durante el tiempo que no presta servicios, se considerará:
   a) Tiempo de trabajo
   b) Tiempo de descanso
   c) Tiempo de disponibilidad
   d) Tiempo de guardia

10. Para el cómputo del tiempo de trabajo hay que considerar que la persona trabajadora se encuentra en su puesto de trabajo. De este modo, se considera que se cumple este requisito cuando, por ejemplo:
   a) Una persona trabajadora tiene una función de visita de clientes sin asignación de puesto de trabajo en centro físico, en el momento de desplazamiento para la visita al primer cliente
   b) Una persona trabajadora se encuentra en su período de vacaciones retribuidas
   c) Una persona trabajadora, en una situación de guardia localizada con libertad de movimientos y de respuesta
   d) Una persona trabajadora cuando ha realizado su jornada laboral y se ve obligado a pernoctar en un domicilio distinto al suyo, durante ese tiempo

Preguntas cortas

1. Defina Tiempo de trabajo

2. Defina tiempo de descanso

3. ¿Qué es una guardia localizada?

4. ¿Qué caracteres tiene que reunir un sistema de registro del tiempo de trabajo?

5. Enumere una serie de ejemplos en los que un período de no prestación de trabajo efectivo debe reconocerse como si lo fuera

Caso práctico

La empresa "El paquete veloz, SL" tiene, como objeto principal, la entrega de paquetería urgente para casos de necesidad inmediata. De hecho, acaba de lanzar una campaña de promoción de reparto de medicamentos, con dos opciones.

A) Opción Bono Medicinas. El cliente debe abonar un importe mensual de 30 euros y tiene derecho hasta 3 entregas en un mes, para casos de urgencias, en cualquier momento del día o de la noche. El servicio consiste en el desplazamiento a la farmacia de guardia, la adquisición del producto y la entrega en domicilio. Todo ello se realiza conforme a un doble sistema: una aplicación informática (web y app) y un servicio de atención telefónica 24 horas.

B) Bono Entrega inmediata. Consiste en un servicio en el que, por un coste de 30 euros, se pueden recibir hasta 5 paquetes urgentes en el mes, en horario de 9 de la mañana a 6 de la tarde. Se trata de recogidas y entregas en el mismo municipio. Para ello se dispone, igualmente, de un servicio de atención telefónica e informático, pero con un funcionamiento diferenciado del anterior.

Se dispone, en la empresa, para esos servicios, del siguiente personal:

- Como repartidores: Andrés Reina, José González, Tomás Igualeja; Gonzalo Sánchez, Teresa Ruíz y Luisa de Andrés.
- Atención telefónica: María Gutiérrez y Lourdes Alacid.
- Aplicación informática: Eva Romero, Rosa López y Manuel Belvedere.
- Representante comercial: Juan Ramos, Eloísa Martínez.
- Concreciones.

1. Andrés Reina y José González, en calidad de repartidores, se asignan a la promoción Bono Medicinas. Siempre debe haber uno disponible, por lo que, conforme a un cuadrante, se enumeran como Guardia 1 y Guardia 2, siendo, por ese orden, en el que responden a las llamadas. El Guardia 1 según cuadrante tiene que estar inmediatamente disponible, el Guardia 2 dispone de hasta 3 horas para incorporarse al servicio en caso de llamada. Tomás Igualeja cubre los descansos de los anteriores. Junto a ellos, para la atención telefónica e informática se asignan, respectivamente, a María Gutiérrez y Manuel Belvedere. Estos cuentan con una jornada que se distribuye de lunes a domingo, con 40 horas semanales de trabajo efectivo.

2. El resto de los trabajadores tiene también una jornada de 40 horas semanales, de lunes a viernes, entre las 9 y las 6, con un descanso intermedio desde las 14.00 hasta las 15.00. Salvo los representantes comerciales, que trabajan, conforme a la siguiente distribución: de lunes a viernes, durante los meses de enero a marzo y de octubre a diciembre: 44 horas semanales y el resto del año, 32 horas semanales, concluyendo, en todo caso, durante este último período la jornada ordinaria, el viernes a las 13.00 horas.

3. Los representantes comerciales no tienen que acudir al centro de trabajo. Deben comunicar, vía telemática, a la empresa, el cronograma de visitas de cada día, y, concluida las mismas, remitir, también por vía telemática, reporte de las actividades realizadas.

4. Los trabajadores asignados a la opción Bono Medicinas han firmado disponibilidad, de manera que, ante un requerimiento urgente, deben proceder a realizar el servicio de manera inmediata.

5. Todos los trabajadores, excepto los representantes comerciales, deben firmar a mano unas hojas de registro de jornada que están colocadas a la entrada de la empresa durante toda la semana. Se recogen y cambian cada lunes.

6. Durante el último mes se han producido las siguientes incidencias: José González sufre una caída en el reparto en horario nocturno. Igual suerte corre Gonzalo Sánchez, repartiendo en horario de noche, sin estar adscrito a esa opción. Andrés Reina, en situación de Guardia 1, participa en una pequeña fiesta con amigos, tomando unas copas y no atendiendo el servicio de manera inmediata. Sus compañeros tienen que sustituirle en el servicio que se produce. Los representantes comerciales justifican la realización de una visita a una empresa, para realizar una actividad promocional entre sus empleados. No obstante, ambos se desplazan a un hotel en municipio distinto, dónde reservan una habitación. Cuando hacen uso de la misma, Juan Ramos, ante la situación de estrés y la ansiedad de cometer una infidelidad conyugal (ambos representantes cuentan con sus respectivos cónyuges), sufre un infarto con fatal desenlace.

Cuestiones

1. Descripción de los elementos, en materia de jornada ordinaria, horario y descansos, que deben ser comentados de las concreciones 1 y 2. Determinación de jornada y cómputo de trabajo efectivo.

2. Cómputo y registro del tiempo de trabajo de los representantes comerciales.

3. Modo de registro del tiempo de trabajo del resto del personal (salvo Bono Medicina).

4. Retribución, cómputo del tiempo de descanso y trabajo efectivo del personal Bono Medicina.

5. Defina y comente todas y cada una de las incidencias, con sus repercusiones, del apartado 6.

Capítulo X

Cuidados y corresponsabilidad: de la conciliación de vida laboral y familiar al intento de superar los roles de género

BEATRIZ AGRA VIFORCOS
Profesora TU. Derecho del Trabajo y de la Seguridad Social
Universidad de León

1. IGUALDAD POR RAZÓN DE GÉNERO, CONCILIACIÓN Y CORRESPONSABILIDAD EN LA ORGANIZACIÓN INTERNACIONAL DEL TRABAJO (OIT) Y, EN GENERAL, EN LA ORGANIZACIÓN DE LAS NACIONES UNIDAS (ONU)

La OIT, agencia de la ONU especializada en las cuestiones relacionadas con el trabajo, constata la existencia de una brecha de género que se refleja en una menor participación de la mujer en el mercado laboral y un mayor desempleo, así como en un trabajo femenino de inferior calidad y peor retribuido. Esta desigualdad (que acaba por provocar como efecto añadido pensiones de menor cuantía para ellas) se vincula en gran medida a los estereotipos y los roles de género, a partir de los cuales se considera (consciente o inconscientemente) que las tareas domésticas y de cuidado de menores y dependientes les corresponden a las mujeres, siendo la función principal del varón la de proveer dinero al hogar. Por consiguiente, y sin negar la incidencia de las diferencias biológicas (embarazo, parto, lactancia natural), la causa principal es, en realidad, de carácter social.

De todas estas cuestiones se ha ocupado la OIT prácticamente desde sus orígenes, centrándose primero en lo biológico, al dictar su Convenio 3 sobre la protección de la maternidad (1919); materia sobre la que volverá en el Convenio 103, de 1952, y en el Convenio 184, de 2000, así como en sus respectivas Recomendaciones, 95 y 191. Destacan entre sus instrumentos, por cuanto aquí importa, el Convenio 100, de 1951, sobre igualdad de remuneración (y Recomendación 90); el Convenio 111, de 1958, sobre la discriminación en el empleo y la ocupación (y Recomendación 111) o el Convenio 156, de 1981, sobre los trabajadores con responsabilidades familiares (y Recomendación 165). También Convenios dedicados a otras cuestiones pero que recogen, por ejemplo, el principio de no discriminación en el acceso al empleo; así, el Convenio 122 sobre la política del empleo (1964) o el Convenio 181 sobre las agencias de empleo privadas (1997).

Estas materias adquieren una trascendencia creciente que encuentra claro reflejo en la Declaración de la OIT relativa a los principios y derechos fundamentales en el trabajo (1998), que consagra como tales la libertad sindical y la negociación colectiva, la erradicación del trabajo forzoso y del trabajo infantil y la eliminación de la discriminación en materia de empleo y ocupación.

Asumido en 1999 el objetivo del "trabajo decente" (enunciado por primera ver en el marco de la 87ª Conferencia Internacional del Trabajo), las normas posteriores giran en torno a este concepto (en el que se incluye específicamente la igualdad de oportunidades para mujeres y hombres), cuya *vis* expansiva es clara a partir de la Declaración sobre justicia social para una globalización equitativa (2008).

Poco después, el Pacto Mundial para el Empleo (2009) recoge los pilares del Programa del Trabajo Decente de la OIT (promover el empleo y las empresas sostenibles, garantizar los derechos en el trabajo y fomentar el diálogo social) y establece como elemento transversal la igualdad de género, afirmando expresamente la innegable conexión existente entre el rol de cuidadoras asumido por las mujeres y la discriminación que padecen en el trabajo.

Más recientemente, y en línea con lo apuntado, la Declaración del centenario de la OIT para el Futuro del Trabajo, de 2019, recoge, entre los objetivos fundamentales de la organización, el de lograr la igualdad de género en el trabajo mediante un programa transformador que asegure la igualdad de oportunidades y de remuneración por trabajo de igual valor, que posibilite un reparto más equilibrado de las responsabilidades familiares, que facilite la conciliación y que promueva la inversión en la economía del cuidado. Queda patente en este documento como con las medidas en el ámbito de la conciliación no es suficiente, pues estas deben venir acompañadas de otras orientadas a fomentar la corresponsabilidad en las tareas tradicionalmente asumidas por las mujeres en la órbita familiar.

Como no podía ser de otro modo, la Agenda 2030 para el Desarrollo Sostenible alcanzada en 2015 por la Asamblea General de la ONU también se alinea con los planteamientos asumidos por la OIT. Destaca en este sentido su Objetivo 8, dirigido a "promover el crecimiento económico, sostenido e inclusivo y sostenible, el empleo pleno y productivo y el trabajo decente para todos"; es decir, reducir la tasa de desempleo, mejorar las condiciones de trabajo y aumentar la productividad laboral. En su seno, se efectúa un diagnóstico de la brecha de género análoga al efectuado por la OIT, asumiendo como meta las que su agencia especializada ha venido reclamando desde antiguo: la igualdad por razón de género, en especial en materia retributiva.

Desde un enfoque más amplio (no referido solo a la economía y el trabajo), el Objetivo 5 aspira a "lograr la igualdad entre los géneros y empoderar a todas las mujeres y las niñas" y, entre otras metas relevantes, acoge la de "reconocer y valorar los cuidados y el trabajo doméstico no remunerados mediante servicios públicos, infraestructuras y políticas de protección social, y promoviendo la responsabilidad compartida en el hogar y la familia, según proceda en cada país. Es decir, entre los Objetivos de Desarrollo Sostenible se alude a la corresponsabilidad como paso necesario para la igualdad entre mujeres y hombres en el ámbito laboral, no bastando con el reconocimiento de derechos de conciliación.

De hecho, estos derechos, que ayudan a soportar la doble carga que recae sobre quienes trabajan y se ocupan, sin remuneración, del cuidado de familiares, en realidad no contribuyen a la igualdad de género. Al contrario, perpetúan el *statu quo* discriminatorio: son derechos que, dada la subsistencia de roles de género fuertemente arraigados, seguirán siendo disfrutados mayoritariamente por las mujeres, con el consiguiente efecto *boomerang* (desincentivo a su contratación), además de con un posible resultado de desprofesionalización, en la medida en que tradicionalmente se han concebido como permisos y suspensiones cuyo disfrute en ocasiones implica alejarse por prolongados períodos de tiempo del trabajo (piénsese, por ejemplo, en las excedencias).

En definitiva, aunque la conciliación de la vida laboral y familiar ha sido el gran reto de las familias y el legislador durante las últimas décadas del siglo XX y continúa siéndolo en el siglo XXI, se ha producido un cambio de paradigma que aboga por atender no solo a esta cuestión, sino acompañarla de medidas para superar el reparto de roles, fomentando una asunción equilibrada de las responsabilidades familiares. Es decir, avanzar hacia la corresponsabilidad, camino ineludible para obtener efectos satisfactorios en el objetivo de la igualdad por razón de género en el ámbito laboral.

2. ACCIONES IMPULSADAS DESDE LA UNIÓN EUROPEA (UE) EN MATERIA IGUALDAD, CUIDADOS Y CORRESPONSABILIDAD, CON ESPECIAL ATENCIÓN A LAS NUEVAS MEDIDAS INCORPORADAS EN LA DIRECTIVA 2019/1158/UE

No cabe duda de que la UE considera el principio de igualdad por razón de género uno de sus pilares fundamentales, incorporándose como ingrediente esencial de su política social.

Persisten, no obstante, factores críticos que impiden alcanzar los resultados deseados, entre los cuales ocupan un lugar nuclear, como reconoce la Comisión, los estereotipos de género, pues la maternidad y el rol de cuidadora del hogar siguen siendo el principal inconveniente para lograr éxito en el empeño. Es decir, en el ámbito de la UE se efectúa una valoración idéntica a la vertida por la OIT o, más en general, por la ONU.

Así las cosas, las acciones de la UE en relación con estas cuestiones adoptan dos modalidades, pues de adoptan medidas programáticas y estratégicas (como la Estrategia para la Igualdad de Género 2020-2025), pero también se sigue la vía normativa, destacando tres ámbitos de actuación del legislador comunitario:

En primer lugar, la igualdad en el empleo y, en particular, la retributiva. Recogida la igualdad de retribución entre trabajadores ya en el Tratado de Roma (1957), el tema encontró reflejo en la Directiva 75/177/CEE, circunscrita al tema salarial. Será la Directiva 76/207/CEE (reformada mucho después por la Directiva 2002/73/CEE) la que extienda la aplicación del principio de igualdad al acceso al empleo, a la formación y promoción profesionales y a las condiciones de trabajo, prohibiendo toda discriminación laboral por razón de género.

Estas dos normas, junto con la Directiva 86/278/CEE (sobre protección social) y la Directiva 97/80/CE (sobre carga de la prueba en casos de discriminación) han sido sustituidas por la Directiva 2006/54/CE, que procedió a su refundición. Tras ella, la norma más reciente no es otra que la Directiva 2023/970, de 10 de mayo, por la que se refuerza la aplicación del principio de igualdad de retribución entre hombres y mujeres por un mismo trabajo o un trabajo de igual valor a través de medidas de transparencia retributiva y de mecanismos para su cumplimiento.

En segundo término, la protección de la maternidad. Los primeros pasos de la UE se dan en el marco de la seguridad y salud laboral. A este respecto, baste con citar la Directiva 92/85/CEE, relativa a la aplicación de medidas para promover la mejora de la seguridad y salud en el trabajo de la trabajadora embarazada, que haya dado a luz o en período de lactancia. Aunque la norma parece operar en un marco ajeno al ahora analizado, lo cierto es que no solo incluye medidas de adaptación de condiciones, movilidad funcional y suspensión del contrato para alejar a la trabajadora de los riesgos laborales sin detrimento económico, sino que incorpora también permisos por maternidad y para exámenes prenatales, así como protección frente al despido.

En fin, derechos de conciliación y, posteriormente, fomento de la corresponsabilidad. El punto de partida viene dado por la Directiva 96/34/CE, relativa al Acuerdo marco sobre el permiso parental celebrado por la UNICE, la CEEP y la CES. Centrada en el reconocimiento de permisos y licencias no tomaba en consideración en modo alguno las implicaciones de género presentes y, por lo tanto, no contemplaba previsión alguna orientada a la corresponsabilidad.

Esta norma será derogada por la Directiva 2010/18/UE, por la que se aplica el Acuerdo marco revisado sobre el permiso parental, la cual, sin perjuicio de una incipiente consideración al género, sigue centrada en los derechos de conciliación. En todo caso, la situación cambiará en 2019, cuanto la norma de 2010 sea sustituida por la Directiva 2019/1158/UE, relativa a la conciliación de la vida familiar y la vida profesional de los progenitores y cuidadores, que asume un nuevo enfoque tras constatar que la regulación anterior de permisos y licencias se había mostrado totalmente ineficiente, tanto desde el punto de vista de la conciliación (pues aquellos instrumentos, más que permitir compaginar empleo y familia, habilitan la separación temporal del trabajo), como desde el de la igualdad (en tanto las mujeres siguen siendo mayoritariamente las que hacen uso de los derechos previstos). Entiende la nueva norma que estos dos problemas se solventan, de un lado, facilitando las adaptaciones de jornada o la flexibilidad horaria (como vía para la verdadera conciliación) y, de otro, fomentando la corresponsabilidad (necesaria para liberar a las trabajadoras de la carga que lastra su situación laboral).

Las principales medidas incorporadas a la nueva Directiva son las siguientes: incluye una nueva clasificación de los permisos, diferenciando entre el de paternidad (diez días) y el parental (cuatro meses); mantiene el permiso por fuerza mayor; crea uno nuevo para cuidadores con una duración mínima de cinco días anuales; establece que cada permiso tiene una duración independiente y son intransferibles; amplía la edad de los menores que dan derecho a permisos y contempla la posible solicitud de formas de trabajo flexibles para la conciliación. Además, la norma refuerza las garantías frente al disfrute de los derechos que recoge, lo que hace a través de diversas vías, tales como la consolidación de los derechos adquiridos o en curso de adquisición que se generen durante dicho disfrute, una mejor protección económica, el desplazamiento de la carga de la prueba o la previsión de sanciones en caso de trato desfavorable por el ejercicio de los permisos previstos.

Aunque el modelo de conciliación siga sustentándose en gran medida sobre permisos y licencias (como históricamente ha sido costumbre), uno de los aspectos que marca la diferencia de la Directiva 2019/1158/UE respecto a la normativa previa es la adaptación o flexibilidad del trabajo. Asimismo, la abierta orientación hacia la corresponsabilidad (permiso de paternidad, carácter intransferible de los permisos...).

3. LOS DERECHOS DE CONCILIACIÓN Y EL FOMENTO DE LA CORRESPONSABILIDAD EN EL ORDENAMIENTO ESPAÑOL

La idea de la corresponsabilidad, asumida por la ONU y por la UE, fue refrendada por la legislación española a través de la Ley Orgánica 3/2007, de 22 de marzo, para la igualdad efectiva de mujeres y hombres, tal y como declara su Exposición de Motivos: "Especial atención presta la Ley a la corrección de la desigualdad en el ámbito específico de las relaciones laborales. Mediante una serie de previsiones, se reconoce el derecho a la conciliación de la vida personal, familiar y laboral y se fomenta una mayor corresponsabilidad entre mujeres y hombres en la asunción de obligaciones familiares, criterios inspiradores de toda la norma".

El nuevo paradigma encuentra claro reflejo en su art. 44.1, en cuya virtud, "los derechos de conciliación de la vida personal, familiar y laboral se reconocerán a los trabajadores y las trabajadoras en forma que fomenten la asunción equilibrada de las responsabilidades familiares, evitando toda discriminación basada en su ejercicio". Asimismo, sirve de inspiración para una de las medidas estrella incorporadas a esta ley (concretamente en el apartado tercero de ese art. 44); a saber, el permiso de paternidad: "para contribuir a un reparto más equilibrado de las responsabilidades familiares, se reconoce a los padres el derecho a un permiso y una prestación por paternidad, en los términos previstos en la normativa laboral y de Seguridad Social".

Esta Ley de Igualdad, además de acoger el objetivo de la corresponsabilidad, rediseñó los derechos de conciliación, introduciendo algunos hasta entonces inexistentes y mejorando la regulación de otros. De ella procedieron el mentado permiso de paternidad, la posibilidad de adaptación de la jornada, nuevas formas de disfrute del permiso por lactancia, la baja por riesgo durante la misma, el aumento de la edad de los hijos que permiten acceder a la reducción de jornada y reglas especiales relativas a las cotizaciones a la Seguridad Social en tales casos, garantías frente al despido, etc.

Como resulta fácil intuir, desde el lejano 2007, el régimen jurídico a aplicar a los derechos de conciliación ha sufrido algunos cambios, pero ninguno de tanto alcance como los dos siguientes:

De un lado, la reforma efectuada por Real Decreto-ley 6/2019, de 1 de marzo, de medidas urgentes para garantía de la igualdad de trato y de oportunidades entre mujeres y hombres en el empleo y la ocupación, a través de la cual se intentó ajustar el ordenamiento español a los objetivos que unos meses después recogería la Directiva 2019/1158.

De otro, la nueva modificación realizada a través del Real Decreto-Ley 5/2023, de 28 de junio, por el que se adoptan y prorrogan determinadas medidas de respuesta a las consecuencias económicas y sociales de la Guerra de Ucrania, de apoyo a la reconstrucción de la isla de La Palma y a otras situaciones de vulnerabilidad; de transposición de Directivas de la Unión Europea en materia de modificaciones estructurales de sociedades mercantiles y conciliación de la vida familiar y la vida profesional de los progenitores y los cuidadores; y de ejecución y cumplimiento del Derecho de la Unión Europea. Norma que, como su propio nombre indica, ha sido adoptada, entre otros motivos, para acabar de dar cumplimiento a la mentada Directiva europea.

El Real Decreto-ley de 2019, pese a calificar a su predecesora de 2007 como "ley pionera en el desarrollo legislativo de los derechos de igualdad de género en España", también hubo de reconocer los discretos resultados obtenidos en algunos aspectos, señalando (en su Exposición de Motivos) que, en la medida en que sus previsiones "no han permitido garantizar la efectividad de la igualdad de trato y de oportunidades entre mujeres y hombres en el empleo y la ocupación, y en tanto persisten unas desigualdades intolerables en las condiciones laborales de mujeres y hombres, al menos si una sociedad aspira a ser plenamente democrática, resulta necesaria la elaboración de un nuevo texto articulado integral y transversal en materia de empleo y ocupación, que contenga las garantías necesarias para hacer efectivo tal principio, con base en los artículos 9.2 y 14 de la Constitución Española". Autojustificación que viene a sumarse al conocimiento de un proyecto de Directiva que no tardando mucho vería la luz, conforme ya ha sido indicado.

En relación con las cuestiones aquí analizadas, la norma de 2019 introdujo algunos cambios terminológicos (en vez de permisos de maternidad y paternidad, permiso por nacimiento de hijos o de cuidado de menor de doce años y, en vez de permiso de lactancia, permiso para el cuidado del lactante); equiparó el tiempo de permiso por nacimiento de hijo de los dos progenitores (en dieciséis semanas) e impuso a los dos la obligatoriedad de seis semanas postparto, además de configurar el permiso de forma bastante flexible (posible fraccionamiento o disfrute a tiempo parcial por parte de ambos titulares); determinó que todos los permisos eran intransferibles; contempló acciones positivas para el ejercicio masculino de los derechos de conciliación y rediseñó por complemento el régimen jurídico de la adaptación de la jornada o la forma de la prestación, ampliando su alcance.

Pese a los avances introducidos en 2019, y el alineamiento del nuevo enfoque con lo exigido por la Directiva 2019/1158, las voces más autorizadas habían venido considerando que era necesaria una nueva reforma del ordenamiento español para trasponerla adecuadamente. Con todo, la situación no era alarmante en exceso, pues, en general, los estudiosos en la materia valoraban que, aunque no podían considerarse cumplidos todos los objetivos de la norma europea, tras la remodelación efectuada, los desajustes eran mínimos.

La situación ha mejorado sensiblemente tras el mentado Real Decreto-ley 5/2023, a través de la cual no solo se intenta dar cumplimiento a la obligación de trasposición, sino también enriquecer y mejorar la regulación procedente, fundamentalmente, del Real Decreto-ley 6/2019. Así, la norma modifica el art. 4.2.c) ET para consagrar el derecho a la conciliación y la prohibición de discriminación por tal causa; potencia el objetivo de la corresponsabilidad (remarcándolo en el marco de la conciliación); contempla derechos para los cuidadores no familiares, pero convivientes (inexistentes en la regulación previa); crea un nuevo permiso parental y un permiso por fuerza mayor; reformula algunos aspectos de la adaptación de jornada o la forma de la prestación para fortalecer la posición del trabajador; introduce algunos reajustes en los permisos por nacimiento y cuidado del menor de doce meses y para el cuidado del lactante, así como en las excedencias por cuidado de hijos y familiares y en las reducciones de jornada; extiende, en fin, la protección frente al despido a todos los derechos de conciliación.

A partir de las últimas modificaciones legislativas, la conciliación se estructura en el vigente ordenamiento laboral español en torno a los siguientes derechos, previstos fundamentalmente en el Real Decreto Legislativo 2/2015, de 23 de octubre, por el que se aprueba el texto refundido de la Ley del Estatuto de los Trabajadores, así como, por cuanto hace a la protección social, en el Real Decreto Legislativo 8/2015, de 30 de octubre, por el que se aprueba el texto refundido de la Ley General de la Seguridad Social:

1. Suspensiones y excedencias

A) Permiso por nacimiento o por el cuidado de menor de 12 meses en caso de adopción, guarda con fines de adopción y acogimiento de duración no inferior al año. Se prolonga hasta dieciséis semanas (sin perjuicio de posibles ampliaciones en atención a las circunstancias concurrentes), a disfrutar por ambos progenitores, adoptantes, guardadores o acogedores (de ser más de uno) y sin posibilidad alguna de transferencia.

Se trata de una suspensión del contrato de trabajo, por lo que no es retribuida, pero se prevé una protección de Seguridad Social para la cobertura económica de esta situación. Salvo las seis semanas posteriores al parto o a la resolución judicial o administrativa, el permiso se puede disfrutar de forma acumulada o interrumpida y a tiempo parcial o a jornada completa.

B) Excedencia de duración no superior a tres años para el cuidado de cada hijo (incluidos los casos de guarda con fines de adopción y acogimiento permanente) o de dos (ampliables por la negociación colectiva) para el cuidado de familiares, entendiendo por tales cónyuge o pareja de hecho, así como parientes hasta el segundo grado de consanguinidad o afinidad, incluido el familiar consanguíneo de la pareja de hecho.

Esta excedencia, que se puede disfrutar de forma continuada a fraccionada, no es un período retribuido y no cuenta con protección social directa.

C) Permiso parental, intransferible, de duración no superior a ocho semanas para el cuidado de hijo (o acogido por más de un año) hasta la edad de ocho años, que se podrá disfrutar a tiempo completo o a jornada parcial.

2. Permisos retribuidos

A) Permiso para el cuidado del lactante. En caso de nacimiento, adopción, guarda con fines de adopción o acogimiento, el trabajador tiene derecho (intransferible) a una hora de ausencia del trabajo (ampliable en algunos casos) para el cuidado del lactante hasta que cumpla nueve meses, aunque bajo ciertas condiciones el período de referencia se extiende hasta los doce meses (ampliación no retribuida, pero con protección social para uno de los progenitores).

Ahora bien, caben otras formas de ejercicio, tales como la división de la hora en dos fracciones, su sustitución por una reducción de jornada en media hora o la acumulación del permiso en jornadas completas.

B) Permiso para el cuidado de prematuros. Derecho a ausentarse del trabajo durante una hora en caso de nacimiento prematuro o cuando el hijo deba permanecer hospitalizado tras el parto. También derecho a reducir la jornada hasta dos horas con disminución proporcional del salario.

C) Permiso de dos días (ampliables a cuatro en caso de desplazamiento) por fallecimiento del cónyuge, pareja de hecho o parientes hasta el segundo grado de consanguinidad o afinidad.

D) Permiso de cinco días por accidente o enfermedad graves, hospitalización o intervención quirúrgica sin hospitalización que precise reposo domiciliario del cónyuge, pareja de hecho o parientes hasta el segundo grado por consanguinidad o afinidad, incluido el familiar consanguíneo de la pareja de hecho, así como de cualquier otra persona distinta de las anteriores, que conviva con el trabajador en el mismo domicilio y que requiera el cuidado efectivo de aquel.

E) Permiso por el tiempo indispensable para la realización de exámenes prenatales y técnicas de preparación al parto, siempre que deban tener lugar dentro de la jornada de trabajo.

F) Permiso (en caso de adopción, guarda con fines de adopción o acogimiento) para la asistencia a las preceptivas sesiones de información y preparación y para la realización de los preceptivos informes psicológicos y sociales previos a la declaración de idoneidad, siempre que deban tener lugar dentro de la jornada de trabajo.

G) Permiso por causa de fuera mayor. Derecho a ausentarse del trabajo (hasta un número de horas equivalente a cuatro días al año) cuando sea necesario por motivos familiares urgentes relacionados con parientes o personas convivientes, en caso de enfermedad o accidente que hagan indispensable la presencia inmediata del trabajador.

3. Reducciones de jornada

A) Permiso para el cuidado del lactante en modalidad de reducción de jornada (remisión).

B) Reducción de jornada para el cuidado de prematuros (remisión).

C) Reducción de jornada, y proporcionalmente de la retribución, por guarda legal de un menor de doce años o persona con discapacidad que no desempeñe actividad retribuida o para el cuidado directo del cónyuge, pareja de hecho o parientes hasta el segundo grado por consanguinidad o afinidad, incluido el familiar consanguíneo de la pareja de hecho, que por razones de edad, accidente o enfermedad no pueda valerse por sí mismo; en ambos casos, la reducción debe ser entre un octavo y la mitad de la jornada.

Asimismo, el progenitor, guardador con fines de adopción o acogedor permanente, durante la hospitalización y tratamiento continuado del menor a cargo afectado por cáncer o por otra enfermedad grave, que implique ingreso hospitalario de larga duración, tiene derecho a una reducción de la jornada, con disminución proporcional del salario, de al menos la mitad de la duración de aquella; como máximo hasta que el sujeto causante cumpla los veintitrés años o, en algunos casos, los veintiséis, teniendo acceso a un subsidio de Seguridad Social que solo podrá percibir uno de los potenciales beneficiarios.

4. Adaptación de la jornada o la forma de prestación. Derecho a solicitar adaptaciones en la duración y distribución de la jornada y en la ordenación del tiempo de trabajo o en la forma de prestación (incluido el trabajo a distancia) para hacer efectivo el derecho a la conciliación de la vida familiar y laboral.

   Serán titulares las personas con hijos de hasta doce años, así como aquellas que tengan necesidades de cuidado respecto de los hijos mayores de esa edad, el cónyuge o pareja de hecho, familiares por consanguinidad hasta el segundo grado del trabajador u otras personas dependientes cuando convivan en el mismo domicilio, y que, por razones de edad, accidente o enfermedad no puedan valerse por sí mismos.

5. Protección del embarazo y la lactancia frente a los riesgos laborales. En este caso se trata de conciliar una situación biológica femenina (sin posible traslación al varón) con el desarrollo del trabajo sin menoscabo económico.

   Según determina la Ley 31/1995, de 8 de noviembre, de Prevención de Riesgos Laborales, la evaluación de riesgos que obligatoriamente debe hacer el empresario ha de incluir la determinación de la naturaleza, el grado y la duración de la exposición de las trabajadoras embarazadas o en período de lactancia a agentes, procedimientos o condiciones de trabajo que puedan influir negativamente en la salud de las trabajadoras, del feto o del lactante. Si los resultados de esta evaluación revelan un riesgo para el embarazo o la lactancia, el empresario debe adaptar las condiciones de trabajo de la mujer para evitar su exposición a aquel.

De no ser posible o no ser suficiente, se procederá a la movilidad funcional de la trabajadora a un puesto exento de riesgo hasta el momento en sea posible la reincorporación al que venía ocupando. Se exige en este caso informe del facultativo que en el Servicio Nacional de Salud asista a la mujer y certificación de los Servicios Médicos del Instituto Nacional de la Seguridad Social o de la Mutua, en función de la Entidad con la que la empresa tenga concertada la cobertura de los riesgos profesionales.

Habrán de seguirse las reglas de la movilidad ordinaria (dentro del mismo grupo profesional), pero si este *ius variandi* no fuera posible, cabe servirse de la extraordinaria (ascendente o descendente), teniendo siempre en cuenta que el desarrollo de funciones superiores implica percibir la retribución correspondiente a estas, pero en caso de funciones inferiores, la afectada conservará las de su puesto de origen.

Para las hipótesis en las que no sea factible este cambio, se contempla la suspensión por riesgo durante el embarazo o durante la lactancia natural de hijo menor de nueve meses, que se prolongará el tiempo necesario para la protección de la seguridad o salud y mientras persista la imposibilidad de reincorporarse al puesto que la trabajadora venía ocupando o a otro compatible con su estado, extinguiéndose en todo caso al pasar a la situación de baja por nacimiento de hijo. Se trata de períodos de suspensión cubiertos por el sistema de protección social a fin de evitar que la mujer sufra un perjuicio económico debido a su maternidad.

6. Protección frente al despido. El ya citado Estatuto de los Trabajadores (y en lógica correspondencia la Ley 36/2011, de 10 de octubre, reguladora de la jurisdicción social) prevé la nulidad del despido por causas objetivas o disciplinario que se derive del ejercicio por parte de los trabajadores de sus derechos de conciliación.

7. Otras previsiones. Sin ánimo exhaustivo, cabe añadir a los citados derechos, las siguientes reglas previstas para proteger el ejercicio de los derechos aquí analizados:
   A) Consideración del salario correspondiente a la jornada completa para calcular las indemnizaciones previstas en el Estatuto de los Trabajadores en el caso de trabajadores que tengan reducida su jornada por motivos de conciliación.

   B) Derecho a disfrutar las vacaciones en fecha distinta, incluso fuera del año natural, cuando el período fijado para ello en el calendario de la empresa coincida en el tiempo con una incapacidad temporal derivada del embarazo, el parto o la lactancia natural; con el período de suspensión del contrato por nacimiento, adopción, guarda con fines de adopción o acogimiento, o con el derivado de riesgo durante el embarazo o la lactancia natural.

   C) Complemento de pensiones contributivas para la reducción de la brecha de género. Previsto para mujeres que hayan tenido hijos, bajo ciertas condiciones puede ser percibido también por los varones.

   D) Protección a la familia desde la Seguridad Social, que se produce, además de en los términos ya adelantados, a través de períodos de cotización asimilados por parto a efectos de pensiones contributivas de jubilación y de incapacidad permanente, beneficios por cuidado de hijos y menores y prestaciones familiares, ya sea en su modalidad contributiva, ya en la no contributiva.

4. BIBLIOGRAFÍA

AA.VV. (RODRÍGUEZ RODRÍGUEZ, E. Y MARTÍNEZ YÁÑEZ, N.Mª., Dirs.): *Conciliación y corresponsabilidad de las personas trabajadoras: presente y futuro*, Barcelona (Bosch), 2021.

CRISTÓBAL RONCERO, R.: "La conciliación de la vida laboral y familiar en la Unión Europea", *Revista Derecho Social y Empresa*, núm. 16, 2022.

GORELLI HERNÁNDEZ, J.: "Un análisis normativo de la evolución de las políticas de conciliación en la Unión Europea. De la maternidad a la corresponsabilidad", *Femeris*, Vol. 7, núm. 2, 2022.

MANEIRO VÁZQUEZ, Y.: *Cuidadores, igualdad y no discriminación y corresponsabilidad: la (r)evolución de los derechos de conciliación de la mano de la Directiva (UE) 2019/1158*, Albacete (Bomarzo), 2023.

RODRÍGUEZ RODRÍGUEZ, E.: "De la conciliación a la corresponsabilidad en el tiempo de trabajo: un cambio de paradigma imprescindible para conseguir el trabajo decente", *Lex Social: Revista de Derechos Sociales*, Vol. 11, núm. 1, 2021.

TEST

1. El Convenio 156 de la OIT se ocupa de:
   - a) La maternidad.
   - b) La igualdad de remuneración.
   - c) La discriminación en el empleo.
   - d) Los trabajadores con responsabilidades familiares.

2. La Agenda 2030 de la ONU incluye entre sus metas:
   a) Trabajo decente para todos los trabajadores (mujeres y hombres).
   b) Protección de los derechos laborales de los trabajadores precarios.
   c) Responsabilidad compartida en el hogar y la familia.
   d) Todas las opciones indicadas.

3. Fomentar la corresponsabilidad:
   a) Sirve para perpetuar los roles de género.
   b) Contribuye a la superación de los roles de género.
   c) Como los derechos de conciliación, contribuye a la superación de los roles de género.
   d) En nada afecta a los roles de género.

4. ¿Qué Directiva se ocupa de la protección de la maternidad frente a los riesgos laborales?:
   a) Directiva 92/85/CEE, relativa a la aplicación de medidas para promover la mejora de la seguridad y salud en el trabajo de la trabajadora embarazada, que haya dado a luz o en período de lactancia.
   b) La Directiva 2019/1158, relativa a la conciliación de la vida familiar y la vida profesional de los progenitores y los cuidadores.
   c) La Directiva 2006/54/CE relativa a la aplicación del principio de igualdad de oportunidades e igualdad de trato entre hombres y mujeres en asuntos de empleo y ocupación (refundición)
   d) La Directiva 2023/970/UE, por la que se refuerza la aplicación del principio de igualdad de retribución entre hombres y mujeres por un mismo trabajo o un tra-

bajo de igual valor a través de medidas de transparencia retributiva y de mecanismos para su cumplimiento

5. La normativa de la UE en materia de conciliación se ha centrado históricamente en:
   a) La regulación de licencias y permisos.
   b) La promoción de los servicios públicos.
   c) Las adaptaciones del tiempo de trabajo.
   d) La normativa de la UE no se ha preocupado del tema.

6. En la Directiva 2019/1158, el permiso parental debe tener una prolongación mínima de:
   a) Un mes.
   b) Cuatro meses.
   c) Seis meses.
   d) Un año.

7. En la fecha de aprobación de la Directiva 2019/1158, no se contemplaba en el ordenamiento español:
   a) Permiso por nacimiento de hijo.
   b) Excedencia por cuidado de hijo.
   c) Permiso para cuidadores convivientes no familiares.
   d) Permiso para el cuidado del lactante

8. En España, la duración de permiso por nacimiento de hijo:
   a) Es de 16 semanas para la madre, no contemplándose permiso para el otro progenitor.
   b) Es de 16 semanas para la madre y 14 días para el otro progenitor.

c) Es de 16 semanas tanto para la madre como para el otro progenitor.

d) El ordenamiento español no contempla ningún permiso de esta naturaleza.

9. En España, se contempla como motivo de reducción de jornada:

a) Guarda legal de menor de 12 años.

b) Cuidado de un familiar.

c) Hospitalización de menor a cargo afectado por cáncer.

d) Todos los indicados.

10. Favorecer la corresponsabilidad:

a) Configurar los derechos de conciliación como intransferibles.

b) El incremento en la duración de los derechos de conciliación.

c) El aumento en el número de sujetos (familiares, convivientes...) que habilitan el ejercicio de derechos de conciliación.

d) Ninguna de las opciones indicadas.

Preguntas cortas

1. ¿Qué brechas de género identifica la OIT?

2. ¿Por qué los derechos de conciliación son ineficaces para avanzar hacia la igualdad de género?

3. ¿Cuáles son las previsiones más relevantes incorporadas a la Directiva 2019/1158/UE?

4. ¿En qué consiste el permiso por nacimiento o cuidado menores de doce meses?

5. Protección de los derechos de conciliación frente al despido.

Caso práctico

Analiza y valora la Sentencia del Tribunal Supremo (Sala de lo Social) número 169/2023, de 2 de mayo (ECLI:ES:TS:2023:783, JUR/2023/116005). Recurso de casación para la unificación de doctrina 3972/2020 Prestación de nacimiento y cuidado del menor en familia monoparental: solicitud de reconocimiento de una nueva prestación, distinta a la ya reconocida, y coincidente con la que hubiera correspondido al otro progenitor.

Capítulo XI

Garantías laborales en los traspasos de empresas: transmisión de empresas y contratas y subcontratas

MARÍA DE LOS REYES MARTÍNEZ BARROSO
Catedrática de Derecho del Trabajo y de la Seguridad Social
Universidad de León

1. BREVE REPASO DE LA NORMATIVA COMUNITARIA GARANTISTA DE LOS DERECHOS DE LAS PERSONAS TRABAJADORAS EN LOS TRASPASOS DE EMPRESAS

La primigenia regulación de la transmisión de empresas tuvo lugar mediante la Directiva 77/187/CEE, causante de problemas de interpretación y transposición en los ordenamientos internos de cada Estado, que intentaron corregirse mediante la Directiva 98/50/CE y a través de la actividad del TJUE y de los tribunales nacionales, originando una cuantiosa jurisprudencia. El origen de esta primera Directiva 77/187/CEE se encuentra en el marco de la aprobación por el Consejo Europeo, a través de la Resolución de 21 de enero de 1974, de un Programa de Acción Social que permitió aprobar tres Directivas que supusieron un salto hacia adelante en la construcción del Derecho armonizado en materia sociolaboral y que iban dirigidas a establecer las consecuencias laborales y sociales de los procesos de reestructuración de empresas. Así, entre los objetivos contemplados en su Exposición de Motivos constan dos esenciales:1) La protección de los trabajadores y la conservación de sus derechos; 2) La defensa de un mercado integrado. El primer objetivo ha sido defendido reiteradamente por el TJUE, afirmando que se debe garantizar, en la medida de lo posible, el mantenimiento de los derechos de los trabajadores en caso de cambio de empresario, permitiéndoles permanecer al servicio del nuevo empresario en las mismas condiciones convenidas con el cedente. Por lo que respecta al segundo, se pretende armonizar las diferencias entre los diversos Estados miembros en cuanto a la protección de los derechos de los trabajadores, sin descuidar las cargas que deben soportar las empresas de la Unión Europea. La Directiva 77/187/CEE sustrae del juego de la autonomía de las partes el establecimiento de garantías individuales para la preservación de los derechos de los trabajadores. Estas garantías se agrupan en torno a dos ejes principales: 1) Aseguramiento de la continuidad de las relaciones de trabajo existentes, manteniendo la vida del contrato. 2) Mantenimiento de los derechos de los trabajadores transferidos.

Después de veinte años desde su promulgación, la Directiva 77/187/CEE fue modificada por la Directiva 98/50/CE, que llevó a cabo una revisión en profundidad, aunque no alteró su numeración. Dos eran los objetivos que se establecían en su Exposición de Motivos: 1) Incorporar la intensa actividad desarrollada por el TJCE a la hora de interpretar y aplicar la Directiva precedente. 2) Impulsar la participación de los trabajadores de la empresa. Por lo que se refiere al primer objetivo, debe resaltarse que la jurisprudencia comunitaria es resultado del diálogo entre los legisladores de los países miembros, según el cual para dichos legisladores su normativa interna no siempre se ajustaba correctamente al contenido de la Directiva, y a su vez el propio legislador comunitario reconocía que la Directiva 77/187/CEE llegó a convertirse en una referencia normativa compleja. En este contexto, la Directiva 98/50/CE surge como un intento de dotar de mayor seguridad jurídica y transparencia a las interpretaciones de los órganos jurisdiccionales, tratando de aclarar el concepto de traspaso o de trabajador. Por lo que se refiere al segundo objetivo de la reforma, tanto la Directiva 98/50/CE como la Carta Comunitaria de los Derechos Sociales Fundamentales establecen la promoción de los derechos de participación de los trabajadores en la empresa; objetivo reforzado tras el Tratado de Ámsterdam y la aprobación en la cumbre de Niza de diciembre de 2000 de la Carta de los Derechos Fundamentales de la Unión Europea. Así, en la Exposición de Motivos de la Directiva 98/50/CE se señalaba que "la información, la consulta y la participación de los trabajadores debe desarrollarse según mecanismos adecuados" y "llevarse a cabo en el momento oportuno, en particular cuando se produzcan reestructuraciones o fusiones de empresa que afecten al empleo de trabajadores". En definitiva, no se pretendió la sustitución de la Directiva 77/187/CEE, sino simplemente apuntalar las garantías de un correcto funcionamiento del mercado, introduciendo cambios con un alcance aclaratorio, de corrección y ajuste técnico.

El aseguramiento de los derechos de las personas trabajadoras en la sucesión o transmisión de empresas viene actualmente regulado en la Directiva 2001/23/CE, de 12 de marzo, sobre la aproximación de las legislaciones de los Estados miembros relativas al mantenimiento de los derechos de los trabajadores en caso de traspasos de empresas, de centros de actividad o de partes de empresas o de centros de actividad. Dicha norma se incorpora al ordenamiento jurídico interno a través de la Ley 12/2001, de 9 de julio, integrando además el contenido de la Directiva 98/50/CE, que modificó la Directiva 77/187/CEE (ambas derogadas en la actualidad).

2. MARCO NORMATIVO VIGENTE: DIRECTIVA 2001/23/CE

El objetivo de la Directiva es establecer un ámbito de protección para las personas trabajadoras en caso de cambio de empresario, recogiendo y desarrollando los derechos y obligaciones de las empresas afectadas por el traspaso. El contexto de globalización económica sirve para explicar el entorno económico en el que se aprueba esta Directiva, en un momento de gran intensidad de traspasos de empresas, de procesos de concentración empresarial y de procesos de descentralización de la actividad productiva que se produjeron en esos años y que continúan de modo incesante hasta la actualidad. Sin embargo, el contenido de la Directiva 2001/23/CE no ha variado en comparación con su predecesora. Así, su ámbito de aplicación viene determinado por "los traspasos de empresas, centros de actividad o de partes de empresa o de centros de actividad a otro empresario como resultado de una cesión contractual o de una fusión" (art. 1). Y mantiene también la definición de traspaso y la indiferencia de la naturaleza jurídica de la entidad transmitida respecto a la aplicación del régimen jurídico de la protección de los derechos laborales en la transmisión. Se considera traspaso a estos efectos el de una "entidad económica que mantenga su identidad" y resulta de aplicación a empresas tanto públicas como privadas que ejerzan una actividad económica, con o sin ánimo de lucro, aunque con exclusión de las operaciones de "reorganización administrativa de las autoridades públicas administrativas y el traspaso de funciones públicas entre autoridades públicas administrativas" (art. 1.c), si bien tal exclusión se ha de limitar a "las actividades inherentes al ejercicio de prerrogativas de poder público" y no alcanza a las actividades de carácter económico que atienden servicios de interés público (STJUE C-108/10, de 6/09/2011, *Scattolon*). Debe mantenerse la "autonomía organizativa" de los bienes traspasados, de tal modo que permitan seguir desarrollando una actividad idéntica o similar a la anterior. Una entidad económica mantiene su autonomía cuando las facultades de organización permanecen inalteradas en esencia, aunque cambien los responsables o titulares de las mismas (STJUE C-151/09, de 29/07/2010, *Vecino Uribe*). En todo caso, para determinar si se cumplen los requisitos exigidos, la jurisprudencia comunitaria exige tomar en consideración todas las circunstancias de hecho "características de la operación", como el tipo de empresa o el centro de actividad, el hecho de que se transmitan o no edificios o bienes muebles, el valor de los elementos inmateriales u otros similares (STJCE C-13/95, de 11/03/1997, *Süzen*). La Directiva 2001/23 puede aplicarse en aquellos casos en que cedente y cesionario prevén no solo la continuidad de la entidad transmitida sino también su futura liquidación, pero no a las operaciones que se realicen para beneficiarse fraudulenta o abusivamente de las ventajas establecidas en el Derecho de la Unión (STJUE C-664/17, de 13/06/2019, *Ellinika Nafpigeia*). En fin, la norma comentada viene a reforzar las garantías en caso de traspasos de empresas, a través de la obligación de información por parte del empresario a los trabajadores y a sus representantes legales con unos contenidos expresos y aplicables directamente que se concretan en el ordenamiento interno en los apartados 6 y 8 del art. 44 ET. Los aspectos más novedosos e importantes que introduce la Directiva 2001/23/CE son los siguientes: 1) Ampliación del ámbito de la subrogación a los compromisos de pensiones y a las obligaciones en materia de protección social complementaria adquiridas por el empresario cedente (art. 44.1 ET). 2) Ampliación de los supuestos de traspaso de empresa a toda transmisión que afecte a una unidad económica que mantenga su identidad (art. 44.2 ET). 3) Garantía en el mantenimiento de las condiciones derivadas del convenio colectivo vigente en el momento del traspaso, así como la no extinción del mandato de los representantes legales de los trabajadores en determinados supuestos (art. 44.4 y 5 ET). 4) Establecimiento de un período de consultas previo y preceptivo para la adopción de medidas laborales por el empresario cedente o cesionario con ocasión del traspaso (art. 44.9 ET). Asimismo, la Directiva contempla la responsabilidad solidaria de la empresa cedente y de la cesionaria respecto a las obligaciones contraídas con anterioridad al traspaso, incluyendo los supuestos en que la cesión pudiera ser constitutiva de ilícito penal y la responsabilidad solidaria en las obligaciones nacidas tras la transmisión. En todo caso, debe tenerse en cuenta que la norma comentada trata de armonizar los derechos nacionales sobre una base mínima, pero sin imponer uniformidad en los niveles de protección. A propósito de la noción de "transmisión" y de "entidad económica", apreciando ausencia de vínculo contractual entre el cedente y el cesionario, puede verse la reciente STJUE C-675/21 de 16/02/2023, *Strong Charon,* ya que el nuevo prestador de servicios no se hace cargo de los bienes materiales o inmateriales que hubieran sido necesarios para la continuidad de los servicios.

3. MARCO NORMATIVO INTERNO: EL ART. 44 DEL ESTATUTO DE LOS TRABAJADORES

En nuestro ordenamiento laboral, y como manifestación del principio de estabilidad en el empleo (art. 35.1 CE), se defiende la continuidad de la relación laboral que surge del contrato de trabajo; sin embargo, es frecuente que, entre su inicio y finalización, se produzcan diferentes situaciones que afecten y alteren en cierta manera la configuración originaria de tal relación laboral sin provocar su extinción. Estas alteraciones o vicisitudes pueden afectar a los sujetos del contrato o a los elementos objetivos del mismo. El ordenamiento laboral establece un régimen jurídico para resolver tales situaciones. Respecto a las modificaciones subjetivas, la figura del trabajador no puede ser sustituida de forma definitiva por ninguna otra persona, ya que una de las obligaciones fundamentales derivadas del contrato de trabajo es la prestación personal de trabajo por parte de la persona trabajadora. Sí podría ser sustituida de manera temporal por otra persona, pero en este caso se crearía una nueva relación laboral con el sustituto/a limitada en el tiempo (por ejemplo, a través de un contrato temporal de interinidad). De esta forma, las modificaciones subjetivas únicamente pueden producirse respecto de la figura del empresario. Se puede sustituir la figura del empresario manteniéndose la misma relación laboral con sus correspondientes derechos y obligaciones, produciéndose en este caso sucesión empresarial, es decir, la subrogación del nuevo empresario (adquirente) en los derechos y obligaciones laborales y de Seguridad Social del anterior (transmitente).

Esta situación es reconocida y regulada en el art. 44 ET, donde en un primer apartado se reconoce expresamente que "el cambio de titularidad de una empresa, de un centro de trabajo o de una unidad productiva autónoma no extinguirá por sí mismo la relación laboral, quedando el nuevo empresario subrogado en los derechos y obligaciones laborales y de Seguridad Social del anterior, incluyendo los compromisos de pensiones, en los términos previstos en su normativa específica y, en general, cuantas obligaciones en materia de protección social complementaria hubiere adquirido el cedente". Estos compromisos incluirán las mejoras en pensiones (un complemento por jubilación, por ejemplo) que pudieran tener reconocidos los trabajadores en la empresa anterior. Naturalmente, si hay causa para ello es posible que los contratos se extingan por esa causa, ya sea antes o después de la transmisión, pero no basta el mero hecho del cambio de titularidad. Por tanto, salvo que se produzca esta extinción causal, el nuevo titular debe mantener los contratos de trabajo afectados por el cambio de titularidad. La reciente STS 8/02/2023 (Rec. 827/2022) aborda el litigio entre el Ayuntamiento de Móstoles y Móstoles Desarrollo Promoción Económica SA. El ente municipal concedió a la trabajadora una excedencia para que prestara servicios en la sociedad municipal mencionada. Cuando la sociedad extinguió unilateralmente su contrato de trabajo por motivos económicos, la actora se reincorporó al ayuntamiento. El fallo declara la improcedencia del despido realizado por la entidad empresarial.

3.1. El objeto de la sucesión de empresa

El art. 44 ET hace referencia tanto al cambio de titularidad de toda la empresa como al cambio de titularidad de un centro de trabajo o de una unidad productiva autónoma; y matiza, en su apartado segundo, que lo transmitido tiene que ser una "entidad económica que mantenga su identidad"; es decir, "un conjunto de medios organizados a fin de llevar a cabo una actividad económica, esencial o accesoria". Podría constituir transmisión de empresas la asunción por una segunda empresa de los activos financieros y activos de clientes de la primera si se demuestra la cesión de clientela (STJUE C-194/18 de 8/05/2019, *Jadran Dodiç*). No habría sin embargo sucesión de empresas si lo que se transmiten son elementos aislados que no permiten continuar la actividad económica de que se trate. A título de ejemplo, si se venden nueve autobuses de una empresa de transporte de viajeros, junto con la concesión administrativa de transportes para las rutas de una zona determinada, con independencia de que en la empresa queden más autobuses y otras concesiones, es evidente que existirá sucesión y subrogación empresarial, dado que se ha vendido una unidad productiva autónoma de la empresa. Si el supuesto hubiese sido el de venta de los autobuses aislados no estaríamos ante un caso de sucesión de empresa. Se ha considerado unidad productiva autónoma la cocina industrial en un colegio o el servicio de guardería y comedor en una escuela (STS 28/06/2018 -Rec. 1379/2017-). También recibe esta consideración la mano de obra como entidad económica transmitida cuando constituye lo esencial de la actividad (STS 15/12/2021 -Rec. 4236/2019-). Por el contrario, no se ha considerado transmisión a estos efectos el departamento de servicios centrales de la empresa, que resulta imprescindible para su adecuada gestión (STS 14/03/2017 -Rec. 229/2015-).

3.2. Causa de la sucesión: actos jurídicos inter vivos y mortis causa

La sucesión de empresa llevada a cabo mediante una transmisión puede tener su origen tanto en un acto jurídico *inter vivos* como en uno *mortis causa*, y ello se debe a que el art. 44 ET hace referencia a los cambios de titularidad de la empresa con una fórmula muy amplia en la que caben diversas causas o motivos.

En relación con la sucesión *inter vivos*, esta puede producirse mediante cualquier negocio jurídico entre el titular anterior o transmitente y el titular nuevo o adquirente (venta de la empresa, cesión, donación, fusión o absorción de sociedades, dación en pago, etc.). Se puede producir también este tipo de sucesión en el caso de adquisición de la empresa a través de una venta judicial, aunque no haya una relación directa entre las dos empresas y siempre que "lo vendido comprenda los elementos necesarios y por sí mismos suficientes para continuar la actividad empresarial" (art. 51.11 ET). Ejemplo de sucesión *inter vivos*, según la jurisprudencia, lo constituyen, entre otros, el traspaso de funciones y servicios de la Administración General del Estado a las Comunidades Autónomas; la transmisión de un taxi y de la licencia municipal que permite su explotación; la cesión en arrendamiento por parte de un colegio a otra empresa de los servicios de comedor y limpieza, con la transmisión de la necesaria infraestructura para la prestación de dichos servicios.

Respecto a la sucesión *mortis causa*, es decir, aquella en que el cambio de titularidad se produce por el fallecimiento del empresario anterior, será necesario para que se produzca, que los sucesores acepten la herencia y continúen efectivamente la explotación de la actividad empresarial o se la transmitan a terceras personas, pues en caso contrario, se extinguirán los contratos de trabajo de las personas trabajadoras que venían prestando servicios, bastando con la mera comunicación a estos de la decisión de no continuidad, así como el abono de una cantidad equivalente a un mes de salario [art. 49.1. g) ET]. Si hay sucesión *mortis causa* hay transmisión de empresa según el art. 44 ET a todos los efectos. Por otra parte, y en los casos de jubilación o incapacidad permanente del empresario persona física, se debe tener en cuenta que dichas situaciones no determinarán la extinción de los contratos de trabajo cuando continúe la actividad empresarial y, en consecuencia, las posibilidades de empleo de los trabajadores (STSJ Cantabria 18/11/2022 -Rec. 818/2022-). En caso contrario, dichos contratos se extinguirán teniendo derecho las personas trabajadoras al abono de una cantidad equivalente a un mes de salario. En caso de que el nuevo empresario no se subrogue en la posición de empleador se considerará despido improcedente, imputable al nuevo empleador. Por otro lado, los contratos que se hayan extinguido de forma válida antes de la transmisión no serán objeto de subrogación, si bien queda amparado por la regulación garantista comentada el trabajador en situación de suspensión contractual (STJUE C-416/16, de 20/07/2017, *Piscarreta Ricardo*). Cabe el despido por ineptitud sobrevenida tras la subrogación en una concesión administrativa. Como reconoce el Tribunal Supremo en la reciente STS 25/04/2023 (Rec. 1931/2022), la nueva adjudicataria no actúa fraudulentamente porque debe cumplir el pliego de condiciones técnicas y el empleado subrogado no tiene la titulación profesional que se le exige en la concesión del servicio público. En el caso en cuestión, la empresa demandada es adjudicataria de la concesión administrativa para la prestación del servicio público de gestión integral de centros de acogida temporal a familias con menores y/o mujeres solas y migrantes en situación de vulnerabilidad o emergencia social, del que es titular el

Ayuntamiento de Madrid, y en tal condición sustituyó a la anterior concesionaria, subrogándose en la relación laboral de todos los trabajadores. Al tiempo de la subrogación la empresa saliente no facilitó a la entrante la titulación de los empleados, sino tan solo el listado y sus nóminas, lo que motivó que, una vez operada la subrogación, la mercantil compruebe que el trabajador demandante (Gobernante/Técnico de integración social) no está en posesión de la titulación profesional de técnico de integración social, auxiliar de servicios sociales o similar, exigida para desempeñar tales funciones. Intentó mantenerlo en el puesto de trabajo y por ello elevó consulta al Ayuntamiento y desde el consistorio le informaron de la imposibilidad de mantener al trabajador en el desempeño de esas específicas tareas por falta de titulación, pese a tener una experiencia de cinco años en el puesto. Esta falta de titulación es para el Tribunal Supremo causa de ineptitud sobrevenida motivadora de un despido objetivo, aunque el trabajador viniera desarrollando desde hace cinco años sus funciones con total normalidad, porque no puede prevalecer la experiencia profesional como prueba de que reúne las capacidades y conocimientos profesionales necesarios para el desempeño del puesto de trabajo, frente a la validez y eficacia de la exigencia legal de titulación.

En el caso del empresario declarado en concurso, una vez aprobada la liquidación de la empresa para hacer frente a las deudas, deben ser consideradas preferentes, de entre las ofertas de compra, las que garanticen la continuidad de la empresa o, en su caso, de las unidades productivas y de los puestos de trabajo. Cuando, como consecuencia de dicha enajenación, una entidad económica mantenga su identidad, entendida como conjunto de medios organizados a fin de llevar a cabo una actividad económica esencial o accesoria, se considerará a efectos laborales que existe sucesión de empresa.

3.3. Efectos de la sucesión de empresa

El principal efecto que se produce en estos casos es que el cambio de titularidad de la empresa, centro de trabajo o unidad productiva autónoma, en virtud de lo dispuesto en el art. 44 ET, no provoca por sí mismo extinción de los contratos de trabajo; por el contrario, el nuevo titular queda "subrogado en los derechos y obligaciones laborales y de Seguridad Social del anterior". De esta forma, dicho empresario adquirente, a partir del momento en que se haga efectiva la transmisión, pasa a ocupar el puesto que ocupaba el transmitente en todas las relaciones laborales vigentes en la empresa transmitida. No se produce ningún cambio salvo en la persona del empresario, teniendo el nuevo, por tanto, frente a los trabajadores de la empresa, los mismo derechos y obligaciones que el empresario anterior. Conviene destacar que la subrogación empresarial que se produce es automática por mandato legal, sin que dependa de la aceptación del nuevo titular ni de posibles acuerdos entre transmitente y adquirente. El art. 44 ET establece asimismo responsabilidad solidaria del anterior titular junto con el nuevo: debe responder durante tres años de las obligaciones laborales nacidas con anterioridad a la transmisión y que no hubieran sido satisfechas. Por su parte, el art. 168.2 TRLGSS, establece la responsabilidad solidaria del transmitente respecto de las prestaciones a cargo de la empresa causadas antes de la transmisión. También responde solidariamente con el adquirente, el empresario anterior, de las deudas posteriores a la transmisión, si esta fuera declarada delictiva o fraudulenta (art. 44.3 ET). Respecto al supuesto del empresario declarado en concurso, cuando se realice la venta a un tercero de una unidad económica que mantenga su identidad, el juez podrá acordar que el adquirente no se subrogue en la parte de la cuantía de los salarios o indemnizaciones pendientes de pago anteriores a la enajenación que sea asumida por el Fondo de Garantía Salarial (FOGASA) de conformidad con el art. 33 ET.

Además de los efectos comentados, el art. 44.4 ET dispone como efectos colectivos de la sucesión, que las relaciones laborales de dichos trabajadores se seguirán rigiendo "por el convenio colectivo que en el momento de la transmisión fuere de aplicación en la empresa, centro de trabajo o unidad productiva autónoma transferida", es decir, se siguen rigiendo temporalmente por su convenio y no por el aplicable a la empresa nueva (SSTS 28/06/ 2018 -Rec. 1379/2017- o 15/12/2021 -Rec. 4236/2019-).

Los trabajadores afectados por la sucesión tienen derecho a que se mantenga su salario. Por tanto, podrán producirse situaciones de desigualdad salarial en la empresa, superables a través de la negociación colectiva para intentar unificar estructuras salariales. No obstante, si algunas condiciones de trabajo previstas en el convenio de origen no son aplicables en la nueva empresa (por no existir las circunstancias que permiten su disfrute), podrán dejar de aplicarse. Por ejemplo, en caso de que el convenio colectivo de origen establezca un complemento para el abono del parking y la nueva empresa ya ofrezca este servicio con carácter gratuito. Como se señaló, en algunos casos, tras la sucesión empresarial, el cesionario debe aplicar dos convenios colectivos distintos: uno a los trabajadores subrogados y otro a los no subrogados, sin que ello entrañe una vulneración del principio constitucional de igualdad. En el supuesto de que se deban aplicar ambos convenios, por tener a trabajadores subrogados y a otros de nuevo ingreso, se podrán extender condiciones de trabajo del convenio de la empresa saliente a los trabajadores de nuevo ingreso, siempre y cuando no se regulen en el otro convenio y se acrediten razones organizativas. En caso de que dicho convenio estuviera en ultraactividad, será igualmente de aplicación tras la sucesión de la empresa.

A pesar de que algunas sentencias no dejan dudas en cuanto a su criterio interpretativo y simplemente constatan el incumplimiento empresarial, cabe plantear la posibilidad de hacer una reducción salarial a través de una modificación sustancial de las condiciones de trabajo, siempre y cuando se respete el procedimiento que se establece en el art. 41 ET y, en consecuencia, se notifique a la persona trabajadora afectada y a la representación legal, dicha modificación, con una antelación mínima de 15 días; se indique la causa objetiva concurrente en la comunicación de la medida y, en caso de modificación colectiva, se lleve a cabo el correspondiente período de consultas con la representación legal de los trabajadores. Como excepción, algunos Tribunales han considerado que se produce un impago, y no una modificación sustancial de las condiciones de trabajo, si la empresa no alega ninguna causa económica, técnica, organizativa o de producción, no sigue el procedimiento legalmente establecido o no notifica su decisión a las personas afectadas en el plazo exigido. Respecto a la retribución de los "madrugues" con la cuantía que abonaba la empresa cedente en el caso del personal subrogado por Wordwide Flight Servi-ces, STS 08/02/2023 (Rec. 1827/2020).

Únicamente dejará de aplicarse el convenio anterior si así se hubiera pactado, tras la sucesión, mediante acuerdo de empresa entre el cesionario y la representación legal de los trabajadores. Asimismo, dejará de aplicarse el convenio de origen cuando termine su vigencia o entre en vigor un nuevo convenio que incluya a la empresa, centro o unidad productiva transmitida. Cuando entre en vigor un nuevo convenio, este puede ser de empresa o sectorial. Si coexisten un nuevo convenio de empresa (del nuevo empleador) y un convenio sectorial (del sector del nuevo empleador), deberán seguirse las reglas estatutarias ordinarias en materia de prioridad para la aplicación de convenios. Tras la reforma laboral de 2021, el convenio colectivo sectorial vuelve a tener prioridad aplicativa en materia de salarios. Por el contrario, no dejará de aplicarse el convenio de origen por el acuerdo de un convenio colectivo extraestatutario, aunque sea posterior a la transmisión. Por ello, el nuevo convenio deberá cumplir con las exigencias legales de contenido mínimo y de legitimación de las partes negociadoras. Si el nuevo convenio deriva de un acuerdo ante un órgano de mediación creado después de la transmisión, el anterior convenio perderá vigencia, aunque el nuevo se hubiera comenzado a negociar antes de la sucesión.

El nuevo empleador debe garantizar a los trabajadores subrogados las mismas condiciones laborales que venían disfrutando, y no sólo las derivadas del convenio colectivo de origen, sino también las establecidas en virtud de pacto individual o de acuerdo de empresa (incluso tácito). Así, también existirá la obligación de mantener las condiciones más beneficiosas o los derechos adquiridos, pues su eliminación exige seguir los trámites de la modificación sustancial de las condiciones de trabajo. No obstante, no es válido el acuerdo que se comienza a negociar antes de la sucesión y entra en vigor poco después de la subrogación, modificando las condiciones de trabajo recogidas en el convenio colectivo de la empresa cedente.

Otro efecto colectivo es el relativo a los representantes de los trabajadores de la empresa, centro de trabajo o unidad productiva transmitida; según dispone el art. 44.5 ET, mantendrán su mandato con el cambio de titularidad, siempre que la empresa, centro o unidad "conserve su autonomía". Los representantes en este supuesto, "seguirán ejerciendo sus funciones en los mismos términos y bajo las mismas condiciones que regían con anterioridad", es decir, todos los que eran, con plenitud de funciones y con todas sus garantías; en caso contrario, es decir, si la autonomía desaparece, no mantendrán su mandato.

3.4. Obligaciones de información y consulta de las empresas afectadas por el traspaso

Tanto el empresario transmitente como el adquirente deben informar de la transmisión a los representantes de los trabajadores respectivos, o directamente a los trabajadores afectados si no hay representación legal. Deben informar, en concreto, según establece el art. 44.6 ET, sobre la fecha prevista de la transmisión, sobre los motivos de la misma y las consecuencias jurídicas, económicas y sociales para los trabajadores afectados y, por último, sobre las medidas previstas respecto de los mismos. Esta información deben facilitarla el cedente, antes de la transmisión, con "suficiente antelación", y el cesionario, también "con la suficiente antelación" y en todo caso, antes de que sus trabajadores se vean afectados por la transmisión. Si el transmitente o el adquirente prevén adoptar medidas laborales en relación con sus trabajadores, a raíz de la transmisión (traslados, modificaciones sustanciales, ...) deben consultar y negociar tales medidas y sus consecuencias con la representación legal de los trabajadores (art. 44.9 ET). Los deberes de información y consulta se exigen también cuando la decisión sobre la transmisión la hayan adoptado, no el empresario anterior y el nuevo sino las empresas que ejerzan el control sobre ellos (art. 44.10 ET). Por último y en el caso del empresario declarado en concurso, cuando se proceda a la liquidación de la empresa con venta a un tercero, debe ser oída por el juez la representación legal de las personas trabajadoras.

3.5. La subrogación en el sector público

La Ley 9/2017, de 8 de noviembre, de Contratos del Sector Público (LCSP), incorpora algunas previsiones legales que tratan de proteger el régimen laboral de los trabajadores afectados ante la frecuente novación del contratista o concesionario. En concreto, el art. 130 LCSP prevé la obligación de subrogación del nuevo adjudicatario frente a los trabajadores de la anterior cuando esta derive, bien "de una norma legal" (esto es, porque concurran los requisitos del art. 44 ET que requiere que lo transmitido sea susceptible de explotación económica independiente, capaz de ofrecer bienes y servicios al mercado, esto es, con los mismos elementos patrimoniales, infraestructuras, recursos o equipamientos disponibles por la empresa anterior), o bien de "un convenio colectivo". La Directiva 2001/23/CE es aplicable cuando la nueva contratista se hace cargo de una parte esencial del personal de la empresa anterior en virtud de lo dispuesto en convenio colectivo siempre y cuando la operación vaya acompañada de la transmisión de una entidad económica entre las dos empresas afectadas (STJUE C-60/17, de 11/07/2018, *Somoza Hermo*, en relación con vigilantes de seguridad). Siendo claros estos extremos, en los supuestos en que procede la subrogación, tampoco cabe ocultar que el empresario adquirente puede utilizar las vías de los arts. 51 y 52 c) ET si se dieran las causas para ello, asegurando únicamente a la persona trabajadora una indemnización en cuantía de 20 días de salario por año de servicio. Ante esta realidad, surge la duda de si a la hora de calcular la indemnización por despido objetivo o colectivo debe contarse toda la antigüedad del trabajador con independencia de las interrupciones en sus vínculos contractuales o si, por el contrario, los paréntesis debidos a decisiones voluntarias del trabajador rompen la secuencia (STS 28/01/2022 -Rec. 3779/2020-). En esta materia ha tenido que ser la jurisprudencia nacional y la comunitaria las que hayan ido perfilando la aplicación de las condiciones de la sucesión de empresas y su proyección en las Administraciones Públicas y en el empleo público. Así, la STJUE C-317/18, de 13/06/2019, *Correia Moreira* (al considerar que la Directiva 2001/23 se opone a una normativa nacional que exige que, en caso de transmisión, al ser el cesionario un Ayuntamiento, los trabajadores afectados, por un lado, se sometan a un procedimiento público de selección y, por otro, queden obligados por un nuevo vínculo con el cesionario) puede suponer una mutación constitucional del modelo de empleo público si no se acometen las modificaciones legislativas pertinentes que doten a estas situaciones de un marco legal estable y de seguridad jurídica, tanto a las personas trabajadoras como a las Administraciones Públicas. Así, según ha determinado recientemente el Tribunal Supremo en un supuesto de reversión de un servicio público, cuando la Administración se subroga en un servicio externalizado debe mantener la fijeza de los contratos laborales (STS 28/01/2022 -Rec. 3781/2020-) y asumir las condiciones laborales que ya tenían los empleados. No es posible que pasen a la categoría de indefinidos no fijos (PINF), pues ello provocaría graves disfunciones. De un lado, porque esta categoría surge para explicitar las consecuencias derivadas de previas conductas infractoras, pero en el caso debatido, no existe infracción de normas que pudiera remediarse mediante la aplicación de la cualidad de PINF ya que la trabajadora ya prestaba sus servicios al amparo de un contrato a tiempo completo y de duración indefinida, y la "no fijeza" viene a empeorar su posición desde la óptica del tipo de relación laboral que titulariza. Otra de las disfunciones que aprecia la Sala es que la categoría de PINF viene a resolver un conflicto entre dos bloques normativos de carácter interno: el de las reglas sobre acceso al empleo público y el de las consecuencias de los incumplimientos en materia de contratación temporal. Y se añade que la consecuencia principal de que un contrato pertenezca a la condición de PINF es que la plaza desempeñada por la persona contratada debe ser convocada a concurso público. Pues bien, trasladada esta doctrina sobre el supuesto planteado, se da la circunstancia de que el Ayuntamiento comunicó expresamente a la trabajadora que pasaría a incorporarse "como personal laboral indefinido no fijo hasta que se proveyera la plaza de forma reglamentaria o se procediese a su amortización", con lo que no se está cerrando la posibilidad de que la dinámica de la relación laboral reabra el debate sobre el alcance de la fijeza respetada, porque la misma posee todo su sentido en tanto el desarrollo de las funciones permanezca adscrito o relacionado con la unidad productiva que se transmitió, pero pierde su fundamento y finalidad en el momento en que ya no suceda así. No estamos ante un supuesto de acceso al empleo público, sino de asunción de relaciones laborales ya constituidas. En todas las transmisiones de empresas el nuevo empleador adquiere la unidad productiva y/o la plantilla, con sus derechos y obligaciones, por lo que en este asunto en el que se municipaliza un servicio antes externalizado, el Ayuntamiento debe asumir que los trabajadores que eran fijos sigan siéndolo a estos efectos. Por todo ello, el Tribunal Supremo estima que la tesis correcta es la fallada por el Juzgado de lo Social que declaró que la trabajadora, en virtud de sucesión empresarial, ostenta la cualidad de trabajadora fija del Ayuntamiento, pero con el matiz de que la fijeza no está adquirida incondicionadamente en todo el ámbito de la empleadora, sino funcionalmente limitada al objeto de la transmisión y sin perjuicio de que puedan acaecer otro tipo de vicisitudes.

4. EXTERNALIZACIÓN PRODUCTIVA Y SUCESIÓN DE CONTRATAS

La evolución del sistema productivo ha llevado a una creciente descentralización de las actividades propias de la empresa, no solo de las que tienen carácter complementario (limpieza, vigilancia, seguridad, gestión informática, ...), sino también las que pertenecen a su ciclo productivo. Dicha descentralización, que normalmente se lleva a cabo mediante contratas o subcontratas, supone un trasvase de actividad de una empresa a otra con la posibilidad añadida de que con posterioridad la empresa cedente proceda a la recuperación de la actividad cedida (reversión). En este caso, sólo podrán aplicarse las reglas del art. 44 ET cuando la reversión del servicio vaya acompañada de la transmisión de medios y recursos capaces de dar continuidad a la correspondiente organización productiva, o cuando resulte de aplicación la doctrina de la sucesión de plantillas (STS 8/06/2021 -Rec. 3004/2018-).

Si una empresa recibe una oferta para externalizar algunas de sus actividades (mantenimiento de equipos o logística de ventas, por ejemplo) y está dispuesta a aceptarla surge la duda de qué pasará con los trabajadores afectados, si tienen derecho a pasar a la nueva empresa o, en caso contrario, si pueden ser despedidos. Y la respuesta, una vez más, dependerá de si se considera que hay sucesión de empresa o no.

Si la actividad que se externaliza puede considerarse por sí misma una "entidad económica que mantenga su identidad", habrá sucesión de empresa, y la nueva entidad deberá hacerse cargo de los contratos de trabajo de los empleados afectados. Ello sucederá, por ejemplo, si se traspasan a la nueva entidad los medios materiales necesarios para llevarla a cabo. Así, si se externaliza la logística de almacén, pero resulta que la nueva empresa compra a la transmitente la maquinaria necesaria (carretillas elevadoras, básculas, estanterías, etc.), se considerará que hay sucesión. Es más, también habrá sucesión, aunque no haya traspaso de medios materiales, si lo que se externaliza es la actividad medular de la empresa y ésta se desarrolla sólo o principalmente con medios humanos (es decir, con personas trabajadoras). Tal sería el caso de las empresas de limpieza y seguridad. Sin embargo, si la empresa externaliza los servicios logísticos y la nueva empresa va a desarrollar la actividad en su propio centro de trabajo, con su propia maquinaria y con un sistema diferente de organización, no habrá sucesión. Tampoco la habrá si la empresa externaliza, por ejemplo, la llevanza de la contabilidad y la facturación a una gestoría, ya que ni le traspasará activos materiales ni la actividad externalizada es la actividad principal o medular de su negocio. Si se produce una sucesión, el contratista deberá subrogar los contratos de los trabajadores afectados. Es decir, deberá respetar los salarios, la antigüedad (STJUE C-108/10, de 6/09/2011, *Scattolon*), los derechos adquiridos, etc. Si la contratista no incorpora en su plantilla a dichos empleados, se estará produciendo un despido improcedente del cual deberá responder.

Si no hay sucesión, la empresa debe plantearse el despido o la recolocación de los empleados. En primer término, si quiere mantener a los afectados, deberá comprobar si les puede asignar otras tareas. Si dichas tareas pertenecen a su mismo grupo profesional, no es necesario seguir ningún tipo de procedimiento, pero si las funciones corresponden a un grupo diferente, deberá alegar razones técnicas u organizativas. Si no es posible la movilidad funcional, cabe plantear un despido objetivo, sin limitarse a alegar que el puesto de trabajo ha quedado amortizado, o que la externalización ha reducido la carga de trabajo, debiendo acreditarse que la externalización es necesaria porque ya existen elementos reales y actuales (y no sólo previsibles) que la justifican (por ejemplo, la entrada de un nuevo competidor que obliga a bajar precios, o la pérdida de clientes importantes).

Según el convenio colectivo de limpieza de edificios y locales, si una contrata finaliza, los trabajadores de la empresa saliente deben pasar a la empresa que va a continuar realizando el servicio de limpieza. Ahora bien, si dicha nueva empresa no se dedica a la limpieza, esta obligación no existe. Tal es el caso analizado en la STS 26/11/2018 (Rec. 2128/2016), en la que una empresa prescindió de los servicios que le venía prestando una contrata de limpieza, pasando a realizar la limpieza de sus instalaciones con personal propio. Como dicha empresa no se encuentra dentro del ámbito de aplicación del convenio de limpieza, no se ve afectada por las obligaciones de subrogación previstas en el convenio, por lo que no debe asumir a los trabajadores que venían prestando los servicios de limpieza. Las obligaciones de subrogación del convenio de limpieza sólo afectan si se aplica ese convenio.

La contratación o subcontratación de una empresa para la prestación de un servicio que forma parte de la propia actividad puede dar lugar a responsabilidades. La jurisprudencia clásica define la propia actividad (STS 24/11/1998 -Rec. 517/1998-) como aquella "inherente" al ciclo productivo de la empresa; en consecuencia, estaremos ante una contrata "correspondiente a la propia actividad" cuando, de no haberse concertado ésta, las obras y servicios debería haberlas realizado la empresa principal por formar parte de su propio negocio. En la subcontratación de los servicios informáticos de un banco, del servicio de comedor de un colegio mayor o del de mantenimiento de maquinaria en una petrolífera, hay propia actividad. En cambio, en el caso de subcontratación de servicios de limpieza, de seguridad o de telemarketing de un banco, no la hay.

Si una empresa subcontrata con un tercero la realización de obras o servicios que forman parte de su actividad principal, responderá solidariamente de las obligaciones con la Seguridad Social contraídas durante la contrata por la empresa contratista o subcontratista (esta responsabilidad será exigible durante la contrata y durante los tres años siguientes a su finalización) y de las obligaciones salariales contraídas con trabajadores asignados a la contrata (impago de salarios) durante la duración de esta. Esta responsabilidad será exigible mientras dure la contrata y durante el año posterior a su finalización. Cuando no se subcontraten trabajos de la propia actividad, las responsabilidades anteriores serán subsidiarias (será necesaria la insolvencia del obligado principal) *ex* art. 168.1 TRLGSS.

Cuando se subcontrata un servicio correspondiente a la propia actividad, la empresa *ex* art. 42 ET, debe comprobar que el contratista está al corriente de pago de sus cuotas a la Seguridad Social. Al efecto, podrá recabar certificación negativa por descubiertos en la Tesorería General de la Seguridad Social. Debe comprobar tanto la afiliación como el alta en la Seguridad Social de cada una de las personas trabajadores que sean destinadas a la contrata durante el período de ejecución. El incumplimiento de esta obligación puede ser sancionado administrativamente, además de la responsabilidad solidaria *supra* indicada. La certificación de estar al corriente de pago deberá librarse en el término de 30 días. Transcurrido este plazo, la empresa quedará exonerada de responsabilidad por las cuotas impagadas de su contratista o subcontratista.

Respecto a la regulación convencional en los supuestos de externalización productiva, el Tribunal Supremo ha considerado que el convenio colectivo aplicable al personal de la empresa contratista o subcontratista no es el convenio por el que se rigen la empresa principal y sus trabajadores, sino el correspondiente a la actividad desarrollada por la empresa auxiliar en el marco de la contrata, aun cuando se trate de obras y servicios propios de la actividad de la empresa principal (STS 11/11/ 2021 -Rec. 3330/2019-), en un litigio concerniente al muy precarizado personal de limpieza y acondicionamiento de habitaciones de hoteles en régimen de externalización (camareras de pisos, popularmente conocidas como *kellys*). El interrogante sobre el convenio aplicable a las empresas contratadas o subcontratadas por otras para la prestación de un servicio resulta especialmente problemático en el caso de las empresas multiservicios. Así, si un hotel contrata a una empresa multiservicios para realizar las tareas de limpieza, se plantean dudas sobre si resulta aplicable el convenio de la empresa principal, el de la actividad realizada o el de la actividad preponderante en la empresa subcontratada. Algunos convenios de la hostelería (Alicante o Cataluña) obligan a que los trabajadores que presten servicios en empresas afectadas por dicho sector cobren el salario establecido en esos convenios (y no el salario fijado en el convenio de su propia empresa), salvo que dicho salario sectorial resulte inferior al que fija el convenio colectivo de su propia empresa. La lógica de tal regulación convencional es evitar tanto discriminaciones en el salario (de modo que no haya empleados haciendo lo mismo en la misma empresa con retribuciones diferentes) como la competencia desleal en el sector de la hostelería a través de la externalización productiva. A partir del 31 de diciembre de 2021, el convenio aplicable a las empresas contratistas o subcontratistas será el del sector de la actividad desarrollada (regla que opera con independencia de que la actividad contratada o subcontratada forme parte o no de la propia actividad de la empresa principal). No obstante, se prevé una excepción a la regla anterior para los supuestos en los que la empresa contratista o subcontratista cuente con un convenio de empresa (art. 42.6 ET), pues en tales casos se aplicará el convenio de empresa en las materias en que este tenga prioridad, según las reglas de concurrencia previstas en el propio Estatuto de los Trabajadores (art. 84.2).

5. BIBLIOGRAFÍA

NORES TORRES, L.E.: "La reforma del art. 42 ET en el RDL 32/2021, de 28 de diciembre", *Labos*, Vol. 3, Número Extraordinario "La reforma laboral de 2021".

RODRÍGUEZ ESCANCIANO, S.: "Subrogación empresarial y mantenimiento de la unidad esencial del vínculo en supuestos de desistimiento voluntario de la persona trabajadora". *Jurisprudencia Laboral,* núm. 2, 2022.

SOLÁ Y MONELLS, X.: *La incidencia de la transmisión de empresa en la representación unitaria y sindical.* Madrid, MTAS, 2003.

VALDÉS DAL-RÉ, F.: *La transmisión de empresa y las relaciones laborales.* Madrid, MTAS, 2001.

VV.AA. (GARCÍA MURCIA, J., Dir.): *Transmisión de empresa y sucesión en el desarrollo de actividades empresariales.* Cizur Menor, Thomson-Reuters/ Aranzadi, 2019.

TEST

1. ¿Qué norma jurídica regula actualmente el fenómeno de la transmisión de empresas a nivel comunitario?
   a) La Directiva 77/187/CEE.
   b) La Directiva 98/50/CE.
   c) Directiva 2001/23/CE del Consejo, de 12 de marzo, sobre la aproximación de las legislaciones de los Estados miembros relativas al mantenimiento de los derechos

de los trabajadores en caso de traspasos de empresas, de centros de actividad o de partes de empresas o de centros de actividad.

d) No existe ninguna regulación al respecto.

2. En una cuestión prejudicial plantada por un Juzgado español a propósito del cambio de titularidad de una Notaría:

   a) El Tribunal de Justicia de la Unión Europea no resuelve el litigio nacional, y es el tribunal nacional quien debe resolver dicho litigio de conformidad con la decisión del Tribunal de Justicia.

   b) Es el propio Tribunal de Justicia de la Unión Europea quien debe resolver el ligio interno.

   c) La decisión del Tribunal de Justicia de la Unión Europea nunca vinculará a tribunales nacionales que conozcan de un problema similar.

   d) El cambio de titularidad de una Notaría queda fuera de la competencia del Tribunal de Justicia de la Unión Europea.

3. Cuando el art. 44 del Estatuto de los Trabajadores regula la subrogación empresarial se está refiriendo:

   a) Al cambio de titularidad de una empresa.

   b) Al cambio de titularidad de un centro de trabajo

   c) Al cambio de titularidad de una unidad productiva autónoma

   d) Las tres anteriores son ciertas.

4. Para que opere el régimen garantista de la sucesión de empresas, lo transmitido tiene que ser una "entidad económica que mantenga su identidad". Dicha exigencia hace referencia:
   a) A un conjunto de medios organizados a fin de llevar a cabo una actividad económica, esencial o accesoria.
   b) A elementos aislados que no permiten continuar la actividad económica de que se trate.
   c) A la mano de obra como entidad económica transmitida cuando constituye lo esencial de la actividad.
   d) La a) y la c) son ciertas.

5. La sucesión de empresa llevada a cabo mediante una transmisión puede tener su origen:
   a) Únicamente en actos jurídicos *inter vivos.*
   b) Tanto en un acto jurídico *inter vivos* como en uno *mortis causa.*
   c) Únicamente en actos jurídicos *mortis causa.*
   d) La a) y la c) son ciertas.

6. La jubilación del empresario persona física:
   a) No determina la extinción de los contratos de trabajo cuando continúe la actividad empresarial y, en consecuencia, las posibilidades de empleo de las personas trabajadoras.
   b) Se considera siempre una causa extintiva del contrato de trabajo, teniendo derecho las personas trabajadoras al abono de una cantidad equivalente a dos meses de salario.
   c) Se considera siempre una causa extintiva del contrato de trabajo, teniendo derecho las personas trabajadoras

al abono de una cantidad equivalente a un mes de salario.

d) Determina la suspensión de los contratos de trabajo mientras el empresario tramita la correspondiente pensión ante la entidad gestora de la Seguridad Social.

7. Los contratos que se hayan extinguido de forma válida antes de la transmisión de la empresa:

   a) No serán objeto de subrogación.

   b) Se reactivan si han trascurrido menos de seis meses desde la finalización del vínculo contractual.

   c) Se reactivan únicamente si se habían celebrado por tiempo indefinido.

   d) La a) y la b) son ciertas.

8. En caso de responsabilidad derivada de accidente de trabajo:

   a) El art. 168.2 TRLGSS, establece la responsabilidad solidaria del transmitente respecto de las prestaciones a cargo de la empresa causadas antes de la transmisión.

   b) En caso de accidente de trabajo responde siempre la Seguridad Social o las Mutuas Colaboradoras. Las empresas carecen de responsabilidad.

   c) El art. 168 TRLGSS, establece la responsabilidad solidaria del transmitente respecto de las prestaciones a cargo de la empresa causadas después de la transmisión.

   d) El ordenamiento jurídico en casos de transmisión de empresas establece únicamente responsabilidad solidaria respecto a obligaciones laborales, pero no respecto a cuotas ni respecto a prestaciones de Seguridad Social.

9. Cuando la Administración se subroga en un servicio externalizado:
   a) Debe declarar a los trabajadores como personal indefinido no fijo (PINF).
   b) A la Administración no le resultan aplicables las obligaciones reguladas en el Estatuto de los Trabajadores en materia de transmisión de empresas.
   c) El ordenamiento jurídico en casos de transmisión de empresas establece únicamente soluciones para las empresas privadas pero no para las Administraciones públicas.
   d) Debe mantener la fijeza de los contratos laborales dado que no estamos ante un supuesto de acceso al empleo público sino de asunción de relaciones laborales ya constituidas. (STS 28 enero 2022 -Rec. 3779/2020-).

10. Según la última doctrina del Tribunal Supremo, en el caso de que un hotel subcontrate el servicio de limpieza a una empresa multiservicios, el convenio aplicable a los trabajadores que esta destine a la contrata será:
    a) El convenio colectivo de la empresa principal
    b) El convenio colectivo de la actividad realizada (STS 11 noviembre 2021 -Rec. 3330/2019-).
    c) El convenio colectivo de la actividad preponderante en la empresa subcontratada.
    d) El vigente convenio colectivo estatal de empresas multiservicios.

Preguntas cortas

1. Una vez consumada la sucesión de empresa ¿Por qué convenio colectivo se rigen las relaciones laborales de los trabajadores afectados por la misma?

2. Los trabajadores afectados por la sucesión de empresa: ¿pueden ser objeto de una reducción salarial? Razone la respuesta.

3. ¿Cómo opera la transmisión de empresa en el mandato de la representación legal de los trabajadores?

4. ¿Sobre qué extremos deben informar el empresario cedente y el cesionario a los representantes legales de sus trabajadores respectivos afectados por el cambio de titularidad de la empresa?

5. Indique tres ejemplos de subcontratación de servicios de la propia actividad.

Caso práctico

¿Resulta aplicable el artículo 1,1,a) de la Directiva 2001/23/CE, de 12 de marzo de 2001, y por tanto el contenido de la Directiva, a un supuesto en el que el titular de una Notaría (funcionario público que a su vez es empresario privado del personal laboral a su servicio, regulada esa relación como empleador por la normativa laboral general y por Convenio Colectivo de sector), que sucede en la plaza a otro anterior titular de la Notaría que cesa, asumiendo su Protocolo, que continúa prestando la actividad en el mismo centro de trabajo, con la misma estructura material, y que asume al personal que venía trabajando laboralmente para el anterior Notario que era titular de la plaza?

Solución

La cuestión prejudicial permite que los tribunales de los Estados miembros, en el contexto de un litigio del que estén conociendo, interroguen al Tribunal de Justicia de la Unión Europea (TJUE) acerca de la interpretación del Derecho de la Unión o sobre la validez de un acto de la Unión. El Tribunal de Justicia no resuelve el litigio nacional, y es el tribunal nacional quien debe resolver el litigio de conformidad con la decisión del Tribunal de Justicia. Dicha decisión vincula igualmente a los demás tribunales nacionales que conozcan de un problema similar.

- Vid. Asunto C-584/21: Petición de decisión prejudicial presentada por el Juzgado de lo Social n° 1 de Madrid (España) el 20 de septiembre de 2021–JD / BA, DA, DV y CG. En similares términos, Asunto C-585/21: Petición de decisión prejudicial presentada por el Juzgado de lo Social n° 1 de Madrid (España) el 20 de septiembre de 2021 y Asunto C-586/21: Petición de decisión prejudicial presentada por el Juzgado de lo Social n° 1 de Madrid (España) el 20 de septiembre de 2021.
- Vid. STS 8 noviembre 1994 (Rec. 533/1994) o STSJ Castilla-La Mancha 23 marzo 2004 (Rec. 162/2004).

Capítulo XII

La prevención de riesgos laborales en la política y normas de la Unión Europea

JAVIER FERNÁNDEZ-COSTALES MUÑIZ
Catedrático de Derecho del Trabajo y de la Seguridad Social
Universidad de León

1. LA NORMATIVA COMUNITARIA EN MATERIA DE SEGURIDAD Y SALUD EN EL TRABAJO

Los orígenes del Derecho de la Seguridad y Salud Laboral se sitúan en los cambios introducidos en el sistema productivo a raíz de la Revolución Industrial. La aparición de grandes fábricas con nuevas tecnologías generó una situación de riesgo hasta entonces desconocida, provocando un incremento inmenso de los daños derivados del trabajo, favorecido por diversos factores de sobra conocidos: masificación de las relaciones laborales, jornadas prácticamente ilimitadas, maquinismo, nuevas energías, materias primas altamente nocivas, explotación minera intensiva, recurso a la mano de obra infantil, etc.

En el ámbito de las relaciones laborales la actividad empresarial genera múltiples riesgos de producción de daños en los trabajadores, lo que tradicionalmente ha constituido uno de los problemas más graves en todos los países industrializados, los accidentes de trabajo y enfermedades profesionales. Tal situación requiere una legislación protectora del trabajador muy minuciosa en cuanto que regula todas y cada una de las actividades empresariales con mandatos y prohibiciones específicas tendentes a reducir al mínimo posible estos hechos que tan graves daños producen en los afectados y en sus familias, y en definitiva en toda la sociedad.

Tras los primeros pasos dados por el reconocimiento en el ámbito de las Naciones Unidas o en el del Consejo de Europa y la destacada labor de la Organización Internacional del Trabajo a través de la elaboración de numerosos Convenios y Recomendaciones, la Unión Europea ha mostrado tradicionalmente una evidente preocupación por la seguridad y salud laboral que ha ido viéndose incrementada con el paso del tiempo, plasmándose en una política comunitaria en la materia, incluida dentro de la más genérica política social.

Ahora bien, a pesar de ello, no cabe olvidar que la Unión Europea no deja de continuar ceñida en lo fundamental, y pese a su evolución, a objetivos de carácter económico centrados en la creación de un mercado único, permaneciendo las cuestiones sociales en un segundo plano y, en esencia, subordinadas a aquellos fines, aunque beneficiándose directa o indirectamente de los mismos en su desarrollo. Hasta hace no mucho más de tres décadas el Derecho Social Comunitario había estado caracterizado por su simplicidad, tanto en su aspecto teleológico como en sus relaciones e incidencia en los Derechos nacionales, resueltas casi con exclusividad a la luz de los principios de primacía y efecto directo de las disposiciones normativas comunitarias.

Pasado el ecuador de los años ochenta las sucesivas reformas y documentos comunitarios han venido introduciendo un alto grado de complejidad en los pilares del panorama heredado, produciéndose un cambio en los principales fines a cumplir por el ordenamiento Comunitario, con un lento pero progresivo crecimiento de los objetivos sociales que en algunos momentos ha podido acompañar a lo económico para hacer frente a la necesidad de abordar, con mayor o menor motivación de progresión en lo social, las cuestiones nucleares del mundo del trabajo.

Sin embargo, en torno a la seguridad y salud en el trabajo existió desde el primer momento una intención común de los distintos Estados miembros para resguardarla de la competencia mercantil que no se daba en otros aspectos del trabajo subordinado, circunstancia que se manifestó en la continua aprobación de Directivas específicas sobre la materia, Programas de Acción en seguridad, higiene y salud en el lugar de trabajo y, finalmente, en la aparición de la Directiva Marco 89/391/CEE, de 12 de junio de 1989, relativa a la aplicación de medidas para promover la mejora de la seguridad y de la salud de los trabajadores en el trabajo.

Ahora bien, para la Unión Europea la Prevención de Riesgos resulta relevante dada su incidencia en la competencia, presupuesto sobre el que se asienta la construcción del mercado común, motivo por el cual ha buscado un acercamiento de la normativa de los distintos Estados miembros, intentando crear una legislación equilibrada en todos ellos.

Este hecho tiene su principal hito en la Directiva Marco, que justifica su propia existencia en el hecho de que la convivencia de las variopintas normativas preventivas de cada Estado podría conducir a niveles de protección de la seguridad y la salud dispares, a distintos costes de producción y, por ende, a diferentes precios. En este sentido, la política preventiva comunitaria, al igual que la nacional, se sirve de medios normativos y actuaciones administrativas, pero ha otorgado el protagonismo a los primeros, intentando crear una legislación equilibrada en todos ellos.

En su puesta en práctica destacan los momentos siguientes:

1) Ya en los Tratados Constitutivos se observa el interés por la materia. Desde 1951 la Comunidad Europea del

Carbón y del Acero había dado los primeros pasos para mejorar la seguridad de los trabajadores.

En cualquier caso, el hito fundamental viene dado por la aprobación del Tratado Constitutivo de la Comunidad Europea, firmado en Roma en 1957, en cuyo Preámbulo declaraba su intención de servir a la constante mejora de las condiciones de vida y trabajo de sus pueblos. Igualmente, el artículo 118.A resultó fundamental, pues habilitó a la Comunidad para elaborar Directivas sobre seguridad y salud en el trabajo.

Así, tomando en consideración la tradicional óptica comunitaria en materia de protección contra los accidentes de trabajo y las enfermedades profesionales e higiene del trabajo, se promulgaron numerosas directivas en la materia.

Esta etapa dejó paso, a partir de la entrada en vigor del Acta Única Europea (firmada en Luxemburgo el 17 de febrero de 1986), al nuevo objetivo de la armonización de las condiciones existentes en materia de seguridad e higiene en el trabajo, y así se introducirían nuevos artículos en el Tratado que supondrían un considerable avance en el terreno de la seguridad e higiene en el trabajo, convertida en objetivo prioritario de la acción comunitaria y plasmada ahora como tal en el propio Tratado de Roma. Se flexibilizó el procedimiento de adopción de decisiones en la materia al quebrar el principio de exigencia de unanimidad del Consejo para adoptar directivas sobre cuestiones sociales, que había frenado el desarrollo de la política social comunitaria y su normativa.

Esta tendencia se ha mantenido en las posteriores redacciones del Tratado tras las aprobaciones del Tratado de Ámsterdam y el Tratado de Lisboa, que en su articulado ordena a la Comunidad apoyar y completar la acción de los Estados miembros para lograr la mejora del entorno del trabajo, para proteger la salud y la seguridad de los trabajadores (artículo 137, sustituyendo al antiguo 118).

Producto de ello fue la Directiva Marco que, con su objetivo armonizador de las legislaciones y su vocación universal, define los conceptos fundamentales en la materia, fija las obligaciones y responsabilidades de los sujetos implicados y regula el funcionamiento y organización de los servicios de prevención y la gestión de la información, consulta y formación de la plantilla en el ámbito preventivo.

El artículo 6 de esta norma establece las obligaciones de los empresarios y los principios generales de la acción preventiva. Así, en el marco de sus responsabilidades, el empresario adoptará las medidas necesarias para la protección de la seguridad y de la salud de los trabajadores, incluidas las actividades de prevención de los riesgos profesionales, de información y de formación, así como la constitución de una organización y de medios necesarios, debiendo velar para que se adapten estas medidas a fin de tener en cuenta el cambio de las circunstancias y tender a la mejora de las situaciones existentes.

En virtud de ello, el empresario aplicará estas medidas con arreglo a los siguientes principios generales de prevención:

a) evitar los riesgos;

b) evaluar los riesgos que no se puedan evitar;

c) combatir los riesgos en su origen;

d) adaptar el trabajo a la persona, en particular en lo que respecta a la concepción de los puestos de trabajo, así como a la elección de los equipos de trabajo y los métodos de trabajo y de producción, con miras en particular, a atenuar el trabajo monótono y el trabajo repetitivo y a reducir los efectos de los mismos en la salud;

e) tener en cuenta la evolución de la técnica;

f) sustituir lo peligroso por lo que entraña poco o ningún peligro;

g) planificar la prevención buscando un conjunto coherente que integre en ella la técnica, la organización del trabajo, las condiciones de trabajo, las relaciones sociales y la influencia de los factores ambientales en el trabajo;

h) adoptar medidas que antepongan la protección colectiva a la individual;

i) dar las debidas instrucciones a los trabajadores.

Además, y sin perjuicio de las demás disposiciones de la Directiva, el empresario deberá, habida cuenta el tipo de actividades de la empresa y/o del establecimiento:

a) evaluar los riesgos para la seguridad y la salud de los trabajadores, incluso en lo que se refiere a la elección de los equipos de trabajo, de las sustancias o preparados químicos y en el acondicionamiento de los lugares de trabajo, garantizando un mayor nivel de protección de la seguridad y de la salud de los trabajadores e integrando la prevención en el conjunto de actividades de la empresa y/o del establecimiento y en todos los niveles jerárquicos.

b) Cuando confíe tareas a un trabajador, tomar en consideración las capacidades profesionales de dicho trabajador en materia de seguridad y de salud.

c) Procurar que la planificación y la introducción de nuevas tecnologías sean objeto de consultas con los trabajadores y/o sus representantes, por lo que se refiere a las consecuencias para la seguridad y la salud de los trabajadores, relacionadas con la elección de los equipos, el acondicionamiento de las condiciones de trabajo y el impacto de los factores ambientales en el trabajo.

d) Adoptar las medidas adecuadas para que únicamente los trabajadores que hayan recibido información adecuada puedan acceder a las zonas de riesgo grave y específico.

Por otra parte, cuando en un mismo lugar de trabajo estén presentes trabajadores de varias empresas, los empresarios deberán cooperar en la aplicación de las disposiciones relativas a la seguridad, la higiene y la salud, así como coordinarse con vistas a la protección y prevención de riesgos profesionales, informarse mutuamente de dichos riesgos, e informar a sus trabajadores respectivos y/o a sus representantes.

La norma aporta una perspectiva integradora y aglutinante que, con el tiempo, se ha acompañado de numerosas directivas específicas, referidas a cuestiones concretas, generando un binomio entre Directiva Marco y Directivas específicas en el que la primera sienta las coordenadas básicas y las segundas descienden a regular aspectos puntuales.

En este punto, el instrumento normativo generado por la elaboración de las Directivas en la materia fue también impulsado y ampliado por el Tratado de la Unión (*Maastricht*, 1992), que introdujo la posibilidad de adoptarlas sobre seguridad y salud laboral siguiendo el procedimiento del artículo 189 C, cuya peculiaridad es que no exige unanimidad de los Estados miembros.

Así, además de la Directiva Marco, se ha adoptado un conjunto de directivas centradas en aspectos específicos de la Seguridad y la Salud en el Trabajo. En cualquier caso, evidentemente la Directiva marco sigue siendo de aplicación en todos los ámbitos regulados por las directivas específicas, de manera tal que cuando estas contengan disposiciones más estrictas y específicas, prevalecerán estas previsiones especiales.

Las directivas individuales adaptan los principios de la Directiva Marco a:

- Tareas específicas, como, por ejemplo, la manipulación manual de cargas.

- Riesgos específicos en el trabajo, como la exposición a sustancias peligrosas o a agentes físicos.
- Sectores y lugares de trabajo específicos, como obras temporales, industrias extractivas, buques pesqueros.
- Grupos de trabajadores concretos, por ejemplo, mujeres embarazadas, trabajadores jóvenes, trabajadores con contrato temporal.
- Aspectos concretos relacionados con el trabajo, como puede ser la organización del tiempo de trabajo.

Las directivas específicas definen cómo deben evaluarse estos riesgos y, en algunos casos, establecen valores límite para determinadas sustancias o agentes.

Además, algunas directivas comunitarias adoptadas basadas en el artículo 114 del Tratado de Funcionamiento de la Unión Europea hacen referencia a determinados aspectos de la salud y la seguridad en el trabajo. Sobre esta base jurídica se adoptaron una serie de directivas técnicas bajo el denominado "nuevo enfoque", en virtud de las cuales las organizaciones europeas de normalización como el Comité Europeo de Normalización (CEN), el Comité Europeo de Normalización Electrotécnica (CENELEC) y el Instituto Europeo de Normas de Telecomunicación (ETSI) establecen y actualizan periódicamente las normas europeas.

En la actualidad no cabe negar la importancia que la Prevención de Riesgos Laborales posee dentro del ámbito comunitario, habida cuenta de que existe un gran número de normas y un amplio número de materias tratadas, en tanto que cualquier elemento susceptible de incidir sobre los riesgos laborales acaba siendo objeto regulatorio de alguna norma. Este protagonismo se refleja en los cientos de Directivas dictadas en la materia, en sus diversos Programas de Acción y en los ámbitos de intervención en los que existe normativa aplicable.

2) Aunque la elaboración de normas sea instrumento prioritario de la política comunitaria en la materia, también existen actuaciones administrativas y órganos específicos. Así, la Unidad de Salud, Seguridad e Higiene en el Trabajo; los comités consultivos (creados para conocer el punto de vista de los agentes sociales y los expertos respecto a las acciones comunitarias) y, sobre todo, la Agencia Europea para la Seguridad y Salud en el Trabajo, que proporciona a los organismos comunitarios, a los Estados miembros y a los medios interesados información técnica, científica y económica útil en el ámbito de la seguridad y de la salud laboral, además de relacionarse con países terceros y organizaciones internacionales.

3) La acción comunitaria se desarrolla conforme a Programas en los que se proponen los objetivos para un período de tiempo determinado. Destacan en este proceso tres etapas:
   - La aprobación de los programas europeos de acción en la materia. El Primer Programa de Acción de las Comunidades Europeas en materia de Seguridad y de Higiene en el trabajo (1978-1982), que definió las líneas de actuación en este campo de este y sucesivos programas. El Segundo Programa de Acción en materia de Seguridad y de Higiene en el Trabajo (1984-1988), que insistió en las acciones del primero, y que en conjunto dieron lugar a distintas Directivas. El Tercer Programa, destinado a la armonización de las condiciones existentes en el trabajo con el fin de proteger la seguridad y la salud de los trabajadores (1988-1992), que auspició la elaboración de la DM y de un importante número de otras relativas a aspectos concretos.
   - El Programa SAFE, entre 1996 y finales del siglo XX, sin perjuicio de varias actualizaciones, que no planteó incrementar el número de normas, sino consolidar las existentes, tanto en cuanto hace a su correcta

incorporación a los ordenamientos internos como respecto a su efectivo cumplimiento, a fin de evitar que el volumen de disposiciones dictadas y el más lento ritmo de trasposición seguido por los Estados desvirtuaran la eficacia del sistema.

El programa tiene por objeto general mejorar la seguridad, la higiene y la protección de la salud en el trabajo y prevenir o reducir los riesgos laborales, en especial en las pequeñas y medianas empresas, por medio de: la promoción del desarrollo de soluciones prácticas para los riesgos laborales; el apoyo a la determinación y difusión de mejores prácticas para combatir los accidentes y enfermedades laborales; la proposición de medios para aplicar de forma eficaz la legislación comunitaria en materia de salud y seguridad en el trabajo; la promoción de métodos innovadores aplicables a nuevas esferas de riesgos laborales; la promoción de la enseñanza y la formación destinadas a mejorar el conocimiento de la legislación comunitaria y a aumentar los conocimientos que se tienen del medio de trabajo.

- En fin, y ya en el siglo XXI, la Estrategia de Salud y Seguridad en el Trabajo 2002-2006, seguida por las dictadas para los períodos 2007-2012, 2013-2020 y 2021-2027.

Se advierte en todo lo señalado una progresiva evolución desde objetivos normativos específicos hacia objetivos no legislativos, sino de gobernanza y buena administración que se manifiestan agudamente en determinados períodos ante la constatación de los escasos resultados prácticos, vistos en número de accidentes de trabajo y enfermedades profesionales, y en la necesidad de hacer frente a los nuevos riesgos profesionales (psicosociales, nanotecnologías, dependencia del alcohol y drogas) y a los profundos cambios habidos en el mundo laboral con la incorporación masiva de la mujer y con las modalidades atípicas de contratación.

La Unión Europea, en cualquier caso, continúa ceñida en lo fundamental, y a pesar de su evolución, a objetivos de carácter económico centrados en la creación de un mercado único, de forma tal que las cuestiones sociales permanecen aún en un segundo plano y subordinadas a dichos objetivos, aunque en menor medida actualmente.

2. ORGANISMOS COMUNITARIOS EN MATERIA PREVENTIVA

Aun cuando, como se ha visto, la actividad de la Unión Europea se ha desarrollado fundamentalmente en el campo normativo, paralelamente también se han ido estableciendo las bases para impulsar un desarrollo simultáneo de otro tipo de actividades complementarias. De tal forma, se ha prestado atención a ámbitos como la información, promoción y apoyo a la Prevención de Riesgos Laborales, así como a la actividad de investigación, formación de los trabajadores y control del cumplimiento de esta normativa.

En 1974 se creó un Comité Consultivo de Seguridad, Higiene y Salud en el Lugar de Trabajo encargado de colaborar y asesorar a la Comisión en la labor de controlar la plena y adecuada transposición de la normativa comunitaria en los Estados miembros (Decisión 74/325/CEE del Consejo, de 27 de junio de 1974).

La evolución de este Comité se produce a través de la Decisión 2003/C218/01, relativa a la creación de un Comité Consultivo para la Seguridad y Salud en el Trabajo. Se trata de un órgano consultivo tripartito cuyo cometido es asistir a la Comisión Europea en la preparación y la aplicación de las decisiones tomadas en el ámbito de la Seguridad y la Salud en el Trabajo, así como facilitar la cooperación entre las administraciones nacionales y las organizaciones sindicales y patronales.

El Comité, creado para racionalizar las experiencias de concertación en el ámbito de la salud y seguridad en el trabajo, abarca todos los sectores de actividad, públicos y privados. Sus principales tareas son:

- Emitir dictámenes sobre las iniciativas de la Unión Europea en el ámbito de la salud y seguridad en el trabajo (nueva legislación, programas de la UE, etc.).
- Contribuir proactivamente a determinar las prioridades a escala de la Unión y establecer estrategias políticas relevantes.
- Promover los intercambios de opiniones y experiencias (conexión entre el ámbito nacional y de la Unión Europea).

El Comité está compuesto por tres miembros titulares por cada uno de los países de la Unión Europea: un representante de las administraciones nacionales; un representante de las organizaciones sindicales; y un representante de las organizaciones patronales, nombrados por el Consejo por un período renovable de tres años.

Se constituyen tres grupos de interés acordes dentro del Comité y cada uno de ellos selecciona entre sus miembros a un portavoz y designa a un coordinador.

El Comité está presidido por el director general encargado de política social en la Comisión. Se reúne dos veces al año en una sesión plenaria. La Comisión se encarga de la secretaría del Comité.

El funcionamiento del Comité está regulado por su reglamento interno, adoptado por el propio Comité el 18 de noviembre de 2004 sobre la base de un dictamen favorable de la Comisión. Dicho reglamento interno define también los procedimientos de toma de decisiones que deben seguirse para la adopción de cualquier posición oficial por parte del Comité. En concreto, Los procedimientos posibles son:

A. El procedimiento de toma de decisiones ordinario, aplicado en las sesiones plenarias. En este contexto, un dictamen o decisión puede adoptarse por unanimidad, cuando el portavoz de los tres grupos de interés expresa pleno acuerdo con la cuestión debatida, o bien adoptarse con la mayoría absoluta de los votos, si no se alcanza ningún acuerdo por unanimidad.

B. El procedimiento de decisión acelerado, que se solicita por procedimiento escrito (requiere la mayoría absoluta de los votos).

En cualquier caso, los dictámenes adoptados por el Comité no son vinculantes para la Comisión.

Asimismo, en el campo investigador y de recepción de información y transmisión de la misma, la Comunidad creó en 1994 la Agencia Europea para la Seguridad y Salud en el Trabajo (Reglamento CE 2062/94, del Consejo, de 18 de julio de 1994).

Este órgano tiene como objetivo proporcionar a los organismos comunitarios, a los estados miembros y a los sujetos interesados toda la información técnica, científica y económica útil en el ámbito de la Seguridad y Salud en el lugar de trabajo. Igualmente, es la encargada de organizar cursos de información para especialistas entre los Estados miembros y de fomentar la cooperación en materia de control de las medidas adoptadas en seguridad salud laboral.

Este organismo trabaja con el objetivo de hacer que los lugares de trabajo europeos sean más seguros, saludables y productivos en beneficio de las empresas, los empleados y los gobiernos, fomentando una cultura de la prevención de riesgos para mejorar las condiciones de trabajo en Europa.

La EU-OSHA también proporciona recursos fáciles de usar para ayudar a los lugares de trabajo a poner en práctica la prevención, y se está elaborando una gran cantidad de directrices para ayudar a mantener a las personas trabajadoras. En este sentido, destaca su participación en la Hoja de ruta sobre carcinógenos y sus campañas Trabajos Saludables, que vienen a demostrar el compromiso de la Agencia con la promoción de una cultura de la prevención en toda Europa y fuera de ella, piedra angular de la política en materia de seguridad y salud en el trabajo de la Unión Europea.

3. EL MARCO ESTRATÉGICO DE LA UNIÓN EUROPEA EN MATERIA PREVENTIVA

Al amparo de los tratados fundacionales de la Comunidad, se inició una primera intervención en la Seguridad y Salud de los trabajadores, cuya finalidad era la búsqueda de la mayor armonización posible.

Posteriormente, en el año 1974 se aprobó por el Consejo la Resolución sobre un programa de Acción Social, que pretendía instaurar un programa de acción cuyo objetivo era la mejora de las condiciones de vida y de trabajo y, especialmente, la mejora de la Seguridad e Higiene en el Trabajo.

Tras esta etapa, en 1978 se creó el Primer Programa Comunitario en materia de Seguridad e Higiene en el Trabajo, que ordenaba a la Comisión estimular, promover y desarrollar una política global de prevención y de lucha respecto a todos los riesgos profesionales. El fin básico era el aumento del nivel de protección de los trabajadores con respecto a los riesgos profesionales de cualquier naturaleza, consiguiendo convertir en más eficaces su prevención y control.

En la siguiente década se elaboró el Segundo Programa de Acción en Materia de Seguridad y Salud en el Lugar de Trabajo, cuyas pretensiones se centraban en avanzar en la línea marcada por los programas que le preceden, con una idea continuista en la intención de reducir las consecuencias de los accidentes de trabajo y armonizar los enfoques nacionales, fomentando la participación de los interlocutores sociales y realizando una labor previa de asesoramiento a través de los órganos especializados.

La firma en Luxemburgo del Acta Única Europea en 1986 supuso igualmente un cambio en la orientación del Tratado de Roma, en tanto fueron modificados artículos y se incorporó un nuevo Título, marcándose entonces como obligación el desarrollo y puesta en marcha de acciones dirigidas a reforzar la cohesión económica y social.

Con amparo en este nuevo articulado del Tratado Constitutivo, en el año 1987 se elaboró el Tercer Programa de Acción comunitaria en materia de Seguridad, Higiene y Salud en el Trabajo, dirigido hacia la mejora de las condiciones de trabajo.

Como ya se ha destacado, a partir del año 2000 se suceden las distintas Estrategias de Salud y Seguridad en el Trabajo, establecidas para diferentes períodos, en concreto la primera para los años 2002-2006, seguida por las dictadas para los períodos 2007-2012, 2013-2020 y 2021-2027.

En 2017, la Comisión Europea en su Comunicación al Parlamento Europeo, al Consejo, al Comité Económico y Social Europeo y al Comité de las Regiones anunció sus tres principales acciones en materia de salud y seguridad en el trabajo en su comunicación en el documento bajo el título Un trabajo más seguro y saludable para todos. Modernización de la legislación y la política de la UE en materia de Seguridad y Salud en el Trabajo de la UE, basada en la Evaluación ex post de las Directivas de la Unión Europea sobre Salud y Seguridad en el Trabajo (evaluación REFIT).

En fin, el último documento desarrollado es el Marco Estratégico de Seguridad y Salud en el Trabajo 2021-2027 de la Comisión Europea, en el cual se definen las prioridades y acciones clave para mejorar la seguridad y salud de los trabajadores, para lo cual se abordan los cada vez más rápidos cambios en la economía, la demografía y los patrones de trabajo.

En este sentido, el plan viene a establecer una serie de prioridades estratégicas, adoptando este marco estratégico un enfoque de carácter tripartito, en el cual deben participar instituciones de la Unión, Estados miembros, interlocutores sociales y otras partes interesadas, centrándose en tres prioridades clave:

1. Anticipar y gestionar el cambio en el contexto de las transiciones ecológica, digital y demográfica.
2. Mejorar la prevención de accidentes y enfermedades relacionados con el trabajo, realizando un esfuerzo por adoptar un enfoque de visión cero respecto a las muertes relacionadas con el trabajo.
3. Incrementar la preparación para responder a las crisis sanitarias actuales y futuras.

El éxito de este marco se hace depender de su aplicación a escala no solo de la Unión, sino también a nivel nacional, sectorial y empresarial, a través de una aplicación efectiva, el diálogo social, la financiación, la sensibilización y la recogida de datos. A través de su amplia red de socios, la EU-OSHA está bien situada para facilitar la acción, la cooperación y el intercambio, así como para cumplir las ambiciones del marco.

En este sentido, los estudios prospectivos y los proyectos globales de la EU-OSHA tienen por objeto anticipar riesgos y detectar prioridades, fundamentar el desarrollo de prácticas y políticas en Seguridad y Salud Laboral en ámbitos como la digitalización y los empleos verdes, así como el estrés y los riesgos psicosociales.

4. BIBLIOGRAFÍA

AGRA VIFORCOS, B.: *Derecho de la Seguridad y Salud en el Trabajo,* 2ª ed. León (Eolas), 2018.

MONEREO PÉREZ, J. L. y MORENO VIDA, Mª. N.: "La Directiva Marco 89/391/CEE como eje del Derecho Social Comunitario de la Prevención de Riesgos Laborales", en AA.VV.: *Derecho Social de la Unión Europea. Aplicación por el Tribunal de Justicia,* Madrid (Lefevre), 2018.

NAVARRO NIETO, F.; RODRÍGUIEZ-PIÑERO ROYO, M. C. y GÓMEZ MUÑOZ, J. M.: *Manual de Derecho Social de la Unión Europea,* Madrid (Tecnos), 2011.

NOGUEIRA GUASTAVINO, M.; FOTINOPOULO BASURKO, O.; MIRANDA BOTO, J. M. (Dirs.): *Lecciones de Derecho Social de la Unión Europea,* Valencia (Tirant lo Blanc), 2012.

OJEDA AVILÉS, A.: *Derecho transnacional del trabajo,* Valencia (Tirant lo Blanch), 2013.

TEST

1. El Derecho de la Prevención de Riesgos Laborales:
   - a) Forma parte del Derecho del Trabajo y de la Seguridad Social
   - b) Forma parte del Derecho Mercantil.
   - c) Es Derecho público.
   - d) Es Derecho privado.

2. El derecho de los trabajadores a la seguridad y salud en el trabajo es manifestación de
   - a) El derecho al trabajo (art. 35 CE).
   - b) La libertad de empresa (art. 38 CE).
   - c) El derecho a la integridad física y moral (art. 15 CE).
   - d) El derecho a la igualdad (art. 14 CE).

3. ¿Cuál de las siguientes afirmaciones es correcta?
   a) La UE cuenta con competencias para legislar en materia de Prevención de Riesgos Laborales
   b) Los convenios de la OIT pasan a formar parte automática del Ordenamiento interno
   c) Las Directivas comunitarias en materia preventiva no necesitan para su aplicación de normas nacionales de transposición
   d) En ningún caso las Directivas comunitarias pueden ser de aplicabilidad directa

4. ¿Cuál de las siguientes afirmaciones es cierta?
   a) Las normas legales dictadas para transponer Directivas no son parte integrante del sistema normativo
   b) La LPRL es la norma básica que diseña el marco legal al que deben acomodarse las normas preventivas inferiores
   c) Las Directivas comunitarias deben ser ratificadas para integrarse en el ordenamiento español.
   d) La LPRL no se aplica, en ningún caso, a los trabajadores autónomos

5. ¿A qué se refiere el término "condiciones de trabajo" en el ámbito de la prevención de riesgos laborales?
   a) A las características del trabajo generadoras de riesgo de accidente de trabajo
   b) A las características del trabajo generadoras de riesgos físicos
   c) A las características del trabajo que generan riesgos ergonómicos o psicosociales

d) A las características del trabajo que generan riesgos de seguridad, higiene, ergonómicos o psicosociales

6. El Tratado Constitutivo de la Comunidad Europea, firmado en Roma en 1957
   a) En su Preámbulo declaraba su intención de servir a la constante mejora de las condiciones de vida y trabajo de sus pueblos.
   b) No incluía ninguna referencia a la Seguridad y Salud en el Trabajo
   c) Fue la primera norma relativa a la materia preventiva
   d) Regulaba los accidentes de trabajo

7. El Tratado Constitutivo de la Comunidad Europea, firmado en Roma en 1957
   a) Fue la primera norma sobre Seguridad y Salud en el Trabajo
   b) No incluía ninguna referencia a la Seguridad y Salud en el Trabajo
   c) Incluía la definición de enfermedad profesional
   d) En su artículo 118.A habilitó a la Comunidad para elaborar Directivas sobre seguridad y salud en el trabajo

8. Las directivas individuales adaptan los principios de la Directiva Marco a:
   a) Tareas específicas.
   b) Riesgos específicos en el trabajo.
   c) Sectores y lugares de trabajo específicos.
   d) Todas son correctas

9. La Directiva Marco 89/391/CEE, de 12 de junio de 1989, relativa a la aplicación de medidas para promover la mejora de la seguridad y de la salud de los trabajadores en el trabajo
   a) Fue la primera Directiva sobre Seguridad y Salud en el Trabajo
   b) No se encuentra vigente
   c) Define los conceptos fundamentales en la materia, fija las obligaciones y responsabilidades de los sujetos implicados y regula el funcionamiento y organización de los servicios de prevención y la gestión de la información, consulta y formación de la plantilla en el ámbito preventivo
   d) No puede ser completada por otras normas

10. El Marco Estratégico de Seguridad y Salud en el Trabajo 2021-2027
    a) Es de aplicación directa en los Estados miembros de la Unión Europea
    b) Posee carácter normativo de Directiva
    c) Pretende mejorar la prevención de accidentes y enfermedades relacionados con el trabajo
    d) Permite a la Comisión elaborar Directivas sobre seguridad y salud en el trabajo

Preguntas cortas

1. ¿En qué época se sitúan los orígenes de la disciplina preventiva?.

2. Las directivas individuales adaptan los principios de la Directiva Marco a una serie de situaciones concretas. Enumerarlas.

3. Enumerar las etapas de acción en materia preventiva de la Unión Europea.

4. Funciones básicas del Comité Consultivo para la Seguridad y Salud en el Trabajo.

5. Señala las tres prioridades básicas del Marco Estratégico de Seguridad y Salud en el Trabajo 2021-2027.

Caso práctico

Localiza diez Directivas referentes a la materia de salud laboral en el ámbito de la Unión Europea. Elige una y analiza y explica su contenido.

Capítulo XIII

Extinciones del contrato de trabajo: crisis empresarial. El despido colectivo

JUAN GORELLI HERNÁNDEZ
Catedrático de Derecho del Trabajo y de la Seguridad Social
Universidad de Huelva

1. INTRODUCCIÓN

Uno de los objetivos de regulación en materia de condiciones de trabajo en la UE es la regulación del despido colectivo. Ello es consecuencia de lo establecido en la Carta Comunitaria de Derechos Sociales Fundamentales (9 de diciembre de 1989), que en materia de mejora de condiciones de vida y de trabajo, establece que "La realización del mercado interior debe conducir a una mejora de las condiciones de vida y de trabajo de los trabajadores en la Comunidad Europea (...). Esta mejora deberá permitir igualmente desarrollar, cuando sea necesario, ciertos aspectos de la reglamentación laboral, como los procedimientos de despido colectivo o los referentes a las quiebras" (punto 7). A lo anterior, la citada Carta añade la necesidad de aplicar al ámbito de los despidos colectivos, los derechos de información, consulta y participación de los trabajadores (punto 18).

La actual regulación comunitaria sobre la materia se plasma en la Directiva 1998/59/CE, de 20 de julio, modificada someramente por la Directiva 2015/1794/UE. Esta regulación es la principal fuente de inspiración, como no podía ser de otra manera, de nuestra regulación nacional.

Ciertamente se trata de una regulación limitada, pues tan sólo consta de 10 artículos; de los cuales, los cuatro últimos se dedican a cuestiones puramente formales y sin verdadero contenido sustantivo del despido colectivo. Por lo tanto, se trata de una Directiva de apenas seis preceptos dedicados a regular tan relevante cuestión.

De otro lado, es una Directiva fundamentalmente procedimental; es decir, no estamos ante una regulación completa del despido colectivo, sino una regulación dirigida a establecer unas normas mínimas sobre la necesidad de desarrollar un procedimiento de información y consultas previo a la decisión de despedir colectivamente. Desde este punto de vista la Directiva se aleja de la estructura habitual de una regulación del despido en nuestro país, basada en los tradicionales parámetros de concepto, causa, requisitos formales, calificación y efectos del despido.

2. DELIMITACIÓN DEL DESPIDO COLECTIVO EN LA DIRECTIVA 1998/59/CE

A tenor del art. 1 de la Directiva, se entenderá por despido colectivo los efectuados por un empresario, por uno o varios motivos no inherentes a la persona de los trabajadores, cuando el número de despidos producidos dentro de un determinado período de tiempo, según la elección efectuada por los Estados miembros, alcance un número mínimo. Resultan, por tanto, cuestiones esenciales las posibles causas de extinción, el número de despidos y el plazo en que los despidos deben producirse.

2.1. Causas de despido colectivo

A tenor de lo señalado por el mencionado art. 1, estamos ante una extinción por motivos no inherentes a la persona de los trabajadores. De entrada, debemos señalar que la Directiva no establece de manera estricta cuáles son las causas de extinción justificadoras del despido; se limita a utilizar una fórmula esquiva: motivos "no inherentes" al trabajador. Ello no significa que el despido colectivo no sea causal. Al contrario, requiere de justa causa; lo que ocurre es que la Directiva deja un margen a la interpretación de esta cuestión, de manera que deben ser los Estados quienes especifiquen qué causas concretas son las que justifican el despido colectivo, siempre y cuando sean motivos no inherentes a la persona del trabajador.

¿Qué significa que sean motivos no inherentes a la persona del trabajador? Con dicha expresión se hace referencia a que la causa del despido no puede residir en el trabajador; es decir, no puede ser un incumplimiento contractual del mismo (lo que justifica, en su caso, un despido disciplinario), o no puede ser un motivo imputable a la persona del trabajador, pero no a su voluntad (lo que en el ordenamiento español justifica ciertos despidos objetivos como la ineptitud conocida o sobrevenida tras la colocación, o la falta de adaptación). Ahora bien, a partir de aquí el legislador nacional ha de decidir las concretas causas que justificarían el despido colectivo. Así, el ordenamiento español señala como causas del despido colectivo a las causas típicamente empresariales o imputables a la empresa (en consecuencia, no inherentes al trabajador): económicas, técnicas, organizativas o productivas. De esta manera, nuestro ordenamiento especifica con bastante más claridad cuáles son los motivos que pueden justificar un despido de carácter colectivo, todo ello actuando dentro del amplio margen que permite la Directiva.

2.2. Número de trabajadores despedidos y plazo de extinción

Por definición un despido colectivo es el que afecta a una pluralidad de trabajadores, de manera que no podemos acudir al despido colectivo cuando estamos ante extinciones individuales. Ahora bien, para considerar que estamos ante un despido colectivo no sólo debe afectar a una pluralidad de trabajadores; además debe afectar a un número suficientemente relevante de trabajadores.

De otro lado, resulta necesario que los despidos se produzcan dentro de un determinado período de referencia que permite conectar tales despidos a la causa esgrimida por el empresario; es decir, que tales extinciones forman parte de un conjunto que obedece a una única decisión extintiva empresarial o un único proceso de extinción. Caso de no existir ese período de referencia, por el simple paso del tiempo y la acumulación de extinciones por motivos empresariales, se llegaría tarde o temprano a un despido colectivo aun cuando las extinciones estuviesen desconectadas entre sí.

La Directiva plantea dos opciones de cómputo de las extinciones a los Estados miembros. Esto supone que son los Estados quienes han de decidirse por una u otra alternativa a la hora de la transposición de la Directiva. Las dos posibilidades son las siguientes:

1ª) Se va a considerar que existe despido colectivo cuando en el período de 30 días, se proceda a despedir a:

- Al menos a 10 trabajadores en centros de trabajo que empleen habitualmente más de 20 y menos de 10 trabajadores.
- Al menos al 10% de los trabajadores de centros que empleen habitualmente entre 100 y 300 trabajadores.

- Al menos a 30 trabajadores de centros de trabajo que empleen habitualmente 300 trabajadores como mínimo.

2ª) Se considerará despido colectivo cuando en un período de 90 días, se despida al menos a 20 trabajadores, sea cual sea el número de trabajadores habitualmente empleados en los centros de trabajo.

Según se opte por cada Estado miembro, estaremos o no ante un despido colectivo si se alcanza, al menos, el número mínimo de extinciones dentro de los plazos señalados. Si estamos ante un despido colectivo, será necesario aplicar el procedimiento al que nos referiremos posteriormente. Si no se alcanza la cifra mínima, no estamos ante despidos colectivos según la Directiva y los Estados miembros regularan dichos despidos como consideren conveniente.

El legislador español, ha optado por realizar una combinación de las posibilidades que ofrece la Directiva, pues si bien ha optado por el plazo más amplio de 90 días, utiliza una escala similar a la del plazo de 30 días de la Directiva. De esta manera, en nuestro país se va a considerar despido colectivo cuando en el plazo de 90 días se despida a 10 trabajadores cuando la empresa ocupa a menos de 100; si la empresa tiene entre 100 y 300 trabajadores, el despido será colectivo cuando afecta al 10%; por último, si la empresa tiene más de 300 trabajadores, será despido colectivo cuando éste afecte a 30 trabajadores. De otro lado, se considera despido colectivo la extinción de contratos de trabajo que afectan a la totalidad de la plantilla de la empresa, siempre que sean más de cinco, cuando se producen como consecuencia del cese total de actividad dela empresa por causas económicas, técnicas, organizativas o productivas.

Cuestión de enorme interés es determinar qué se considera por trabajadores empleados habitualmente en la empresa. Ello es, desde luego, relevante, pues el concepto de despido colectivo no sólo depende del número de despidos en un determinado plazo, sino también del número de trabajadores que se emplean habitualmente. Por lo tanto, una manipulación empresarial de esta cuestión puede resultar crucial a la hora de determinar si estamos o no ante un despido colectivo. Desde nuestro punto de vista, parece lógico considerar que el número de trabajadores habitualmente empleados debe referirse a los que están empleados en la empresa en el momento de iniciar las consultas con la representación de los trabajadores, incluyendo trabajadores fijos discontinuos y trabajadores temporales. Concretamente sobre estos últimos vid. la STJUE -Sala Primera- Caso Cristian Pujante Rivera contra Gestora Clubs Dir, S.L. y Fondo de Garantía Salarial, de 11 noviembre 2015, asunto C-422/14 (téngase en cuenta que, si bien el despido colectivo no se aplica a las extinciones de contratos temporales por su agotamiento, sí se computan los trabajadores temporales como trabajadores "habituales"). En todo caso, parece evidente que no sería admisible una interpretación sobre esta cuestión que suponga privar, aunque sólo sea temporalmente, al conjunto de trabajadores de los derechos que les reconoce la Directiva 98/59 y por ello menoscaba el efecto útil de ésta: como principio general a la hora de aplicar las normas comunitarias, no son admisibles interpretaciones que puedan comprometer el efecto útil de la normativa comunitaria.

De otro lado, debe tenerse en cuenta que, a tenor del art. 1.1 *in fine* de la Directiva, sólo a los efectos del cálculo del número de despidos (si es despido colectivo o no), se asimilarán a los mismos las extinciones de contratos de trabajo, por iniciativa del empresario y en base a uno o varios motivos no inherentes a la personas trabajadora, siempre y cuando los despidos sean al menos cinco. Es decir, tales extinciones no inherentes a la persona del trabajador, simplemente se computan a los efectos de calcular si estamos o no ante un despido colectivo; ahora bien, no forman parte del despido colectivo y, por lo tanto, no se ven afectadas por la Directiva y por el procedimiento de consultas que veremos después.

¿Cuáles pueden ser estas otras extinciones a iniciativa del empresario, no inherentes a la persona trabajadora? Se trata de extinciones que, no siendo despidos colectivos, se producen como consecuencia de la situación o causa desencadenante del despido colectivo: es habitual que junto con el despido colectivo el empresario acuda a otros mecanismos extintivos diferentes, pero que tienen la misma razón de ser y están vinculados, en consecuencia, al despido colectivo; por ejemplo: la bajas incentivadas que se plasman en extinciones por mutuo acuerdo, jubilaciones a iniciativa del empresario, despidos disciplinarios u objetivos improcedentes, despidos objetivos procedentes por causas empresariales. Además, se incluyen aquí también, resoluciones del contrato a instancia del trabajador como consecuencia de incumplimientos empresariales (art. 50 ET), o como consecuencia de modificaciones sustanciales de condiciones o movilidad geográfica que alteran las condiciones contractuales pactadas en perjuicio del trabajador (arts. 41 y 40 ET). Sobre estas últimas extinciones a instancias del trabajador, pero consecuencia de la actuación empresarial, vid. la vid. la STJUE de 11 noviembre 2015, asunto C-422/14, caso Cristian Pujante Rivera contra Gestora Clubs Dir, S.L. y Fondo de Garantía Salarial. Todas estas otras extinciones tendrán su régimen jurídico propio en cada Estado miembro, pero se van a contar para alcanzar el número mínimo que genera un despido colectivo. No pueden, por el contrario, computarse, por no tener la consideración de esas otras extinciones a iniciativa del empresario, las jubilaciones ordinarias, las extinciones por mutuo acuerdo, la dimisión del trabajador, los despidos disciplinarios procedentes, los despidos objetivos estrictamente individuales (art. 52.a y b ET) o las condiciones resolutorias que extinguen el contrato. Además, tampoco pueden ser tenidas en cuenta las extinciones de contratos temporales, siempre y cuando dicha extinción se produce por la llegada de su término; ahora bien, si la extinción se produce antes de la finalización o cumplimiento de estos contratos, si pueden entrar dentro del cómputo.

En todo caso, recordemos que deben ser, al menos, cinco, los trabajadores afectados por un despido colectivo para poder computar esas otras extinciones que se asimilan a despido colectivo; es decir, que para cumplir con ese mínimo de cinco despidos, no pueden tenerse en cuenta esas otras extinciones que se asimilan a despido, sino que han de ser cinco despidos en sentido estricto, tal como aclara la mencionada STJUE de 11 de noviembre de 2015, asunto C-422/14.

De otro lado, una de las cuestiones más importantes en la configuración del despido colectivo por la Directiva es cómo computar los plazos que sirven de referencia para determinar la existencia de un despido colectivo. Sobre esta cuestión

Una segunda e interesante cuestión es la relativa a cómo debe computarse el plazo dentro del cual han de producirse las extinciones colectivas, los 30 o 90 días que se configuran como período de referencia. Podemos señalar cómo caben dos alternativas: computar desde el despido hacia adelante, o hacia atrás. En el primer caso, el considerado como primer despido sería el momento inicial del cómputo del plazo; de manera que se computan todas las extinciones colectivas, además de esas otras extinciones por motivos no inherentes a la persona del trabajador que deben ser tenidas en cuenta aun cuando no sean despido colectivo, a partir de ese momento. En el segundo caso, tomaríamos la fecha de un despido como el momento final del plazo y computaríamos ese despido, así como las extinciones previas que se hayan producido.

La cuestión se resuelve jurisprudencialmente y podemos señalar, como ejemplo, la STJUE de 11 de noviembre de 2020, asunto C-300/19, caso UQ contra Marclean Technologies, S.L.U. A tenor de la misma, dado que la Directiva no establece de manera expresa que el cómputo deba realizarse hacia adelante o hacia atrás respecto del despido impugnado;

consecuentemente la forma de cómputo del plazo se realizará en función de cada caso concreto, de manera que el período en ese caso podría computarse completamente hacia atrás respecto del momento en que se produce el despido objeto de reclamación; o bien completamente a partir de ese despido (hacia adelante, por tanto). Además, también podría computarse parcialmente hacia delante y atrás del despido objeto de reclamación. Cualquiera de las tres posibilidades es admisible, siempre y cuando los días de plazo (30 o 90 –en España, son 90 días-) se computen ininterrumpidamente y el trabajador que reclama haya sido despedido dentro del período de referencia. Por lo tanto, caben diferentes alternativas y el reclamante puede optar por aquella que le sea más conveniente; es lo que se ha venido a denominar como técnica del "compás".

Trasladada esta cuestión a nuestro ordenamiento, ello supone que al tenerse en cuenta todo período de 90 días, anteriores o posteriores al despido individual impugnado, y durante el cual se haya producido el mayor número de despidos efectuados por el empresario, podría estimarse la existencia de despido colectivo si de esta manera se supera el número mínimo de trabajadores despedidos para que estemos ante un despido colectivo (vid., por ejemplo, las Sentencias del Tribunal Supremo de 21 de julio de 2021 (recud. 2128/2018), 9 de diciembre de 2020 (rec. 55/2020).

En principio, vemos que nuestro ordenamiento (art. 51 ET) cumple con lo exigido por la Directiva, pero puede presentarse una importante duda: mientras la Directiva se refiere al centro de trabajo, como ámbito de imputación de las extinciones que deben computarse, el ordenamiento español hace referencia a la empresa como ámbito de cómputo de las extinciones. La diferencia es, pues, evidente.

Desde nuestro país se ha defendido que la regulación española, claramente diferenciada respecto de la comunitaria en este punto, es una expresión de lo dispuesto por el art. 5 de la Directiva; es decir, una regulación más favorables para los trabajadores: al utilizarse como ámbito de cómputo la empresa y no el centro de trabajo, hay una mayor posibilidad de existencia de despido colectivo y, por tanto, de estar protegido por su regulación, dado que a mayor amplitud del centro de imputación, más trabajadores podrían entrar en el cómputo de las extinciones en cuestión.

Siendo correcto, en líneas generales, el anterior planteamiento; sin embargo, la jurisprudencia comunitaria ha señalado cómo en determinadas situaciones, utilizar la empresa como centro de imputación no supone una mayor protección para los trabajadores, lo cual iría en contra de la Directiva. Es decir, el planteamiento de la normativa española como regulación más favorable es aceptable, siempre y cuando no implica la reducción de protección conferida a los trabajadores en aquellos casos en los que, si se aplicase el centro de trabajo, se alcanzaría el número de despidos del umbral del art. 1.1 de la Directiva. Por ejemplo, pensemos en una empresa donde existen varios centros de trabajo, de manera que sumados todos los trabajadores existentes en la empresa y aplicada la escala de la regulación nacional (contenida en nuestro caso en el art. 51 ET), se concluye que no hay despido colectivo, pues sumadas todos los despidos y extinciones en la empresa, no se alcanza el número mínimo de esa regulación nacional. Sin embargo, en el mismo supuesto, si en uno de esos centros de trabajo que existen en la empresa, se han producido suficientes extinciones y despidos para ser considerado despido colectivo según lo dispuesto por el art. 1.1.a) de la Directiva, se estaría negando a estos trabajadores la protección que dicha Directiva establece. Es decir, en estos casos, utilizar la empresa como ámbito de cálculo de las extinciones daña los intereses de los trabajadores de ese concreto centro de trabajo, por lo que la regulación nacional iría, en este caso, en contra de la Directiva. Por utilizar la literalidad de la STJUE de 13 de mayo de 2015, asunto C-392/13, caso Andrés Rabal Cañas y Nexea Gestión

Documental, S.A., "(...) infringe el artículo 1, apartado 1, de la Directiva 98/59 una normativa nacional que introduce como única unidad de referencia la empresa y no el centro de trabajo, cuando la aplicación de dicho criterio conlleva obstaculizar el procedimiento de información y consulta establecido en los artículos 2 a 4 de esta Directiva, siendo así que, si se utilizase como unidad de referencia el centro de trabajo, los despidos de que se trata deberían calificarse de «despido colectivo» a la luz de la definición que figura en el artículo 1, apartado 1, párrafo primero, letra a), de dicha Directiva".

La conclusión se trasladó, como es lógico a la jurisprudencia española, de manera que en base a la propia Directiva y su interpretación, estima que en aquellos supuestos en los que los despidos producidos en un centro de trabajo superan los umbrales del art. 51.1 ET, la unidad de cómputo deja de ser la empresa, para ser el centro de trabajo que emplea a más de veinte trabajadores (Vid. en este sentido las Sentencias del Tribunal Supremo de 17 octubre (rec. 36/2016), 6 abril (recud. 3566/2015), 19 noviembre (recud. 1253/2017), o 22 de septiembre de 2021 (rec. 106/2021).

En cuanto a qué ha de entenderse por centro de trabajo, podemos acudir a lo señalado por la STJUE de 7 de diciembre de 1995, asunto C-449/93, caso Rockfon: "una entidad diferenciada que tenga cierta permanencia y estabilidad, que esté adscrita a la ejecución de una o varias tareas determinadas y que disponga de un conjunto de trabajadores, así como de medios técnicos y un grado de estructura organizativa que le permita llevar a cabo estas tareas".

2.3. Colectivos excluidos de la aplicación de la Directiva

El art. 1.2 de la Directiva establece que la Directiva no es de aplicación a las extinciones de contratos temporales, siempre que dicha extinción se produce por la llegada de su término;

ahora bien, si la extinción se produce antes de la finalización o cumplimiento de estos contratos, si pueden entrar dentro del cómputo. Dicho de otra manera, en realidad este art. 1.2 no excluye a un colectivo, los trabajadores con contrato temporal, sino excluye un tipo de extinción: la extinción de contratos temporales por llegada de su término. Estas no se computarán, al excluirse de la Directiva. Ahora bien, si la extinción del contrato temporal se produce *ante tempus*, si deben computarse para determinar si hay o no despido colectivo.

Tampoco resulta de aplicación a los trabajadores de las Administraciones Públicas o instituciones de Derecho público (o entidades equivalentes). No obstante, el art. 5 de la Directiva permite que los Estados puedan aplicar disposiciones más favorables a los trabajadores, lo que permitiría incluir en el ámbito de regulación del despido colectivo a las extinciones que afectan a estos sujetos, si el legislador nacional lo considera oportuno. Así, en nuestro país ha surgido la duda de si la regulación del despido colectivo afecta también a las Administraciones públicas. Ciertamente antes de la reforma introducida por el RD-Ley 32/2021, contábamos con la DA 16ª del ET que regulaba expresamente la posibilidad de despidos colectivos en las Administraciones, estableciendo peculiaridades en su régimen jurídico. Dicha DA 16ª fue derogada por el citado RD-Ley, por lo que, a tenor del art. 7 EBEP, que se remite para el personal laboral de las Administraciones a la legislación laboral, ha de entenderse que resulta de aplicación a las Administraciones públicas la regulación del despido colectivo, sin especialidad alguna.

3. EL PROCEDIMIENTO DE DESPIDO COLECTIVO: EL PERÍODO DE CONSULTAS

Tal como hemos señalado, la Directiva tiene, fundamentalmente, un carácter procedimental, dado que dedica una parte sustancial de la misma se dedica a regular esta cuestión.

Concretamente ese procedimiento se divide en dos partes bien diferenciadas. De un lado los previos trámites de información y consulta con la representación de los trabajadores (art. 2 de la Directiva) y la subsiguiente fase de procedimiento de despido en sentido estricto (arts. 4 y 5 de la Directiva).

3.1. Período de información y consulta con la representación de los trabajadores. Objetivo de las consultas

La primera fase procedimental consiste en abrir un período de consultas entre empresario y la representación de los trabajadores sobre la intención del primero de proceder a un despido colectivo; para lo cual deberá facilitar previamente la información que la propia Directiva considera necesaria. Con carácter general el art. 2 de la Directiva 2002/14/CE del Parlamento Europeo y del Consejo, de 11 de marzo de 2002, por la que se establece un marco general relativo a la información y a la consulta de los trabajadores en la Comunidad Europea (letras f y g), señala que un procedimiento de este tipo consiste en "la transmisión de datos por el empresario a los representantes de los trabajadores para que puedan tener conocimiento del tema tratado y examinarlo", con el objetivo de facilitar "el intercambio de opiniones y la apertura de un diálogo entre los representantes de los trabajadores y el empresario".

En consecuencia, tal como señala el art. 2.1 de la Directiva 1998/59/CE en relación al despido colectivo, cuando el empresario tenga la intención de efectuar uno de estos despidos, debe consultar con la representación de los trabajadores, en tiempo hábil, con el objeto de llegar a un acuerdo. Se pretende así establecer un sistema de negociación colectiva para facilitar la codecisión en una situación de reestructuración empresarial.

Obsérvese en primer lugar, que este procedimiento de información y consultas ha de desarrollarse cuando el empresario "tenga la intención" de efectuar un despido colectivo. Es decir, que el empresario no puede tomar la decisión de despedir y, a continuación, convocar a la representación de los trabajadores para intentar llegar a un acuerdo. Ello supondría en la práctica negar la virtualidad al procedimiento de consultas, pues la decisión estaría tomada por el empresario de antemano al procedimiento. Por lo tanto, el procedimiento debería dar comienzo a partir del momento en que la empresa prevé la posibilidad (no la certeza) de un despido colectivo.

Por otra parte, la empresa ha de dirigirse a la representación de los trabajadores. Sobre esta cuestión, el art. 2 de la Directiva no señala cuál ha de ser esta representación, pero el art. 1,1 b), señala que se entenderá por representación de los trabajadores, a la representación prevista por la legislación o práctica de los diferentes Estados miembros. En nuestro ordenamiento ello supone constituir una comisión representativa en la que están integrados los sujetos indicados en el art. 41.4 ET (tal como indica el art. 51.2 ET en su segundo párrafo).

La Directiva establece en su art. 2.2 que los Estados miembros podrán disponer que la representación de los trabajadores pueda recurrir a expertos, de conformidad a las legislaciones o prácticas nacionales; es decir, que los representantes puedan estar asesorados por expertos.

De otro lado, la obligación empresarial de consultar con la representación de los trabajadores ha de realizarse en tiempo hábil; es decir, es una obligación que debe cumplirse con tiempo suficiente para poder cumplir su objetivo (intentar conseguir un acuerdo). Es por ello que no cumpliría la Directiva una regulación nacional en la que la representación de los trabajadores no tuviese tiempo real de analizar la información facilitada y poder formular propuestas al empresario, negociando así sobre la intención empresarial de proceder a un despido colectivo. Esto tampoco significa que la empresa deba facilitar toda la documentación antes del inicio del período de consultas, pues tal como señala literalmente el art. 2.3 se debe facilitar la información "durante el transcurso de las consultas".

El objetivo de las consultas es evitar o reducir el despido (art. 2.2 de la Directiva), si bien esta regulación establece que esta debe ser la finalidad "como mínimo"; dejando la puerta abierta a que las partes negocien de una manera más amplia en estos casos. Por lo tanto el período de consultas sirve fundamentalmente para constatar la existencia o inexistencia de motivos para un despido colectivo, para lo cual la información por el empresario resulta esencial. A partir de ahí, pese a que se estime la existencia de causa para el despido colectivo, podrían plantearse soluciones alternativas (suspensión de contratos, reducciones de jornada, movilidad geográfica, modificaciones de condiciones de trabajo, inaplicación del convenio colectivo, etc.) evitando el despido colectivo. Pero si se estima que es necesario el despido, se podrá plantear al empresario la reducción en el número de afectados.

En caso de que se produzcan despidos colectivos, la Directiva establece la posibilidad de atenuar las consecuencias del despido colectivo, "mediante el recurso a medidas sociales de acompañamiento destinadas en especial, a la ayuda para la readaptación o la reconversión de los trabajadores despedidos". Se trata de mecanismos destinados a reducir los negativos efectos que el despido colectivo va a suponer para los trabajadores. Son medidas que buscan atenuar o paliar las consecuencias del despido colectivo. De esta manera la empresa se comprometa a establecer mecanismos a través de los cuales, los trabajadores afectados por el despido colectivo, puedan mejorar su empleabilidad, incrementando su cualificación profesional o facilitando una recualificación a dichos trabajadores. El objetivo es que los trabajadores que pierdan su empleo, puedan desarrollar acciones formativas que mejore su capacitación o amplíe su espectro profesional para que tengan mayores oportunidades de encontrar nuevos puestos de trabajo. De otro lado, también pueden establecer compromisos de recolocación futura de los trabajadores en la misma empresa o derechos preferentes de reingreso. También es posible que las partes negociadoras acuerden que la empresa contrate a otra empresa especializada en la recolocación externa. Pueden establecerse vías de promoción del trabajo autónomo y, como no, también es perfectamente posible negociar mejoras en las indemnizaciones por despido establecidas legalmente.

3.2. El deber empresarial de informar a la representación de los trabajadores

El período de consultas es, tal como hemos visto, un período de negociación entre empresa y representación de los trabajadores con vistas a llegar a un acuerdo. Ahora bien, ese período de consultas se sustenta sobre la previa información a la representación de los trabajadores. Tal como señala la Directiva en su art. 2.3, a los efectos de que la representación de los trabajadores puedan formular "propuestas constructivas" (en definitiva, negociar y plantear alternativas a la pretensión empresarial de despedir colectivamente), el empresario debe facilitar durante las consultas y en tiempo hábil diferente información.

Ante todo, debe observarse que dicha información debe facilitarse durante el período de consultas y en tiempo hábil; es decir, de manera que los trabajadores puedan analizarla con tiempo suficiente y llegar a conocer el verdadero significado y consecuencias de la información facilitada (para lo que será especialmente importante el auxilio de los expertos a los que se refiere el art. 2.2 de la Directiva). Esto es una expresión del deber de negociar con buena fe que recae sobre las partes, en este caso sobre el empresario.

En cuanto al contenido de la información que ha de facilitar el empresario, se especifica en el apartado 3º del art. 2 de la Directiva. En primer lugar, se establece que con carácter general debe facilitar toda la información pertinente (regla de contenido evidentemente general); pero, en todo caso debe facilitar por escrito la siguiente información:

- Los motivos del despido. Dado que el despido colectivo es una institución causal (aun cuando la Directiva regula este aspecto de manera flexible para que cualquier Estado miembro pueda adaptarse a sus prescripciones), debe ser posible analizar las causas justificadoras del despido y discutir si existen, son suficientes o no requieren como respuesta un despido colectivo, o un despido de efectos tan amplios como plantea el empresario.
- El número y categoría de trabajadores que pretende despedir el empresario. Se trata de una cuestión íntimamente ligada con la causa esgrimida, pues en función de la misma, va a tener unas consecuencias mayores o menores sobre el empleo. Además, el número de despedidos es esencial para determinar si estamos o no ante un despido colectivo.
- El número y categoría de trabajadores empleados habitualmente. Recordemos que este dato resulta esencial para determinar si estamos o no ante un despido colectivo, pues la Directiva delimita el despido colectivo, entre otros parámetros, en función al número de trabajadores empleados habitualmente.
- El periodo a lo largo del cual está previsto efectuar los despidos. Recordemos que el plazo en el que se producen las extinciones es esencial para determinar si estamos o no ante un despido colectivo.
- Los criterios tenidos en cuenta para decidir qué trabajadores van a ser despedidos (si la regulación nacional otorga al empresario la competencia en tal sentido). Evidentemente con ello se pretende establecer

un mecanismo de control de la decisión empresarial, desde el punto de vista de evitar que se selecciones a los trabajadores afectados por el despido con criterios discriminatorios.

- Método de cálculo de las posibles indemnizaciones por despido distintas de las previstas en la regulación nacional.

Tal como hemos señalado la información está destinada a la representación de los trabajadores que va a negociar con la empresa sobre el despido colectivo; pero, además, el empresario debe facilitar a la autoridad pública competente en la materia, la misma información, excepto la relativa al método de cálculo de las posibles indemnizaciones diferentes a las previstas en la regulación nacional. Obsérvese que en este caso la Administración tiene un papel muy limitado, pues sólo es mera receptora de la información que le remite el empresario.

Para terminar, dos puntualizaciones que afectan a los supuestos de grupos de empresas. En primer lugar, el art. 2.4 establezca que las obligaciones del art. 2 de la Directiva "se aplicarán con independencia de que la decisión relativa a los despidos colectivos sea tomada por el propio empresario o por una empresa que ejerza el control". Esta norma plantea es que el sujeto obligado a desarrollar las consultas en los términos del art. 2 de la Directiva, es el empresario con quien se mantiene vínculo contractual. Es decir, que en caso de grupos de empresas, será la filial que haya contratado al trabajador y no la matriz del grupo, quien debe cumplir las obligaciones de información y consulta; con independencia de que la decisión última la tenga la empresa que ejerce el control (la matriz). Como consecuencia de lo anterior, y en segundo lugar, dicha empresa filial no puede justificar el incumplimiento de las obligaciones que establece la Directiva "basándose en el hecho de que la empresa que tomó la decisión relativa a los despidos colectivos no le ha facilitado la información necesaria";

asumiendo así la responsabilidad de un incumplimiento por el hecho de que la matriz no haya facilitado la información.

3.3. El procedimiento de despido en sentido estricto

Los arts. 3 y 4 de la Directiva regulan los pasos procedimentales una vez que finaliza el procedimiento de información y consultas con la representación de los trabajadores. Esta segunda fase debe producirse con independencia de que a través del procedimiento de información y consulta se haya llegado o no a un acuerdo sobre el despido colectivo. En todo caso, es evidente, como vamos a ver, que tiene mucho más sentido esta segunda fase en aquellos casos en los que no se haya producido un acuerdo con la representación de los trabajadores.

El punto de partida (art. 3.1 de la Directiva) es la comunicación, por escrito, a la autoridad pública competente, del proyecto de despido colectivo. Obsérvese que no se trata ya de comunicar que se tiene la intención de acudir a un despido colectivo, sino que existe ya un proyecto concreto de despido colectivo. De otro lado, la comunicación se realiza a la autoridad pública a la que el ordenamiento nacional tenga atribuida la competencia. En cuanto al contenido de la notificación, se refiere el art. 3.1 a todos los informes útiles referentes al proyecto de despido colectivo y a las consultas con la representación de los trabajadores, especialmente los motivos del despido, el número de trabajadores que se pretende despedir, el número de trabajadores habitualmente empleados y el período en el que se va a efectuar el despido. Por lo tanto, se trata de una información bastante similar a la prevista por el art. 2.3 de la Directiva, a la que se añade la información referente al período de consultas desarrollado (las propuestas y contrapropuesta que se hayan cruzado con la representación de trabajadores y la discusión sobre las mismas).

Deben realizarse un par de puntualizaciones. En primer lugar, que de conformidad a lo previsto por el art. 3.1 en su segundo párrafo de la Directiva, los Estados pueden establecer que si el proyecto de despido colectivo se produce por el cese de actividades del establecimiento, consecuencia de una decisión judicial (por ejemplo, en materia concursal), el empresario sólo deberá realizar la comunicación por escrito a la autoridad pública a petición de esta.

De otro lado, para el caso de despidos colectivos que afectan a tripulaciones de buques marítimos, el empresario debe cumplir la exigencia de notificación a la autoridad pública competente según el Estado del pabellón del propio buque.

La obligación de comunicación del empresario se extiende a la autoridad a la representación de los trabajadores y, a partir de ahí, la representación de los trabajadores podrá dirigir a la autoridad pública las observaciones que considere oportunas.

Esta última posibilidad tiene pleno sentido, pues el art. 4.2 de la Directiva señala que la autoridad pública competente, dentro del plazo del que dispone el empresario para proceder a despedir (regulado, como veremos, en el propio art. 4), intentará buscar soluciones a los problemas planteados por los despidos colectivos. Por tanto, la autoridad pública no sólo tiene un papel de mero receptor de la información, sino que puede actuar mediando entre las partes para resolver las situaciones conflictivas que se hayan producido en el proceso negociador cuando las partes no hayan llegado a un acuerdo. Debemos resaltar que la Directiva no otorga a la autoridad pública competente potestad para resolver o autorizar al empresario los despidos colectivo; si bien, recodemos que el art. 5 de la Directiva admite que los Estados miembros puedan regular la norma interna de manera más favorable para los trabajadores.

En cuanto al plazo para despedir, el art. 4.1 de la Directiva señala que los despidos surtirán efecto no antes de treinta días después de la notificación prevista en el art. 3.1 de la Directiva.

Es decir, deben transcurrir, cuanto menos, treinta días entre el momento en que se notifica por escrito a la autoridad pública competente el proyecto de despido colectivo y el momento en que se producen las extinciones. Durante este período la autoridad pública competente pueda buscar soluciones cuando no existe acuerdo entre empresario y representación de los trabajadores; permitiendo así cierta labor de mediación.

La exigencia de este plazo no impide que los ordenamientos nacionales puedan establecer plazos de preaviso previos al despido, de manera que una vez tomada la decisión extintiva por el empresario, sea necesario comunicar al trabajador afectado la extinción del contrato con una antelación determinada a la fecha de efectos del despido.

A partir de la regla general del plazo de 30 días entre la comunicación a la autoridad laboral competente y el momento de la extinción, la Directiva establece una serie de reglas especiales en su art. 4:

- En primer lugar, el art. 4.1 en su segundo párrafo establece la posibilidad de reducir el plazo de 30 días. Concretamente se señala que el ordenamiento interno puede conceder a la autoridad pública competente la facultad de reducir el plazo.
- En segundo lugar, el art. 4.3 de la Directiva señala que en tanto los Estados miembros fijen un plazo inferior a 60 días entre la comunicación a la autoridad laboral del proyecto de despido y el momento en que el despido surta efectos (recordemos que 30 días es el plazo mínimo y puede ser mejorado por la regulación interna de cada Estado), los Estados podrán conceder a la autoridad pública competente la facultad de prorrogar dicho plazo hasta los 60 días, cuando ésta considere que es posible resolver, dentro de la prórroga, los problemas que se plantean como consecuencia de los despidos colectivos. Incluso el art. 4.3 de la Directiva en su

segundo párrafo plantea que se conceda a la autoridad pública competente prórrogas más amplias de los 60 días.

En estos supuestos de ampliación del plazo inicial, se establece la necesidad de informar al empresario de la prórroga y de sus motivos antes de la finalización del plazo inicial.

- Por último, la Directiva prevé que los Estados miembros no están obligados a aplicar estos plazos (por lo tanto, no sería necesario ese período mínimo de 30 días, ni las posibles prórrogas o ampliaciones) cuando estemos ante un despido colectivo debido al cese de actividad del establecimiento como consecuencia de una decisión judicial (art. 4.4 de la Directiva).

Para terminar, el art. 6 de la Directiva establece una cláusula de tutela de los derechos de los trabajadores sometidos a estos procedimientos de despido: los Estados miembros deben regular procedimientos administrativos y/o jurisdiccionales para que los trabajadores o sus representantes puedan reclamar el cumplimiento de las obligaciones establecidas por la Directiva. Por lo tanto, la Directiva no regula expresamente esta cuestión, sino que se remite a los Estados miembros, que deberán establecer tal regulación. Los procedimientos pueden ser tanto administrativos como judiciales. Esta regla se aplica a tanto a la fase de información y consulta como al posterior procedimiento de despido colectivo en sentido estricto. Ello supone un control que puede afectar a las causas alegadas, al número de despedidos (si es despido colectivo o no), a los plazos donde se efectúan las extinciones, a las obligaciones de facilitar información o de negociar con la representación de los trabajadores, los deberes de información a la autoridad pública competente o los plazos para que pueda tener eficacia los despidos.

4. BIBLIOGRAFÍA

M.E. CASAS BAAMONDE. Unidades de cálculo de los umbrales numéricos del despido colectivo, el centro de trabajo y o la empresa y extinciones contractuales computadas. Los efectos de la sentencia del Tribunal de Justicia Rabal Cañas en la regulación del despido colectivo por el Estatuto de los Trabajadores, *Derecho de las Relaciones Laborales* nº 4 de 2015.

J. LAHERA FORTEZA. Despidos colectivos en centros de trabajo, Derecho de las RRLL nº 6 de 2017. Nueva configuración del despido colectivo, *Trabajo y Derecho* nº 34 (2017).

Y. SANCHEZ-URAN AZAÑA y C. DE FUENTES. Despido colectivo y unidad de referencia (I) y (II), *Revista Española de Derecho del Trabajo* nº 194 y 196 (2017).

H. YSAS MOLINERO. El factor tiempo en la delimitación del despido colectivo, *Trabajo y Derecho* nº 76 (2021).

E. ROJO TORRECILLA. El impacto de la jurisprudencia del Tribunal de Justicia de la UE en la regulación de los despidos colectivos: sobre el concepto de trabajadores, los derechos de información y consulta de los representantes de los trabajadores, y la intervención y límites de la autoridad administrativa laboral, *Documentación Laboral* nº 111 (2017).

TEST

1. El despido colectivo se caracteriza por el hecho de que la causa se refiere a:
   a) Motivos inherentes a la persona de los trabajadores.
   b) Motivos no inherentes a la persona del empresario.
   c) Motivos no inherentes a la persona de los trabajadores.
   d) Motivos inherentes a la persona del empresario.

2. A tenor de la regulación comunitaria, podemos decir que el despido colectivo es:
   a) Causal.

b) No requiere causa.

c) Parcialmente causal.

d) Sólo se requiere causa cuando supera el número de 50 trabajadores despedidos

3. Los plazos de referencia que fija la Directiva comunitaria para considerar que los despidos son colectivos son:

a) 30 y 60 días.

b) 20 y 50 días.

c) 40 y 80 días.

d) 30 y 90 días.

4. En caso del período de referencia más pequeño de los fijados por la Directiva y teniendo en cuenta que en la empresa trabajan habitualmente 58 trabajadores, se considerará despido colectivo cuando afecte a:

a) 12 trabajadores.

b) 10 trabajadores.

c) 13 trabajadores.

d) Todos los supuestos anteriores son despidos colectivos.

5. El período de referencia por el que ha optado nuestro ordenamiento es de:

a) 60 días.

b) 90 días.

c) 30 días.

d) 40 días.

6. A efectos de considerar que se trata de un despido colectivo, ¿puede computarse la extinción de un contrato temporal?
   a) Nunca.
   b) Sólo si la extinción es *ante tempus.*
   c) Siempre.
   d) Sólo cuando es un contrato de duración superior a 6 meses.

7. A tenor de la Directiva, el ámbito de cómputo de las extinciones es:
   a) El centro de trabajo.
   b) El lugar de trabajo.
   c) El grupo de empresas.
   d) La empresa.

8. La información que debe aportar la empresa a la representación de los trabajadores para desarrollar el período de consultas, debe entregarse, según la Directiva de despidos colectivos:
   a) Antes del inicio del período de consultas.
   b) Tras la finalización del período de consultas.
   c) Durante el período de consultas.
   d) Todas las respuestas son falsas.

9. La empresa debe facilitar a los representantes de los trabajadores cierta documentación. Además debe facilitar una copia de la misma a la autoridad pública competente, excepto la relativa a:
   a) Las categorías de trabajadores empleados habitualmente.

b) El método de cálculo de las indemnizaciones distintas a las reguladas por la legislación o práctica nacional.

c) El período a lo largo del cual está previsto efectuar los despidos.

d) Criterios tenidos en cuenta para designar los trabajadores que vayan a ser despedidos.

10. A tenor de la Directiva, el plazo previsto a partir del cual los despidos colectivos surten efectos:

a) Es fijo y no puede alterarse en modo alguno.

b) Puede reducirse, pero no puede ampliarse nunca.

c) Puede ampliarse, pero no puede reducirse nunca.

d) Ninguna de las respuestas anteriores es totalmente correcta.

Preguntas cortas

1. En función de los parámetros de período de referencia y número de trabajadores despedidos, ¿Cuándo se consideran en España que se produce un despido colectivo?

2. Según la jurisprudencia comunitaria, ¿cómo debe computarse el período de referencia en el que se producen los despidos colectivos?

3. ¿Qué colectivos están excluidos de la Directiva de despido colectivo?

4. ¿Qué son las medidas sociales de acompañamiento?

5. ¿Qué papel puede desempeñar la autoridad pública competente en la tramitación del despido colectivo?

Caso práctico

Busque entre la jurisprudencia del Tribunal Supremo español, cinco sentencias sobre despido colectivo que analicen cómo debe computarse el período de referencia de 90 días en el que se computan las extinciones que determinan si estamos o no ante un despido colectivo.

Capítulo XIV

El derecho a la protección de datos de las personas trabajadoras: normativa de la Unión Europea y su proyección en el ordenamiento jurídico español

SUSANA RODRÍGUEZ ESCANCIANO
Catedrática de Derecho del Trabajo
y de la Seguridad Social

1. NUEVAS COORDENADAS DE LA GESTIÓN DEL PERSONAL EN UN CONTEXTO PRODUCTIVO DIGITALIZADO: EL VALOR DE LA INFORMACIÓN COMO CAUCE PARA EL INCREMENTO DE LA PRODUCTIVIDAD

Una de las señas de identidad de las nuevas formas de actividad en los modelos de industria 5.0 o en los sistemas cibercientíficos, caracterizadas por la intensidad en el uso de tecnologías de la información y comunicación (TICs) y otros adelantos (robótica, microelectrónica, virtualización, optométrica, ciberseguridad, nanotecnología...), es la posibilidad brindada para almacenar una cantidad enorme de información relativa a la persona del trabajador entremezclada con el quehacer laboral. Sin duda, la gestión informatizada del personal facilita que todos los datos concernientes al desarrollo del contrato de trabajo, desde el momento de la selección de personal, pasando por la constitución del vínculo contractual hasta su resolución, sean incluidos en los soportes informáticos de la empresa, provocando, en significativa denominación, una "hiperdatificación" de las relaciones laborales, con flujos constantes en la emisión y recepción de noticias, las cuales de forma simple, descontextualizadas o combinadas entre sí, a través del uso de ficheros, pueden contribuir a definir el devenir completo de los trabajadores o candidatos a una ocupación.

Cuatro circunstancias principales avalan esta premisa:

En primer lugar, en la era de la digitalización, gran parte del trabajo de los especialistas en recursos humanos consiste en recopilar la máxima información sobre el trabajador (habilidades, conocimientos, aptitudes, actitudes, formación, desempeño, dedicación, horas de entrada y salida, eventuales sanciones disciplinarias, movimientos en el interior de la empresa, socialización con los compañeros, mayor o menor vulnerabilidad a enfermedades, etc.), lo cual coadyuva a la adopción de decisiones internas (contratación, ascensos, despidos, incremento de horas de trabajo, movilidad geográfica, pago de bonus salariales, etc.).

En segundo término, los soportes digitalizados se alimentan también con los datos suministrados directamente por el propio trabajador, contraparte débil del nexo contractual o, incluso, mero aspirante a una ocupación, que se verá compelido a facilitar extremos personales con enormes dosis de sinceridad ante el temor reverencial derivado de la amenaza de la pérdida de un empleo o de la postergación para el acceso a un puesto de trabajo, sometiéndose sin posibilidad de protesta alguna a test indiscretos.

En tercer lugar, tampoco es difícil conseguir antecedentes de fuentes indirectas o paralelas, bien accesibles a través de internet donde de forma consciente o inconsciente todos los ciudadanos vuelcan reseñas que pueden ser recopiladas de forma indiscriminada y desproporcionada, o bien generados por terceros, muchas veces fruto de la extensa "solidaridad empresarial" frente a trabajadores con los que ha existido una relación laboral previa, o de meros trasvases entre corporaciones vinculadas por intereses comerciales más o menos sólidos.

En cuarto término, concurren determinados elementos característicos de la relación laboral que conllevan una especial sensibilidad a los peligros derivados de la informática y la inteligencia artificial, singularmente su perdurabilidad, que convierte en importante la conservación de datos a lo largo de la vida del contrato de trabajo e incluso más allá; su carácter personal o *intuitu personae*, que hace más complejo y extenso el tipo de noticias a considerar; la diversidad de escenarios para los que pueden ser relevantes (nacimiento, desarrollo y extinción de la prestación de servicios, prevención de riesgos, prestaciones de Seguridad Social...); y, en fin, el número de sujetos tan elevado a los que se requiere o pueden aportar información, esto es, compañeros, clientes o usuarios de los servicios.

Todos estos acontecimientos se ven favorecidos además por el escaso coste que implica la utilización de avanzados sistemas *cloud computing* o *big data*, acompañados de diseños *multicriteria* capaces de permitir el análisis a gran escala de los datos procedentes de diferentes fuentes, que conllevan un ilimitado e indiscriminado acarreo, con escaso gasto, de circunstancias subjetivas del empleado o candidato a un empleo, facilitando que extremos anteriormente diseminados, aparezcan instantáneamente reunidos en un soporte digitalizado sin tener en cuenta en muchas ocasiones su relevancia en relación con los requisitos de aptitud o con las obligaciones derivadas del contenido de la prestación laboral, e implementando, a la postre, métodos de recogida sin conocimiento por parte del trabajador afectado, de modo que el empresario puede acceder al contenido de las características personales con total ignorancia de éste. Todo ello con el objetivo último de conseguir la máxima competitividad y rentabilidad productiva, la conveniente adaptación de cada asalariado a su puesto de trabajo y, a la postre, una óptima planificación empresarial a medio y largo plazo.

2. E-WORK Y ALAMACENAMIENTO DE DATOS DE LOS TRABAJADORES: FACILIDADES Y PELIGROS

La generalización de sofisticados utillajes técnicos en el complejo universo de las organizaciones productivas acarrea una atribución de enormes potencialidades estratégicas en materia de gestión de personal al quedar exponencialmente ampliada la capacidad de obtención, acumulación, retención, elaboración y transmisión de información, permitiendo al empresario un conocimiento completo del perfil de los trabajadores actuales o futuros, en el que se incluyen (cual "teselas de un mosaico") desde aspectos estrictamente profesionales a características individuales pertenecientes al ámbito de su privacidad, consecuencia del mero desarrollo de actividades ordinarias dentro de la empresa y, cómo no, de la multiplicación de las posibilidades conferidas para supervisar la ejecución de la prestación laboral concertada por los asalariados mediante el ejercicio de un control dotado de mayor intensidad y amplitud respecto de sus modalidades precedentes.

Lo más característico del e-work radica en que el uso de la tecnología digital permite con gran facilidad acceder, almacenar, procesar y transmitir información sobre las personas trabajadoras presentándola en forma de audio, texto y/o imagen, máxime cuando las nuevas tecnologías no solamente provocan un abaratamiento del coste de acceso a la información sino que también conllevan una rebaja sin precedentes en el precio del procesamiento de dicha información aplicando una sencilla programación matemática (*machine learning*) sin intervención de la jerarquía humana, lo cual redunda, a su vez, en un abaratamiento sustancial en la gestión de los recursos humanos aun a riesgo de agredir derechos fundamentales de los trabajadores.

La experiencia demuestra cómo el poder tecnológico del empresario, pese a sus bondades para el incremento de la rentabilidad empresarial derivadas de la facilidad proporcionada a la hora de gestionar los recursos humanos con un bajo coste, pone en peligro y ataca, al tiempo, numerosas libertades públicas, tales como el derecho a la intimidad, el secreto de las comunicaciones, el derecho a la propia imagen o la libertad informática, sin olvidar que ese poder puede ser adicionalmente utilizado, de manera directa o indirecta, con fines discriminatorios. Este carácter pluriofensivo de los adelantos técnicos, particularmente manifiesto ante el ingente almacenamiento de datos que permite la reconstrucción de las señas e identidades más profundas de la profesionalidad y de la personalidad de los trabajadores, obliga a buscar el difícil punto de equilibrio entre, de un lado, el derecho del empresario a optimizar las posibilidades que las nuevas tecnologías ofrecen no sólo a la actividad económica externa sino a la dirección interna del personal, y, de otro, el ejercicio por los trabajadores, en el seno de la relación laboral, de sus derechos de ciudadanía.

3. EL REGLAMENTO EUROPEO DE PROTECCIÓN DE DATOS. SU IMPRONTA EN EL ÁMBITO LABORAL

Algunas vías de solución para lograr la pretendida equidistancia pueden encontrarse en el nuevo ordenamiento de protección de datos, integrado por el Reglamento UE 2016/679, de 27 de abril (RPD), que proporciona un elenco de medidas cautelares muy oportunas al objeto de salvaguardar la privacidad de las personas trabajadoras.

El citado Reglamento, que constituye la pieza fundamental de un sistema europeo de *habeas data*, siendo su eje el derecho de los ciudadanos a ejercer un control efectivo sobre la información personal que les concierne, introduce tres pasajes relevantes en el contexto de la prestación de servicios en régimen de ajenidad y dependencia: En primer lugar, reconoce la posibilidad de poder establecer normas específicas relativas al tratamiento de datos personales en el ámbito laboral, sobre la base del consentimiento, del cumplimiento de obligaciones establecidas legalmente, de los fines de la contratación, de la ejecución del contrato, de la gestión, planificación y organización del trabajo y/o a efectos de la rescisión de la relación laboral (considerando 155). En segundo término, permite el tratamiento de categorías especiales de datos cuando sea necesario para el cumplimiento de obligaciones y el ejercicio de derechos específicos del responsable del tratamiento o del interesado en el ámbito del Derecho Laboral, teniendo en cuenta no sólo la legislación nacional sino también los convenios colectivos y el Derecho de la Unión Europea, siempre y cuando se establezcan garantías adecuadas del respeto de los derechos fundamentales y de los intereses del afectado [art. 9. 2 b)]. En tercer lugar, señala que "los Estados miembros podrán, a través de disposiciones legislativas o de convenios colectivos, establecer normas más específicas para garantizar la protección de los derechos y libertades en relación con el tratamiento de datos personales de los trabajadores en el ámbito laboral, en particular a efectos de contratación de personal, ejecución del contrato laboral, incluido el cumplimiento de las obligaciones establecidas por ley o por convenio colectivo, gestión, planificación y organización del trabajo, igualdad y diversidad en el lugar de trabajo, salud y seguridad en el trabajo, protección de los bienes de empleados o clientes, así como a efectos del ejercicio y disfrute individual o colectivo de los derechos y prestaciones relacionadas con el empleo, o a efectos de extinción de la relación laboral" (art. 88.1). Añade, además, que "dichas normas incluirán medidas adecuadas y específicas para preservar la dignidad humana de los interesados, así como sus intereses legítimos y sus derechos fundamentales, prestando especial atención a la transparencia del tratamiento, a la transferencia de los datos personales dentro de un grupo empresarial o de una unión de empresas dedicadas a una actividad económica conjunta y a los sistemas de supervisión en el lugar de trabajo" (art. 88.2).

Como fácilmente puede comprobarse, aunque dicho precepto no contiene una proclamación formal y solemne del derecho a la protección de datos personales de los trabajadores capaz de atender a la pluralidad de situaciones que convergen en el contexto laboral, supone todo un reconocimiento implícito de la vigencia del tal derecho fundamental en dicho espacio. Los principios y normas relativas a la protección de las personas físicas en lo que respecta al tratamiento de sus datos de carácter personal, deben ser respetados en la actividad laboral como en cualquier ámbito de las relaciones sociales, porque el quehacer profesional no constituye un territorio franco o ajeno a la aplicación de los mismos.

El Reglamento constituye, por ende, un importante paso en la construcción de un derecho constitucional europeo referido a la implantación de una cultura común de valores, libertades de los ciudadanos que, con seguridad, contribuirá al reconocimiento a favor de las personas trabajadoras de una libertad informática, entendida en un doble sentido: como libertad de negar o de ocultar información (*the rigth to lie*) sobre los derechos privados, carentes de relevancia para el ejercicio de una actividad laboral, y como libertad de disponer y controlar el uso de los datos insertos en un soporte informático.

La Ley Europea de Datos, en el marco de la Estrategia Europea del mismo nombre, dará nuevo impulso a la seguridad jurídica con relación a los derechos relativos al acceso y el uso de los datos.

4. EL DERECHO A LA AUTODETERMINACIÓN INFORMATIVA EN LA LEY ORGÁNICA 3/2018

Teniendo en cuenta lo dispuesto en esta norma comunitaria seguida por la Ley Orgánica 3/2018, de 5 de diciembre (LOPDyGDD), se rompe el aislamiento jurídico que ha venido manteniendo el entramado laboral para incluirlo, aun cuando modalizadamente, en el espacio aplicativo de la protección general de datos personales. Queda incorporado, así, al catálogo de derechos fundamentales inespecíficos de los trabajadores el conocido bajo la clave de la "autodeterminación informativa" (art. 18.4 CE) (SSTCo 254/1993, de 20 de julio y 290 y 292/2000, de 30 de noviembre). Este derecho aparece configurado como "derecho fundamental autónomo" que tiene por objeto "garantizar la facultad de las personas para conocer y acceder a las informaciones que les conciernen (no sólo íntimas), archivadas en bancos de datos (*habeas data*); controlar su calidad, lo cual implica la posibilidad de corregir o cancelar los asientos inexactos o indebidamente procesados; disponer sobre su transmisión... ; en definitiva, entraña una facultad de decidir sobre la revelación y el uso de los datos personales, en todas las fases de elaboración y utilización de los mismos, es decir, su acumulación, su transmisión, su modificación y cancelación" (STCo 292/2000, de 30 de noviembre. En la línea de la Sentencia del Tribunal Europeo de Derechos Humanos 2000/130, de 4 de mayo, asunto *Rotaru.* También, en SSTJUE 8 abril 2014, asunto *Digital Rights Ireland* y 6 octubre 2015, asunto *Schrems).*

Se trata, pues, de un derecho independiente, que ampara un poder de disposición y de control sobre los datos personales al facultar, de un lado, a su titular para decidir cuáles de esos datos se pueden proporcionar a un tercero o cuáles puede ese último recabar, y al permitir, de otro, saber quién posee tales datos y para qué, pudiendo oponerse a su detentación o uso.

Bajo el paraguas del RPD y respetando el manto constitucional, la Ley Orgánica 3/2018 lleva a cabo dos actividades fundamentales: por un lado, extiende de forma transversal su marco objetivo a las relaciones laborales donde ahora, sin lugar a dudas aunque con alguna matización, se aplica; y, por otro, establece límites en el ejercicio del poder de supervisión empresarial para salvaguardar los denominados "derechos digitales", esto es: el derecho de la intimidad de los trabajadores tanto en el uso de los dispositivos informáticos puestos a disposición por su empresario (art. 87), como frente al recurso a los mecanismos de videovigilancia y de grabación de sonidos en el lugar de trabajo (art. 89) o también a raíz del establecimiento de sistemas de geolocación en el ámbito laboral (art. 90), sin dejar de mencionar la posibilidad de desconexión del trabajador para respetar sus tiempos de descanso (art. 88). Es más, el nuevo texto legal, a través de su disposición final decimotercera, añade un nuevo párrafo bis en el art. 20.3 Real Decreto Legislativo 2/2015, de 23 de octubre, por el que se aprueba el texto refundido de la Ley del Estatuto de los Trabajadores (ET), precepto que hasta ese momento no había superado su vieja formulación inicial, que databa de 1980, pese a los sucesivos adelantos tecnológicos que han incrementado exponencialmente las posibilidades de inspección y pese a las innumerables modificaciones estatutarias que han tenido lugar durante todo este tiempo.

Desde tales premisas, cabe distinguir dos partes bien diferenciadas dentro del articulado de la Ley 3/2018, con desigual impacto en el ámbito específico de las relaciones profesionales: por un lado, la regulación primeramente dicha de protección de datos personales (títulos I a IX), que guarda un claro paralelismo con la estructura del RPD, aunque acertadamente con un marcado propósito de evitar duplicidades y con un mayor grado de concisión, en la que se no se hace alusión explícita a la prestación de servicios dependiente y por cuenta ajena, pero que entraña sin duda las pertinentes obligaciones y compromisos para el empleador (responsable del tratamiento) o para quien actúe como encargado de tratamiento de datos de carácter laboral; por otro, la regulación de los llamados derechos digitales (título X), donde proporciona nuevas garantías para los ciudadanos en general y expresamente para los trabajadores en particular. Ambas partes, pese a su diferencia formal, se encuentran directamente relacionadas, no en vano todos los principios y garantías de la protección de datos afectan también a las prerrogativas de inspección empresarial a la luz del propio art. 20 bis ET.

5. ESPACIOS ABIERTOS A LA NEGOCIACIÓN COLECTIVA

El art. 91 LOPDyGDD establece, como manifestación del principio de suplementariedad, que "los convenios colectivos podrán establecer garantías adicionales de los derechos y libertades relacionados con el tratamiento de los datos personales de los trabajadores y la salvaguarda de derechos digitales en el ámbito laboral". Al calor de este tenor legal, la negociación colectiva está llamada a ocupar un amplio espacio de regulación e incluir nuevos contenidos imbricados con las tecnologías, la generalización del uso de internet o la conexión cuasi-permanente, adoptando una postura renovada, buscando avances en materias a las que la norma heterónoma no alcanza y que se van imponiendo por el cambio social. Podrá mejorar, pero no empeorar, los estándares de protección previstos en la Ley en relación con el tratamiento de los datos personales y la salvaguarda de los derechos digitales.

Desde tales premisas, la negociación colectiva vehiculiza las dos fracciones de la LOPDyGDD, si bien es la segunda a la que da un mayor protagonismo en cuanto a las posibilidades de actuación de la regulación convencional, pues a la luz de lo previsto en los arts. 87, 88, 89 y 90 parece encaminar el espacio convencional hacia la garantía de los derechos digitales, obviando, más allá de la genérica mención del primer inciso del art. 91 LOPDyGDD, la funcionalidad de la autonomía colectiva en materias tendentes a salvaguardar el derecho a la protección de los derechos de los trabajadores, como serían la concreción de los principios de transparencia, información, finalidad o proporcionalidad, cesiones de datos en estructuras empresariales complejas, ejercicio de garantías de acceso, rectificación o cancelación o, por no seguir, sistemas de denuncia internos. Ahora bien, tampoco cabe soslayar que, pese a esta primera aproximación de desequilibrio, lo cierto es que la negociación colectiva también cuenta con una gran virtualidad práctica para colmar las lagunas que la regulación legal ha dejado sin resolver en todos estos aspectos relacionados con el respeto al derecho de autodeterminación informativa.

6. EL CONSENTIMIENTO COMO PIEDRA ANGULAR DEL TRATAMIENTO DE LOS DATOS: EXCEPCIONES EN EL MARCO DE LAS RELACIONES LABORALES

El gran postulado (o base jurídica) a partir del cual aparece vertebrada ahora la regulación de protección de datos es, sin duda, la exigencia de una manifestación de voluntad libre, específica, informada e inequívoca por la que se acepta, ya sea mediante una declaración o una clara acción afirmativa, el tratamiento de datos personales (arts. 4.11 y 6 RPD y art. 6 LOPDyGDD). A diferencia del régimen anterior donde se admitía el consentimiento tácito, la nueva normativa requiere una manifestación o acción positiva del interesado que indique su conformidad con el tratamiento. Debe ir referido a una determinada operación y para una finalidad específica y legítima del responsable (gestión de nóminas, control de la actividad, prevención de riesgos...), sin que sea admisible para un conjunto indefinido de actividades sin concreción (fines laborales).

Ninguna duda cabe, por ejemplo, sobre la necesidad de consentimiento específico de los trabajadores para que la empresa pueda publicar en la página web corporativa su nombre, apellidos, foto y perfil profesional al objeto de que los usuarios confíen en el negocio precisamente por la cualificación de sus empleados.

Ahora bien, teniendo en cuenta las facilidades con las que contaría el empresario a la hora de obtener el placet del trabajador, el propio ordenamiento de protección de datos establece algunas excepciones de singular aplicación en el ámbito laboral [art. 6.1 c) RPD], las cuales, en la práctica, llevan a prescindir de tal requisito, convirtiendo la excepción en regla general.

En este contexto, cabe mencionar las tres siguientes fundamentales:

1ª.-La primera excepción se refiere al "cumplimiento de una obligación legal aplicable al responsable del tratamiento", expresión que concreta el art. 8 LOPDyGDD con la siguiente locución: "cuando así lo prevea una norma de Derecho de la Unión Europea o una norma con rango de ley", sin tener cabida, por tanto, una excepción derivada de una regulación convencional.

Como botones de muestra de una habilitación legal, cabe mencionar, por ejemplo, la obligación empresarial de entregar copia básica a los representantes de los trabajadores de todos los contratos que deban ser celebrados por escrito, con la excepción de los relativos a la relación laboral de alta dirección. Tal entrega no requiere —ex lege— consentimiento expreso y específico del trabajador contratante (art. 8.4 Real Decreto Legislativo 2/2015, de 23 de noviembre, por el que se aprueba el Estatuto de los Trabajadores –ET—), pues razones de legalidad (básicamente fundadas en la constatación jurídico-práctica de que el trabajador asume de ordinario la condición de contratante más débil) llevan a pensar al legislador que la exigencia del consentimiento previo del trabajador supondría, en realidad, un elemento decisivo para la inefectividad del deber, habida cuenta la incontestable y ya reseñada posición de supremacía contractual del empresario . El contenido de este documento puede suscitar importantes problemas de interpretación a los efectos de este estudio, no en vano la revelación de ciertos datos del contrato también podría suponer un atentado a la intimidad del trabajador. En efecto, el problema jurídico puede surgir cuando colisionan dos derechos constitucionales como son el individual del trabajador contratado a su intimidad personal (art. 18 CE) y el colectivo de los representantes de los trabajadores (fundado en un interés legítimo derivado de las funciones representativas reconocidas por los arts. 129.2 CE, en relación con los arts. 7, 9.2 y 28.1 CE y con las normas dictadas en su desarrollo) a evitar cualquier contratación irregular. Si la finalidad de la entrega de la copia básica encuentra justificación legal en la verificación de que el contrato cumple con la legalidad vigente para, si apreciada la inadecuación, efectuar las denuncias oportunas tendentes a facilitar la actuación inspectora de la Administración, es lógico pensar que los datos contenidos en la copia básica deben ser únicamente aquéllos que pueden ser objeto de la actuación inspectora, ciñéndose al momento preciso en el cual aquel contrato fue concertado.

En segundo término, el empresario debe de tratar, a la hora de confeccionar los recibos de salarios, sin necesidad de ningún tipo de placet por parte del trabajador, datos personales como el número de hijos, la existencia de discapacidad o la obligación de satisfacer determinadas prestaciones económicas por resolución judicial (art. 29.1 ET).

En tercer lugar, el art. 28.2 ET, que regula la obligación empresarial de confeccionar un registro salarial, prevé el tratamiento por parte del empresario de los valores medios de las retribuciones, los complementos salariales y las percepciones extrasalariales de su plantilla, desagregados por sexo y distribuidos por grupos profesionales, categorías profesionales o puestos de trabajo iguales o de igual valor.

En fin, en cuarto lugar –y para no hacer más largo el listado ejemplificativo—, el art. 39.4 ET recoge la obligación empresarial de confeccionar un registro horario, que deberá incluir el horario concreto de inicio y finalización de la jornada de trabajo de cada persona trabajadora sin necesidad de ningún tipo de aquiescencia.

2ª.- Otra excepción va referida a la "satisfacción de intereses legítimos" del responsable o encargado del tratamiento, es decir, del empresario, tal y como sucede con la disposición de datos sobre circunstancias personales del trabajador a la hora de obtener una bonificación en el reclutamiento (mayor de una determinada edad, víctima de violencia de género, condición de discapacidad…).

3ª.- La tercera excepción pone de manifiesto, con carácter general, que no hace falta aportar consentimiento cuando el tratamiento sea necesario para la ejecución de un contrato en el que el interesado es parte o para la aplicación, a su petición, de medidas precontractuales [art. 6.1 b) RPD]. El placet va implícito en la mera aceptación de la oferta o en la perfección del contrato. No es necesario, por tanto, para el tratamiento de los datos personales del trabajador en todo lo referido a la celebración del vínculo, a la ejecución de la prestación del servicio y a su extinción, quedando únicamente reducido el margen empresarial para obtener otros datos diferentes, es decir, salvo que pudiera acreditarse una causa distinta y legítima extramuros del vínculo contractual donde efectivamente debería jugar la aquiescencia del trabajador afectado.

En definitiva, el título para el tratamiento de los datos personales de los trabajadores no se basa en el consentimiento, sino en el desarrollo del nexo contractual firmado entre las partes o de futura suscripción, al entenderse incluidos también los estadios precontractuales donde se desarrolla el proceso de selección.

7. EL DEBER DE INFORMACIÓN: MANIFESTACIONES CONCRETAS EN EL EJERCICIO DEL PODER DE SUPERVISIÓN EMPRESARIAL

El principio de transparencia se aplica sobre la recogida de datos, tratamiento, uso, plazo de conservación y destino (arts. 13 y 14 RPD). Manifestación especial de este derecho se encuentra en el art. 22.1 RPD, que recuerda que si se toman decisiones automatizadas fundadas únicamente en el tratamiento de datos (sin participación humana), el responsable ha de informar al afectado sobre el razonamiento que subyace, aportando detalles sobre la lógica y explicando la importancia y consecuencias del almacenamiento, con el fin de que este último pueda formular alegaciones e impugnar una decisión final marcada por un sesgo o desviación de carácter discriminatorio . Tal y como reconoce el art. 11 LOPDyGDD, el afectado deberá ser informado de su derecho a oponerse a la adopción de decisiones individuales automatizadas que produzcan efectos jurídicos sobre él o le afecten significativamente de modo similar. Todo ello sin olvidar que el nuevo art. 64.4 d) recoge un principio de información colectiva, confiriendo a la representación legal de la plantilla el derecho a ser informada por la empresa "de los parámetros, reglas e instrucciones en los que se basan los algoritmos o sistemas de inteligencia artificial que afectan a la toma de decisiones que pueden incidir en las condiciones de trabajo, el acceso y mantenimiento del empleo, incluida la elaboración de perfiles".

El cumplimiento de este principio, junto al de proporcionalidad o intervención mínima, adquiere protagonismo destacado en el ejercicio de los poderes empresariales de vigilancia y control mediante recursos automatizados regulados en los arts. 87 a 91 LOPDyGDD, que cuentan con un denominador común cual es que el entorno digital ha vuelto transparente al trabajador, tensionando su autonomía privada y los derechos de la personalidad.

7.1. Control de dispositivos digitales

Siguiendo la doctrina vertida en la sentencia del Tribunal Europeo de Derechos Humanos en sentencia de 5 de septiembre de 2017 (asunto 217/61, caso Barbulescu II), el art. 87 LOPDyGDD in fine prevé la obligación empresarial de informar a los trabajadores sobre los criterios de utilización de los dispositivos digitales a efectos de control, que habrán de respetar en todo caso los estándares mínimos de protección de su intimidad de acuerdo con los usos sociales y los derechos reconocidos constitucional y legalmente, debiendo participar en su elaboración los representantes de los trabajadores. En dicha información se han de especificar "de modo preciso los usos autorizados" y establecer "garantías para preservar la intimidad de los trabajadores, tales como, en su caso, la determinación de los períodos en que los dispositivos podrán utilizarse para fines privados".

Ya no cabe una regulación genérica ni una referencia como falta sancionable en convenio colectivo sobre el uso indebido de las herramientas informáticas, tal y como había sido admitido por el Tribunal Constitucional en la sentencia 170/2013, de 17 de octubre, en el caso Alcaliber, donde la previsión convencional en virtud de la cual se tipifica como falta leve el uso privado de medios tecnológicos de la empresa legitima el control empresarial sin necesidad de informar al trabajador. No cabe tampoco una prohibición absoluta de usos privados de tales medios propiedad de la empresa que legitimaba el acceso al contenido de los soportes informáticos al decaer cualquier expectativa de intimidad, tal y como había entendido la Sentencia del Tribunal Constitucional 242/2012 que admitió el control de la mensajería instantánea instalado en un ordenador de uso común contraviniendo la prohibición empresarial de tal instalación al entender que el trabajador ya no tenía ninguna expectativa de intimidad.

A partir de la LOPDyGDD se impone el derecho a usos sociales razonables, así como, mutatis mutandis, a utilizar, también de forma razonable los medios propios en el tiempo de trabajo. En conexión con esos usos sociales a que refiere la normativa, cabe entender que queda superada en la práctica, permítase la reiteración, la teoría judicial que dejaba fuera del ámbito de cobertura del derecho a la intimidad por excluir la expectativa razonable de privacidad o confidencialidad aquellos supuestos en que existían órdenes empresariales expresas o implícitas de prohibición total de uso particular de los dispositivos facilitados. Ahora bien, nada se dice en el art. 87 LOPDyGDD sobre qué ocurrirá y qué valor probatorio podrá tener el acceso del empleador a los contenidos derivados del uso de medios digitales cuando: el empleador infrinja el deber de elaborar criterios de utilización o vulnere el deber de informar a los trabajadores de dichos criterios. En una primera aproximación, ambas irregularidades conllevan la vulneración del derecho a la intimidad del trabajador y/o de su derecho a la protección de datos o, en su caso, del secreto de las comunicaciones, lo que habría de determinar la nulidad de la prueba así obtenida. Ahora bien, no hay que desconocer la posibilidad de realizar controles extraordinarios "ad hoc", esto es, frente a determinadas emergencias relacionadas, en muchos casos, con sospechas de actuaciones ilícitas del trabajador (hurtos, revelaciones de información confidencial, acoso, etc.). Hay que tener en cuenta que en estos casos el desconocimiento del control es la garantía de su eficacia pero siempre es necesario observar el principio de intervención mínima, es decir, que no exista otra posibilidad menos invasiva de los derechos fundamentales del trabajador.

7.2. Videovigilancia

El art. 89 LOPDyGDD exige a los empleadores que informen “con carácter previo, y de forma expresa, clara y concisa, a los trabajadores... y, en su caso, a sus representantes”, acerca del control establecido a través de cámaras o videocámaras, esto es, alerten sobre el tratamiento de las imágenes. Recoge, por tanto, la doctrina del Tribunal Europeo de Derechos Humanos en la sentencia de17 de octubre de 2019, en el asunto López Ribalta II, que procede a deslegitimar todo tipo de videovigilancia encubierta, pues exige, en todo caso, información previa de la supervisión practicada.

Ahora bien, cabe preguntarse si el deber de transparencia se debe aplicar siempre y en cualquier caso en el que se utilicen cámaras. El simple recurso a la lógica lleva a una respuesta negativa, pues el carácter absoluto de tal deber privaría, en muchas hipótesis, de eficacia a la finalidad de obtención de pruebas de ilícitos graves cometidos por los propios empleados al servir de alerta disuasoria. De ahí que se admita la vigilancia secreta individualizada y ex post, centrada en comportamientos de los trabajadores que pudieran lesionar bienes empresariales cuando concurran sospechas fundadas de ilícitos graves que apuntan a determinados sujetos (robos, hurtos, apropiaciones indebidas de productos concretos, revelación de secretos...), quedando limitado el control al tiempo estrictamente necesario. En este sentido, la propia LOPDyGDD también incorpora en este contexto el parecer del Tribunal Europeo de Derechos Humanos en la mencionada sentencia López Ribalta II, así como del Tribunal Constitucional en su sentencia 39/2016, de 3 de marzo, ya que en el supuesto enjuiciado, precisamente, la trabajadora despedida había sido captada en la cámara, quedándose con dinero de la caja y ocultando su acción mediante tickets de devoluciones falsas de mercancías , pues “en el supuesto de que se haya captado la comisión flagrante de un acto ilícito por los trabajadores se entenderá cumplido el deber de informar cuando existiese al menos el dispositivo al que se refiere el art. 22.4" (esto es, se haya colocado un distintivo informativo en lugar suficientemente visible, indicando al menos la existencia del tratamiento, la identidad del responsable y la posibilidad de ejercitar los derechos previstos en los arts. 15 a 22 RPD, esto es acceso, rectificación, limitación del tratamiento y supresión). En este mismo sentido, el Tribunal Supremo en sentencia de 13 de octubre de 2021 considera procedente el despido de un conductor de autobús al que las cámaras captaron en varias ocasiones fumando, orinando desde el vehículo, y haciendo "tocamientos" a una pasajera a la que le permitía viajar sin pagar el billete, pues existía un distintivo informativo que advertía de su presencia.

Recientemente, la Sentencia del Tribunal Constitucional 119/2022, de 29 de septiembre, admite, si bien con un voto particular al que se adhieren cinco magistrados, la prueba videográfica para justificar un despido ante la sospecha de un hecho irregular por parte de la gerencia (guardar un producto de la empresa dentro de una bolsa con el logotipo de una empresa de la competencia, en un lugar no habilitado a tal efecto, del que desapareció al día siguiente), que dio pie al visionado de las cámaras de seguridad, instaladas en los lugares de atención al público. No consta que los trabajadores hubieran recibido la información previa y expresa de la instalación de las cámaras y de su eventual uso con fines disciplinarios, pero la instalación contaba con el pertinente distintivo y se trataba de un hecho conocido por los trabajadores, ya que en el año 2014 se había acordado el despido de un empleado de la empresa, motivado por la constatación de una conducta ilegal mediante la utilización de las imágenes captadas por el sistema de videovigilancia. El art. 89 LOPDyGDD distingue, por tanto, dos tipos de videovigilancia: la permanente respecto a la que se exige información previa, expresa, clara e inequívoca y la encubierta que se permite únicamente en los supuestos de "flagrante acto ilícito" contando la cámara con el distintivo informativo.

Recientemente, el Tribunal Supremo, en sentencia de 22 de julio de 2022 , reconoce la validez de la prueba de videovigilancia aportada por una empresaria para justificar el cese de la empleada de hogar por sustracción de dinero y joyas, derivada de la instalación de una cámara que enfocaba directamente el armario donde se encontraba una caja fuerte sin informar previamente a la trabajadora, toda vez que en la grabación se observa que la trabajadora manipula dicho elemento y que previamente se había denunciado un robo de 30.000 euros en dicho domicilio.

7.3. Audiovigilancia

El control empresarial de las conversaciones del trabajador es, en principio, una hipótesis descartada porque se hallan amparadas por el secreto de las comunicaciones (art. 18.3 CE) y el propio derecho a la intimidad (art. 18.1 CE), y solo mediante autorización judicial es posible una injerencia en las mismas. La grabación de una conversación suele ser más sensible para la privacidad que la de una imagen porque las palabras pueden revelar pensamientos y sentimientos internos, permitiendo comprobar fácilmente incumplimientos en el trabajo, adoptar medidas disciplinarias y probarlas en juicio. Sobre la intervención de las llamadas telefónicas efectuadas por el trabajador, existe una jurisprudencia bastante asentada que admite el control de los datos externos de las llamadas realizadas desde el lugar de trabajo (número de destinatario, duración...), pero limitando muy estrictamente la posibilidad de intervenir el contenido de las interlocuciones. Ahora bien, este veto quiebra cuando la prestación de trabajo consiste precisamente en la atención telefónica (teleoperadores) o cuando se trata del sector de la actividad de telemarketing (promoción de productos a través de llamadas telefónicas), pues —como se ha encargado de reconocer algún pronunciamiento judicial— la comprobación de los datos externos resulta notoriamente insuficiente en estos casos, teniendo en cuenta que el destinatario es determinado por la empresa, siendo necesario también que la organización productiva conozca el contenido de los diálogos no sólo para evitar que se efectúen contactos no permitidos sino también como medio de prueba de las operaciones comerciales realizadas (STS de 5 de diciembre de 2003).

La LOPDyGDD establece restricciones adicionales a la grabación de sonidos, más allá de las previstas para los sistemas de videovigilancia, pues refleja como regla general la prohibición de registrar audios en el lugar de trabajo, que sólo se admite en caso de riesgos relevantes para "la seguridad de las instalaciones, bienes y personas" derivados de la actividad que se desarrolle en el centro de trabajo, y siempre respetando el principio de proporcionalidad, el de intervención mínima y todas las garantías previstas en los apartados anteriores del art. 89 en alusión fundamental, por lo que aquí interesa, al principio de información previa .

Pese a todos estos límites, la Sentencia del Tribunal Constitucional 160/2021, de 4 de octubre, deniega el amparo en un supuesto en el que una empresa de atención telefónica despide a un trabajador al constatar, realizando escuchas y monitorizando las llamadas con los clientes, que el trabajador no realizaba correctamente su trabajo, teniendo en cuenta que los asesores telefónicos conocen, desde 2003, que sus conversaciones con los clientes son grabadas y que entre las obligaciones de la coordinadora del servicio está proceder a las escuchas de las conversaciones de los asesores. Aunque la empresa firmó el 18 de noviembre de 2003 con la representación de los trabajadores un documento de desarrollo de compromisos en que, en relación con la monitorización de las llamadas de los asesores, "la dirección de la empresa manifiesta que la finalidad del proyecto es la identificación de carencias formativas para la prestación de los servicios de atención y ventas, que permita la elaboración de planes individuales de formación y mejora de competencias capaces de superar las referidas carencias [...]

asumiendo la empresa el compromiso de que la monitorización no tendrá en ningún caso como objetivo su utilización como un mecanismo disciplinario", lo cierto es que nada impide a la empresa ejercer su poder disciplinario como derecho irrenunciable.

Como norma común a la audio y videovigilancia se prohíbe la instalación de tales sistemas en los lugares destinados al descanso o esparcimiento, citando vestuarios, aseos, comedores y análogos, pues se trata de lugares con una específica finalidad, pues, aun dentro de la empresa, no están habilitados para la ejecución de la actividad laboral (art. 89 LOPDyGDD).

7.4. Geolocalización

El art. 90 LOPDyGDD establece que, "con carácter previo, los empleadores habrán de informar de forma expresa, clara e inequívoca a los trabajadores o los empleados públicos y, en su caso, a sus representantes, acerca de la existencia y características de estos dispositivos" de geoposicionamiento. A diferencia de los supuestos anteriores donde no se menciona expresamente aunque tal contenido va incluido, también prevé que "igualmente deberán informarles acerca del posible ejercicio de los derechos de acceso, rectificación, limitación del tratamiento y supresión".

Para valorar en sus justos términos el deber de informar, cabe dar cuenta, a la postre, de una sentencia del Tribunal Supremo, en la que se analiza la aplicación por una empresa de reparto de comida a domicilio del denominado "Proyecto tracker", que supone "la obligación para el trabajador con categoría de repartidor de aportar a la actividad empresarial un teléfono móvil con conexión a internet de su propiedad, instalando la aplicación informática de la empresa que permite la geolocalización del dispositivo y del trabajador durante la jornada laboral, de manera que la negativa reiterada o imposibilidad sobrevenida de aportación de esta herramienta por parte del trabajador, o de la aplicación informática, será causa suficiente para la extinción del contrato". Teniendo en cuenta lo previsto en el art. 65.4.3 ET, en virtud del cual "el comité de empresa tendrá derecho a emitir informe con carácter previo a la ejecución por parte del empresario de las decisiones adoptadas por este", sobre "la implantación y revisión de sistemas de organización y control del trabajo, estudios de tiempos..." (apartado f) y precisando el párrafo 6 del art. 64 que "la información se deberá facilitar por el empresario al comité de empresa, sin perjuicio de lo establecido específicamente en cada caso, en un momento, de una manera y con un contenido apropiados, que permitan a los representantes de los trabajadores proceder a su examen adecuado y preparar, en su caso, la consulta y el informe", el órgano judicial llega a la conclusión de que la información facilitada a los representantes de los trabajadores fue insuficiente a los efectos de que estos pudieran emitir el informe, no en vano la geolocalización es una medida que afecta a datos personales del trabajador protegidos por el art. 18.4 CE. Hubiera sido necesario explicar el concreto funcionamiento de la aplicación, esto es, cómo se instala en el teléfono móvil, a qué datos del terminal debe acceder, qué concretos datos propios ha de aportar el trabajador para acceder a la aplicación, qué extremos, en su caso, ha de archivar y cómo van a ser tratados. El órgano juzgador entiende que tampoco se ha informado a los trabajadores afectados.

Baste añadir que la geolocalización encuentra su principal potencial invasivo cuando, como en actividades móviles o itinerantes, acompaña de forma continua y permanente al trabajador como instrumento de registro horario y control de su prestación de trabajo, pudiendo dar prueba del incumplimiento por realizar actividades privadas, por lo que las cautelas resultan especialmente exigibles para acotar su operatividad a la jornada laboral y obligaciones contractuales, asegurando mecanismos de desconexión del dispositivo fuera de las franjas de tiempo efectivo de trabajo.

8. BIBLIOGRAFÍA

BLÁZQUEZ AGUDO, E.M.: *Aplicación práctica de la protección de datos en las relaciones laborales,* Madrid, Wolters Kluwer, 2018.

GARCÍA MURCIA, J. y RODRÍGUEZ CARDO, I.A.: "La protección de datos personales en el ámbito del trabajo: una aproximación desde el nuevo marco normativo", *Revista Española de Derecho del Trabajo,* núm. 216, 2019 (BIB 2019/1432).

GOÑI SEIN, J.L.: *La nueva regulación europea y española de protección de datos y su aplicación al ámbito de la empresa (incluido el Real Decreto-Ley 5/2018),* Albacete, Bomarzo, 2018.

MERCADER UGUINA, J.R.: *Algoritmos e inteligencia artificial en el Derecho Digital del Trabajo,* Valencia, Tirant Lo Blanch, 2022.

RODRÍGUEZ ESCANCIANO, S.: *Derechos laborales digitales: garantías e interrogantes,* Pamplona, Aranzadi, 2019.

TEST

1. Atendiendo a lo dispuesto en el Reglamento Europeo 2016/679, de Protección de Datos:
   a) Los trabajadores siempre han de prestar su consentimiento explícito para el tratamiento de sus datos dentro del contrato de trabajo.
   b) Los trabajadores siempre han de prestar su consentimiento explícito para que el empresario pueda remitir sus datos a Hacienda y a la Seguridad Social.
   c) Hay obligaciones legales que el empresario tiene que cumplir que eximen de la necesidad de que el trabajador preste su consentimiento. En paradigmático

ejemplo, la aportación de copia básica del contrato a los representantes de los trabajadores.

d) El empresario queda exonerado de solicitar el consentimiento a sus trabajadores para crear una página web corporativa de acceso público donde aparezcan los nombres y apellidos de sus empleados, su productividad, número de hijos, estado civil, etc.

2. La empresa X quiere mantener el curriculum de un candidato a un puesto de trabajo una vez finalizado el proceso de selección:

   a) En ningún caso puede mantener el curriculum más allá del proceso de selección

   b) Puede mantener el curriculum indefinidamente, una vez proporcionado por el aspirante al puesto de trabajo

   c) Puede mantener el curriculum contando con el consentimiento del candidato al empleo, que debe ser previamente informado sobre la intención de crear una bolsa de trabajo para futuras contrataciones durante un determinado tiempo

   d) Puede mantener el curriculum si el candidato al empleo no se opusiera.

3. Un empresario quiere instalar cámaras de vigilancia en la empresa para controlar a los trabajadores, ¿existe alguna limitación?:

   a) Puede hacerlo sin cortapisa alguna, pues las instalaciones de la empresa son propiedad del empresario.

   b) No puede hacerlo en ningún caso porque con las grabaciones estaría atentando contra el derecho a la intimidad de los trabajadores.

c) Puede instalar cámaras con una sola condición: informar a los representantes de los trabajadores.

d) No puede colocar cámaras en lugares destinados a lavabos, vestuarios, aseos o zonas de esparcimiento.

4. Un empresario quiere conocer el contenido de los archivos alojados en un dispositivo móvil propiedad del trabajador porque sospecha que dicho trabajador envía información a una empresa de la competencia, ¿existe alguna limitación?

a) El empresario puede acceder al contenido del móvil del trabajador siempre que lo haga en tiempo y lugar de trabajo.

b) El empresario nunca puede acceder al contenido del móvil propiedad del trabajador.

c) El empresario puede acceder al contenido del móvil propiedad del trabajador con autorización judicial.

d) El empresario puede acceder al contenido del móvil de un trabajador si está presente un representante sindical.

5. Un empresario quiere instalar un dispositivo de geolocalización en el vehículo de su propiedad que el trabajador utiliza en sus desplazamientos con motivos laborales, ¿existe algún límite?

a) El empresario puede instalar sin ningún límite un sistema de GPS en un vehículo de su propiedad utilizado por el trabajador.

b) El empresario puede instalar un sistema de GPS en un vehículo de su propiedad utilizado por el trabajador siempre que se lo comunique a este último.

c) El empresario puede instalar un sistema de GPS en un vehículo de su propiedad utilizado por el trabajador siempre que se lo comunique a este último y ponga a su disposición algún mecanismo que permita la desconexión en los momentos ajenos al tiempo de trabajo.

d) El empresario no puede controlar a los trabajadores a través de GPS. Solamente puede utilizar el mecanismo del tacógrafo.

6. Las comunicaciones telefónicas de los trabajadores están protegidas por el derecho al secreto de las comunicaciones, ¿hay alguna modulación de este derecho en el marco de la relación de trabajo?

   a) No, los trabajadores conservan en la empresa los derechos fundamentales que tienen como ciudadanos sin ninguna modulación.

   b) Los trabajadores pierden sus derechos fundamentales en favor del principio de libertad de empresa protegido por el artículo 38 de la Constitución Española.

   c) Hay determinados sectores de la actividad, por ejemplo, el de telemarketing, donde, atendiendo al fin productivo, el empresario puede conocer el contenido de las conversaciones telefónicas de los trabajadores con los clientes, siempre que se informe previamente de tal circunstancia a los afectados.

   d) Los trabajadores pueden utilizar el teléfono puesto a su disposición por la empresa como instrumento de trabajo sin ninguna restricción en cuanto a su uso profesional y personal.

7. Los convenios colectivos:

   a) Podrán establecer garantías adicionales de los derechos y libertades relacionados con el tratamiento de los datos personales de los trabajadores y la salvaguarda de derechos digitales en el ámbito laboral.

b) Deberán restringir las garantías legales de los derechos y libertades relacionados con el tratamiento de los datos personales de los trabajadores y la salvaguarda de derechos digitales en el ámbito laboral.

c) No podrán intervenir en materia de protección de datos en el ámbito laboral.

d) Podrán establecer limitaciones de los derechos y libertades relacionados con el tratamiento de los datos personales de los trabajadores y la salvaguarda de derechos digitales en el ámbito laboral.

8. El empresario podrá introducir sistemas de grabación de sonidos en el lugar de trabajo:

a) Siempre que considere que se trata del sistema de control más efectivo.

b) Siempre que considere que las personas trabajadoras pierden mucho tiempo de trabajo conversando unas con las otras.

c) Nunca podrá introducir este tipo de tecnologías.

d) Únicamente cuando resulten relevantes los riesgos para la seguridad de las instalaciones, bienes y personas derivados de la actividad que se desarrolle en el centro de trabajo

9. Los empresarios deben:

a) Instalar el sistema de videovigilancia en un lugar oculto para garantizar el descubrimiento de posibles irregularidades.

b) Informar con carácter previo, y de forma expresa, clara y concisa, a los trabajadores y, en su caso, a sus representantes, acerca del sistema de videovigilancia existente en la empresa.

c) Comunicar la instalación de un sistema de videoviligancia laboral a la autoridad judicial.

d) Comunicar la instalación de un sistema de videovigilancia laboral a la Inspección de Trabajo.

10. El empresario podrá colocar un sistema de seguimiento GPS en un teléfono proporcionado por la empresa cuando:

a) Haya informado, con carácter previo, de forma expresa, clara e inequívoca a los trabajadores y, en su caso, a sus representantes, acerca de la existencia y características de estos dispositivos.

b) Haya informado, con carácter previo, de forma expresa, clara e inequívoca a los trabajadores y, en su caso, a sus representantes, acerca de la existencia de estos dispositivos.

c) Se trate de un modelo homologado.

d) Se trate de un modelo que cuente con el visto bueno de la autoridad laboral.

Preguntas cortas

1. Excepciones al consentimiento en el marco de las relaciones laborales.

2. Requisitos para que el empleador pueda acceder a los contenidos derivados del uso de medios digitales facilitados a los trabajadores.

3. Requisitos del deber de información empresarial sobre los sistemas de cámaras o videocámaras utilizados en el centro de trabajo a efectos de control de la actividad de los trabajadores.

4. ¿Cómo se entiende cumplido el deber de información sobre los sistemas de cámaras o videocámaras utilizados en el centro de trabajo a efectos de control de la actividad de los trabajadores en el supuesto de que se haya captado la comisión flagrante de un acto ilícito por los trabajadores?

5. Posibilidades de intervención de la negociación colectiva en materia de tratamiento de datos personales de los trabajadores y salvaguarda de derechos digitales en el ámbito laboral

Caso práctico

El Director de Seguridad de un recinto ferial se percató de que no se estaban siguiendo las instrucciones impartidas al personal de la empresa de seguridad que tenía contratado el servicio de vigilancia y seguridad exterior. En concreto, se pedía expresamente que los vigilantes realizaran controles aleatorios de seguridad en vehículos y, posteriormente, documentasen estos registros en partes diarios incluyendo datos tales como fecha, hora, puesto, matrícula, marca y modelo del vehículo objeto de control. En concreto, ante la sospecha de que no se estuviera cumpliendo con la instrucción impartida respecto de los controles de seguridad aleatorios en vehículos, el 1 de enero de 2023, el Director de Seguridad del recinto ferial procedió al visionado de las imágenes de las cámaras instaladas en los aparcamientos y entradas de vehículos al recinto ferial, donde se comprobó que un total de quince vigilantes de seguridad registraban como ejecutados controles de vehículos que no constaba acreditado en las imágenes que hubieran realizado. Varios trabajadores fueron despedidos. El 14 de marzo de 2018 los trabajadores habían firmado una autorización en la que consentían, por un lado, que la empresa de seguridad cediera sus datos personales almacenados en el fichero de su responsabilidad relativo a la videovigilancia al recinto ferial, con el fin de que el recinto ferial pudiera valorar y verificar el correcto cumplimiento de sus tareas. Por otro lado, en dicho documento se autorizaba a la empresa de seguridad a incorporar las imágenes en su fichero de recursos humanos con idéntico fin. Uno de los trabajadores despedidos solicita asesoramiento sobre la legalidad del proceder empresarial.

Capítulo XV

La protección de los trabajadores en la Unión Europea y en España ante el impacto de la inteligencia artificial

CRISTINA ARAGÓN GÓMEZ
Profesora Titular de Derecho del Trabajo y de la Seguridad Social
Universidad Nacional de Educación a Distancia

1. LA GESTIÓN ALGORÍTMICA DEL TRABAJO

El mundo del trabajo ha sufrido una importante transformación con motivo de la digitalización y, en el campo de la industria 4.0, la inteligencia artificial y los algoritmos están desempeñando un papel crucial.

La inteligencia artificial persigue la reproducción del razonamiento humano, extrayendo conclusiones a partir de una información compleja o incluso incompleta. Más concretamente, la inteligencia artificial es el sistema basado en máquinas que puede, para un conjunto dado de objetivos definidos por el ser humano, *"hacer predicciones, recomendaciones o decisiones que influyen en entornos reales o virtuales"* (Recomendación sobre Inteligencia Artificial del Consejo de la OCDE, de 22 de mayo de 2019). Por su parte, la RAE define el algoritmo como el conjunto ordenado y finito de operaciones que permite hallar la solución a un problema. Dicho en otros términos, se trata de un conjunto de instrucciones secuenciadas destinadas a conseguir un resultado. De esta manera, estamos ante una metodología que supone la sustitución de juicios intuitivos por una respuesta supuestamente objetivada.

Los algoritmos se han convertido en elementos esenciales de algunas organizaciones empresariales, que trasladan muchas de sus decisiones a la presunta objetividad que proporciona el recurso al *big data* y, por extensión, a la inteligencia artificial. Así, cada vez es más frecuente que las empresas usen estos sistemas para tomar decisiones que afectan a las personas trabajadoras en materia de acceso al empleo, asignación de tareas, fijación de horarios, evaluación del rendimiento, revisiones económicas, ascensos, despidos, etc. De hecho, con base en los datos del INE ("Las TIC en las empresas", primer trimestre del año 2021), un 7,67% de las empresas emplean tecnologías de inteligencia artificial para la gestión de recursos humanos; un porcentaje que se incrementa hasta el 12,31% en empresas con más de 250 personas trabajadoras en plantilla.

En la práctica, el uso de algoritmos se está generalizando en los procesos de selección de personal, hablándose ya de un reclutamiento tecnológico. Las nuevas tecnologías han simplificado la forma de presentarse a una oferta de trabajo, de manera que la empresa puede recibir miles de currículum vitae por cada puesto. Eso, sin duda, incrementa las posibilidades de encontrar a un buen candidato para cubrir esa concreta vacante, pero igualmente aumenta las horas de trabajo de los responsables de Recursos Humanos. Ante esta realidad, se está generalizando el uso de algoritmos como métodos de selección, pues una vez definido el perfil profesional, estos sistemas permiten extraer la información relevante del currículum de los candidatos y calcular de forma precisa su ajuste con el perfil requerido.

Pero el uso de algoritmos va más allá de la mera selección digital de candidaturas, pues también pueden dirigirse a crear anuncios de empleo selectivos o, dicho en otros términos, a determinar qué concretos grupos van a visualizar esa oferta de trabajo a través de un banner o una ventana emergente. Es más, la inteligencia artificial puede analizar la información que, sobre esa persona, se encuentra disponible en redes sociales o puede utilizarse durante la propia entrevista de trabajo. Así, por ejemplo, la empresa HireVue ha desarrollado un sofware mediante el cual, a través de un sistema de reconocimiento facial, analiza el lenguaje corporal para detectar características como la inteligencia emocional o las habilidades sociales. En definitiva, mediante la aplicación de estos softwares se elabora un perfil de las personas candidatas con la intención de hacer predicciones sobre su encaje en el puesto de trabajo y en la empresa.

De otro lado, la inteligencia artificial igualmente se utiliza en la gestión de la actividad productiva: concretando las tareas que deben realizarse en función de la carga de trabajo o de la demanda esperada, prediciendo el número de trabajadores necesarios en cada franja horaria, identificando qué concreto empleado debe realizar tal cometido, estableciendo el tiempo necesario para realizar las diferentes tareas (con base en el tiempo medio de ejecución), el orden de su realización, el ritmo de trabajo óptimo, la ruta de reparto, etc. El uso de algoritmos en la gestión del trabajo se manifiesta de manera especialmente palpable en las empresas de la *uber economy* o economía a demanda, que conectan la oferta y la demanda de bienes y servicios a través de una plataforma y, mediante el uso de complejos algoritmos, adoptan decisiones de asignación de tareas o de franjas horarias de forma totalmente automatizada. Concretamente, en estas plataformas, los algoritmos realizan estas concretas funciones: a) la asignación de la actividad al prestador de servicios tomando en consideración su proximidad geográfica con el cliente y la valoración/puntuación que los usuarios le han otorgado; b) la determinación del precio del servicio en función de la demanda con el objeto de alcanzar el equilibrio de mercado; c) la evaluación del rendimiento mediante la valoración de los propios usuarios.

De igual forma, los algoritmos se utilizan en los procesos de evaluación del desempeño, al objeto de determinar quién promociona, quién va a percibir una retribución variable vinculada a la consecución de objetivos o, incluso, quién va a ser objeto de despido. Así, por ejemplo, la plataforma Uber "desactiva" a las personas que no alcanzan una puntuación determinada. Y, por su parte, Amazon monitoriza constantemente la productividad de las personas trabajadoras y despide de forma automatizada a aquellas que no logran unos umbrales previamente determinados.

2. LOS DESAFÍOS DERIVADOS DEL USO DE ALGORITMOS EN EL ÁMBITO LABORAL

Como sucede con toda tecnología nueva, el uso de la inteligencia artificial presenta oportunidades y amenazas. Sin duda, su utilización permite tomar decisiones de forma rápida, eficiente y con menores costes, pero plantea riesgos para los derechos y las libertades de las personas.

En primer lugar, la inteligencia artificial genera un importante desafío en materia de protección de datos. En efecto, los datos son la materia prima de los algoritmos o, en las gráficas palabras del profesor Mercader Uguina, el aire que respiran. Los sistemas de inteligencia artificial analizan grandes volúmenes de datos para identificar correlaciones y patrones estadísticos, con el fin de realizar predicciones sobre las que tomar posteriormente una decisión. Y, como bien sabemos, la empresa recopila toda esa información que precisa la inteligencia artificial a través de cámaras de videovigilancia, dispositivos de geolocalización, wearables, registros de ordenador, chips implantados bajo la piel, monitorización de los ordenadores, etc. Este acceso a tal nivel de datos de las personas trabajadoras supone una amenaza para sus derechos fundamentales a la privacidad e intimidad.

En segundo lugar, el recurso a estas teconologías puede suponer una amenaza al principio de igualdad y no discriminación. El uso de algoritmos en las políticas de gestión de personal impide que las decisiones se basen en meras corazonadas. Pero es evidente que el algoritmo no es neutro, pues sus resultados pueden estar sesgados y eso puede provocar discriminaciones. Los sesgos son desviaciones inadecuadas en el proceso de inferencia y no son un problema exclusivo de los sistemas de inteligencia artificial, sino que representan un problema común de las decisiones humanas. Y precisamente por ello, la programación del algoritmo puede ser (consciente o inconscientemente) discriminatoria, pues en definitiva, son los programadores quiénes definen qué parámetros analizar en los datos, cuáles son los proxies relevantes, qué concreto peso darles, cuáles son los árboles de decisión aplicables, etc. Los valores humanos están incrustados en el propio diseño del algoritmo. Y el problema es que las tecnologías de inteligencia artificial pueden tener un efecto multiplicador de las carencias éticas que ya están presentes en la sociedad o aquellas que se arrastran desde el pasado y que están registradas en datos históricos. Si el aire que respiran los algoritmos (los datos) está viciado, el resultado estará igualmente corrompido. En definitiva, los algoritmos pueden reproducir y magnificar patrones existentes de discriminación. Por ejemplo, si en la empresa hay muy pocos extranjeros en plantilla, es probable que el algoritmo reproduzca ese mismo patrón cuando trate de predecir las contrataciones más exitosas. Por lo tanto, si los datos de entrenamiento están sesgados, esos sesgos se perpetúan. Y de ahí que sea clave la calidad y la diversidad de los datos.

Es más, aunque se prohibiera recabar determinada información (la edad del candidato, su sexo, su ideología política, su religión, etc), los sistemas de inteligencia artificial son capaces de obtenerla a través de inferencias estadísticas. Por ejemplo, la ideología política podría estar estadísticamente muy relacionada con el código postal o con el tiempo dedicado a leer determinadas noticias publicadas en las redes sociales. Es más, incluso en el supuesto de que la persona fuese muy cauta en su interacción en las redes sociales, la inteligencia artificial podría predecir su comportamiento con base en el comportamiento de aquellas otras personas con las que comparte características similares. Y el problema es que la propia normativa en materia de protección de datos no extiende los derechos de información a estos datos inferidos.

A mayor abundamiento, la propia ciencia estadística interpreta que lo corriente es lo positivo, pues cuando carece de la suficiente información, percibe esa decisión como arriesgada. Así, por ejemplo, el software de reconocimiento facial de la empresa HireVue presentaba problemas para leer las expresiones faciales de las personas con piel oscura o el software utilizado por Uber fallaba al identificar a las personas transgénero, suspendiendo automáticamente su cuenta al no poder comprobar su identidad. Por lo expuesto, cuando un algoritmo está al mando, las minorías se encuentran con frecuencia en desventaja.

De hecho, las primeras implantaciones de estos sistemas generaron discriminaciones por razón de género. El ejemplo más conocido es el caso Amazon que evidencia la discriminación que genera la existencia de sesgos en los datos de entrenamiento. En este concreto supuesto, la empresa decidió utilizar la inteligencia artificial para el reclutamiento laboral y descubrió que el sistema de contratación excluía los currículum que incluían la palabra "mujer". Lo que había ocurrido es que, para elaborar el perfil de trabajador idóneo, el algoritmo había analizado los datos de los currículum vitae durante un período de diez años y su base de datos estaba compuesta mayoritariamente por hombres (reflejo del dominio masculino en la industria tecnológica), por lo que el sistema dedujo que los candidatos varones eran una preferencia.

Especialmente elocuente a este respecto es la sentencia del Tribunal de Bolonia de 31-12-2020, núm. 29491, que concluyó el algoritmo "Frank", utilizado por Deliveroo, no era neutral. El mecanismo empleado por la plataforma para organizar las reservas de las sesiones de trabajo de los *riders*, privilegiaba el acceso a quienes tuvieran mejor puntuación en un ranking reputacional, en virtud del cual se premiaba a los profesionales totalmente disponibles y se penalizaba a quienes cancelaran una sesión de trabajo previamente reservada. El problema es que, en esa valoración, no se tenía en cuenta cuál era el concreto motivo de la cancelación, tratando por igual a quien lo cancelaba sin causa que a quien lo hacía por motivos de salud, de conciliación o por su adhesión a una huelga. Pues bien, en opinión del Tribunal, el modelo de valoración adoptado por la plataforma nace de una elección consciente de la empresa de ignorar o de no tomar en consideración las razones que podrían justificar la cancelación. Y esa ceguera consciente del algoritmo causa, en la práctica, una discriminación indirecta en el acceso al empleo, pues una decisión aparentemente neutra determina, para un grupo particular de trabajadores, una situación particular de desventaja.

Y ante la discriminación algorítmica, los tradicionales mecanismos de tutela antidiscriminatoria pueden no ser suficientes. Muchos de los sujetos discriminados pueden no ser conscientes de que lo están siendo. Además, determinados algoritmos generan un efecto de caja negra que no permite una explicación completa del resultado, por lo que es difícil para los humanos su interpretación. Ya hemos visto que el algoritmo no solo permite repetir un proceso de forma mecánica, sino que es capaz de aprender de la experiencia y redefinir las reglas, por lo que puede llegar a independizarse de su creador a la hora de tomar decisiones. Y, para colmo, resulta sencillo enmascarar una intención discriminatoria utilizando etiquetas proxy.

En tercer lugar, el uso de la inteligencia artificial en el ámbito laboral puede tener un impacto negativo en las condiciones de trabajo. Por ejemplo, en las empresas de plataformas, la propia gestión o dirección empresarial a través de algoritmos se funda en una cierta subasta de servicios entre los empleados, lo que aviva la competencia entre ellos. Y eso tiene efectos sobre los precios de las tareas o servicios que se realizan (que tenderán a ir a la baja) y sobre la percepción de ser, más que colegas, contrincantes entre ellos. Esta situación favorece la prolongación del tiempo de trabajo con el propósito de alcanzar un volumen suficiente de trabajos y a su vez unos mayores ingresos. Y esa intensificación del ritmo de trabajo viene también favorecida por la evaluación continua y el control constante de la actividad productiva.

El último de los riesgos de la inteligencia artificial es la reducción del poder de negociación de las personas trabajadoras, pues no solo puede convertir a los propios compañeros en contrincantes -como ocurre, como hemos visto, en las plataformas-, sino que puede ser empleada por las empresas para detectar quiénes pueden ser futuros líderes sindicales.

Todo lo anteriormente expuesto pone de manifiesto la importancia de diseñar algoritmos éticos y laboralmente responsables.

3. LA PROTECCIÓN DE LAS PERSONAS TRABAJADORAS ANTE DECISIONES EMPRESARIALES AUTOMATIZADAS EN EL DERECHO DE LA UNIÓN EUROPEA

El uso de algoritmos para la elaboración de perfiles y para la adopción de decisiones automatizadas se encuentra regulado en el Reglamento General de Protección de datos (en adelante, RGPD). En primer lugar, según el art. 22 RGPD, *"todo intere-*

sado tendrá derecho a no ser objeto de una decisión basada únicamente en el tratamiento automatizado, incluida la elaboración de perfiles, que produzca efectos jurídicos en él o le afecte significativamente de modo similar". En interpretación del Grupo de Trabajo del artículo 29 (actual Comité Europeo de Protección de Datos), este precepto estaría estableciendo una prohibición general de las decisiones basadas únicamente en el tratamiento automatizada. No obstante, debemos tener en cuenta que este artículo tiene un ámbito de aplicación limitado, pues solo se aplica en circunstancias específicas: a) cuando no concurra la intervención humana en el proceso de decisión; b) cuando la decisión produzca efectos jurídicos sobre la persona o le afecte de forma relevante. Por lo tanto, se excluyen del ámbito de aplicación del art. 22 RGPD aquellas decisiones semiautomatizadas en las que sí se aprecie la intervención humana. Ahora bien, esta intervención humana debe ser significativa, en el sentido de ser realizada por una persona competente y autorizada para modificar la decisión y que valore toda la información disponible. Por lo tanto, si la intervención humana es meramente simbólica o se limita a aplicar el resultado arrojado por el algoritmo, estaríamos ante una decisión basada únicamente en el tratamiento automatizado.

No obstante, la prohibición del art. 22 RGPD presenta tres excepciones. Concretamente, no resultaría aplicable cuando la decisión: a) sea necesaria para la celebración o la ejecución de un contrato (lo que ampara también los procesos precontractuales); b) esté autorizada por el Derecho de la Unión o de los Estados miembros; y c) se base en el consentimiento explícito del interesado. Pues bien, teniendo en cuenta que no existe una previsión expresa en el derecho de la Unión Europea, ni en el derecho español que reconozca el uso de algoritmos para la adopción de decisiones automatizadas en el ámbito laboral y dada la desigualdad de las partes en el contrato de trabajo (lo que dificulta que el consentimiento del trabajador pueda ser calificado como libre de acuerdo al considerando 43 del

RGPD), en el marco de una relación laboral, estas decisiones íntegramente automatizadas solo pueden adoptarse cuando sean necesarias para la celebración o ejecución del contrato. Y, en la medida en que se trata de una excepción a la regla general, la necesidad debe ser interpretada de forma restrictiva. Así, con base en las conclusiones del Grupo de Trabajo del Artículo 29, concurriría esta exigencia de necesidad cuando la intervención humana fuese impracticable por el gran volumen de datos a procesar o cuando no exista un método menos intrusivo e igualmente efectivo.

En caso de que las excepciones a) o c) resultasen aplicables, el responsable del tratamiento debe adoptar las medidas adecuadas para salvaguardar los derechos y libertades y los intereses legítimos del interesado, como mínimo el derecho a obtener intervención humana por parte del responsable, a expresar su punto de vista y a impugnar la decisión. Asimismo, tendría derecho a recibir una explicación de la decisión tomada después de tal evaluación (considerando 71 RGPD).

Además, con base en los arts. 13.2.f), 14.2.g) y 15.1.h RGPD, el responsable del tratamiento de datos debe advertir a las personas afectadas por decisiones automatizadas la concurrencia de esta concreta circunstancia y debe entregarles información significativa sobre la lógica aplicada, así como la importancia y las consecuencias previstas de dicho tratamiento. Según la RAE, información significativa sería aquella que diera entender o a conocer algo con precisión. Por lo tanto, esta obligación no puede entenderse cumplida con una referencia técnica a la implementación del algoritmo, pues ello puede resultar sumamente confuso y opaco. Como recomienda el Grupo de Trabajo del Artículo 29, *"en lugar de ofrecer una compleja explicación matemática sobre cómo funcionan los algoritmos o el aprendizaje automático, el responsable del tratamiento debe considerar la utilización de formas claras y exhaustivas de ofrecer información al interesado, por ejemplo: (i) las categorías de datos que se han utilizado o se utilizarán en la elaboración de perfiles o el proceso de toma de decisiones; (ii) por qué estas categorías se consideran pertinentes; (iii) cómo se elaboran los perfiles utilizados en el proceso de decisiones automatizadas, incluidas las estadísticas utilizadas en el análisis; (iv) por qué este perfil es pertinente para el proceso de decisiones automatizadas; y (v) cómo se utiliza para una decisión relativa al interesado"* (Directrices sobre decisiones individuales automatizadas y elaboración de perfiles a los efectos del Reglamento 2016/679, de 3-10-2017).

Además, con base en el art. 35.3 RGPD, la empresa debe realizar una evaluación del impacto relativa a la protección de los datos, cuando lleve a cabo una evaluación sistemática y exhaustiva de aspectos personales de personas físicas que se base en un tratamiento automatizado, como la elaboración de perfiles, y sobre cuya base se tomen decisiones que produzcan efectos jurídicos para las personas físicas o que les afecten significativamente de modo similar.

De otro lado, dado el rápido desarrollo de estas tecnologías, la regulación de la inteligencia artificial se ha convertido en una cuestión central de la Unión Europea. A tal efecto, se creó un grupo de expertos de alto nivel de inteligencia artificial que, en un primer momento, promulgó recomendaciones u orientaciones de carácter no vinculante, como las Directrices éticas para una inteligencia artificial confiable, de 8-4-2019 o como las Recomendaciones sobre política e inversión. En concreto, la Comisión enumeró siete requisitos que debían cumplir los sistemas para lograr una inteligencia artificial confiable: a) acción y supervisión humanas; b) solidez técnica y seguridad; c) gestión de la privacidad y de los datos; d) transparencia; e) diversidad, no discriminación y equidad; f) bienestar ambiental y social; y g) rendición de cuentas.

Posteriormente, en el Libro Blanco sobre inteligencia artificial (preludio de la propuesta legislativa europea sobre el particular), la Comisión advierte que, cuando se diseñe el futuro marco regulador de la inteligencia artificial, es necesario determinar los tipos de requisitos legales obligatorios a los que deben atenerse las partes pertinentes. A tal efecto, con respecto a los datos de entrenamiento, se deben adoptar las medidas necesarias para garantizar que se respeten los valores de la Unión Europea. Así, será preciso utilizar conjuntos de datos que sean suficientemente representativos, especialmente para garantizar que todas las dimensiones de género, etnicidad y otras posibles razones de discriminación ilícita queden correctamente reflejadas. Si los distintos grupos no están igual representados en los datos de entrenamiento utilizados por el sistema, los tributos del grupo dominante se toman como estándar de referencia a la hora de tomar decisiones.

Además, teniendo en cuenta la complejidad y la opacidad de muchos sistemas de inteligencia artificial, el marco regulador puede exigir la conservación: a) de los datos utilizados para entrenar y probar los sistemas, especialmente una descripción de sus principales características y el modo en que se escogió el conjunto de datos; y b) de la metodología de programación, los procesos y las técnicas utilizadas para construir, probar y validar los sistemas de IA.

Por lo que respecta al suministro de información, con el fin de crear confianza y garantizar la reparación, cuando proceda, resulta importante que se facilite información: a) de que se está interactuando con un sistema de IA y no con un ser humano; b) de cuáles son las capacidades y limitaciones del sistema.

De otro lado, con respecto a la seguridad, el marco regulador deberá valorar la exigencia de requisitos que garanticen que los sistemas de inteligencia artificial son resilientes ante los ataques y los intentos de manipulación.

Por último, se reconoce que una inteligencia artificial fiable, ética y antropocéntrica solo puede alcanzarse garantizando una participación adecuada de las personas. Y esta supervisión humana puede traducirse en las consecuencias siguientes: a) que el resultado del sistema de inteligencia artificial no es efectivo hasta que un humano no lo haya revisado y validado;

b) que el resultado del sistema es inmediatamente efectivo, pero se garantiza la intervención humana posterior; c) que se realiza un seguimiento del sistema mientras funciona y es posible intervenir en tiempo real y desactivarlo.

En abril de 2021, la Comisión Europea presentó una propuesta de marco regulatorio de la inteligencia artificial en la Unión Europea. El objetivo consistía en desarrollar un ecosistema de confianza mediante la proposición de un marco jurídico destinado a lograr una inteligencia artificial legal, segura y fiable; de modo que se abordasen las ventajas y los riesgos de la inteligencia artificial de acuerdo con los valores, los derechos fundamentales y los principios de la UE y, a su vez, se facilitase el desarrollo, inversión e innovación en inteligencia artificial en el mercado único europeo.

Por lo que respecta al alcance de la propuesta, merece la pena destacar los efectos extraterritoriales del Reglamento, pues se prevé su aplicación a cualquier sistema de inteligencia artificial utilizado o que proporcione resultados dentro de la Unión Europea, con independencia de si los proveedores están establecidos en la UE o en un tercer país, lo que supondrá un impacto en organizaciones de todo el mundo.

En el marco legal propuesto, los sistemas de inteligencia artificial se clasifican según el nivel de riesgo que supongan para los usuarios, de manera que los distintos niveles de peligro implican una mayor o menor regulación. En particular, el proyecto distingue cuatro niveles de riesgo:

- Riesgo inaceptable: Los sistemas de inteligencia artificial que se consideren una clara amenaza para la seguridad, los medios de subsistencia o los derechos de la persona estarían directamente prohibidos.
- Alto riesgo: Los sistemas de inteligencia artificial que se consideren de alto riesgo se sujetarán a obligaciones más estrictas relacionadas con la gestión de riesgos

(art. 9), la gobernanza de los datos (art. 10), la documentación técnica (art. 11), los registros (art. 12), la transparencia y la comunicación de información a los usuarios (art. 13), la vigilancia humana (art. 14) y la precisión, solidez y ciberseguridad (art. 15). Y, a este respecto, conviene advertir que los sistemas de inteligencia artificial aplicados en el ámbito del empleo, la gestión de trabajadores y el acceso al trabajo encontrarían encaje dentro de este concreto nivel de "alto riesgo".

- Riesgo limitado: los sistemas de inteligencia artificial que presenten un riesgo limitado estarían sujetos a un conjunto de obligaciones específicas en materia de transparencia.
- Riesgo mínimo o nulo: Por último, los sistemas de inteligencia artificial con riesgo mínimo o nulo pueden desarrollarse y utilizarse en la Unión Europea sin cumplir con ninguna obligación legal adicional.

La propuesta de Reglamento consagra además dos principios que merecen ser destacados: a) el principio de gobernanza de los datos; y b) el principio de humano al mando. Sin duda, la calidad de los datos a través de los cuales se entrenan los algoritmos resulta esencial para evitar la existencia de sesgos. Precisamente por ello, el art. 10.3 de la Propuesta de Reglamento sobre Inteligencia Artificial viene a precisar que los conjuntos de datos de entrenamiento, validación y prueba deber ser lo suficientemente pertinentes y representativos, carecer de errores y ser completos en vista de la finalidad prevista en el sistema.

De otro lado, la propuesta de Reglamento sobre Inteligencia Artificial precisa que los sistemas deben estar diseñados de forma que puedan ser vigilados de manera efectiva por personas físicas para prevenir o reducir al mínimo los riesgos derivados de su uso. Concretamente, la vigilancia humana debe permitir que las personas puedan, en función de las circunstancias: a) entender por completo las capacidades y limitaciones del sistema de inteligencia artificial de alto riesgo y controlar debidamente su funcionamiento, de modo que puedan detectar indicios de anomalías, problemas de funcionamiento y comportamientos inesperados y ponerles solución lo antes posible; b) ser conscientes de la posible tendencia a confiar automáticamente o en exceso en la información de salida generada por un sistema de inteligencia de alto riesgo («sesgo de automatización»), en particular con aquellos sistemas que se utilizan para aportar información o recomendaciones con el fin de que personas físicas adopten una decisión; c) interpretar correctamente la información de salida del sistema de inteligencia de alto riesgo, teniendo en cuenta en particular las características del sistema y las herramientas y los métodos de interpretación disponibles; d) decidir, en cualquier situación concreta, no utilizar el sistema de inteligencia de alto riesgo o desestimar, invalidar o revertir la información de salida que este genere; e) intervenir en el funcionamiento del sistema de inteligencia de alto riesgo o interrumpir el sistema accionando un botón específicamente destinado a tal fin o mediante un procedimiento similar.

4. LA REGULACIÓN EN ESPAÑA DE LA INTELIGENCIA ARTIFICIAL EN EL CONTEXTO DE LA RELACIÓN DE TRABAJO

Ley 12/2021, de 28 de septiembre (BOE 29-9-2021, núm. 233) modificó el art. 64.4 ET, con el objeto de añadir un nuevo párrafo d), en virtud del cual la representación legal de las personas trabajadoras tendrá derecho a ser informada *"de los parámetros, reglas e instrucciones en los que se basan los algoritmos o sistemas de inteligencia artificial que afectan a la toma de decisiones que pueden incidir en las condiciones de trabajo, el acceso y mantenimiento del empleo, incluida la elaboración de perfiles"*. Lo primero que merece destacar de esta regulación es que este deber de información se impone a todo tipo de empresas con independencia del sector productivo (trascendiendo así a las empresas que desarrollan su actividad a través de plataformas digitales) o del volumen de plantilla. Lo determinante es que utilicen algoritmos o sistemas de decisión automatizada para la gestión de la plantilla. Es más, aunque el algoritmo no sea determinante para la decisión final, su mero uso ya conlleva el nacimiento de este derecho de información en favor de la representación legal.

No obstante, es importante aclarar que la empresa no está obligada a informar a la representación legal sobre la utilización de estas tecnologías en todo caso, sino únicamente cuando su uso afecta a decisiones que puedan incidir en las personas trabajadoras.

De otro lado, los destinatarios de la información son los representantes de los trabajadores, alcanzando al doble canal de representación. Es cierto que la reforma únicamente modifica el art. 64 ET (que aborda los derechos de información y consulta de los miembros del comité de empresa), pero no podemos olvidar que el propio legislador atribuye idénticas funciones y competencias a los delegados de personal (art. 62.2 ET) y a los delegados sindicales (art. 10.3 LOLS).

El art. 64.4.d) ET reconoce únicamente este derecho de información en su dimensión colectiva. No obstante, la obligación de información individual se desprendería directamente de los arts. 13.2.f), 14.2.g) y 15.1.h) RGPD, en relación con el art. 22 de este mismo cuerpo normativo. El problema es que estos preceptos tienen un ámbito de aplicación limitado, pues solo resultan aplicables en el supuesto de que la decisión se base únicamente en el tratamiento automatizado. Por lo que el ordenamiento jurídico no reconoce el derecho de información individual respecto a decisiones semi-automatizadas en las que exista intervención humana.

Por lo que respecta a su alcance objetivo, este derecho de información no se concreta en el derecho a acceder al código fuente del algoritmo (que puede estar protegido por secreto empresarial), sino a conocer cuáles son las características de su funcionamiento o, dicho en otros términos, las reglas de programación que conducen a la toma de la decisión.

Pero es importante aclarar que estamos ante un derecho de información simple, no ante un derecho de consulta. En consecuencia, no es preciso que la representación legal se pronuncie mediante la emisión de un informe. Ahora bien, no podemos olvidar que, según el art. 64.5.f) ET, el comité sí tiene derecho a emitir un informe si la decisión empresarial está relacionada con *"la implantación y revisión de sistemas de organización y control del trabajo, estudios de tiempos, establecimiento de sistemas de primas e incentivos y valoración de puestos de trabajo"*.

Ya hemos apuntado que estamos ante un mero derecho de información, por lo que el legislador no ha previsto la obligación de negociar el algoritmo con la representación legal de la plantilla. No obstante, debemos tener en cuenta que esta regla presenta una salvedad: cuando el algoritmo fuese utilizado, en el marco de un despido colectivo, para determinar cuáles van a ser las personas afectadas por la decisión extintiva. Así se desprende del art. 51 ET que impone la obligación de abrir un período de consultas durante el cual las partes deben negociar de buena fe, con vistas a la consecución de un acuerdo. Y, precisamente, uno de los extremos sobre los que versará la negociación serán *"los criterios tenidos en cuenta para la designación de los trabajadores afectados por los despidos"*. Y esta misma conclusión resultaría aplicable en el supuesto de que el algoritmo resulte determinante en la adopción de otras medidas colectivas, como la movilidad geográfica (art. 40.2 ET), la modificación sustancial de condiciones de trabajo (art. 41 ET) o los expedientes de regulación temporal de empleo (art. 47 ET).

Desde un punto de vista temporal, la información debe facilitarse *"con la periodicidad que proceda"*. Y de esta redacción no parece desprenderse que la empresa deba informar a los representantes sobre las decisiones concretamente tomadas por el algoritmo, sino en la fase previa de diseño y elaboración del algoritmo y ante cualquier cambio en sus parámetros o variables.

Por último, conviene concluir recordando que la omisión de este derecho de información constituye una infracción administrativa de carácter grave (art. 7 LISOS), sancionable con multa económica que oscila entre los 751 € (en su grado mínimo) y los 7.500 € (en su grado máximo).

Al margen de lo expuesto, debemos tener en cuenta que la DA 130ª LPGE 2022 (BOE 29-12-2021, núm. 312) prevé la creación de la Agencia Española de Supervisión de Inteligencia Artificial, que deberá llevar a cabo medidas destinadas a minimizar riesgos significativos sobre la seguridad y salud de las personas, así como sobre sus derechos fundamentales, que puedan derivarse del uso de sistemas de inteligencia artificial.

Y, por último, es preciso hacer alusión al art. 23 Ley 15/2022, de conformidad con el cual, las administraciones públicas favorecerán la puesta en marcha de mecanismos para que los algoritmos involucrados en la toma de decisiones que se utilicen en las administraciones públicas tengan en cuenta criterios de minimización de sesgos, transparencia y rendición de cuentas, siempre que sea factible técnicamente. En estos mecanismos se incluirán su diseño y datos de entrenamiento, y abordarán su potencial impacto discriminatorio. Para lograr este fin, se promoverá la realización de evaluaciones de impacto que determinen el posible sesgo discriminatorio.

Además, las administraciones públicas, en el marco de sus competencias en el ámbito de los algoritmos involucrados en procesos de toma de decisiones, priorizarán la transparencia en el diseño y la implementación y la capacidad de interpretación de las decisiones adoptadas por los mismos.

Igualmente, las administraciones públicas y las empresas promoverán el uso de una Inteligencia Artificial ética, confiable y respetuosa con los derechos fundamentales, siguiendo especialmente las recomendaciones de la Unión Europea en este sentido.

Y, por último, se promoverá un sello de calidad de los algoritmos.

Como se desprende de lo anteriormente expuesto, por desgracia el contenido normativo del art. 23 Ley 15/2022 es nulo, pues supone una mera declaración de intenciones que se limita a constatar la potencialidad discriminatoria de la inteligencia artificial.

5. BIBLIOGRAFÍA

ÁLVAREZ CUESTA, Henar. *El impacto de la inteligencia artificial en el trabajo: desafíos y propuestas.* Cizur Menor (Navarra): Thomson Reuters Aranzadi, 2020.

GINÈS FABRELLAS, Anna. "La gestión algorítmica del trabajo". En: AAVV. *Digitalización, recuperación y reformas laborales. XXXII Congreso Anual de la Asociación Española de Derecho del Trabajo y de la Seguridad Social.* Madrid: Ministerio de Trabajo y Economía Social; Subdirección General de informes, recursos y publicaciones, 2022.

MERCADER UGUINA, Jesús R. *Algoritmos e inteligencia artificial en el derecho digital del trabajo.* Valencia: Tirant lo Blanch, 2022.

PÉREZ DEL PRADO, Daniel. *Derecho, Economía y Digitalización. El impacto de la inteligencia artificial.* Valencia: Tirant lo Blanch, 2023.

TODOLÍ SIGNES, Adrián. *Algoritmos productivos y extractivos. Cómo regular la digitalización para mejorar el empleo e incentivar la innovación.* Cizur Menor (Navarra): Aranzadi, 2023.

TEST

1. En el ámbito de las relaciones laborales, los sistemas de inteligencia artificial se vienen utilizando:
   a) En los procesos de selección de personal.
   b) En la gestión de la actividad productiva.
   c) En la evaluación del desempeño.
   d) Todas las respuestas anteriores son correctas.

2. Las decisiones automatizadas:
   a) Son esencialmente objetivas lo que garantiza la total ausencia de discriminación.
   b) Pueden ser discriminatorias, por cuanto reproducen previos patrones de discriminación.
   c) No solo pueden reproducir previos patrones de discriminación, sino que además los magnifican.
   d) Ninguna de las anteriores respuestas es correcta.

3. Ante una situación de discriminación algorítmica en el empleo:
   a) Los tradicionales mecanismos de tutela antidiscriminatoria son suficientes para proteger a la persona trabajadora afectada.
   b) Los tradicionales mecanismos de tutela antidiscriminatoria no son suficientes para proteger a la persona trabajadora afectada.
   c) ¿Discriminación algorítmica? Un algoritmo genera una solución totalmente objetivada que no puede ser discriminatoria.
   d) Ninguna de las anteriores respuestas es correcta.

4. En las empresas de plataformas, la gestión empresarial a través de algoritmos:
   a) Aviva la competencia entre los propios empleados.
   b) Favorece la reducción del precio de la tarea que realizan.
   c) Intensifica el ritmo de trabajo.
   d) Todas son correctas.

5. El art. 22 RGPD:
   a) Prohíbe las decisiones basadas únicamente en el tratamiento automatizado de datos.
   b) Tiene un ámbito de aplicación limitado.
   c) Presenta tres excepciones: a) cuando la decisión automatizada sea necesaria para la celebración o ejecución de un contrato; b) cuando esté autorizada por el Derecho de la Unión o de los Estados Miembros; y c) cuando se base en el consentimiento explícito del interesado.
   d) Todas las respuestas anteriores son correctas.

6. En el ámbito de las relaciones laborales, las decisiones basadas únicamente en el tratamiento automatizado de datos:
   a) Estarían permitidas, pues así lo prevé expresamente el Derecho de la Unión Europea.
   b) Estarían permitidas, pues así lo prevé expresamente el ordenamiento jurídico español.
   c) Estarían permitidas si la persona trabajadora consintiera de forma expresa.
   d) Estarían permitidas si fuesen necesarias para la celebración o ejecución de un contrato.

7. Los arts. 13.2.f), 14.2.g) y 15.1.h) RGPD imponen al responsable del tratamiento de datos la obligación de:
   a) Advertir a la persona afectada de la existencia de una decisión automatizada.
   b) Entregar información significativa sobre la lógica aplicada.
   c) Informar sobre la importancia de dicho tratamiento y las consecuencias que se derivan del mismo para la persona afectada.
   d) Todas son correctas.

8. En la propuesta de Reglamento de Inteligencia Artificial se prevén:
   a) Dos niveles de riesgo.
   b) Tres niveles de riesgo.
   c) Cuatro niveles de riesgo.
   d) Cinco niveles de riesgo.

9. En la propuesta de Reglamento de Inteligencia Artificial, los sistemas de inteligencia artificial aplicados en el ámbito del empleo se consideran de nivel:
   a) Inaceptable.
   b) Alto.
   c) Limitado.
   d) Mínimo.

10. Señala la afirmación incorrecta:
    a) El art. 64.4.d) ET reconoce el derecho de la representación legal de las personas trabajadoras a ser informada del código fuente de todo algoritmo que se aplique en la empresa.

b) El art. 64.4.d) ET garantiza el derecho de información en su dimensión colectiva, no así en su dimensión individual.

c) El derecho de información previsto en el art. 64.4.d) ET alcanza al doble canal de representación.

d) El incumplimiento del deber de información reconocido en el art. 64.4.d) ET constituye una infracción administrativa de carácter grave.

Preguntas cortas

1. Define algoritmo.

2. Define inteligencia artificial.

3. Explica brevemente cuáles son los concretos desafíos que plantea la incorporación de la inteligencia artificial en el ámbito de las relaciones laborales.

4. Desarrolla el alcance del derecho de información algorítmica, previsto en el art. 64.4.d) ET.

5. Identifica las diferencias entre el derecho de información algorítmica previsto en los arts. 13, 14 y 15 RGPD y el derecho de información algorítmica recogido en el art. 64.4 ET.

Caso práctico

Localiza convenios colectivos que incorporen cláusulas en materia de algoritmos e inteligencia artificial. Analiza y explica el contenido de dichas cláusulas. Identifica aquellas que, en tu opinión, son susceptibles de ser calificadas como buena práctica.

Capítulo XVI

El principio de igualdad en el marco normativo europeo

ALBERTO PASTOR MARTÍNEZ
Profesor Agregado de Derecho del Trabajo y de la Seguridad Social
Universidad Autónoma de Barcelona

1. IGUALDAD Y NO DISCRIMINACIÓN EN LA UNIÓN EUROPEA. FUENTES NORMATIVAS Y ÁMBITOS DE ACTUACIÓN

El actual art. 2 del Tratado de la Unión Europea sitúa a la igualdad y la no discriminación entre sus valores y principios fundamentales al establecer que "La Unión se fundamenta en los valores de respeto de la dignidad humana, libertad, democracia, igualdad, Estado de Derecho y respeto de los derechos humanos, incluidos los derechos de las personas pertenecientes a minorías. Estos valores son comunes a los Estados miembros en una sociedad caracterizada por el pluralismo, la no discriminación, la tolerancia, la justicia, la solidaridad y la igualdad entre mujeres y hombres".

El principio de igualdad de trato y la prohibición del trato discriminatorio tienen un largo recorrido en el Derecho de la Unión Europea que se caracteriza por su creciente y constante desarrollo e importancia. En este sentido podría afirmarse que su reconocimiento y regulación ha experimentado un doble proceso de enriquecimiento cuantitativo y cualitativo y ello, por cuanto, se han incrementado los ámbitos materiales en los que dichos principios actúan y, de otra parte, su regulación ha adquirido una mayor cualificación y calidad normativa. Un proceso en el que, partiéndose, como no podía ser de otro modo, de las normas previstas en el derecho originario, han confluido un importante desarrollo del derecho derivado y la jurisprudencia del TJUE.

En el momento fundacional de lo que ha acabado constituyendo la Unión Europea, los tratados constitutivos de la CEE (1957), CECA (1951) y CEEA (1951) no reconocieron con carácter general el principio de igualdad, ni en su versión más clásica de igualdad ante la ley, ni una formulación amplia de la prohibición del trato discriminatorio. Los tratados se limitaron, en ese momento inicial, a reconocer la prohibición del trato discriminatorio por razón de nacionalidad (art. 7 TCEE y art. 60 TCECA) y "la aplicación del principio de igualdad de retribución entre los trabajadores masculinos y femeninos para un mismo trabajo" (art. 119 TCEE y art 69 TCECA). En ambos casos, el principio antidiscriminatorio presentaba una clara dimensión económica por cuanto realmente respondía a lógicas funcionalizadas a la consecución del libre mercado (ya fuese, en el caso de la nacionalidad, con el objeto de garantizar la libre circulación de trabajadores o, en el caso, de la igualdad por razón de sexo en materia retributiva, para evitar, la competencia desleal de aquellos Estados que no garantizaban dicho principio).

En la evolución de la prohibición del trato discriminatorio en el derecho europeo cabe destacar tres grandes hitos. El primero de ellos lo constituye el Tratado de Ámsterdam de 1997, que supone la consolidación y ampliación de su ámbito de aplicación, al introducir nuevas causas de discriminación prohibida (origen racial o étnico, religión o convicciones, discapacidad, edad u orientación sexual) que van a dar lugar a un importante desarrollo del derecho derivado.

La proclamación de la Carta de los Derechos Fundamentales de la UE (CDFUE) en 2000 constituye el segundo de los grandes cambios. Consagra de manera explícita el principio de no discriminación en su artículo 21 al establecer en dos apartados diferenciados que "1. Se prohíbe toda discriminación, y en particular la ejercida por razón de sexo, raza, color, orígenes étnicos o sociales, características genéticas, lengua, religión o convicciones, opiniones políticas o de cualquier otro tipo, pertenencia a una minoría nacional, patrimonio, nacimiento, discapacidad, edad u orientación sexual. 2. Se prohíbe toda discriminación por razón de nacionalidad en el ámbito de aplicación del Tratado constitutivo de la Comunidad Europea y del Tratado de la Unión Europea y sin perjuicio de las disposiciones particulares de dichos Tratados". Añadiéndose en el art 23 que "La igualdad entre hombres y mujeres será garantizada en todos los ámbitos, inclusive en materia de empleo, trabajo y retribución. El principio de igualdad no impide el mantenimiento o la adopción de medidas que ofrezcan ventajas concretas en favor del sexo menos representado". Un precepto del que conviene resaltar la expresa referencia que efectúa al ámbito laboral en un sentido amplio y la expresa salvaguarda de las medidas de acción positiva.

La aprobación del Tratado de Funcionamiento de la Unión Europea (TFUE) en 2007 y su entrada en en vigor el 1 de diciembre de 2009, reemplazando al Tratado de la Comunidad Europea (TCE), constituye el tercero de los tres grandes hitos en el abordaje de la discriminación por el derecho originario. Una positivización que se caracteriza por su tratamiento fragmentado y desigual. Así, mientras que la prohibición de discriminación por razón de nacionalidad se va a recoger de forma tajante y directa en su art. 18 ("en el ámbito de aplicación de los Tratados, y sin perjuicio de las disposiciones particulares previstas en los mismos, se prohibirá toda discriminación por razón de la nacionalidad"). El art. 19, a diferencia de los que ocurre en el art. 21 de la CDFUE, no va a establecer una prohibición del trato discriminatorio general y directa, por cuanto lejos de prohibirse directamente "toda discriminación" va a establecer, de forma limitada, que la Unión, "pueda adoptar acciones adecuadas para luchar contra la discriminación por motivos de sexo, de origen racial o étnico, religión o convicciones, discapacidad, edad u orientación sexual". En un punto intermedio cabría situar la previsión contra la discriminación por razón de género que se prescribe en el art 157 del TFUE, por cuanto, si bien resulta directamente aplicable en relación a la discriminación en materia retributiva ("1. Cada Estado miembro garantizará la aplicación del principio de igualdad de retribución entre trabajadores y trabajadoras para un mismo trabajo o para un trabajo de igual valor"), se limita a reconocer competencias normativas a las instituciones comunitarias en asuntos de empleo y ocupación, incluido el principio de igualdad de retribución para un mismo trabajo o para un trabajo de igual valor (apartado tercero) y a salvaguardar la posibilidad de que los Estados puedan "mantener o adoptar medidas que ofrezcan ventajas concretas destinadas a facilitar al sexo menos representado el ejercicio de actividades profesionales o a evitar o compensar desventajas en sus carreras profesionales" (apartado cuarto).

La habilitación competencial contenida en los Tratados ha supuesto la aprobación de un importante número de medidas desde las instancias comunitarias, se trataría de medidas específicas que complementan el mandato de transversalidad contenido en el art. 10 del TFUE al exigir que en la definición y ejecución de sus políticas y acciones, la Unión tratará de luchar contra toda discriminación por razón de sexo, raza u origen étnico, religión o convicciones, discapacidad, edad u orientación sexual. Debe destacarse que el principio de no discriminación ha sido también reconocido en relación a determinadas condiciones de trabajo o formas de empleo (trabajo a tiempo parcial, trabajo temporal).

Por lo que se refiere al derecho derivado cabe destacar las siguientes directivas:

- Directiva 2000/43/CE , de 29 de junio de 2000: consagra el principio de igualdad de trato entre las personas, independientemente de su origen racial o étnico, en el ámbito del empleo, la educación, la protección social y el acceso a bienes y servicios.
- Directiva 2000/78/CE, de 27 de noviembre de 2000, relativa al establecimiento de un marco general para la igualdad de trato en el empleo y la ocupación: norma fundamental que a pesar de su nombre (marco general) prohíbe la discriminación por una serie de motivos tasados: religión o convicciones, discapacidad, edad y orientación sexual en el ámbito laboral.
- Directiva 2004/113/CE, de 13 de diciembre de 2004: Esta directiva establece el principio de igualdad de trato entre hombres y mujeres en el acceso a bienes y servicios y su suministro, y prohíbe la discriminación basada en el sexo en este ámbito. Además, aborda la discriminación múltiple o interseccional.
- Directiva 2006/54/CE, de 5 de julio de 2006, relativa a la aplicación del principio de igualdad de oportunidades e igualdad de trato entre hombres y mujeres en asuntos de empleo y ocupación: norma básica en materia de igualdad de género supone la refundición de varias directivas precedentes.
- Directiva 2010/41/UE, de 7 de julio de 2010, sobre la aplicación del principio de igualdad de trato entre hombres y mujeres que ejercen una actividad autónoma, y por la que se deroga la Directiva 86/613/CEE del Consejo

No es posible acabar este apartado introductorio sin remarcar la importantísima labor efectuada por el Tribunal de

Justicia de la Unión Europea (TJUE) en la aplicación, interpretación y desarrollo de los conceptos y principios establecidos en la normativa referente al principio de igualdad y no discriminación.

2. LA PROHIBICIÓN DE DISCRIMINACIÓN POR RAZÓN DE LA NACIONALIDAD

La prohibición de trato discriminatorio por razón de la nacionalidad constituye un pilar fundamental del ordenamiento jurídico de la Unión Europea reconocido desde su fundación. El actual art. 18 del TFUE establece una prohibición de "toda discriminación por razón de la nacionalidad", desarrollada en sus arts. 45 a 48, que se aplica directamente a todas las políticas y acciones de la UE y de los Estados miembros sin necesidad de intermediación normativa alguna en todas las áreas de la vida pública, incluyendo, por lo que a nosotros más nos interesa, el empleo, la educación, la seguridad social, la atención sanitaria o el acceso a bienes y servicios, entre otros y afectando tanto. los poderes públicos como a los particulares. Debe reseñarse que el principio se refiere a los nacionales de los países de la UE y del Espacio Económico europeo (Noruega, Islandia y Liechtenstein) y, sólo en determinados casos, a sus familiares de terceros estados.

La prohibición, que se extiende tanto a la discriminación directa como indirecta (STJCE de 23 de mayo de 1996, Flynn, C-237/94), ha estado presente desde los inicios del proyecto europeo en el derecho originario y si bien en un principio estuvo claramente vinculada a la libre circulación de las personas trabajadoras, al trabajo, su reconocimiento como derecho de ciudadanía con el Tratado de Maastricht, implica en la actualidad un derecho de todo ciudadano europeo con independencia de las razones, laborales o no, que puedan motivar su desplazamiento. No obstante, la vinculación entre la prohibición de trato discriminatorio por razón de nacionalidad y la libre circulación de trabajadores es aún evidente en el propio art. 45 del TFUE cuando establece que "2. La libre circulación supondrá la abolición de toda discriminación por razón de la nacionalidad entre los trabajadores de los Estados miembros, con respecto al empleo, la retribución y las demás condiciones de trabajo".

La libre circulación de trabajadores implica el derecho de los ciudadanos de la UE a) de responder a ofertas efectivas de trabajo; b) de desplazarse libremente para este fin en el territorio de los Estados miembros; c) de residir en uno de los Estados miembros con objeto de ejercer en el un empleo, de conformidad con las disposiciones legales, reglamentarias y administrativas aplicables al empleo de los trabajadores nacionales; d) de permanecer en el territorio de un Estado miembro después de haber ejercido en él un empleo, en las condiciones previstas en los reglamentos establecidos por la Comisión y e) todo ello, sin ser discriminado por razón de su nacionalidad respecto al empleo, la retribución y demás condiciones de trabajo. Un contenido que ha sido objeto de desarrollo por el Reglamento UE nº 492/2011 de 5 de abril de 2011 relativo a la libre circulación de los trabajadores dentro de la Unión por el que se codifica el Reglamento nº 1612/68 del Consejo, de 15 de octubre de 1968, y sus diversas modificaciones y por la Directiva 2004/38/CE, de 29 de abril. Desarrollo reglamentario, no a través de directivas como ocurre en el caso de los otros tipos de discriminación, que evidencia el carácter reforzado que tiene en este caso la prohibición del trato discriminatorio en lo que se refiere a su efecto y vinculación directa.

La prohibición de trato discriminatorio por razón de nacionalidad comportará la nulidad de pleno derecho de todas aquellas normas, convenios, pactos o decisiones empresariales que la contravengan. La libre circulación de trabajadores no es, sin embargo, un derecho absoluto, pues el mismo art. 45 del TFUE permite establecer limitaciones justificadas por razones de orden público, seguridad y salud públicas, desarrolladas en la Directiva 2004/38/CE, nunca por razones económicas.

Las razones de orden público y seguridad se deberán basar exclusivamente en la conducta personal del interesado que constituya una amenaza real, actual y suficientemente grave. Las vinculadas a razones sanitarias basarse en enfermedades con potencial epidémico según la OMS o infecciosas o contagiosas que sean objeto de protección también para los nacionales, no pudiendo suponer la expulsión cunado sobrevenga tres meses después de la llegada al territorio nacional. Asimismo, la libre circulación encuentra un segundo límite en los "empleos en la administración pública". A pesar de la rotundidad con la que se expresa el art. 45.4 del TFUE, el TJUE ha efectuado una interpretación correctora que ha delimitado de forma muy importante el ámbito de juego de esta excepción, al exigir que se ciña a aquellos empleos que impliquen realmente una participación directa o indirecta en el ejercicio del poder público y en funciones que tengan por objeto la salvaguardia de los intereses generales del Estado o de otras entidades públicas.

Interesantes son los casos que se han planteado en relación con la legitimidad de exigir determinados conocimientos lingüísticos siempre y cuando estos sean proporcionados y requeridos por la naturaleza del empleo ofertado (STJUE de noviembre de 1989, Groener, C-379/87).

3. LA NO DISCRIMINACIÓN POR RAZÓN DE SEXO. DISTINTOS TIPOS DE DISCRIMINACIÓN Y LA ACCIÓN AFIRMATIVA

La evolución del derecho antidiscriminatorio europeo tiene en la discriminación por razón de sexo un observatorio privilegiado en el que apreciar su evolución. No sólo estamos ante la causa o factor de discriminación que más ha evolucionado, sino que algunas de las técnicas y conceptos desarrollados en este ámbito se han extendido a otros campos (discriminación indirecta, acción afirmativa...). Y si bien en un momento inicial, la norma se refería exclusivamente a la retribución, posteriormente, se extendió a cualquier ámbito del empleo y del trabajo (incluyendo los regímenes profesionales de la seguridad social).

Así, en la actualidad la prohibición de trato discriminatorio por razón de género actúa con relación a cualquier discriminación, directa o indirecta, en los sectores público o privado, en relación con el acceso al empleo, a la formación profesional, a la promoción y, en general, todas las condiciones de trabajo, regímenes profesionales de la seguridad social o el acceso a bienes y servicios y su suministro.

Por lo que se refiere a la discriminación retributiva debe destacarse que tiene un reconocimiento directo e incondicionado al máximo nivel. El art. 157 TFUE establece que "cada Estado miembro garantizará la aplicación del principio de igualdad de retribución entre trabajadores y trabajadoras para un mismo trabajo o para un trabajo de igual valor". debe tenerse en cuenta que la actual regulación, ajustada a lo que ya establecía el Convenio 100 de la OIT, se refiere a trabajos de igual valor como el elemento referencial permitiendo la comparación de trabajos distintos pero con un mismo valor e impidiendo, por considerarse supuestos de discriminación indirecta, la infravaloración de aquellos desempeñados mayoritariamente por mujeres. Asimismo, debe tenerse en consideración que la tutela se refiere a cualquier percepción recibida del empresario (la normativa se refiere a retribución no al salario)

El TJUE ha reconducido la transexualidad y la discriminación por razón de la identidad sexual al ámbito de la discriminación por razón de sexo (STJUE de 30 de abril de 1996, P v. S, C-13/94), no la vinculada a la orientación sexual que se sitúa en el marco de la Directiva 2000/78 (STJUE de 10 de mayo de 2011, Romer, C-147/08).

Ha de hacerse una referencia a la importante distinción entre discriminación directa y discriminación indirecta. La discriminación directa es aquella en la que el sexo de la persona (o el motivo protegido en el caso de las otras discriminaciones) se utiliza como criterio para establecer una situación menos favorable para las personas de un determinado sexo, normalmente las mujeres. En este caso encontramos aquellas normas que prohibían el trabajo nocturno o en actividades peligrosas a las mujeres (declaradas discriminatorias por la STJCE de 25 de julio de 1991, Stoeckel, C-345/89). Cabe destacar, no obstante, que el art. 14.2 de la Directiva 2006/54 permite, respecto al acceso al empleo, que una diferencia de trato basada en alguna característica relacionada con el sexo, no constituya discriminación cuando debida a la naturaleza de las actividades profesionales concretas o al contexto en que se lleven a cabo, dicha característica constituya un "requisito profesional esencial y determinante, siempre y cuando su objetivo sea legítimo y el requisito proporcionado". Así, se ha considerado legítima la exclusión de las mujeres que en relación a determinadas actividades de las Fuerzas Armadas (STJE de 8 de noviembre de 1983, Comisión c. Reino Unido e Irlanda del Norte, C-165/82) pero ilícita una exclusión genérica de la mujer en dicho ámbito (STJCE de 11 de Enero de 2000, Kreil, C-285/98). La STJCE de 15 de mayo de 1986, Johnston, C-224/84 considero legal una norma inglesa que no permitía el trabajo de las mujeres en determinados cuerpos policiales destinados en el Ulster pero no por la especial necesidad de protección de las mujeres sino por cuestiones, aunque a nuestro juicio discutibles, vinculadas a la seguridad nacional.

Una excepción, la del requisito profesional esencial, determinante, proporcionado y legítimo, que también actúa en el marco de las Directivas sobre etnia, discapacidad, edad, religión, convicciones y orientación sexual.

La Directiva 2006/54 señala en forma expresa que constituirán supuestos de discriminación, hay que añadir directa: a) el acoso y el acoso sexual, así como cualquier trato menos favorable basado en el rechazo de tal comportamiento por parte de una persona o su sumisión al mismo; b) la orden de discriminar a personas por razón de su sexo; y c) el trato menos favorable a una mujer en relación con el embarazo o el permiso por maternidad.

La discriminación indirecta se produce cuando la utilización de criterio/s aparentemente neutros/s provocan una situación desfavorable para las personas caracterizadas por la circunstancia protegida respecto a aquellas otras en las que dicha circunstancia no concurre (sexo, discapacidad, edad, etnia, orientación sexual, religión o convicciones). A diferencia de la discriminación directa, la indirecta admite justificación cuando la disposición, criterio o práctica pueda justificarse objetivamente con una finalidad legítima (business necessity) y los medios para alcanzar dicha finalidad sean adecuados y necesarios (juicio de idoneidad, proporcionalidad y necesidad). Debe destacarse que la discriminación indirecta requiere, en muchas ocasiones, de la prueba estadística que acredite aquel resultado desfavorable (STJUE de 22 de noviembre de 2012, Elbal Moreno, C-385/11 o STJUE de 6 de diciembre de 2012, Odar/Baxter, C-152/11). Al analizar las pruebas estadísticas del efecto desproporcionadamente perjudicial para el "grupo protegido" respecto a otras personas en situación similar, el TJUE busca muestras de que una proporción especialmente grande de los perjudicados pertenezca a dicho grupo.

La normativa comunitaria admite, como expresión del propio principio de no discriminación, la aplicación de medidas diferenciadoras favorecedoras del colectivo femenino con el objeto de compensar y corregir su situación de desigualdad histórica. Así, el art. 157.4 reconoce lo que se conoce como medidas de acción afirmativa o de acción positiva cuando establece que "Con objeto de garantizar en la práctica la plena igualdad entre hombres y mujeres en la vida laboral, el principio de igualdad de trato no impedirá a ningún Estado miembro mantener o adoptar medidas que ofrezcan ventajas concretas destinadas a facilitar al sexo menos representado el ejercicio de actividades profesionales o a evitar o compensar desventajas en sus carreras profesionales". Resulta necesario destacar que en la formulación del art. 157.4 TFUE el colectivo destinatario de la acción afirmativa no son "las mujeres" sino "el sexo menos representado". De entre todas las modalidades posibles de acción afirmativa el establecimiento de cuotas (o reservas) a la contratación/ promoción es uno de los procedimientos más cuestionados (STJCE de 17 de Octubre de 1995, Kalanke, C-450/93; STJCE de 1 de Noviembre de 1997, Marschall, C-409/95; STJCE de 28 de Marzo del 2000, Badeck, C- 158/97 y STJCE de 6 de Julio del 2000, Abrahamsson, C-407/98): sintéticamente podría afirmarse que la preferencia solo puede aplicarse cuando exista efectiva infrarrepresentación ("sexo menos representado", art. 157.4 TFUE) y cuando entre los varios candidatos en concurrencia exista igualdad de méritos. La aplicación de estas medidas de acción positiva se admite también en otros ámbitos como es de las personas con discapacidad.

4. LAS NUEVAS DIRECTIVAS EN MATERIA DE CORRESPONSABILIDAD Y TRANSPARENCIA RETRIBUTIVA

La actuación contra la discriminación por razón de género ha encontrado en los últimos años un ámbito claro de actuación en los campos de la corresponsabilidad y el reforzamiento de la transparencia retributivo. Así, por lo que se refiere a la corresponsabilidad, aunque históricamente la UE, había actuado en relación con la conciliación de la vida familiar y laboral como medida de impulso del trabajo de las mujeres, tratando de favorecer su incorporación al mercado de trabajo a través de la búsqueda de mecanismos que favoreciesen la conciliación de éste con unas obligaciones que eran y son tradicionalmente asumidas por las mujeres, en la actualidad la lógica se sitúa también en clave de búsqueda y consecución de la corresponsabilidad.

Cabe destacar la aprobación de las siguientes Directivas:

- Directiva (UE) 2019/1158 del Parlamento Europeo y del Consejo, de 20 de junio de 2019, relativa a la conciliación de la vida familiar y la vida profesional de los progenitores y los cuidadores, y por la que se deroga la Directiva 2010/18/UE del Consejo. Se refuerzan los permisos por paternidad y parentales, se reconocen permisos a los trabajadores que son cuidadores de familiares necesitados de cuidados o ayuda por motivos médicos graves) y se refuerzan e impulsa el derecho a solicitar fórmulas de trabajo flexible para los cuidadores y progenitores. Esta última constituye una de las novedades más interesantes de la Directiva al reforzar la perspectiva de la conciliación como un derecho a facilitar la presencia y no un mero derecho de ausencia.
- Directiva (UE) 2023/970 del Parlamento Europeo y del Consejo de 10 de mayo de 2023 por la que se refuerza la aplicación del principio de igualdad de retribución entre hombres y mujeres por un mismo trabajo o un trabajo de igual valor a través de medidas de transparencia retributiva y de mecanismos para su cumplimiento. Las nuevas normas proporcionarán una mayor transparencia y una aplicación más efectiva del principio de igualdad de retribución entre mujeres y hombres y mejorarán el acceso a la justicia para las víctimas de discriminación retributiva. La Directiva establece, entre otras cosas, que, si la información salarial muestra una brecha salarial de género de al menos el 5 %, los empleadores tendrán que llevar a cabo una

evaluación retributiva conjunta en colaboración con los representantes de sus trabajadores. Los Estados miembros tendrán que establecer sanciones efectivas, proporcionadas y disuasorias, como multas, para los empleadores que infrinjan estas normas. Toda persona trabajadora que haya sufrido un perjuicio como consecuencia de una infracción tendrá derecho a reclamar una indemnización. Por primera vez, la discriminación interseccional y los derechos de las personas no binarias se han incluido en el ámbito de aplicación de las nuevas normas.

5. LA DIRECTIVA 2000/78/CE ¿UN MARCO GENERAL PARA LA IGUALDAD DE TRATO EN EL EMPLEO Y LA OCUPACIÓN? UNA REFERENCIA A LA DISCRIMINACIÓN POR RAZÓN DE DISCAPACIDAD

A pesar de que el nombre pudiera hacernos pensar que esta Directiva constituye un marco de referencia válido y útil para la actuación contra cualquier tipo de discriminación, ello no es así. La Directiva 2000/78/CE, sin que ello suponga restarle importancia, limita su actuación contra la discriminación por cuatro motivos, la religión o convicciones, la discapacidad, la edad y la orientación sexual, en el ámbito del empleo y la ocupación. Vamos a detenernos siquiera sea brevemente en la discapacidad por presentar perfiles propios muy relevantes.

Aunque la norma no contine un concepto de discapacidad, el TJUE ha elaborado un concepto propio, en el que atendiendo a la Convención sobre los derechos de las personas con discapacidad de la ONU, ha considerado que es "una limitación, derivada en particular de dolencias físicas, mentales o psíquicas, a largo plazo, que, al interactuar con diversas barreras, puede impedir la participación plena y efectiva de la persona de que se trate en la vida profesional en igualdad de condiciones con los demás trabajadores". Un concepto amplio y material, sin requerimientos formales, que, aunque no admite su identificación con la enfermedad, concepto no protegido, sí que ha permitido extender su radio de actuación a las enfermedades con capacidad limitante y carácter duradero (por ejemplo STJUE de 1 de diciembre, Dauoidi, C-395/15).

Debe destacarse asimismo, por la potencialidad que comporta, el concepto de ajustes razonables. Así, conforme al art. 5, las empresas deberán realizar los ajustes necesarios en sus organizaciones, ya sea en lo referente a la accesibilidad o en las condiciones de trabajo para permitir que las personas con discapacidades puedan acceder al empleo, tomar parte en el mismo o progresar profesionalmente. Esta exigencia de acomodación o adaptación no es absoluta por cuanto la norma lo exime cuando suponga "una carga excesiva para el empresario", estableciendo que la carga no se considerará excesiva cuando sea paliada en grado suficiente mediante medidas existentes en la política del Estado miembro sobre discapacidades. La no realización de los ajustes razonables cuando fuesen pertinentes constituye una discriminación por razón de discapacidad.

6. LA DISCRIMINACIÓN POR RAZÓN DE LA ORIENTACIÓN RELIGIOSA. EL CASO DEL HIYAB Y OTROS SÍMBOLOS RELIGIOSOS

También la Directiva 2000/78/CE establece la religión o las convicciones como uno de los factores por los que no será posible establecer discriminaciones. De esta forma ninguna persona podrá ser objeto de discriminación directa o indirecta por motivos religiosos, en particular en lo que respecta al empleo, la educación, el acceso a bienes y servicios, la protección social, la vivienda y el ejercicio de los derechos fundamentales.

Debe destacarse, que la prohibición del trato discriminatorio no impone la paridad de forma absoluta por cuanto expresamente la norma (art 4) admite que las organizaciones religiosas y las empresas de tendencia (organizaciones "cuya ética se base en la religión o las convicciones de una persona") puedan establecer diferencias de trato en razón de aquellos motivos respecto a las actividades profesionales de estas organizaciones siempre que dicha característica constituya un requisito profesional esencial, legítimo y justificado respecto de la ética de la organización. La jurisprudencia ha admitido, en base a la referencia al "contexto en el que se desarrollen", que ello opere no sólo respecto a los empleos o actividades directamente ideológicos sino también también a las que tengan una carga ideológica indirecta.

En el ámbito del empleo, el TJUE ha realizado diversos pronunciamientos sobre la posibilidad de que los empleadores, públicos o privados, limiten o prohíban el uso de símbolos religiosos o de prendas de ropa prescritas por determinadas religiones o prácticas religiosas. Es el caso, entre otras de la STJUE: 14 de marzo de 2017, Asma Bougnaoui, C-188/15 (la voluntad de un empresario de tener en cuenta los deseos de un cliente de que los servicios de dicho empresario no sigan siendo prestados por una trabajadora que lleva un pañuelo islámico no puede considerarse un requisito profesional esencial y determinante que pueda justificar su prohibición); la STJUE de 14 de marzo de 2017, Samira Achbita, C-157/15 (la prohibición de llevar un pañuelo islámico dimanante de una norma interna de una empresa privada que prohíbe el uso visible de cualquier signo político, filosófico o religioso en el lugar de trabajo no constituye una discriminación directa, aunque puede constituir una discriminación indirecta si se acredita que la obligación aparentemente neutra que contiene ocasiona una desventaja particular a aquellas personas que profesan una religión o tienen unas convicciones determinadas, salvo que pueda justificarse objetivamente con una finalidad legítima, como el seguimiento por parte del empresario de un régimen de neutralidad política, filosófica y religiosa en las relaciones con sus clientes, y que los medios para la consecución de esta finalidad sean adecuados y necesarios); STJUE de 15 de julio de 2021, Wabe eV asuntos acumulados C-804/18 y C-341/19 (una norma interna de una empresa que prohíbe a los trabajadores llevar cualquier signo visible de convicciones políticas, filosóficas o religiosas en el lugar de trabajo no constituye una discriminación directa por motivos de religión o convicciones, en el sentido de esta Directiva, de los trabajadores que siguen determinadas reglas vestimentarias con arreglo a preceptos religiosos, siempre que esta norma se aplique de forma general e indiferenciada; dicha norma interna puede estar justificada por la voluntad del empresario de seguir un régimen de neutralidad política, filosófica y religiosa ante sus clientes o usuarios, siempre que, en primer lugar, este régimen responda a una verdadera necesidad de este empresario, necesidad que incumbirá a este acreditar tomando en consideración especialmente las expectativas legítimas de dichos clientes o usuarios y las consecuencias desfavorables que sufriría sin tal régimen, habida cuenta de la naturaleza de sus actividades o del contexto en el que estas se inscriben; en segundo lugar, que el mismo régimen sea seguido de forma congruente y sistemática, y, en tercer lugar, esa prohibición se limite a lo estrictamente necesario; la prohibición debe referirse a toda forma visible de expresión de las convicciones políticas, filosóficas o religiosas, no puede limitarse a las que sean vistosas y de gran tamaño).

7. TUTELA JURÍDICA Y JUDICIAL DE LAS NORMAS ANTIDISCRIMINATORIAS

Analizado siquiera sea someramente el contenido de las normas que prohíben la discriminación en el ámbito de la UE es preciso examinar, también de forma resumida, las garantías que se establecen en orden a su cumplimiento.

Las Directivas como normas imperativas. Las Directivas imponen la obligación a los Estados de transponer su contenido en el plazo establecido en la propia Directiva y a derogar cualquier disposición contraria al principio de igualdad de trato por las causas de cada Directiva (sea cual sea su origen: legal, reglamentario, convencional, contractual, reglamentos internos, estatutos sindicales o de organizaciones empresariales). En cualquier caso, el principio de primacía supone que cualquier juez/a pueda dejar de aplicar las normas contrarias a esas Directivas. Cualquier órgano jurisdiccional puede plantear cuan cuestión prejudicial ante el TJUE a los efectos de que este órgano se pronuncie acerca de la adecuación de nuestra Derecho interno a la normativa comunitaria.

Las Directivas como normas de mínimos. Las Directivas antidiscriminatorias se constituyen en normas de garantía mínimas. Resultan válidos por ello los preceptos que, en el ámbito de cada Estado miembro, resulten más favorables para los trabajadores sin que la entrada en vigor de las Directivas pueda ser motivo para reducir el nivel de protección que ya se tuviera.

La tutela judicial y administrativa. Las Directivas establecen la obligación de que los Estados miembros configuren procedimientos judiciales y administrativos para la defensa de las víctimas de discriminación, tratando de facilitar la defensa de las víctimas a través del establecimiento, salvo en el ámbito penal, de una inversión de la carga de la prueba conforme a la cual frente a la presentación de indicios de discriminación, la carga de la prueba se traslada al demandado o ampliando la legitimación para que las asociaciones con interés legítimo puedan iniciar en nombre del demandante o en su apoyo, y con su autorización, el correspondiente procedimiento judicial o administrativo y estableciendo la obligación de que los Estados miembros establezcan mecanismos para garantizar la indemnización o la reparación, sin que ésta pueda quedar limitada por un tope máximo fijado previamente (art. 18 Directiva 2006/54).

Garantía de indemnidad. Las personas que reclaman por motivos relacionados con la discriminación son objeto de protección frente a las represalias que puedan sufrir por tal actuación considerándose que la actuación que les perjudique constituye una conducta discriminatoria.

La discriminación por asociación. La STJUE de 17 de julio de 2008, Coleman, recepciona por primera vez la discriminación por asociación que sería aquella que se produce cuando una persona o grupo en que se integra, debido a su relación con otra sobre la que concurra alguna de las causas protegidas, es objeto de un trato discriminatorio. Así en aquella sentencia una trabajadora que sufría un trato desfavorable a causa de ser madre de un hijo con discapacidad se consideró que había sido discriminada discriminación ("por asociación") a causa de discapacidad. De este modo, la prohibición de discriminación directa y de acoso no se circunscribe a las personas que sean ellas mismas discapacitadas. Recientemente, la STJUE de 20 de junio de 2019, Jamina Hakelbracht, C-404/18, ha seguido avanzando en la misma dirección extendiendo la protección de la discriminación por razón de sexo a una empleada bancaria que defendió y reivindicó la propuesta de contratación de una trabajadora embarazada que ella había seleccionado por encargo del banco que finalmente descarta.

8. BIBLIOGRAFÍA

BALLESTER PASTOR, A.: "El principio de igualdad de trato y no discriminación", en AA.VV. *Lecciones de Derecho Social de la Unión Europea*, Tirant Lo Blanch, 2012.

BENAVENTE TORRES, I.: "Igualdad y no discriminación en el empleo y en las condiciones de trabajo", en Navarro Nieto, F., Rodríguez-Piñero Royo, M. C. y Gómez Muñoz, J.M. (directores), *Manual de derecho social de la Unión Europea*, Ed Tecnos, 2011.

CABEZA PEREIRO, J.: "Transparencia retributiva para la igualdad de trato entre mujeres y hombres: entre el "softlaw" y el "hardlaw" de la UE", *Revista del Ministerio de Trabajo y Economía Social*, núm. 151, 2021.

CASAS BAAMONDE, M. E. Y RODRÍGUEZ-PIÑERO ROYO, M.: "El reconocimiento de los derechos sociales de la Unión Europea", *Relaciones laborales: Revista crítica de teoría y práctica*, núm. 1, 1995.

FABREGAT MONFORT, G.: "Las novedades en materia de igualdad de género en el mercado de trabajo", *Revista General de Derecho del Trabajo y de la Seguridad Social*, núm. 53, 2019.

TEST

1. La normativa europea:
   - a) Prohíbe toda discriminación por cuanto la igualdad constituye un valor fundamental para la UE
   - b) Prohíbe sólo la discriminación por razón de nacionalidad y por razón de género.
   - c) No prohíbe directamente por cuanto los Estados podrán o no transponer las Directivas en esa materia.
   - d) Prohíbe la discriminación por razón de nacionalidad y por razón de género, pero también la discriminación por razón de etnia o raza, religión o convicciones, edad, discapacidad y orientación sexual.

2. La discriminación por los negativos efectos que supone
   a) No admite nunca justificación.
   b) Si responde a una finalidad legítima cabe establecer esa diferencia de trato.
   c) Para ser admisible, además de responder a una finalidad legítima, la diferencia de trato debe de superar los juicios de idoneidad, proporcionalidad y necesidad y no debe constituir una discriminación directa.
   d) Puede justificarse sólo en razones económicas

3. La discriminación por discapacidad
   a) Justificaría la no contratación de las personas que por su discapacidad no pudiesen realizar su trabajo.
   b) Justificaría la no contratación de las personas que por su discapacidad no pudiesen realizar su trabajo pero sólo si se acredita la imposibilidad de realizar los ajustes razonables necesarios que permitan su adaptación.
   c) Exige que el trabajador o trabajadora disponga de un reconocimiento oficial de persona discapacitada
   d) Impediría el despido de un trabajador basado exclusivamente en su situación de enfermedad.

4. El despido injustificado de un trabajador obeso por razón de esa circunstancia
   a) Podría subsumirse en el ámbito de la prohibición de trato discriminatorio por razón de discapacidad.
   b) No podría subsumirse en el ámbito de la prohibición de trato discriminatorio por razón de discapacidad por cuanto es una enfermedad.
   c) En cualquier caso, determinaría la mera improcedencia del despido.

d) Sólo sería nulo si se acreditase la voluntad de discriminar.

5. La discriminación en materia retributiva por razón de género:

   a) Necesita que comparemos trabajos iguales.

   b) No necesita que se comparen trabajos iguales sino de igual valor.

   c) Sólo se producirá cuando un trabajador hombre y una trabajadora mujer realicen un trabajo igual y tengan reconocidas retribuciones diferentes.

   d) Se refiere estrictamente al salario no a las demás percepciones o ventajas que pueda recibir la persona trabajadora.

6. Los Estados podrían limitar el acceso al mercado de trabajo a los nacionales de otros países de la UE

   a) Entre otros casos especificados normativamente, cuando concurran especiales dificultades en el mercado de trabajo (por ejemplo, elevada tasa de desempleo de los nacionales).

   b) Respecto cualquier empleo público.

   c) Sólo por razones de orden público, seguridad y salud públicas, desarrolladas en la Directiva 2004/38/CE y con los límites allí establecidos.

   d) En ningún caso porque se estaría vulnerando el derecho a la libre circulación de los trabajadores y a la no discriminación por razón de la nacionalidad.

7. La adopción de medidas de acción positiva o afirmativa en el ámbito de la discriminación por razón de genero:

   a) Sólo es posible en favor de las mujeres.

b) Supone la admisión generalizada de las cuotas de reserva del empleo en favor de las mujeres.

c) Sólo juega en relación al acceso al empleo.

d) Todas las respuestas anteriores son incorrectas.

8. Con relación al uso de símbolos religiosos en los centros de trabajo, la jurisprudencia europea:

a) Admite con carácter general que las empresas lo prohíban sin mayores condicionantes.

b) No pueden ser prohibidos en ningún caso por cuanto constituyen la expresión del ejercicio de un derecho fundamental.

c) Se admite que sólo las empresas de tendencia establezcan restricciones.

d) Se admite que las empresas puedan restringir su utilización siempre y cuando lo hagan con carácter general y la prohibición esté justificada en una auténtica necesidad empresarial.

9. La protección que se deriva de las directivas anti discriminatorias

a) Actúa sólo con relación a las personas en las que concurre el factor protegido.

b) Actúa con relación a las personas en las que concurre el factor protegido pero también respecto aquellas otras que por su relación con aquéllas sufren un perjuicio.

c) No implica la posibilidad de obtener una reparación económica por los perjuicios sufridos.

d) Todas las respuestas anteriores son incorrectas.

10. Respecto al acceso al empleo:

a) Es posible establecer una diferencia de trato basada en el sexo sin que constituya discriminación cuando, debido a la naturaleza de las actividades profesionales concretas o al contexto en que se lleven a cabo, dicha característica constituya un "requisito profesional esencial y determinante.

b) Es posible establecer una diferencia de trato basada en el sexo sin que constituya discriminación cuando, debido a la naturaleza de las actividades profesionales concretas o al contexto en que se desarrrolle, dicha característica constituya un "requisito profesional esencial y determinante" y siempre y cuando su objetivo sea legítimo y el requisito proporcionado.

c) No es posible, en ningún caso, establecer una diferencia de trato basada en alguna característica relacionada con el sexo

d) Es posible establecer una diferencia de trato cuando se trate de un "requisito profesional esencial y determinante", el objetivo sea legítimo y el requisito proporcionado o bien cuando se trate de una acción positiva y cumpla los requisitos establecidos normativa y jurisprudencialmente.

Preguntas cortas

1. Identifique los supuestos en los que la normativa europea permite legítimamente establecer diferencias de trato basadas en el sexo en materia de empleo.

2. ¿Las restricciones en el acceso a España que se establecieron durante el estado de alarma decretado con ocasión de la

COVID-19 estaban justificadas desde la perspectiva del derecho a la libre circulación?

3. ¿Considera que una empresa dedicada a la instalación de software en empresas podría prohibir a una trabajadora que práctica la religión islámica utilizar el hiyab o velo islámico más común en base a los requerimientos de un cliente?

4. ¿En relación con qué causa o factor protegido ha establecido la normativa antidiscriminatoria europea expresamente un deber empresarial de adaptar las condiciones de trabajo?

5. ¿Un determinado convenio colectivo que reconociese condiciones de trabajo inferiores para los empleados a tiempo parcial podría plantear problemas de adecuación al principio de no discriminación por razón de sexo?

Valore la adecuación jurídica y finalidad de dichas cláusulas

- A igualdad de mérito y capacidad, accederá al empleo la persona de sexo femenino.
- A igualdad de mérito y capacidad, accederá al empleo la persona cuyo género esté subrepresentado en la empresa en una categoría o función determinada.
- Garantizar que los cursos de formación continua se realicen en horario laboral
- El establecimiento de un porcentaje para la contratación especifica de mujeres.
- Los trabajadores a tiempo parcial no disfrutarán del complemento de vestuario ni de transporte.
- Se requiere camarera para el desarrollo de las tareas propias del oficio en el servicio de restauración de un comedor escolar.

- Los candidatos al puesto de trabajo (policía municipal) deberán tener una estatura mínima de 180 cms.
- Los trabajadores y trabajadoras empleadas en puestos de trabajo en los que se hallen surepresentadas percibirán un plus de subrepresentación de 50 € mensuales.
- Imprescindible la acreditación de titulación que acredite el conocimiento del español (oferta de empleo para puesto de trabajo de mecánico).

Caso práctico 2

D. Juan Francisco, vino prestando servicios para la empresa AGUASORENSE, S.L., desde el 6 de julio de 2020, con la categoría profesional de Conductor-repartidor y con un salario de 1.10833 euros incluida prorrata de pagas extras.

En fecha 20 de julio de 2020, cuando se encontraba realizando su trabajo, al cruzar un paso de peatones para regresar a la furgoneta de reparto, en la calle Ramón Puga, fue atropellado por un vehículo que lo lanzó contra la calzada, habiendo sido llevado con urgencia al Complexo Hospitalario Universitario de Ourense.

Dicha circunstancia fue conocida por el empresario demandado el mismo día del accidente, al haber sido avisada la empresa del suceso por medio de la Policía Local. El empresario demandado, acudió al Complexo Hospitalario citado, a interesarse por la salud del trabajador.

El empresario demandado procedió a dar de baja en la Seguridad Social al actor en fecha de 20 de julio de 2020.

A consecuencia del accidente el actor estuvo ingresado 5 días en el hospital siendo diagnosticado al alta por padecer las siguientes dolencias: politraumatismo por atropello en vía pública. HSD Leve. Contusión pulmonar leve. Fractura de huesos propios nasales.

La abogada del Sr. Juan Francisco está valorando incluir en la demanda de impugnación del despido una alegación que haga referencia a la vulneración del derecho a la no discriminación por razón de discapacidad. ¿Valore esa posibilidad?

Capítulo XVII

El diálogo social en Europa

JUAN JOSÉ FERNÁNDEZ DOMÍNGUEZ
Catedrático de Derecho del Trabajo y de la Seguridad Social
Universidad de León

1. EL CONCEPTO DE DIÁLOGO SOCIAL EN EUROPA

"El diálogo social comprende todo tipo de negociación, consulta o, simplemente, intercambio de información entre los representantes de los gobiernos, de los empleadores y de los trabajadores, sobre temas de interés común relativos a la política económica y social".

Bajo esta definición, aquilatada y mantenida durante las últimas décadas por la OIT, late la clara inspiración de una práctica que desde Europa se extiende a todo el mundo, pero que en el Viejo Continente adquiere un perfil mucho más rico a partir tanto de acuerdos informales o puntuales, como de vías formales y estables de nivel intersectorial (Comités de Empleo, de Protección Social, de Diálogo Social o Comisiones y Cumbres Sociales Tripartitas, con el papel fundamental atribuido a la Cumbre Social Tripartita por el Crecimiento y el Empleo) o de ámbito funcional concreto (Comités Sectoriales).

El concepto aspira no sólo a regir a nivel continental, sino a uniformar su sentido en todos los Estados, a un punto tal que la Comisión Europea propone a sus miembros una noción compartida, entendiendo por diálogo social "todo tipo de negociación, consulta o intercambio de información entre representantes de los gobiernos, los empleadores y los trabajadores sobre cuestiones de interés común relacionadas con las políticas económicas y sociales, que existen como relaciones bipartitas entre los trabajadores y los empleadores, incluida la negociación colectiva, o como un proceso tripartito, con el Gobierno como parte oficial del diálogo y que pueden ser informales o institucionalizados o una combinación de ambos, que tienen lugar a nivel nacional, regional o de empresa, intersectorial, sectorial o una combinación de estos" [COM (2023) 38 final].

De acudir a uno de sus intérpretes autorizados, en uno de los documentos donde repasa las manifestaciones más señeras, se identifican cuatro grandes contenidos o expresiones fundamentales [COM (2004) 557 final]:

1) Las acciones conjuntas derivadas de las reuniones regulares de los interlocutores sociales para intercambiar informaciones, negociar opiniones en común, suscribir declaraciones, emitir informes dirigidos a las instituciones comunitarias o a las autoridades nacionales en los cuales conste su parecer respecto a una política o normativa comunitaria, alcanzar acuerdos voluntarios o "entendimientos", definir códigos de buena conducta o, en fin, elaborar otros instrumentos varios que bien pudieran servir de guía de actuación, más o menos obligatoria, a nivel nacional.

2) La concertación tripartita, como expresión de la reunión regular o extraordinaria de los agentes sociales con dirigentes o funcionarios de la Unión Europea para intercambiar puntos de vista acerca de la orientación que deben seguir las grandes medidas de la política social y económica.

3) La consulta, que encuentra expresión a través de múltiples documentos surgidos del procedimiento de

interlocución previo a la adopción de una norma; en particular, a través de recomendaciones y dictámenes.

4) Por último, la negociación colectiva, como función más trascendente desde el plano jurídico, en tanto supone incorporar al ordenamiento una verdadera fuente de Derecho en sentido estricto, con frutos que adoptan la forma de acuerdos en materia de política social y pasan a formar parte del acervo comunitario.

2. EL DIÁLOGO SOCIAL EN SU EVOLUCIÓN HISTÓRICA

Este modo comunitario de avanzar bajo el signo de la paz social ha sido fruto de una evolución con distintas fases en el encuentro del poder gubernativo y los agentes sociales; por ende, diversa –y progresiva– ha sido la manera bajo la cual la democracia parlamentaria ha alcanzado el complemento del consenso de aquellos a quienes la comunidad también considera sus legítimos representantes.

2.1. La etapa previa bajo la lógica consultiva

El objetivo –bien delimitado en sus orígenes– de construir un gran Mercado Común trajo consigo que durante las primeras décadas el proyecto europeo se centrara, fundamentalmente, en la construcción de una economía de escala a nivel regional y desatendiera en lo sustancial la dimensión social de la realidad que estaba edificando. De hecho, el Tratado de Roma de 1957 apenas si contenía en su texto dos apuntes de contenido laboral: de un lado, el reconocimiento a la libre circulación de trabajadores; de otro, la preocupación específica, y ya desde el inicio, por la garantía de igualdad retributiva por razón de sexo.

Concepción minimalista que se revela claramente inoperante, y que durante la década de los años sesenta encuentra primera vía de reacción a través de comités paritarios de carácter consultivo en distintos sectores, a imagen y semejanza de los que acompañaron a la CECA y la CEE –entre ellos, y más importante, el Consejo Económico y Social–, así como de actos tan significativos como –ya en la siguiente década– la invitación del Consejo a las instituciones comunitarias para que establecieran, tras consultar con los interlocutores sociales, el primer programa de acción social, cuya aprobación tuvo lugar en 1974.

Es en este contexto donde por primera vez aparece el término "diálogo", utilizado en el marco de las relaciones colectivas al calor del comienzo de la actividad del Comité de Empleo; órgano al cual quedó precisamente encomendada la misión de asegurar "el diálogo, la concertación y la consulta" entre el Consejo, la Comisión y los interlocutores sociales.

2.2. El embrión firme del diálogo social: origen y asentamiento en una época de confianza

Hubo que esperar hasta la década de los ochenta, en un momento de grandes transformaciones, para que comenzara a abrirse camino la idea de que la construcción de la Europa social no debería ser un mero complemento de la convergencia económica, sino disponer de un valor autónomo. El entonces Presidente de la Comisión, Jacques Delors, invitó a las organizaciones empresariales y sindicales más representativas a participar en la reunión del Consejo Europeo de Val Duchesse, y a partir de ese momento se sucedieron los encuentros informales destinados a preparar la segunda de las reuniones en tal localidad que aproximaron posiciones entre los actores más destacados del panorama continental, para, a su través, permitir el tránsito desde en lógica estrictamente consultiva a otra fundada en un diálogo regular con miras a una relación más estrecha y de mayor confianza.

No fue ni un acercamiento sencillo ni una evolución lineal, pues la Confederación Europea de Sindicatos (CES) estimaba que el diálogo social no debía reemplazar la promulgación de nuevas Directivas en el ámbito social; por su parte, la Unión de Confederaciones de la Industria y de los Empresarios Europeos (UNICE, actual BusinessEurope) mantenía la actitud cautelosa derivada de considerar que el proceso de diálogo no habría llevar de manera indefectible a la contratación colectiva europea. Con tales planteamientos de partida, bien cabría mantener que en este punto inicial el diálogo resulta más un deseo que una realidad operativa, por mor de un doble obstáculo que permite valorar el espacio temporal que discurre desde 1985 a 1991 como "de opiniones en común": en primer lugar, la existencia de una relación delicada entre la norma y el convenio, entre ley y negociación, sin que obrara una clara delimitación de cuanto correspondía a una y a la otra; en segundo término, la falta del necesario consenso sobre la noción de contrato colectivo y los niveles apropiados de negociación.

Tal panorama proporciona sentido a la invitación a actuar que el Parlamento (en una labor encomiable) realizó a la Comisión en un cuádruple sentido: supresión de obstáculos para que la relación convencional a nivel europeo pudiera ser operativa; articulación de ese ámbito comunitario de negociación con el resto; creación de un lugar institucional en el cual pudieran expresarse y debatirse problemas sociales del espacio sin fronteras; en fin, desarrollo de relaciones convencionales en el seno de empresas multinacionales.

Al término de la segunda de las reuniones de Val Duchesse obraba ya, no obstante, una doble declaración llamada a conformar los cimientos de la institución de nuevo cuño. De un lado, el Acuerdo respecto a la estrategia de cooperación para el crecimiento y el empleo, con propuesta de la Comisión para seguir el diálogo social y constituir un grupo de trabajo paritario encargado de examinar la evolución de la situación económica y de la actividad laboral (grupo de trabajo "macroeconómico"). De otro, el reconocimiento de la interrelación profunda entre diálogo social y las nuevas tecnologías, como factor básico de la competitividad, del crecimiento y del empleo europeos, a cuyo fin se procede a constituir un segundo grupo para proporcionar una orientación común relativa a estos extremos (grupo de trabajo "nuevas tecnologías y diálogo social").

Con la entrada en vigor del Acta Única Europea, el 1 de junio de 1987, acaecieron modificaciones fundamentales en el Tratado Constitutivo de la Comunidad Económica Europea; entre otras, y siguiendo una propuesta francesa, la reforma de su art. 118 B, destinada a dar cabida formalmente al diálogo social europeo y, con él, a un nuevo escenario institucional para la colaboración de los agentes sociales en el procedimiento legislativo comunitario.

Una participación que, de entre todas las alternativas posibles, se quiso amplia y abierta a interlocutores necesariamente fuertes, aun cuando esta circunstancia resulte, todavía a día de hoy, más de los hechos que de su definición o regulación institucional. Así lo corrobora, en 1989, el párrafo 2º del art. 12 de la Carta Europea de Derechos Fundamentales de los Trabajadores, cuando lo califica como un "mecanismo de convergencia en el plano social" que, a partir de ese momento e impulso, trata de superar las dificultades encontradas en la fase anterior. Ordenado, por ende, a dar a luz ese nuevo diálogo social recogido en el Acuerdo de Política Social (firmado como Declaración conjunta por CES, UNICE y CEEP –actual SGI Europe–), donde figura la consulta obligatoria a los interlocutores sociales en relación con las propuestas de la Comisión en el ámbito social y la posibilidad de que estos puedan mantener negociaciones destinadas a alcanzar acuerdos.

Con la recepción del Acuerdo de Política Social en el Tratado de Maastricht ha lugar al gran hito de su codificación, que encontrará en la incorporación de sus contenidos al Tratado de Ámsterdam el elemento de normalización del sistema.

Queda así inaugurada la que con fortuna se ha denominado como "etapa de confianza" de los interlocutores sociales en el diálogo social y en su capacidad para alcanzar compromisos, así como hacer avanzar el proyecto regulador de una Comisión que se venía mostrando especialmente activa a la hora de impulsar el consenso. Situación enormemente favorecida, además, por la creación del Comité de Diálogo Social en 1992, como principal foro estructural para el diálogo social bipartito a nivel europeo. Operación institucional claramente confirmada a través de la Decisión 98/500/CE de la Comisión, de 20 de mayo de 1998, relativa a la creación de comités sectoriales (CDSS) para promover el diálogo entre los interlocutores sociales a escala europea.

2.3. La preferencia por las formas no vinculantes y el estancamiento en la crisis de comienzos de siglo

Si el período entre la entrada en vigor del Tratado de Maastricht hasta comienzos de siglo permite asistir al éxito cuantitativo y cualitativo del diálogo social bipartito (y tripartito), con el Consejo Europeo de Laeken en 2001 se hacen patentes los signos de un cambio que, en sentido propio, cabría identificar con un estancamiento en la evolución.

Los cabos sueltos que dejó el Tratado de Lisboa, en particular al no abordar de manera decidida la determinación de los sujetos protagonistas, están en la base de algunos sonoros fracasos en las negociaciones previas a la elaboración de una norma, como los intentos de acuerdo sobre comités de empresa europeos –1994–, carga de la prueba en supuestos de discriminación por razón de sexo –1995–, acoso sexual

–1996–, derechos de información y consulta –1998– o empresas de trabajo temporal –2000–. Estos contratiempos, a pesar de haber sido presentados en ocasiones como la reivindicación de una mayor autonomía –defendiendo cuanto podían ser sus ventajas teóricas–, no dejan de esconder el tránsito desde una dependencia de las instituciones comunitarias a otra en que pasa a serlo de los interlocutores a nivel nacional y, por ende, a un impacto desigual (incluso nulo) de los acuerdos que no contaran con el soporte de la Comisión en los Estados miembros.

Este contexto, en el cual los interlocutores se liberan de la sombra de la jerarquía pero a riesgo de perder efectividad, va a llevar a una situación bajo la cual, en el plano interprofesional, todos los acuerdos pasan a ser autónomos (dejando al margen el revisado sobre permiso parental en 2009); tendencia o dinámica que no se extiende al diálogo sectorial, que sigue su propio ritmo, conjugando acuerdos fuertes con autónomos al calor de cuatro factores fundamentales: la "coordinación vertical" articulada a partir de la representatividad de los interlocutores sociales, las fórmulas para la "europeización del interés", los agentes nacionales involucrados en los CDSS y la forma de implementación prevista para los acuerdos.

Escenario en transformación al que cabría sumar los efectos de la ampliación de la Unión, los límites a la constitucionalización de los derechos colectivos que presenta el art. 153.5 TFUE (pues no solo deja fuera la retribución, sino –sobre todo– los derechos de asociación, sindicación, huelga y cierre patronal), la aparición de una nueva forma de legislar (presidida por la flexibilidad y la opción por el método abierto de coordinación) y la irrupción de la crisis. Factores, todos, que dan pie a una etapa convulsa, donde los problemas políticos e institucionales de la Unión se traducen en dificultades para el consenso entre los interlocutores sociales, así como entre estos y las instituciones europeas, dado el carácter de las medidas adoptadas. Encuadradas en el objetivo material de mejorar la competitividad de la economía como fórmula para superar la crisis, el ensayo de cuanto desde 2011 se conoce como Semestre Europeo constituye una apuesta por fortalecimiento de los mecanismos monetarios con demoledores efectos en el plano social, al punto de llevar a la renuncia de la vía legislativa y un estancamiento patente en el diálogo social entre 2010 y 2013, al menos en el plano interprofesional, pues de nuevo el sectorial permitió constatar un mayor dinamismo y resiliencia.

2.4. La revitalización del diálogo social en la etapa posterior a la crisis

El cambio en la presidencia de la Comisión Europea acaecido en 2014, coincidiendo con la salida de la recesión, supuso un notable viraje de perspectiva y el relanzamiento y fortalecimiento evidente de un diálogo social que se había visto severamente amenazado en los últimos estertores de la presidencia precedente. Basten dos datos elocuentes, como fueron la negativa de la Comisión a elevar al Consejo el acuerdo alcanzado por los interlocutores sociales sobre protección de la salud y la seguridad en el sector peluquerías, o la cancelación –durante julio de aquel año– de una decena de reuniones previstas con los CDSS. Así, y aun cuando la legitimidad de proyecto europeo sigue pasando por el crecimiento económico, en la agenda de la nueva presidencia figuraban otros dos factores fundamentales para asentar el objetivo al que responde el diálogo: el refuerzo de la legitimidad democrática y –con íntima vinculación– una mayor atención a lo social. Tránsito que culmina con el anuncio de la creación de un "Pilar Europeo de Derechos Sociales" en el discurso del estado de la Unión de diciembre de 2015, así como una actualización de la labor que, en paralelo, se prolonga a través de las Comisiones Sociales Tripartitas, donde instituciones europeas, patronal y sindicatos, tras efectuar la declaración que fue punto de partida de aquel "nuevo comienzo del diálogo social", elaboraron un Programa de Trabajo conjunto para el período 2015-2017.

En la cumbre social de Gotemburgo, celebrada en noviembre de 2017, aquel anuncio efectuado dos años antes toma cuerpo a partir de un Pilar Europeo de Derechos Sociales a iniciativa conjunta del Parlamento Europeo y el Consejo. Además de reflejar magníficamente el sentido del diálogo social en el apartado 20 de su Preámbulo, el texto le dedica todo el punto 8 del Capítulo II, para incorporar una triple proclama: a) La necesidad de consultar a los interlocutores sociales en torno al diseño y aplicación de políticas sociales, económicas y de empleo, de acuerdo con las prácticas nacionales; animándoles, además, a negociar y celebrar convenios en los asuntos de su incumbencia, siempre con respeto a su autonomía y derecho a la acción colectiva y garantizando la aplicación a nivel europeo e interno. b) El reconocimiento del derecho de información y consulta sobre asuntos de su interés, en particular sobre la transferencia, reestructuración y fusión de empresas y sobre despidos colectivos. c) Como colofón, el deber de apoyo destinado a aumentar la capacidad de los interlocutores sociales para promover un bien tan preciado.

2.5. Un futuro preñado de posibilidades

De contemplar alguna de las iniciativas legislativas suscitadas dentro del marco proporcionado por el Pilar Europeo (con refrendo sobre su trascendencia en la Declaración de Oporto de mayo de 2021), como puede como puede ser la Directiva 2022/2041 del Parlamento Europeo y del Consejo, de 19 de octubre de 2022, sobre unos salarios mínimos adecuados en la Unión Europea, no cabe duda del futuro del diálogo social, en tanto –según muestra en este ejemplo emblemático– refuerza el uso de la negociación colectiva en la fijación de salarios y exige a los Estados miembros cuya cobertura convencional sea inferior al 80% que implanten un plan de acción para promoverla.

Menos incertidumbre aún cabrá de tomar en consideración que poco tiempo después, en febrero de 2021, vio la luz el importante "Informe Nahles", sobre refuerzo del diálogo social, incluido dentro del plan de acción que implementó aquel Pilar Europeo en marzo de 2021, el cual recogía el doble compromiso de la Comisión de presentar una iniciativa sobre convenios colectivos para los trabajadores por cuenta propia en 2021 y otra sobre apoyo al diálogo social a escala nacional y de la Unión en 2022.

En verdad la crisis sanitaria ha retrasado los proyectos en marcha, pero todo apunta a recuperar la esencia de tiempos pasados con una funcionalidad adaptada a las exigencias del presente. Así lo recogen, por ejemplo, el Programa de Trabajo del Diálogo Social Europeo 2019-2021 (y lo reitera el correspondiente a 2022-2024), la propuesta de Recomendación al Consejo "Sobre refuerzo del diálogo social en la Unión Europea" [COM (2023) 38 final], la Comunicación de la Comisión relativa a "Reforzar el diálogo social en la Unión Europea: aprovechar plenamente su potencial para gestionar transiciones justas" [COM (2023) 40 final] o, en fin, la Resolución del Parlamento, de 2 de febrero de 2023, con recomendaciones a la Comisión sobre la revisión de la Directiva sobre comités de empresa europeos [P9_TA (2023) 0028] a fin de reforzarlos, aumentando también el número, con la finalidad de ejercer adecuadamente sus derechos de información y consulta.

3. LA ORDENACIÓN NORMATIVA DEL DIÁLOGO SOCIAL: DE LAS CONSULTAS A LA NEGOCIACIÓN COLECTIVA

Aunque son muchas las referencias a partir de las cuales cabría medir la contribución del diálogo social a la evolución de Europa (creación de estructuras destinadas a facilitar la participación de los interlocutores sociales, Programas de Trabajo del Diálogo Social que desde el de 2003-2005 se han sucedido hasta el vigente de 2022-2024, introducción de propuestas al paquete de empleo en el Semestre Europeo que actualiza la gobernanza económica de la Unión o –entre más– posición de privilegio de los agentes sociales en el desarrollo del Pilar Europeo de Derechos Sociales, en particular por cuanto hace a la consecución de unas condiciones de trabajo dignas), no cabe duda de que la expresión más relevante aparece localizada en aquella que, tras las preceptivas consultas, finaliza con un acuerdo vinculante, bajo la forma de Directiva o de aplicación directa como fruto de la autonomía colectiva, en tanto supone reconocer un espacio normativo propio –y aun preferente– a los interlocutores sociales.

Así lo recibe el Título X del TFUE, intitulado Política Social, cuando en su art. 151 recoge el diálogo social entre los objetivos de la Unión y de los Estados en materia de política social y encomienda a la Comisión la tarea de fomentar la colaboración entre los miembros y facilitar la coordinación de acciones, en particular en las materias relacionadas en el art. 156; establece la obligación de la Unión de promover el papel de los interlocutores sociales en el art. 152; enumera los ámbitos competenciales comunitarios en materia social y excluye (además de las remuneraciones) los derechos sindicales que en los distintos ordenamientos internos son complemento necesario de la negociación colectiva (sindicación, huelga y cierre patronal); diseña el modelo de doble consulta como técnica previa a la adopción de una norma en el art. 154; en fin, reconoce la posibilidad de negociar, considerándola una variante destinada a proporcionar continuidad a la fase de consultas que se abre a los interlocutores sociales en el art. 155.1 (también como proceso autónomo sin necesidad de aquella iniciativa anterior de la Comisión), encontrando dos opciones para la aplicación de los acuerdos: si versan sobre una de las competencias enunciadas en el art. 153 TFUE, a través de una decisión del Consejo adoptada a propuesta de la Comisión (los acuerdos "fuertes"); como alternativa, su aplicación a través de los procedimientos y prácticas propios de los interlocutores sociales y de los Estados miembros (acuerdos "autónomos"). Al margen de esta división que considera la forma de obtener la fuerza de obligar, otra opción taxonómica vertebrará la autonomía colectiva europea para separar, en atención al ámbito funcional afectado, los acuerdos interprofesionales de los sectoriales.

3.1. El diálogo social institucionalizado: la doble consulta

La regulación de la política social dentro TFUE abandona la perspectiva más genérica del diálogo social para centrarse en una vía específica cuando su art. 154 contempla las dos obligaciones sucesivas de consulta que ha de cumplimentar la Comisión en desarrollo de su labor de carácter legislativo:

A. La primera de estas formas de incidir en el procedimiento de elaboración de normas comunitarias viene contemplada en su apartado 2, cuando establece que "antes de presentar propuestas en el ámbito de la política social, la Comisión consultará a los interlocutores sociales sobre la posible orientación de una acción de la Unión".

Constituye una forma de interlocución con clara incidencia en la iniciativa normativa, no en vano ha de efectuarse antes de presentar cualquier propuesta que abra el proceso legislador, siempre y cuando –única y exclusivamente– quede referido al ámbito de la política social definido en el art. 153 TFUE.

La forma de proceder viene establecida en el apartado 19 de la Comunicación relativa a la aplicación del protocolo sobre la política social presentada por la Comisión al Consejo y al Parlamento Europeo, de 14 de diciembre de 1993 [COM (93) 600 final], a cuyo tenor "tendrá lugar mediante la recepción de la carta de la Comisión. La consulta solicitada podrá tener lugar por escrito o, si los interlocutores sociales así lo desean, mediante la organización de una reunión *ad hoc*. El período de consultas no podrá ser superior a seis semanas".

Este texto, carente de valor jurídico formal, define también los interlocutores sociales a quienes consultar, delimitados a partir de una suficiente representatividad que atiende a los tres criterios enunciados en su apartado 24: a) ser organizaciones interprofesionales, sectoriales o de una categoría de trabajadores que estén organizadas a nivel europeo; b) integradas por interlocutores sociales de los diferentes Estados, con capacidad para negociar acuerdos y que sean representativas (representación suficiente) en todos los miembros; y c) con una estructura adecuada para garantizar su participación efectiva en los procesos de consulta.

En el proceso, el apartado 1 del art. 148 TFUE establece que la Comisión está llamada a fomentar la consulta, "velando por que ambas partes reciban un apoyo equilibrado". Conlleva, por ende, que ha de ser neutral, lo cual dista de significar que cada una de las partes reciba el mismo o idéntico trato o facilidades, pues las formas de apoyo han de partir de la diversidad de situaciones y medios con que cuenten cada uno de los agentes sociales.

Por lo demás, el objeto de la consulta se limita a emitir su parecer "sobre la posible orientación de una acción comunitaria"; es decir, la viabilidad y oportunidad de regular una determinada y concreta materia, sin ir más allá. Por supuesto, el criterio expresado dista de ser vinculante, aun cuando la posición de los interlocutores puede resultar harto indicativa del interés que merece la acción de la Comisión y el grado de consenso que, en su caso, cabe esperar de inicio.

B. El apartado 3 del art. 148 TFUE contempla el segundo de los momentos relevantes: "si, tras dicha consulta, la Comisión estimase conveniente una acción de la Unión, consultará a los interlocutores sociales sobre el contenido de la propuesta contemplada". De atender a cuanto recoge el punto 19 de la Comunicación de 14 de diciembre de 1993 arriba mencionada, "la segunda fase de consulta tendrá lugar mediante recepción de la segunda carta enviada por la Comisión, en la que figurará el contenido de la propuesta contemplada, con inclusión de la indicación de su posible base jurídica". Por su parte, los interlocutores sociales "expresarán a la Comisión una opinión por escrito y, si lo desean, en una reunión *ad hoc*, en la que se expongan los puntos de acuerdo y de desacuerdo de las posiciones respectivas sobre el borrador. En su caso, presentarán una recomendación con las posiciones comunes sobre el borrador. La duración de esta segunda fase tampoco deberá exceder seis semanas".

El precepto vuelve a incidir, de nuevo, en la libertad de la Comisión para decidir si continúa o no adelante con el desarrollo de una propuesta de acción que le corresponde en exclusiva. El objeto de esta consulta es absolutamente diferente al primero, en tanto versa sobre el propio contenido de la propuesta, adoptando la forma de dictamen o recomendación emitido por cada uno se los interlocutores sociales. Con todo, bien pueden caber informes y dictámenes conjuntos, no en vano en esta fase la Comisión buscará acercar las posiciones de los interlocutores, pudiendo incluso llegar –aun cuando esta no sea su finalidad– a un principio de norma como producto acabado de concertación social.

3.2. La negociación colectiva en sus expresiones diversas y vías de eficacia

En su apartado 4 el art. 154 TFUE contempla que, con ocasión de las consultas, los interlocutores sociales pueden "informar a la Comisión sobre su voluntad de iniciar el proceso previsto en el artículo 155"; es decir, abrir una vía de negociación colectiva que desplace la acción normativa de su titular inicial y pueda conducir a alcanzar un acuerdo colectivo.

Supone, por ende, la inclusión expresa de la autonomía en el sistema de fuentes de Derecho Comunitario. Más aún, destaca la posición jerárquicamente superior en materia de política social de los mecanismos de regulación autónomos frente a los heterónomos o, sí se prefiere, asienta el principio de subsidiariedad en la acción normativa comunitaria.

En cuanto conlleva bloquear o paralizar la actividad legislativa de la Comisión, se establece un período de máximo para la iniciativa autónoma, de modo que "la duración de dicho proceso no podrá exceder de nueve meses, salvo si los interlocutores afectados deciden prolongarlo de común acuerdo con la Comisión". Por el contrario, si el acuerdo no fuera posible una vez transcurrido el plazo máximo, o una de las partes abandonará prematuramente la negociación, la Comisión podrá retomar –cuando lo considere oportuno– la acción normativa que en su día inició.

De enjundia es la cuestión relativa a los sujetos legitimados para esta negociación que subsigue a las consultas, pero no deja de ser una fase integrada en el mismo marco regulador. Al respecto, los apartados 22 a 25 de la Comunicación de 1993 antecitada remiten al listado de interlocutores contenido en el Anexo II. En todo caso, la delimitación lo es a "las organizaciones que serán consultadas", esto es, a la participación en la fase de consultas, motivo por el cual en el único pronunciamiento en el cual se ha enjuiciado la exclusión de una organización que estuvo presente en la doble consulta pero le fue negada la incorporación a la negociación, el Tribunal de Justicia considera que, mientras la consulta a los legitimados es una obligación para la Comisión, la autonomía negocial dista de ser controlada por la Institución europea. Por tal razón, afirma que el derecho a negociar no deriva de la participación en el procedimiento de consultas (lo cual, por otra parte permite proclamar la existencia de un derecho a la negociación autónomo, sin vínculo alguno con la iniciativa de la Comisión) y, a sus resultas, los sujetos llamados a participar vendrán determinados entre aquellos que hayan manifestado su interés, se hayan reconocido mutuamente como interlocutores y hayan acordado negociar; exigiendo el Tribunal tan solo el respeto a la proporcionalidad entre la representatividad y el objeto de la negociación (STJCE T-135/96, de 18 de junio de 1998, asunto *UEAPME*). Distinto es, en todo caso, el patrón en la negociación colectiva sectorial, pues en esta ocasión la Comisión entra a ponderar la representatividad a partir de unos estudios en continuo proceso de reelaboración y actualización a fin de mantener al día la determinación de quienes han de ser las partes que ocupen los bancos social y económico en las 43 estructuras que conforman a día de hoy los CDSS.

Con esta laguna cubierta por vía judicial (pero sin ignorar la existencia de otras organizaciones que eventualmente pudieran sumarse a las que hasta el momento han protagonizado la negociación –UNICE o BusinessEurope, CES y CEEP o SGI Europa– y la existencia de negociación colectiva a nivel de empresa europea), así como la falta de detalles sobre el procedimiento a seguir (también confiado a la autonomía de los negociadores), el art. 155.2 TFUE contempla los dos mecanismos destinados a conseguir la eficacia de los acuerdos colectivos europeos:

A. De un lado, alude a cuanto se conoce como acuerdos "autónomos", en tanto el precepto remite a "los procedimientos y prácticas propias de los interlocutores sociales y de los Estados miembros". Excluyendo cualquier efecto directo en los ordenamientos jurídicos internos, su trasposición aparece confiada a los propios interlocutores sociales de ámbito nacional, con la incertidumbre que ello conlleva, al punto de haberse sostenido entre los autores tesis muy diversas sobre su verdadera virtualidad operativa: un pacto entre caballeros, una obligación contractual o –más correctamente– un reenvío a la negociación colectiva en cada Estado miembro, lo cual conlleva que su eficacia jurídica dependerá de la reconocida en cada país al convenio que le sirva de vehículo para la trasposición.

B. La segunda de las vías consiste en acudir a "una decisión del Consejo adaptada a propuesta de la Comisión" que siempre ha tomado forma de Directiva. En este sentido, "y a petición conjunta de las partes", se remitirá el texto de lo acordado a la Comisión con la finalidad de que proceda a su análisis para que, si así lo considera pertinente, lo eleve con posterioridad al Consejo. Este "decide por unanimidad cuando el acuerdo en cuestión contenga una o más disposiciones relativas a alguno de los ámbitos para los que se requiera unanimidad en virtud del apartado 2 del art. 153".

Antes de así proceder, la Comisión está llamada a realizar un control de lo negociado, analizando cuatro aspectos fundamentales: la representatividad de los interlocutores que lo han negociado, la legalidad de cada cláusula (en un papel cuasi jurisdiccional), la ausencia de perjuicio para las PYMES y, en último extremo, la conveniencia de presentarlo o no al Consejo.

El margen de discrecionalidad que deriva de este último extremo, en particular si puesto en relación con los principios de subsidiariedad y proporcionalidad, ha sido avalado por el Tribunal de Justicia, al sentar que el respeto a la autonomía de los interlocutores "no implica que las instituciones, concretamente la Comisión y posteriormente el Consejo estén obligadas a dar curso a la petición conjunta presentada por las partes firmantes", bastando para ello con motivar suficientemente su decisión ("informará inmediatamente a los firmantes del acuerdo de las razones", sienta el punto 38 de la Comunicación de 1993, advirtiendo que en modo alguno cabe enmendar su contenido), lo cual, por supuesto, no priva de eficacia autónoma a lo pactado (Sentencia del Tribunal General T-310/18, de 14 de octubre de 2019, ratificada por STJUE C-928/19, de 2 de septiembre, asunto *EPSU c. Comisión Europea*).

No cabrá ignorar, en fin, la peculiaridad habitual en la trasposición de las directivas de origen convencional a los ordenamientos de los distintos Estados, a situar en la activa participación de quienes fueron sus autores materiales, ya acometiendo la tarea de manera directa a través de convenio colectivo, ya –cuando la normativa nacional no admita aquella forma– mediante una consulta *ad hoc*. Vías, ambas, que permiten tanto la introducción de disposiciones más favorables, como el diseño de sistemas propios de seguimiento y control en la aplicación e interpretación de lo acordado.

Tabla I: Acuerdos europeos de carácter interprofesional

ACUERDOS REFORZADOS MEDIANTE DECISIÓN DEL CONSEJO (DIRECTIVA)
Acuerdo marco sobre permisos parentales (1995)
Acuerdo marco sobre trabajo a tiempo parcial (1997)
Acuerdo marco sobre trabajo de duración determinada (1999)
Acuerdo marco sobre permisos parentales revisado (2009)
ACUERDOS AUTÓNOMOS
Acuerdo marco sobre teletrabajo (2002)
Acuerdo marco sobre el estrés en el trabajo (2004)

Acuerdo marco sobre acoso y violencia en el trabajo (2007)
Acuerdo marco sobre mercados laborales inclusivos (2010)
Acuerdo marco sobre envejecimiento activo (2017)
Acuerdo marco sobre digitalización (2020)
Acuerdo marco de Administraciones Centrales sobre digitalización (2022)

Tabla II: Acuerdos sectoriales europeos

ACUERDOS REFORZADOS MEDIANTE DECISIÓN DEL CONSEJO (DIRECTIVA)
Acuerdo europeo sobre tiempo de trabajo de la gente de mar (1998)
Acuerdo europeo sobre tiempo de trabajo en la aviación civil (2000)
Acuerdo sobre determinados aspectos de las condiciones de trabajo de los trabajadores móviles en operaciones transfronterizas del sector ferroviario (2004)
Acuerdo relativo al Convenio sobre el trabajo marítimo, 2006 (2008)
Acuerdo marco para la prevención de las lesiones causadas por instrumentos cortantes y punzantes en el sector hospitalario y sanitario (2009)
Acuerdo sobre la ordenación del tiempo de trabajo en el transporte de navegación interior
Acuerdo sobre salud y seguridad en el sector de peluquerías (2012 y 2016)
Acuerdo relativo a la aplicación del Convenio de la OIT sobre el trabajo en la pesca de 2007 (2012)
Acuerdo marco sobre información y consulta a los empleados de las Administraciones centrales (2015)
Acuerdo para la revisión de la Directiva 2009/13/CE (2016)

ACUERDOS AUTÓNOMOS
Acuerdo sobre la licencia para conductores que desarrollan servicios transfronterizos (sector ferroviario, 2004)
Acuerdo para la adecuada manipulación y el buen uso de la sílice cristalina y de los productos que la contienen (2006)
Acuerdo sobre los certificados europeos en el sector de peluquerías (2009)
Acuerdo relativo a los contenidos mínimos de los contratos estándar de los jugadores de fútbol profesionales en la Unión Europea y el territorio de la UEFA (2012)
Acuerdo sobre mujer en el ferrocarril (2021)

4. BIBLIOGRAFÍA

AGUILAR GONZÁLEZ, M.C.: *La negociación colectiva en el sistema normativo comunitario,* Valladolid (Lex Nova), 2006.

CASAS BAAMONDE, M.E.: "La negociación colectiva europea como institución democrática (y sobre la representatividad de los 'interlocutores sociales europeos')", *Relaciones Laborales,* T. II, 1998.

GARCÍA-MUÑOZ ALHAMBRA, M.A.: *La negociación colectiva europea de sector,* Albacete (Bomarzo), 2017.

GORELLI HERNÁNDEZ, J.: "El diálogo social en la Unión Europea: incidencia en el sistema de fuentes del Derecho", *Temas Laborales,* núm. 55, 2000.

VALDEOLIVAS GARCÍA, Y.: "Diálogo social en la Unión Europea y la negociación colectiva a nivel europeo: potencialidades, dificultades y resultados", *Documentación Laboral,* núm. 122, 2021.

TEST

1. El diálogo social europeo:
   a) Constituye una alternativa a la democracia parlamentaria
   b) Es un instrumento ajeno a la democracia parlamentaria, pues se trata de un instrumento propio de los interlocutores sociales
   c) Constituye un complemento natural de la democracia parlamentaria
   d) A menudo entra en conflicto con las decisiones políticas

2. El Tratado de Funcionamiento de la Unión Europea (TFUE):
   a) Reconoce el diálogo social junto al derecho al conflicto colectivo y a la huelga
   b) Recoge la libertad sindical como derecho y al diálogo social como una de sus manifestaciones características
   c) Considera que el diálogo social es fruto del derecho a crear sindicatos, a los cuales otorga un papel fundamental, al igual que hace con las asociaciones empresariales
   d) Únicamente reconoce el diálogo social, no otros derechos colectivos fundamentales

3. El diálogo social europeo:
   a) Acaba siempre en una decisión del Consejo
   b) Es un trámite opcional para la Comisión en asuntos de política social
   c) Puede concretarse en un acuerdo interprofesional y acabar tomando forma de Directiva
   d) Acaba siempre en un acuerdo, aunque sea de mínimos, vinculante para quienes lo firman

4. La negociación colectiva europea:
   a) Integra el diálogo social en sentido amplio
   b) Constituye una alternativa excluyente del diálogo social
   c) Es siempre una fase (la segunda) del diálogo social
   d) Solo opera en el ámbito de empresa

5. Los acuerdos "autónomos":
   a) Constituyen la expresión de un diálogo social maduro
   b) Carecen de cualquier valor jurídico
   c) Son una alternativa que surge siempre tras el fracaso en la consecución de un acuerdo "fuerte"
   d) Son la expresión característica de la concertación social

6. En el diálogo social de carácter sectorial:
   a) Se aplican por analogía las pautas de representatividad de los interlocutores sociales previstas para el diálogo interprofesional o intersectorial
   b) Solo se aplican las reglas de representatividad para los interlocutores del Estado donde el acuerdo ha de desarrollar su eficacia
   c) No existen reglas de representatividad, ni criterios definidos *a priori*, sino que se acreditan y actualizan en cada caso concreto a través de estudios que pone en marcha periódicamente la Comisión
   d) La negociación es plenamente libre y basta el reconocimiento mutuo para que surja un acuerdo autónomo

7. Tras la primera fase de consultas, y formulada por la Comisión en la segunda fase nueva consulta sobre el contenido de la iniciativa:
   a) Procede siempre un dictamen o recomendación del interlocutor representativo a quien se ha dirigido la Comisión
   b) En todo caso habrá de abrirse un período de negociación de la Comisión con los interlocutores sociales
   c) Cabrá la alternativa de emitir un dictamen o recomendación o, si se considera conveniente, que los interlocutores recaben para sí el asunto y procedan a negociar el contenido de la iniciativa
   d) La Comisión puede ignorar a los interlocutores sociales si prevé dificultades para aprobar su iniciativa

8. Se denomina acuerdo "fuertes" a aquellos que:
   a) Son refrendados en, al menos, la mitad de los Estados
   b) Han sido aprobados por unanimidad por los interlocutores sociales
   c) Tras superar el control por la Comisión, se elevan al Consejo para que, a través de su decisión, tomen forma de Directiva
   d) Se oponen a los "débiles" tratar de materias sociales especialmente relevantes

9. El período de nueve meses para que los interlocutores sociales intenten alcanzar un acuerdo colectivo:
   a) Es improrrogable
   b) Exige el acuerdo de los interlocutores con la Comisión
   c) Se puede prorrogar *sine die* por voluntad de las partes
   d) Es puramente indicativo

10. El diálogo sectorial europeo:
    a) Es fruto del fracaso del diálogo intersectorial
    b) Supone el desarrollo en el ámbito funcional apropiado de un convenio intersectorial
    c) Disfruta de la ventaja de no estar supervisado por la Comisión
    d) Ninguna de las respuestas anteriores es correcta

Preguntas Cortas

1. Indica las expresiones más características del diálogo social europeo.
2. Enuncia los criterios para medir la representatividad de los interlocutores sociales en Europa (ámbito interprofesional).
3. Señala posibles motivos que explican la crisis del diálogo social interprofesional en la primera década del siglo XXI.
4. ¿En qué consiste la primera fase de consultas en la acción normativa de la Comisión?
5. Menciona al menos tres órganos estables donde se desarrolle el diálogo social.

Caso práctico

Suscrito un acuerdo colectivo por interlocutores sociales con representatividad suficiente a nivel europeo, y elevado su contenido a la Comisión para que efectúe la oportuna propuesta al Consejo con el fin de conseguir su aplicación a nivel de toda la Unión, la Comisión manifiesta su negativa a elevar tal propuesta.

Preguntas

1. ¿Está legitimada la Comisión para proceder de este modo, o supone un atentado a la autonomía de los interlocutores sociales?

2. Si fuera posible tal negativa, ¿qué motivos podría invocar la Comisión?

3. Enuncia los principios fundamentales que rigen el diálogo social en la Unión Europea y están presentes en esta controversia.

Capítulo XVIII

Protección social en la Unión Europea y mecanismos de lucha contra la exclusión

SUSANA BARCELÓN COBEDO
Profesora Titular de Derecho del Trabajo y de la Seguridad Social
Universidad Carlos III, Madrid

1. INTRODUCCIÓN: PROTECCIÓN SOCIAL Y LUCHA CONTRA LA EXCLUSIÓN

De una forma bastante consolidada y bajo la expresión genérica, de límites un tanto difusos, de Protección Social se suele hacer referencia, dentro del concepto más amplio de políticas sociales, al conjunto de prestaciones de favorecimiento de una vida digna (lo que puede calificarse como políticas sociales de cuidado) y de garantía de recursos (esto es, políticas sociales de tutela económica). En el contexto de un Estado Social, se trata de políticas que parten de la base de que los poderes públicos han de auxiliar a los ciudadanos, con prestaciones de servicios o económicas, para permitirles el acceso a una vida digna en el terreno personal, social y económico; en el entendimiento de que la magnitud de los obstáculos que se oponen a ello hace que, de forma mayoritaria, los ciudadanos sean incapaces de superarlos porque no tienen ni los medios personales ni las disponibilidades económicas que serían precisas para lograrlo.

Aunque, en general, todas las políticas sociales son políticas prestacionales, es evidente que, respecto de las que integran el ámbito de la Protección Social, la función prestacional del Estado se acentúa de forma extraordinaria; son, en definitiva, políticas de sostén, de apoyo y de ayuda dirigidas al individuo o a colectivos a los que se quiere proteger. En consecuencia, si se parte de que la Protección Social abarca muy distintos tipos de actuaciones o prestaciones públicas sólo unificadas por la finalidad tuteladora, es necesario diferenciar dentro de ésta conjuntos de actuaciones que se agrupan bajo las referencias a asistencia sanitaria, los servicios sociales, la asistencia social y a la seguridad social.

Por lo que hace a las medidas dirigidas a luchar contra la exclusión social, se identifican con políticas inclusivas dirigidas básicamente a grupos vulnerables (entre otros: familias monoparentales, víctimas de violencia de género, adultos mayores, parados de larga duración, inmigrantes, discapacitados, personas en situación de pobreza extrema, etc.) y cuyo objetivo esencial no es otro que es evitar que dichos colectivos queden socialmente marginados al no poder, debido a sus circunstancias, participar activamente en la vida social en cualquiera de sus dimensiones. De ahí que las políticas de inclusión fijen objetivos y articulen medidas mediante las cuales evitar o prevenir la exclusión social y, caso de haberse producido, lograr reintegrar socialmente a las personas afectadas. En este contexto, sin duda, la socialización a través del trabajo se presenta como una herramienta útil, aunque no la única, para evitar la exclusión social ya que también sirven a este fin toda una serie de políticas relativas a la educación, la vivienda, la sanidad o la garantía de los recursos básicos, incluidos los económicos; lo que hace que estás medidas sean, al menos parcialmente, coextensas con las más específicas de protección social.

Partiendo por tanto del concepto genérico de Protección Social orientado, como se ha dicho, a la triple finalidad de garantizar la salud, las condiciones para una vida digna y los recursos económicos para desarrollarla, así como del carácter multidimensional de las políticas de inclusión social, cabe preguntarse acerca del papel que puede desempeñar la Unión Europea al respecto; lo que obliga delimitar su ámbito competencial sobre la materia de protección social y de lucha contra la exclusión social.

2. DELIMITACIÓN COMPETENCIAL DE LA UNIÓN EUROPEA EN MATERIA DE PROTECCIÓN SOCIAL Y DE EXCLUSIÓN SOCIAL

Se puede afirmar ya desde el principio que la Unión Europea (UE) no tiene competencia, ni exclusiva ni compartida, en estos ámbitos. Antes, al contrario, hay que decir que la competencia en materia de Protección Social, y por extensión también en lo relativo a la lucha contra la pobreza y la exclusión social, corresponde esencialmente a los Estados miembros. Esta afirmación encuentra su fundamento en el propio Tratado de Funcionamiento de la Unión Europea (TFUE) que, siquiera sea por contextualizarlo, deriva del Tratado de Lisboa de 13 de diciembre de 2007 (DO 17-12-2007, C 306), y se elabora a partir del Tratado Constitutivo de la Comunidad Europea (TCE), según establece el Tratado de Maastricht (DO 29-7-1992, C 191). Está en vigor desde 1 de diciembre de 2009 y está suscrito por los 27 países miembros (versión consolidada, DO 30-10-2010, C 83-47).

Como se sabe, el TFUE es uno de los dos tratados originarios de la Unión Europea (junto con el Tratado de la Unión Europea, TUE), constituyendo la base del Derecho de la Unión y donde se definen los principios y objetivos de la UE, su ámbito de actuación, sus competencias e instrumentos de acción, así como los rasgos organizativos y funcionales de las instituciones de la UE. Centrando el análisis en el papel que ocupa la UE en materia de protección social, es necesario acudir a los primeros artículos del TFUE. Así se señalan como competencias exclusivas de la UE las relativas a los siguientes ámbitos: a) la unión aduanera; b) el establecimiento de las normas sobre competencia necesarias para el funcionamiento del mercado interior; c) la política monetaria de los Estados miembros cuya moneda es el euro; d) la conservación de los recursos biológicos marinos dentro de la política pesquera común; e) la política comercial común (art. 3).

Se trata de las competencias propias de la UE respecto de las que los Estados miembros han hecho cesión de soberanía, sometiéndose a lo que al respecto decidan los organismos de la UE en el ejercicio de dicha competencia exclusiva. Siendo evidente que en este listado de ámbitos competenciales de carácter exclusivo no figura la Protección Social, como tampoco contiene referencia alguna a una posible actuación en la lucha contra la exclusión social. Junto a las anteriores, la UE dispone de competencias compartidas con los Estados miembros cuando así lo dispongan los Tratados. En concreto, éstas son las que se refieren a: a) el mercado interior; b) la política social, en los aspectos definidos en el presente Tratado; c) la cohesión económica, social y territorial; d) la agricultura y la pesca, con exclusión de la conservación de los recursos biológicos marinos; e) el medio ambiente; f) la protección de los consumidores; g) los transportes; h) las redes transeuropeas; i) la energía; j) el espacio de libertad, seguridad y justicia; k) los asuntos comunes de seguridad en materia de salud pública, en los aspectos definidos en el presente Tratado (art. 4). Por tanto, de este amplio listado de competencias compartidas recogidas en el art. 4.1 TFUE la única mención que puede ajustarse a lo que constituye el objeto de análisis es la prevista en el apartado b), es decir, la política social que es algo más amplio que la sola protección social o la lucha contra la exclusión.

Delimitado, pues, el ámbito competencial de la UE, y dada la referencia a la competencia compartida que UE y Estados miembros tienen en Política Social (art. 4.2 b) TFUE, la precisión de los objetivos de dicha política social se encuentra en el art. 151 del TFUE que se refiere a: a) el fomento del empleo, b) la mejora de las condiciones de vida y de trabajo, c) la igualdad de trato para los trabajadores, d) una protección social adecuada, e) el diálogo social, f) el desarrollo de los recursos humanos para conseguir un nivel de empleo elevado y duradero, y g) la lucha contra las exclusiones.

Siendo, en consecuencia, objetivos de la política social de la UE, entre otros, conseguir una protección social adecuada y la lucha contra las exclusiones, y considerando que lo establecido en el art. 151 TFUE es la concreción de lo previsto en el art. 4.1 TFUE, podría pensarse que, al referirse el art. 4.1 a las competencias compartidas entre la UE y los Estados miembros, la UE tiene el fundamento legal para intervenir, incluso normativamente, en estas materias. Ahora bien, no se puede olvidar que, cuando se actúa en el marco de las competencias compartidas, la combinación entre la función de la Unión y la de los Estados miembros no siempre alcanzan el mismo nivel.

Así, basta acercarse a la materia de empleo para observar cómo esa compartimentación habilita una mayor intervención de la UE en la medida en que es la que establece, por ejemplo, unas orientaciones básicas mediante las directrices mínimas recogidas en la Estrategia Europea de Empleo que, obligando a los Estados a elaborar un Plan nacional de Empleo, será finalmente supervisado por la UE añadiendo al diagnóstico recomendaciones específicas para cada país. O, más aún, el caso de la seguridad y salud laboral, respecto de la que la UE marca estrategias en materia de prevención de riesgos laborales al tiempo que, en el marco de tales Estrategias, tiene la competencia de aprobar Directivas que los Estados deben trasponer (art. 153.1 a) TFUE). Así lo prevé el art. 153.2 b) TFUE cuando dispone que la UE (a través del Parlamento y del Consejo) podrá adoptar, mediante directivas, las disposiciones mínimas que habrán de aplicarse progresivamente, teniendo en cuenta las condiciones y reglamentaciones técnicas existentes en cada uno de los Estados miembros.

No se puede decir lo mismo tratándose de la protección social o de la lucha contra la exclusión ya que el margen de actuación de la UE es claramente más reducido, básicamente, el que se ha recoge en el art. 6 del TFUE en la medida en que, en estas materias, y como se ha dicho, el verdadero protagonista es el Estado miembro; mientras que la UE se limita a apoyar, complementar, incentivar o coordinar las iniciativas, normativas o ejecutivas, adoptadas por los Estados miembros. En consecuencia, en el terreno de la protección social y de la exclusión social corresponde a los Estados miembros definir sus bases, objetivos, principios y medios de actuación, siendo la competencia de la UE solamente de acompañamiento de tales medidas. Algo lógico dada la relevancia que la protección social en general y las medidas de combate contra la pobreza y la exclusión social tienen como herramientas esenciales de la política social y respecto de las cuales los Estados han defendido sus competencias. Es lo mismo que sucede respecto de la materia salarial, también excluida de la competencia de la UE. Lo dicho queda corroborado por el art. 153.2 del TFUE cuando dispone que para la consecución de los objetivos del artículo 151, entre los que, como se ha dicho, están el logro de una protección social adecuada y la lucha contra las exclusiones, la UE se limita a apoyar y completar la acción de los Estados.

Se trata, no obstante, de un artículo algo confuso y que exige conectar el amplio listado de ámbitos respecto de los que la Unión sólo realizará labores de apoyo (art. 153.1 TFUE) con la articulación de esa competencia en función de cuál sea el ámbito del que se trate (apartados 2 y 4 del art. 153 TFUE). En efecto, en el apartado 1, entre los ámbitos listados figuran, además de los citados de seguridad social y protección social de los trabajadores y de lucha contra la exclusión social, también los ya mencionados de empleo y seguridad y salud laboral. Pues bien, mientras que, como se ha visto, en su apartado 2 respecto de estos últimos prevé la posibilidad de establecer las disposiciones mínimas en dichas materias; no ocurre lo mismo cuando se trata de la seguridad social y la protección social de los trabajadores respecto de las que expresamente, ahora en su apartado 4, señala que serán los Estados miembros los encargados de definir los principios fundamentales de su sistema de seguridad social, sin que esas acciones de apoyo deban afectar de modo sensible al equilibrio financiero de dicho Sistema. De manera que la posible actuación complementaria de la UE en dichos campos no puede impedir a los Estados miembros que introduzcan o mantengan medidas de protección, que incluso, pueden llegar a ser más estrictas siempre, obviamente, que sean compatibles con los Tratados. Y si está claro que en materia de protección social y seguridad social la actuación de la Unión es simplemente de apoyo o complemento, para el caso de la lucha contra la exclusión social ni siquiera se contempla otra posibilidad que no sea ésta.

Lo anterior explica que, dentro de este marco de actuación, el art. 160 del TFUE prevea la creación de un Comité de Protección Social (CPS), de carácter consultivo, para fomentar la cooperación en materia de protección social entre los Estados miembros y la Comisión; CPS que fue creado por la Decisión 2000/436/CE del Consejo, derogada y sustituida por la Decisión 2004/689/CE del Consejo e igualmente derogada por la Decisión (UE) 2015/773 del Consejo de 11 de mayo (vigente desde entonces). Y cuyo cometido ha de responder a esas acciones de apoyo y complemento que son las propias de la UE. En concreto: a) supervisar la situación social y la evolución de las políticas de protección social de los Estados miembros y de la Unión; b) facilitar el intercambio de información, experiencias y buenas prácticas entre los Estados miembros y con la Comisión; c) elaborar informes, emitir dictámenes o emprender otras actividades en los ámbitos que sean de su competencia, ya sea a petición del Consejo o de la Comisión, ya por propia iniciativa.

3. FASES DE ACTUACIÓN DE LA UE EN MATERIA DE SEGURIDAD SOCIAL Y DE LUCHA CONTRA LA EXCLUSIÓN SOCIAL

Se ha concluido que, en el ámbito de la protección social, y más concretamente, en el de la Seguridad Social, así como en la lucha contra la exclusión social, la competencia prioritaria y prevalente corresponde a los Estados miembros. Mientras que se habla de *soft law* para referirse a la labor llevada a cabo por la UE al respecto por su carácter no vinculante para los Estados miembros, cumpliendo solamente funciones de incentivo, de fomento, de fijación de objetivos generales, de definición de herramientas y actuaciones y de homogeneización de criterios e instrumentos.

Pues bien, en ambos territorios la UE ha ido interviniendo por distintos caminos y empleando instrumentos diversos en los que se observa una paulatina amplitud y formalización de los objetivos en el ámbito de la protección social y de la lucha contra la exclusión. Así, desde Consejo de Europa de Lisboa de marzo de 2000 se ha venido subrayando la importancia de la protección social con el fin de intensificar el desarrollo y la modernización de un Estado de bienestar activo y dinámico en Europa. Lo que se ha manifestado en la creación, ese mismo año, del CPS que, como organismo consultivo, ha contribuido activamente en el desarrollo de la herramienta de intervención que se ha calificado como el método abierto de coordinación (MAC) establecido igualmente en el citado Consejo Europeo de Lisboa. Un método de actuación que la Decisión (UE) 2015/773 del Consejo de 11 de mayo subraya reclamando del CPS un mayor esfuerzo para recurrir al MAC, incluso mediante la aplicación de instrumentos de supervisión acordados conjuntamente, así como a través de acuerdos de evaluación mutuamente convenidos en relación con los objetivos comunes acordados por el Consejo.

Es evidente que el MAC constituye un marco de intercambio y aprendizaje, de promoción de la transparencia y de la implicación de los interesados (europeos y nacionales) así como medio para una mejor formulación de políticas sociales. De este modo, el MAC, sin suplantar a los Estados miembros y sin voluntad alguna de imposición sino sólo por la vía de la sugerencia y la orientación, lo que pretende es conseguir estimular el intercambio de experiencias, prácticas y objetivos; de ahí su naturaleza no vinculante. El MAC constituye, pues, un proceso voluntario de cooperación política basado en objetivos e indicadores comunes acordados cuya expresión máxima se encuentra en el art. 160 TFUE que da carta de naturaleza al CPS y desarrolla sus competencias.

Lógicamente, desde su creación en 2000, se han ido renovando los objetivos del MAC en las diversas materias en las que se aplica. Así, en 2005, los tres procesos de coordinación (inclusión social, pensiones adecuadas y viables, una asistencia sanitaria y unos cuidados de larga duración de calidad y viables) se fusionaron en un MAC Social único. Tales objetivos comunes fueron renovados y actualizados en la Comunicación de la Comisión (COM (2008) 418 final) con el título de: "Un compromiso renovado en favor de la Europa Social: reforzar el método de coordinación en el ámbito de la protección social y la inclusión social", cuyas propuestas se articularon en torno a cuatro objetivos: en primer lugar, reforzar el compromiso político y la visibilidad del proceso; en segundo lugar, fortalecer la interacción positiva con otras políticas de la UE; en tercer lugar, consolidar las herramientas de análisis que sustentan el proceso, al objeto de avanzar hacia la definición de metas cuantitativas y de potenciar la formulación de políticas basadas en datos contrastados; en cuarto lugar, potenciar la responsabilización de los Estados miembros estimulando la puesta en práctica y mejorando el aprendizaje mutuo. Con un objetivo final: lograr un MAC reforzado en el ámbito de la protección social y la inclusión social capaz de contribuir decisivamente a la puesta en práctica de la Agenda Social Renovada de la UE y de sustentar el compromiso en favor de una Europa social.

Por otra parte, y en la línea de actuación orientada a combatir la exclusión social, la Recomendación de la Comisión 2008/867/CE, de 3 de octubre de 2008, sobre la inclusión activa de las personas excluidas del mercado laboral, declaró que los Estados miembros debían concebir y aplicar "una estrategia global integrada para la inclusión activa de las personas excluidas del mercado laboral en la que se combinen un apoyo a una renta adecuada, unos mercados de trabajo inclusivos y el acceso a unos servicios de calidad". Se avanza, además, en la idea de que las políticas de inclusión deben tener en cuenta los derechos fundamentales, la promoción de la igualdad de oportunidades para todos, las necesidades específicas de los grupos menos favorecidos y vulnerables, y los contextos locales y regionales, contribuyendo a prevenir la transmisión intergeneracional de la pobreza. Junto a lo anterior, la Comisión recomienda, confirmando una vez más esa limitada competencia de apoyo y complemento antes señalada, que organicen políticas de inclusión activas dirigidas a los objetivos establecidos en la propia Recomendación. En este contexto, tampoco se puede olvidar la declaración del Año Europeo de Lucha contra la Pobreza y la Exclusión Social (2010) así como el llamamiento desde The European Anti Poverty Network (EAPN) a actuar contra la pobreza, la exclusión social y las desigualdades, así como un seguimiento del compromiso de la UE de reducir en 20 millones el número de pobres para el año 2020 y la creación de una "Plataforma contra la pobreza" (COM (2010) 758 final).

Por su parte, y ya en el ámbito concreto de la Seguridad Social, el Libro Blanco 2012 (16/2/2012): "Agenda para unas pensiones adecuadas, seguras y sostenibles" (COM (2012) 55 final), define dos objetivos en relación con las pensiones. De una parte, equilibrar el tiempo de vida laboral y el tiempo de jubilación con medidas dirigidas a vincular la edad de jubilación con la esperanza de vida; restringir el acceso a los planes de jubilación anticipada; favorecer la prolongación de la vida laboral; y acabar con las diferencias entre hombres y mujeres en materia de pensiones; y, de otra parte, fomentar la constitución de planes de ahorro privados complementarios de jubilación. Y todo ello, bajo la idea de que las políticas nacionales en materia de pensiones van convirtiéndose, cada vez más, en una preocupación común que hace que el papel de la UE para ayudar a los Estados miembros a conseguir los objetivos de adecuación y sostenibilidad de las pensiones cobre mayor importancia. De este modo, como ya se indicaba en el Libro Blanco y sin obviar que la responsabilidad prioritaria para alcanzar esos objetivos recae en los Estados miembros, la UE puede aprovechar, sin embargo, una serie de instrumentos políticos para promover la adecuación, la seguridad y la sostenibilidad de las pensiones.

Sin duda, en la consecución de los objetivos citados respecto de los ámbitos que son aquí objeto de análisis, uno de los avances más significativos por parte de la UE ha sido la proclamación, en la cumbre de Gotemburgo de 2017, por parte del Parlamento Europeo, el Consejo y la Comisión del Pilar Europeo de Derechos Sociales. Un paso más en la actuación de la UE dentro de esa función de acompañamiento, apoyo y de orientación que no implica una ampliación de las competencias otorgadas por los Tratados.

El Pilar establece 20 principios clave con el objetivo de construir una Europa social fuerte que sea justa, inclusiva y llena de oportunidades en el siglo XXI. En concreto, el capítulo III, bajo la rúbrica "Protección e Inclusión Social" recoge 10 principios (11 al 20) relativos a la Protección Social (12) en el que se reconoce que, con independencia del tipo y la duración de su relación laboral, los trabajadores por cuenta ajena, y en condiciones comparables los trabajadores por cuenta propia tienen derecho a una protección social adecuada. Precisamente tomando como referente este principio 12 se adopta la Recomendación del Consejo de 8 de noviembre de 2019 relativa a la Protección Social para los trabajadores por cuenta ajena y propia (2019/C 387/01). De otro lado, el Pilar 13 dispone que los desempleados tienen derecho a ayudas adecuadas para la activación por parte de los servicios públicos de empleo con la finalidad de (re)integrarse en el mercado laboral y a prestaciones de desempleo adecuadas de duración razonable, en consonancia con sus propias contribuciones y los criterios de concesión nacionales; prestaciones que no deberán desincentivar un retorno rápido al trabajo. Por su parte, el Pilar 14 se refiere al derecho de toda persona que carezca de recursos suficientes a unas prestaciones de renta mínima adecuadas que garanticen una vida digna a lo largo de todas las etapas de la vida, así como el acceso a bienes y servicios de capacitación; debiendo combinarse las prestaciones de renta mínima con incentivos a la (re) integración en el mercado laboral en el caso de las personas con capacidad de trabajar. Finalmente, el Pilar 15 se refiere al reconocimiento de pensiones adecuadas y justas de jubilación y de vejez.

Posteriormente, y a partir de la Resolución del Parlamento Europeo, de 17 de diciembre de 2020, sobre una Europa social fuerte para unas transiciones justas, se pone en marcha el Plan de Acción del Pilar Europeo de Derechos Sociales partiendo de la idea de que su aplicación eficaz es ahora más importante que nunca y depende en gran medida de la determinación y de la acción de los Estados miembros que son los principales responsables de las políticas sociales y de empleo. De este modo, la Comisión propone tres objetivos principales de la UE en las áreas de empleo, capacidades y protección social que deben alcanzarse para finales de la presente década, en línea con los Objetivos de Desarrollo Sostenible de la Agenda 2030 (ODS).

En concreto, y por lo que se refiere al área de protección social, estos objetivos se sintetizan el logro de una vida digna fomentando la inclusión social y luchando contra la pobreza en tanto que valores fundamentales del modo de vida europeo; objetivos que la pandemia ha revalorizado al haber puesto en evidencia brechas en la adecuación y la cobertura social proporcionada. El objetivo es conseguir que en 2030 (de los 17 ODS, el primero está dedicado a la lucha contra la pobreza) al menos el 78% de la población de entre 20 y 64 años tenga un empleo, que al menos el 60% de los adultos participe en actividades de formación cada año y que el número de personas en riesgo de pobreza o exclusión se reduzca en al menos 15 millones, cifra que incluye como mínimo 5 millones de menores. El Plan de Acción señala nuevamente la necesidad de establecer unos regímenes de renta mínima que garanticen que nadie queda desprotegido o excluido por carencia de recursos de subsistencia.

A tal fin, la Comisión propuso en el año 2022 al Consejo la Recomendación sobre renta mínima con el objetivo de para apoyar y complementar de forma eficaz las políticas de los Estados miembros (Conclusiones del Consejo de 9 de octubre de 2020 sobre Refuerzo de la protección de la renta mínima para luchar contra la pobreza y la exclusión social durante la pandemia y posteriormente; al tiempo que insta a las autoridades públicas a garantizar la eficacia y cobertura de las redes de seguridad social y el acceso a los servicios de capacitación para las personas necesitadas.

La Estrategia Europea 2020: Una estrategia para un crecimiento inteligente, sostenible e integrador (COM (2010) 2020 final) es un documento en el que se parte de la incapacidad de la UE de erradicar esa pobreza, pretendiendo ser la base de apoyo para la articulación de un sistema eficaz de inclusión social y para contrarrestar las tasas de pobreza que últimamente han aumentado considerablemente. A estos efectos, los objetivos de inclusión social se traducen en el acceso al empleo, la garantía de ingresos mínimos y servicios asequibles y adecuados, siendo ello el instrumento idóneo para luchar contra la pobreza y alcanzar nuevas cuotas de inclusión social. Todo ello se refuerza con el acceso, en condiciones de igualdad, a la sanidad y a los servicios sociales básicos, el apoyo especial a los jóvenes, la mejora de las condiciones de integración de los inmigrantes, las políticas de lucha contra la discriminación por razón de género y, entre otras, por la atención especial a los discapacitados. Asimismo, en este nuevo marco de actuación, se presentan nuevos retos que se contienen en la Comunicación de la Comisión "Europa 2020. Una estrategia para un crecimiento inteligente sostenible e integrador" (COM (2010) 2020 final) consistentes en pasar del MAC a una plataforma de cooperación, evaluación, intercambio buenas prácticas; en estimular el compromiso para reducir la exclusión social; en evaluar la adecuación y viabilidad de los sistemas de protección social; en estudiar medios para garantizar mejor el acceso a los cuidados sanitarios; y en desplegar los sistemas de Seguridad Social por parte de los Estados para asegurar el apoyo a las rentas y el acceso a la asistencia sanitaria ante las crecientes desigualdades en cuanto al acceso a la protección de la salud.

Finalmente, y en la línea de actuación de la Unión de apoyo, orientación y complemento a la competencia de los Estados miembros en materia de protección social y de lucha contra la exclusión hay que citar el último Informe Anual (2022) The Social Protection Committee con el que se cumple el mandato del Comité de seguimiento de la situación social en la Unión Europea y el desarrollo de políticas de protección social (art.160 del TFUE), proporcionando información al Consejo sobre las principales prioridades de política social para recomendar a la Comisión en el contexto de la preparación de la Encuesta Anual de Crecimiento Sostenible 2023. Los objetivos que se señalan en este Informe son: monitorear la situación social, especialmente el progreso hacia la meta 2030 sobre la reducción de la pobreza y la exclusión social y resaltar las tendencias sociales comunes a observar; identificar los desafíos sociales estructurales que enfrentan los Estados miembros individuales; y revisar los desarrollos más recientes de la política social en Europa.

A partir de estos objetivos, el Informe subraya la necesidad de seguir fortaleciendo los sistemas de protección social nacionales con el fin de aumentar su resiliencia frente a los desafíos actuales y futuros; al tiempo que convierte en prioritaria la cobertura por estos sistemas de los trabajadores atípicos y autónomos. Asimismo, y dado el inevitable proceso de modernización de los sistemas de protección social, se debe continuar implementando los principios de inclusión activa, el apoyo a la integración social y a la participación en el mercado laboral, junto con la provisión de servicios asequibles y de calidad. Y, junto a lo anterior, y dado el contexto de una sociedad que envejece y de una economía y unos mercados laborales cambiantes, resultan imprescindibles los esfuerzos por garantizar la adecuación y la sostenibilidad de los sistemas de pensiones. Acciones para ajustar la edad de jubilación o los requisitos de aseguramiento, las prestaciones o las tasas de acumulación con el fin de reflejar la evolución de la esperanza de vida que deben complementarse con el envejecimiento activo, las estrategias y opciones de trabajo flexibles, incluida la posibilidad de combinar pensiones con ingresos del trabajo, y garantizar un trato justo a los trabajadores de larga trayectoria que ingresaron e edad temprana en el mercado laboral.

4. INTERVENCIÓN DE LA UE EN MATERIA DE SEGURIDAD SOCIAL: LOS PRINCIPIOS DE LIBRE CIRCULACIÓN DE TRABAJADORES Y DE NO DISCRIMINACIÓN

Aunque, como se ha subrayado, la UE carece de competencias directas en materia de protección social, no obstante existen otras vías mediante las cuales puede intervenir en estas materias, esencialmente por lo que se refiere a la Seguridad Social. Todo ello bajo la cobertura de dos principios fundamentales de la UE como son el de libre circulación y el de prohibición de discriminación.

En cuanto al primero, recogido tanto en los arts. 20 y 21 TFUE, así como el art. 15 de la Carta de Derechos Fundamentales de la Unión Europea (2000/C 364/01), se traduce en la libertad de todo ciudadano de la Unión de buscar un empleo, de trabajar, de establecerse o de prestar servicios en cualquier Estado miembro. Esta formulación general se reitera en el art. 45 TFUE y se desarrolla en el Reglamento (UE) nº. 492/2011 (vigente desde el 16 de junio de 2011 y que sustituye y codifica al anterior Reglamento (CEE) nº.1612/68), teniendo una proyección específica en el tema de seguridad social que se contiene en el art. 48 TFUE cuyo objetivo es evitar que la movilidad transnacional suponga un obstáculo o implique perjuicios o desventajas en el ámbito de la protección social. Como sucedería en los casos de doble cotización (en el supuesto de los trabajadores desplazados), o de pérdida de las expectativas de derecho cuando se deben reunir requisitos como un tiempo mínimo de cotización, de residencia, o de empleo previo; o de imposibilidad de disfrutar de una prestación ya causada en un país diverso del que tiene a su cargo el abono de la misma.

El objetivo citado se articula a través de los Reglamentos comunitarios Reglamento (CE) N.º 883/2004 del Parlamento Europeo y del Consejo de 29 de abril de 2004 sobre la Coordinación de los sistemas de seguridad social y Reglamento (CE) No 987/2009 del Parlamento Europeo y del Consejo de 16 de septiembre de 2009 por el que se adoptan las normas de aplicación del Reglamento (CE) nº 883/2004, que incorporan un sistema complejo de coordinación de los diferentes sistemas nacionales de seguridad social.

La finalidad, tanto del art. 48 TFUE como de los Reglamentos citados no es, en ningún caso, la de crear un sistema europeo de seguridad social sino que, a partir de los sistemas nacionales, proteger los derechos en este campo, tanto ya generados como en trance de adquisición, mediante una serie de principios como: a) la acumulación o totalización de todos los períodos de aseguramiento o asimilados acreditados por los distintos sistemas nacionales para el objetivo de la adquisición y/o conservación de los derechos a las prestaciones sociales, así como para el cálculo de éstas; b) la distribución proporcional de su coste entre los sistemas de seguridad social de los países en los que se haya trabajado, o principio de prorrata temporis; y, c) la posibilidad de disfrutar tales prestaciones en un país comunitario diferente de aquél en el que se reconoce el derecho (la llamada exportación de prestaciones). La norma prevé, además, una intensa fórmula de coordinación administrativa entre los sistemas de Seguridad Social nacionales de los Estados miembros con el fin de facilitar la aplicación de las previsiones reglamentarias.

No obstante, ese sistema de coordinación de los distintos sistemas nacionales de seguridad social no supone en modo alguno una intervención normativa directa por parte de la UE en esta materia ya que se limita a ser intervención defensiva del derecho de libre circulación de trabajadores entre los Estados miembros. No obstante, sí puede aceptarse que funciona como un mecanismo indirecto que favorece la convergencia de los sistemas de seguridad social, al estar constantemente sujetos a procedimientos de coordinación que, al poner de manifiesto las dificultades de la misma debido a la propia diferencia de los sistemas, empujan hacia una convergencia que, sin embargo, deben decidir cada uno de los Estado que son, como se ha visto, los únicos competentes en materia de Seguridad Social.

Ejemplos jurisprudenciales de esta tarea de coordinación son innumerables bastando para ello con hacer un análisis de las sentencias del TJUE emanadas al respecto. Un ejemplo de ellas es la STJUE (Sala Octava) de 8 de diciembre 2022. Caso GV y Caisse nationale d'assurance pensión (asunto

C-731/21), en la que se considera contraria a la libre circulación y a los reglamentos de coordinación la exigencia de un registro formal de las parejas de hecho en el país de solicitud de la prestación para tener derecho a la de viudedad, negando valor a la inscripción en otro registro de otro país comunitario. Un obvio obstáculo a la libre circulación como lo puede ser el que, por ejemplo, para las prestaciones familiares se exija la residencia de los hijos a cargo en el país de trabajo y de solicitud de la prestación, negando el derecho si residen en otro país comunitario.

La otra vía de intervención de la UE, más incisiva y directa, aunque más limitada materialmente, es la que se produce bajo el amparo de la prohibición de discriminación, recogida de forma general en el art. 10 del TFUE respecto de los factores habitualmente excluidos (sexo, orientación sexual, raza, origen étnico, edad, discapacidad, etc.) así como en el art. 23 de la Carta de Derechos Fundamentales de la UE, relativo a la igualdad entre hombres y mujeres. El principio de igualdad no impide sin embargo el mantenimiento o la adopción de medidas que ofrezcan ventajas concretas en favor del sexo menos representado y, en relación con la nacionalidad vinculada a la libre circulación, en el art. 45 TFUE. Un principio básico de la UE que, naturalmente, ha de respetarse también en el ámbito de la protección social, como lo ejemplifica la Directiva 79/7/CEE del Consejo, de 19 de diciembre de 1978, relativa a la aplicación progresiva del principio de igualdad de trato entre hombres y mujeres en materia de seguridad social. Lo anterior permite un control por parte del TJUE del respeto de dicha prohibición por parte de los ordenamientos nacionales de seguridad social, depurando de dichos ordenamientos las normas de seguridad social contrarias al principio de no discriminación.

Como ejemplos de esta intervención directa de la UE en materia de seguridad social, pueden citarse, entre otras, las STJUE relativas a: a) la protección social del trabajo a tiempo parcial (STJUE, Sala Quinta, de 9 de noviembre de 2017, en el caso Espadas Recio contra el Servicio Público de Empleo Estatal, asunto C-95/15); b) a la protección por desempleo de las empleadas de hogar (STJUE, Sala Tercera, de 24 febrero 2022, caso CJ contra la TGSS, asunto C-389/20); o, c) a la cuestión de la norma reguladora del complemento por natalidad de las pensiones (complemento hoy denominado para afrontar la brecha de género) dictaminada por la STJUE, Sala Primera, de 12 de diciembre de 2019, caso WA e Instituto Nacional de la Seguridad Social, asunto C-450/18. Pronunciamientos que, todos referidos al sistema español, han provocado importantes reformas normativas del sistema nacional de protección social.

5. BIBLIOGRAFÍA

AAVV. *Balance y perspectivas de la política laboral y social europea*: XXVII Congreso de Derecho del Trabajo y de la Seguridad Social. Asociación Española de Derecho del Trabajo y de la Seguridad Social, 2017.

AAVV. *Pobreza y exclusión en la Unión Europea.* Revista de economía mundial 2020 (55)

FOTINOPOULOU BASURKO, O. *La directiva sobre desplazamiento de trabajadores: convergencias y divergencias con los reglamentos de coordinación de sistemas de seguridad social europeos.* Revista del Ministerio de Empleo y Seguridad Social: Revista del Ministerio de Trabajo, Migraciones y Seguridad Social, 142/2019, págs. 71-100

MONEREO PÉREZ, J.L. *Pilar Europeo de Derechos Sociales y sistemas de seguridad social.* Lex social: revista de los derechos sociales, 8/2018, págs. 251-298

SALA PORRAS, M. *Recientes interpretaciones jurisprudenciales del Reglamento 883/2004 sobre coordinación europea de los sistemas nacionales de Seguridad Social.* e-Revista Internacional de la Protección Social, ISSN-e 2445-3269, Vol. 5, Nº. 2, 2020, págs. 146-172

TEST

1. Según el TFUE existen ámbitos en los que la Unión dispone de competencias para:
   a) realizar acciones de apoyo, coordinación o complemento de la acción de los Estados miembros sin sustituir la que éstos tienen al respecto.
   b) realizar acciones de apoyo, coordinación o complemento de la acción de los Estados miembros sustituyendo así la competencia de los Estados.
   c) realizar acciones de apoyo, coordinación o complemento de la acción de los Estados miembros que suponen el ejercicio compartido de las competencias entre ambos.
   d) todas las anteriores son falsas

2. En el ámbito de la seguridad social y la protección social la UE
   a) sustituirá la competencia de los Estados Miembros en la medida en que decida actuar legislando
   b) la competencia de apoyo o complemento de la UE no impedirá que los Estados Miembros puedan adoptar medidas más estrictas compatibles con lo dispuesto en los Tratados
   c) la Unión Europea tiene habilitación competencial para actuar
   d) los Estados Miembros no tienen competencia para definir los principios fundamentales de sus sistemas de seguridad social sólo de establecer orientaciones y reglas generales

3. El Reglamento (CE) 883/2004 tiene como objetivo:
   a) establecer un sistema de seguridad social europeo que garantice la libre circulación de trabajadores de los estados Miembros
   b) coordinar los sistemas de seguridad social establecidos por los Estados Miembros para garantizar el derecho a la libre circulación de trabajadores
   c) respetar el derecho de acceso a las prestaciones de seguridad social de toda persona que resida, sea cual fuera la forma, y trabaje en un EU.
   d) todas las anteriores son falsas

4. El Método abierto de coordinación:
   a) herramienta de coordinación, dirección estratégica y evaluación de políticas sociales sin tratar de imponer a los Estados Miembros
   b) busca establecer un concepto europeo de pobreza
   c) constituye un marco de intercambio de experiencias y aprendizaje
   d) todas las anteriores son correctas

5. El denominado SOFT LAW en relación con las manifestaciones en materia de lucha contra la exclusión social:
   a) es vinculante
   b) fija objetivos específicos y concretos
   c) establece criterios e instrumentos que los Estados deben asumir
   d) todas las anteriores son falsas

6. En cuanto a la garantía de recursos mínimos de subsistencia
   a) Es competencia exclusiva del los Estados miembros sin posibilidad de intervención alguna de la UE
   b) Es competencia compartida entre la UE y los Estados miembros ya que la primera puede fijar un mínimo que será mejorado eventualmente por los Estados
   c) Aunque es un ámbito en el que la Carta de Derechos Fundamentales establece el derecho de todos los ciudadanos comunitarios a una renta mínima, no se ha materializado en ninguna norma comunitaria, dependiendo en consecuencia de las iniciativas de los Estados
   d) Existe una Directiva comunitaria que, al margen de lo establecido por los Estados, fija una prestación mínima para estas situaciones

7. Para evitar los perjuicios en materia de seguridad social para los trabajadores que se muevan por el territorio de la UE
   a) Se aplican los reglamentos de coordinación comunitarios
   b) Se obliga al Estado que reconoce la prestación a cubrir la deficiencia a su propio cargo
   c) Se obliga a proporcionar la prestación al Estado miembro en el que se haya desempeñado el mayor tiempo de trabajo y/o residencia
   d) Las anteriores respuestas son todas correctas

8. El principio de igualdad por razón de sexo en materia de protección social:
   a) Prohíbe cualquier diferencia de trato basada en el sexo
   b) Puede ser ignorado cuando existen razones objetivas y fundadas de riesgo de exclusión social sobre la base de la llamada feminización de la pobreza

c) Impide en general la diferencia de trato, pero siempre son posibles las medidas de acción positiva si existen razones que lo justifiquen, al margen del sexo de la persona.

d) Es tan exigente que, por ejemplo, impide establecer edades de jubilación diferentes según sexo

9. Para la aplicación de los reglamentos de coordinación en materia de seguridad social son relevantes:

a) Los principios de totalización, prorrata temporis y exportación de prestaciones

b) Los principios de separación de fuentes de financiación y de territorialidad de los sistemas de protección social

c) El principio de atribución relativa de la responsabilidad por prestaciones

d) El principio de elección de la norma aplicable según el criterio de la mayor favorabilidad

10. La intervención de la UE en materia de protección social

a) Prácticamente no existe

b) Es muy superficial, quedándose en el terreno de las sugerencias y orientaciones generales

c) Es relevante pese a no basarse en competencias exclusivas ni en la posibilidad de intervenir normativamente en la materia diseñando formas de protección obligatorias

d) Utiliza fundamentalmente las herramientas del diálogo social

Preguntas cortas

1. Explicar brevemente qué es el método abierto de coordinación

2. Cómo se articula la intervención de la UE en materia de seguridad social cuya competencia es propia de los Estados

3. Explicar brevemente el art. 153 TFUE en relación con los objetivos de política social

4. Cuáles son los principios en materia de Protección Social recogidos en el Pilar Europeo de Derechos Sociales

5. Señalar las fases de la UE en materia de lucha contra la exclusión social (políticas inclusivas)

Caso práctico

Comenta la STJUE (Sala Primera) de 12 de diciembre de 2019, C450/18, que consideró que el contenido del art. 60 de la Ley General de Seguridad Social era contrario a la Directiva 79/7/CEE del Consejo, de 19 de diciembre, y analiza y valora los cambios operados al respecto en la normativa español comparando las dos versiones del art. 60 LGSS.

Capítulo XIX

La lucha contra el cambio climático en la Unión Europea y en España: transición ecológica justa y empleos verdes

HENAR ÁLVAREZ CUESTA
Catedrática de Derecho del Trabajo y de la Seguridad Social
Universidad de León

1. LA LUCHA CONTRA EL CAMBIO CLIMÁTICO

Asumido como hecho objetivo y verificable que "los ecosistemas, las personas y las economías de todas las regiones de la Unión se enfrentarán a las importantes consecuencias del cambio climático, como el calor extremo, las inundaciones, las sequías, la escasez de agua, el aumento del nivel del mar, el deshielo de los glaciares, los incendios forestales, los vendavales y las pérdidas agrícolas" (Reglamento 2021/1119/UE, de 30 de junio, por el que se establece el marco para lograr la neutralidad climática y se modifican los Reglamentos (CE) n.º 401/2009 y (UE) 2018/1999), cabe remitirse para un análisis en profundidad a los varios los informes del Grupo Intergubernamental de Expertos sobre el Cambio Climático (IPCC) creado en el año 1988 en el seno de la ONU, realizados desde los años 90, en los cuales se afirma que dicho cambio ya ha producido, debido a la acción humana, mutaciones irreversibles cuyos efectos se prolongarán durante milenios, por lo que resulta de extrema urgencia una intervención que evite el empeoramiento de la situación. Sustenta sus conclusiones en el contenido de los informes de evaluación de los tres grupos de trabajo existentes: el primero evalúa la ciencia física del cambio climático; el segundo analiza la vulnerabilidad de los sistemas naturales y socioeconómicos, los posibles impactos (positivos y negativos) y las opciones de adaptación existentes; el tercero, en fin, se dedica a buscar vías de mitigación y métodos para reducir las emisiones de gases de efecto invernadero y para eliminarlos de la atmósfera.

Como armas jurídicas en la lucha contra la crisis climática debe destacarse la adopción, en 1992, de la Convención Marco de las Naciones Unidas sobre el Cambio Climático, a la que en 1997 se adicionó el Protocolo de Kyoto (modificado en 2006 y 2010), con medidas de obligado cumplimiento. En el marco proporcionado por esta Convención se adoptó en el año 2015 el Acuerdo de París, tratado internacional jurídicamente vinculante y fundamental para comprender las actuaciones nacionales e internacionales posteriores.

Las dos estrategias (mitigación y adaptación a los cambios que la crisis climática y la lucha frente a la misma ocasionan) conllevan efectos en el ámbito socioeconómico y productivo. Así, la mitigación pretende frenar el proceso de cambio climático limitando o evitando las emisiones de gases de efecto invernadero y eliminando estos gases de la atmósfera mediante la limitación de las emisiones industriales de carbono, la reforestación que ayuda a la eliminación del dióxido de carbono en la atmósfera o los cambios en el consumo individual destinados a reducir la propia huella de carbono. La adaptación, por su parte, implica cambios que facilitan la adaptación al clima real o previsto en el futuro, moderando los efectos nocivos o aprovechando las oportunidades beneficiosas que se derivan de él. Estas medidas de adaptación pueden ser reactivas, como respuesta a condiciones que ya han cambiado, o proactivas, en previsión de futuros impactos (algunos ejemplos son el refuerzo de los edificios para que resistan mejor las tormentas, la restauración del medio ambiente, la creación de sistemas de alerta temprana y el desarrollo de variedades de cultivos resistentes al clima. Estas dos formas de acción climática son complementarias e igualmente vitales).

2. EL PACTO VERDE (GREEN DEAL) EUROPEO Y EL REGLAMENTO SOBRE CAMBIO CLIMÁTICO

Ante el reto inaplazable, la Unión Europea ha apostado por diseñar un *Green Deal* con el objetivo de transformar la Unión Europea en una "sociedad equitativa y próspera, con una economía moderna, eficiente en el uso de los recursos y competitiva, en la que no habrá emisiones netas de gases de efecto invernadero en 2050 y el crecimiento económico estará disociado del uso de los recursos" (Comunicación de la Comisión al Parlamento Europeo, al Consejo Europeo, al Consejo, al Comité Económico y Social Europeo y al Comité de las Regiones: El Pacto Verde Europeo, Bruselas, 11.12.2019 COM(2019) 640 final). Este Pacto Verde utiliza como pilares la sostenibilidad, la economía verde y circular (definida la primera como una economía que mejora el bienestar humano y la equidad social, al tiempo que reduce significativamente los riesgos ambientales y la escasez ecológica, y la segunda como aquella no lineal basada en el trinomio extraer-usar-y-tirar, sino en la que desaparece el concepto de residuos y aparece el concepto de recursos, que pueden ser utilizados de nuevo por el sistema de producción) y la transición justa e integradora. Define transición justa como aquella cuyos costes y beneficios se distribuyan equitativamente entre los distintos grupos sociales, las industrias y las regiones y entre las generaciones presentes y futuras (Dictamen del Comité Económico y Social Europeo "Un planeta limpio para todos", DO C 282 de 20.8.2019 y

Dictamen del Comité Económico y Social Europeo "Justicia climática" 2018/C 081/04). A este respecto, prevé dar "prioridad a la dimensión humana y prestar atención a las regiones, los sectores y los trabajadores expuestos a los mayores desafíos" (Comunicación de la Comisión al Parlamento Europeo, al Consejo Europeo, al Consejo, al Comité Económico y Social Europeo y al Comité de las Regiones: El Pacto Verde Europeo, Bruselas, 11.12.2019 COM(2019) 640 final).

Los propósitos del Pacto Verde han devenido norma jurídica a través del Reglamento (UE) 2021/1119 del Parlamento Europeo y del Consejo de 30 de junio de 2021 por el que se establece el marco para lograr la neutralidad climática y se modifican los Reglamentos (CE) nº 401/2009 y (UE) 2018/1999 (Legislación europea sobre el clima, en adelante Ley del Clima europea) con el fin de establecer un marco para la reducción progresiva e irreversible de las emisiones antropógenas de gases de efecto invernadero por las fuentes y el incremento de las absorciones de gases de efecto invernadero por los sumideros (art. 1).

En España (al igual que ha sucedido en otros países), la Ley 7/2021, de 20 de mayo, de cambio climático y transición energética (en adelante, Ley de Cambio Climático), trata, de un lado, de avanzar en la lucha contra la crisis climática y de otra, de anticiparse y "ofrecer respuestas solidarias e inclusivas a los colectivos más afectados por el cambio climático y la transformación de la economía" (Preámbulo de la Ley 7/2021). El objeto de esta Ley, de conformidad con su art. 1, se articula en cuatro pilares: asegurar el cumplimiento de los objetivos del Acuerdo de París, firmado por España el 22 de abril de 2016; facilitar la descarbonización de la economía española; promover la adaptación a los impactos del cambio climático; y, por último, implantar un modelo de desarrollo sostenible que genere empleo decente. Precisamente entre sus principios rectores recogidos en el art. 2, vuelve a aparecer el desarrollo sostenible, unido (por cuanto aquí importa) a la cohesión social y territorial, la protección de colectivos vulnerables y la igualdad entre mujeres y hombres.

3. OBJETIVOS Y SECTORES DE ACTIVIDAD AFECTADOS POR EL REGLAMENTO EUROPEO Y POR LA NORMA INTERNA

Las actuaciones de mitigación y adaptación pondrán el foco en aquellos sectores que hacen un uso intensivo de recursos y energías sucias, dibujándose las siguientes prioridades:

1. Reducción de emisiones y Ley del Clima. La meta señalada pasa por lograr la reducción de las emisiones de gases de efecto invernadero de aquí a 2030 al 50%, como mínimo, y hacia el 55 % con respecto a los niveles de 1990 de manera responsable. Asimismo, uno de los objetivos esenciales del nuevo marco político será estimular el desarrollo de mercados pioneros de productos climáticamente neutros y circulares, tanto dentro como fuera de la UE (Comunicación de la Comisión al Parlamento Europeo, al Consejo Europeo, al Consejo, al Comité Económico y Social Europeo y al Comité de las Regiones: El Pacto Verde Europeo, Bruselas, 11.12.2019 COM(2019) 640 final).

   La denominada Ley del Clima Europea establece (además del anterior objetivo intermedio para 2030) un objetivo de neutralidad climática para 2050: "las emisiones y absorciones de gases de efecto invernadero reguladas en el Derecho de la Unión estarán equilibradas dentro de la Unión a más tardar en 2050, por lo que en esa fecha las emisiones netas deben haberse reducido a cero y, a partir de entonces, la Unión tendrá como objetivo lograr unas emisiones negativas" (art. 2).

En España, la Ley de Cambio Climático apuesta por Reducir las emisiones de gases de efecto invernadero del conjunto de la economía española en, al menos, un 23 % respecto del año 1990 (art. 3).

2. Eficiencia energética y apuesta por renovables. Debe darse prioridad a la eficiencia energética mediante el desarrollo de un sector eléctrico basado en gran medida en fuentes renovables, completado con un rápido proceso de eliminación del carbón y con la descarbonización de gas (Comunicación de la Comisión al Parlamento Europeo, al Consejo Europeo, al Consejo, al Comité Económico y Social Europeo y al Comité de las Regiones: El Pacto Verde Europeo, Bruselas, 11.12.2019 COM(2019) 640 final).

   A nivel interno, la Ley de Cambio Climático prevé alcanzar una penetración de energías de origen renovable en el consumo de energía final de, al menos, un 42 %; alcanzar un sistema eléctrico con, al menos, un 74 % de generación a partir de energías de origen renovables; y mejorar la eficiencia energética disminuyendo el consumo de energía primaria en, al menos, un 39,5 %, con respecto a la línea de base conforme a normativa comunitaria (art. 3). Y obliga a que antes de 2050, en todo caso, y en el más corto plazo posible, España alcance la neutralidad climática con el objeto de dar cumplimiento a los compromisos internacionalmente asumidos y, sin perjuicio de las competencias autonómicas, el sistema eléctrico deberá estar basado, exclusivamente, en fuentes de generación de origen renovable.

3. Transformación digital verde. No cabe duda que la transformación digital constituye un factor clave para propiciar la consecución de los objetivos de la neutralidad climática pretendida desde la Unión Europea (por ejemplo, brinda la oportunidad de controlar a distancia

la contaminación del aire y del agua, o la monitorización y optimización del modo de utilización de la energía y los recursos naturales), pero, a la par, conlleva una huella de carbono "oculta" similar a la de la aviación. Para paliar las repercusiones negativas de su uso, la Comisión apuesta por reforzar la transparencia sobre el impacto ambiental de los servicios de comunicaciones electrónicas, así como adoptar medidas más estrictas en el despliegue de redes nuevas y las ventajas de apoyar sistemas de recogida que incentiven la devolución de los dispositivos que no se quieran conservar, como teléfonos móviles, tabletas y cargadores (Comunicación de la Comisión al Parlamento Europeo, al Consejo Europeo, al Consejo, al Comité Económico y Social Europeo y al Comité de las Regiones: El Pacto Verde Europeo, Bruselas, 11.12.2019 COM(2019) 640 final).

4. Reciclaje y reutilización. El Parlamento europeo apoya una legislación destinada a que los productos sean más duraderos, reparables, reutilizables y reciclables y pide que se presenten propuestas legislativas sobre el derecho a la reparación, la eliminación de la obsolescencia programada (Resolución del Parlamento Europeo, de 15 de enero de 2020, sobre el Pacto Verde Europeo 2019/2956). Por su parte, la Comisión, poniendo el foco en los plásticos y los microplásticos añadidos intencionadamente elaborará una serie de requisitos para garantizar que todos los envases del mercado de la UE puedan reciclarse o reutilizarse de manera económicamente viable de aquí a 2030, establecerá un marco regulador para los plásticos biodegradables y los bioplásticos, y adoptará medidas sobre los plásticos de un solo uso (Comunicación de la Comisión al Parlamento Europeo, al Consejo Europeo, al Consejo, al Comité Económico y Social Europeo y

al Comité de las Regiones: El Pacto Verde Europeo, Bruselas, 11.12.2019 COM(2019) 640 final).

5. Transporte sostenible. El transporte representa la cuarta parte de las emisiones de gases de efecto invernadero de la Unión y no deja de aumentar. Para lograr la neutralidad climática, es necesaria una reducción del 90% de las emisiones procedentes del transporte (por carretera, por ferrocarril, aéreo y por vías navegables) de aquí a 2050. Para lograrlo, la Comisión adoptó el 9 de diciembre de 2020 una Comunicación titulada "Estrategia de movilidad sostenible e inteligente: encauzar el transporte europeo de cara al futuro". Dicha estrategia establece una hoja de ruta para un futuro sostenible e inteligente para el transporte europeo, con un plan de acción para lograr una reducción del 90% de las emisiones del sector del transporte de aquí a 2050.

6. Agricultura, ganadería y pesca. El Parlamento Europeo "destaca la importancia de la agricultura europea y su potencial para contribuir a la acción por el clima, la economía circular y a la mejora de la biodiversidad y para promover el uso sostenible de materias primas renovables; [y] destaca que los agricultores de la Unión deben recibir las herramientas necesarias para luchar contra el cambio climático y adaptarse al mismo" (Resolución del Parlamento Europeo, de 15 de enero de 2020, sobre el Pacto Verde Europeo (2019/2956(RSP). Al tiempo, no deja de constituir un sector extremadamente vulnerable al cambio climático y por ello la Ley del Clima europea recomienda a los Estados miembros que promuevan soluciones basadas en la naturaleza y una adaptación basada en los ecosistemas.

7. Industria química. Para garantizar un entorno sin sustancias tóxicas, la Comisión presentará una estrategia en el ámbito de las sustancias químicas con vistas a la

sostenibilidad. Esta estrategia contribuirá tanto a mejorar la protección de los ciudadanos y el medio ambiente contra las sustancias químicas peligrosas como a impulsar la innovación para el desarrollo de alternativas seguras y sostenibles.

4. UNA TRANSICIÓN CLIMÁTICA JUSTA EN EL ÁMBITO LABORAL

Los efectos que conllevan las herramientas de lucha contra el cambio climático hacen insoslayable apostar por una transición equitativa hacia economías verdes, la cual exige integrar los objetivos climáticos con políticas sociales y económicas destinadas a apoyar a los afectados por el cambio climático y crear empleos dignos.

La necesidad de alcanzar los porcentajes marcados a nivel europeo e interno forzará a todos los sectores de actividad a adaptar sus modos de producción y este cambio tendrá su reflejo en el ámbito laboral. Entre las múltiples implicaciones que conllevan los cambios propuestos destaca la repercusión sobre los sectores mencionados en términos de empleo (por cuanto aquí importa, su calidad y cantidad). Así sucede a la hora de proponer el objetivo climático de la Unión para 2040, en el que la Ley del Clima europea considera que es necesario tener en cuenta, entre otros factores las repercusiones sociales, económicas y ambientales, incluido el coste de la inacción y la necesidad de garantizar una transición justa y socialmente equitativa para todos (art. 4.5).

La Ley de Cambio Climático española, desde el propio Preámbulo, tiene en cuenta las consecuencias que las medidas contenidas en la misma pueden suponer para el mundo del trabajo: "la transición a una economía descarbonizada requiere también de medidas que faciliten una transición justa para los colectivos y áreas geográficas más vulnerables. La transición hacia un modelo productivo más ecológico que sea socialmente beneficioso, en un país con altas tasas de desempleo como España, se logrará promoviendo la transición ecológica de las empresas, las metodologías de trabajo y del mercado laboral en general. Estos esfuerzos crearán oportunidades de empleo decente, incrementando la eficiencia de los recursos y construyendo sociedades sostenibles con bajas emisiones de carbono". En este sentido, la Ley acude como concepto clave al aquí analizado ("transición justa" hacia un desarrollo sostenible para lograr trabajo decente, inclusión social y erradicación de la pobreza), es decir, un sistema productivo capaz de aunar ecología y empleo.

Las medidas que facilitan un cambio socialmente aceptable y beneficioso en este caso pasan por el desarrollo de competencias adaptadas a las nuevas necesidades productivas y la protección social de quienes han perdido su puesto y no han podido acceder a los nuevos creados.

La estrategia ha de consistir en anticiparse a las tendencias futuras del empleo en estas economías verdes, con el fin de que los Estados puedan evitar tanto la desigualdad y la pobreza como la escasez de mano de obra. En cuanto a la protección social, los Estados deben crear políticas de reactivación diseñadas atendiendo a las características propias de cada sector y territorio y mientras tanto proporcionar adecuada protección social.

La Ley de Cambio Climático incorpora previsiones destinadas a propiciar la transición justa en los términos analizados. De un lado, regula el Plan Nacional de Adaptación al Cambio Climático (PNACC), el cual ha de incorporar (art. 17.3):

a) La identificación y evaluación de impactos previsibles y riesgos derivados del cambio climático para varios escenarios posibles.

b) La evaluación de la vulnerabilidad de los sistemas naturales, de los territorios, de las poblaciones y de los sectores socioeconómicos. En esta evaluación es preciso fijar la atención y convertir en un aspecto central de la misma las consecuencias que los distintos escenarios supondrían para las actividades productivas y el empleo en los distintos territorios, con particular atención al sector agropecuario de cada zona.

c) Un conjunto de objetivos estratégicos concretos, con indicadores asociados.

d) Un conjunto de medidas de adaptación orientadas a reducir las vulnerabilidades detectadas. Para el diseño de los objetivos y de las herramientas mencionadas es preciso contar con la participación y colaboración de "los distintos niveles de las administraciones públicas, las organizaciones sociales y la ciudadanía en su conjunto", entre quienes cabe destacar el papel que han de asumir los sindicatos y las organizaciones empresariales a la hora de dibujar las concretas disposiciones a llevar a cabo en atención a los sectores y subsectores de actividad afectados y las características de los mismos.

Más claramente aparece desarrollada la perspectiva sociolaboral en la Estrategia de Transición Justa, la cual constituye el "instrumento de ámbito estatal dirigido a la optimización de las oportunidades en la actividad y el empleo de la transición hacia una economía baja en emisiones de gases de efecto invernadero y a la identificación y adopción de medidas que garanticen un tratamiento equitativo y solidario a las personas trabajadoras y territorios en dicha transición" e incluirá los siguientes contenidos aprobados con carácter quinquenal (art. 27):

a) Identificación de colectivos, sectores, empresas y territorios potencialmente vulnerables al proceso de transición a una economía baja en emisiones de carbono.

b) Análisis de las oportunidades de creación de actividad económica y empleo vinculadas a la transición energética.

c) Políticas industriales, agrarias y forestales, de investigación y desarrollo, de innovación, de promoción de actividad económica y de empleo y formación ocupacional para la transición justa.

d) Instrumentos para el seguimiento del mercado de trabajo en el marco de la transición energética mediante la participación de los agentes sociales, así como en las mesas de dialogo social.

e) El marco de elaboración de los convenios de Transición Justa.

Así, la Estrategia de Transición Justa elaborada en noviembre de 2020 como instrumento de ámbito estatal dirigido a la optimización de las oportunidades en actividad y empleo de la transición ecológica hacia una economía baja en emisiones de gases de efecto invernadero, identifica y prevé la adopción de medidas que garanticen un tratamiento equitativo y solidario a personas trabajadoras y territorios a través de los objetivos que contiene.

En el marco de esta Estrategia de Transición Justa y para su desarrollo se suscribirán convenios de transición justa con el objeto de fomentar la actividad económica y su modernización, así como la empleabilidad de trabajadores vulnerables y colectivos en riesgo de exclusión en la transición hacia una economía baja en emisiones de carbono, en particular, en casos de cierre o reconversión de instalaciones (art. 28.1).

Estos convenios de transición justa se suscribirán entre el Ministerio para la Transición Ecológica y el Reto Demográfico, previo informe del Ministerio de Trabajo y Economía Social, del Ministerio de Inclusión, Seguridad Social y Migraciones y del Ministerio de Industria, Turismo y Comercio, y otras Administraciones Públicas, en particular, Entidades Locales de áreas geográficas vulnerables a la transición hacia una economía baja en carbono. Y contempla también la participación de empresas, organizaciones de los sectores empresariales, organizaciones sindicales, universidades, centros educativos, asociaciones y organizaciones ambientales no gubernamentales y demás entidades interesadas o afectadas.

Respecto a su concreto contenido, los convenios de transición justa incluirán (art. 28.3):

a) Una evaluación del estado de vulnerabilidad del área geográfica o colectivo afectado.

b) Compromisos de las partes participantes en el convenio, incluidas las empresas beneficiarias de medidas de apoyo para la transición.

c) Medidas fiscales, de financiación, de apoyo a la I+D+i, de digitalización, de emprendimiento, de empleo, de protección social y actividades formativas para incentivar la adaptación de los trabajadores, supeditadas al cumplimiento de los objetivos establecidos en el convenio.

d) Un calendario para la adopción de las medidas, con objetivos medibles y mecanismos de seguimiento.

e) Cuando se considere procedente, el acceso prioritario a una parte o a la totalidad de la capacidad de evacuación eléctrica, así como el derecho prioritario al uso y volumen de agua de aquellas concesiones que queden extinguidas tras el cierre de instalaciones de generación de energía eléctrica.

5. LOS EMPLEOS VERDES COMO PIEZA CLAVE EN LA LUCHA CONTRA EL CAMBIO CLIMÁTICO

Ante la necesaria transformación que ha de sufrir el modelo productivo, y frente a decisiones improvisadas, conviene diseñar una hoja de ruta que permita configurar un modelo productivo asentado en el concepto de empleo verde y decente.

La propia Estrategia de Transición Justa propone, como uno de los ejes de actuación (políticas activas de empleo verde y protección social) y como contenido de numerosas acciones, el impulso del empleo verde. Así, procede mencionar las siguientes:

- En coordinación con los agentes sociales, promover la realización de foros sectoriales sobre transición ecológica para la mejora de la competitividad, la atracción de inversión, la generación de empleo verde y la adaptación de las actividades económicas al cambio climático.
- Apoyar la creación de empleo verde en el mundo rural contribuyendo a la Estrategia Nacional frente al Reto Demográfico y siguiendo las Directrices Generales que establece la misma, con particular atención al fomento del empleo y emprendimiento juvenil y de las mujeres.
- Aprobar la Estrategia Española de Infraestructura Verde y de la Conectividad y Restauración Ecológicas, y promover la total aplicación de los planes de gestión de la Red Natura 2000 y de las estrategias de conservación de especies amenazadas y de lucha contra las especies exóticas invasoras para impulsar la creación de empleo verde en conservación de biodiversidad.
- Fomentar el empleo, autoempleo e iniciativas emprendedoras con fórmulas colectivas de economía

social (cooperativas, empresas sin ánimo de lucro) mediante convocatorias específicas de promoción de empleo verde en zonas vulnerables a través, entre otras, de las convocatorias de la Fundación Biodiversidad.

Ciertamente, no existe un concepto formal y unificado de empleo verde, para la OIT, en particular, pero no exclusivamente, este concepto incluye empleos que ayudan a proteger los ecosistemas y la biodiversidad, a reducir el consumo de energía, materiales y agua a través de estrategias altamente eficaces, reducir la dependencia del carbono en la economía y minimizar o evitar por completo la producción de todas las formas de desechos o contaminación. Otras clasificaciones atienden a la finalidad del trabajo desarrollado o incorporan a este concepto aquellas actividades productivas sin impacto en el medioambiente debido al consumo de energías renovables y procesos productivos donde se prime el menor consumo y el reciclaje. En todo caso, además de exigir una coherencia interna entre la actividad desarrollada, su finalidad y el proceso de producción, es necesario unir como requisito para su calificación como verde, que las condiciones laborales de las personas trabajadoras que ocupan dichos empleos sean dignas o decentes, de conformidad con lo requerido por la OIT y los Objetivos de Desarrollo Sostenible. Pero para que los empleos verdes representen un puente para un futuro verdaderamente sostenible, el empleo verde debe abarcar el trabajo decente. En consecuencia, sólo habrían de ser empleos verdes aquellos que conjuguen el trabajo decente con, o bien una actividad económica respetuosa con el medio ambiente o bien aquéllos que proporcionen productos o servicios verdes, y tal es el concepto a promocionar para estos territorios y personas que han sufrido o sufren la transición ecológica.

6. AGENTES PROTAGONISTAS EN LA TRANSICIÓN JUSTA CLIMÁTICA

Quienes han de protagonizar la transición justa climática serán personas empresarias y trabajadoras, y en particular, sus representantes a través de su participación institucional y la negociación colectiva de las concretas medidas de aplicación en un sector o subsector de actividad. La propia OIT ha apostado por incrementar la participación de los trabajadores en este ámbito, pero comienza a dar pasos de gigante en la unión de trabajo decente y desarrollo sostenible mediante el diálogo social y la negociación colectiva.

En la lucha contra esta emergencia, es preciso destacar el importante papel que las organizaciones obreras (sin olvidar en ningún momento el trascendente protagonismo del empresario y de las asociaciones empresariales) han jugado, juegan y han de seguir desempeñando, así, han de ser:

- Actores clave en colaboración estrecha con los gobiernos.
- Agentes que propicien la concienciación sobre temas de cambio climático.
- Aliados de la economía verde en el debate social y político.
- Generadores de un movimiento de transición hacia una producción y consumo sostenibles.
- Capaces de promover empleos sostenibles ambientalmente y decentes dentro del paradigma de la economía verde.

Desde las instituciones europeas también se apuesta por la acción colectiva, en tanto pueden contribuir a sensibilizar en la cuestión climática a las personas trabajadoras y a la sociedad en su conjunto. Las reivindicaciones laborales clásicas no desaparecen de la órbita sindical, pero también se observa que el conflicto social se empieza abrir y a orientar hacia la consideración de una crisis no únicamente social, sino también medioambiental, asumiendo el sindicato una posición protagonista más ofensiva desde la óptica de la institucionalización del conflicto climático.

A nivel comunitario, también se promueve un activo diálogo social, que ponga el foco en los "trabajadores de todos los sectores y comunidades de la Unión más afectados por la descarbonización, [y en] las regiones mineras con elevada intensidad en emisiones de carbono, a realizar la transición hacia una economía limpia del futuro, sin que ello tenga un efecto desalentador con respecto a iniciativas y proyectos proactivos" (Resolución del Parlamento Europeo, de 15 de enero de 2020, sobre el Pacto Verde Europeo (2019/2956(RSP). Como muestra señera, en las mesas redondas sectoriales para la aplicación en España de los compromisos de Kyoto participan los más afectados por estas transiciones —trabajadores, empleadores y gobierno— para formular políticas equitativas que sean eficientes y equilibradas en sus costos y beneficios es condición imprescindible, ya que es la manera de garantizar su sostenibilidad.

A nivel comunitario, la Directiva 2002/14/CE, de del Parlamento Europeo y del Consejo, de 11 de marzo de 2002, por la que se establece un marco general relativo a la información y a la consulta de los trabajadores en la Comunidad Europea-Declaración conjunta del Parlamento Europeo, el Consejo y la Comisión relativa a la representación de los trabajadores, en sus considerandos 7, 8 y 9 refuerza la idea de participación. Así, considera "necesario reforzar el diálogo social y fomentar relaciones de confianza mutua en la empresa a fin de favorecer la prevención de los riesgos, flexibilizar la organización del trabajo y facilitar el acceso de los trabajadores a la formación dentro de la empresa en un marco de seguridad, concienciar a los trabajadores acerca de las necesidades de adaptación, aumentar la disponibilidad de los trabajadores para adoptar medidas y emprender acciones destinadas a reforzar sus posibilidades de empleo, promover la participación de los trabajadores en la marcha y el futuro de la empresa y fortalecer la competitividad de ésta". Es verdad que no menciona la protección del medioambiente ni la lucha contra el cambio climático, aun cuando cabe entender múltiples materias comprendidas en las diversas expresiones utilizadas, como concienciar a los trabajadores sobre la adaptación, la necesidad de formación, o promover la participación en la marcha y el futuro de la empresa afectada por la crisis climática.

Como segundo nivel de actuación, la negociación colectiva ha de incorporar (al menos en aquellos sectores y empresas más afectados) mecanismos para diseñar los cambios productivos derivados de la transición justa pretendida, similares a los previstos respecto a la digitalización y automatización, y prestando especial atención a las necesidades formativas creadas por el cambio a una economía verde.

Superada ya la renuencia a considerar el contenido medioambiental en la empresa como propio de los convenios colectivos, y frente al silencio que guardaban hace una década, la preocupación medioambiental, mediante cláusulas medioambientales se ha ido incorporando progresivamente, como materia propia convencional en ciertos sectores específicos, y sin haberse convertido todavía en materia vertebral y transversal de todas las negociaciones.

Al respecto, la regulación convencional contemplada en los acuerdos colectivos, junto a las declaraciones programáticas, y muchas veces separadas por una fina línea (dado que no aparecen objetivos a alcanzar o procedimientos a seguir en la mayor parte de las cláusulas), los convenios incorporan medidas destinadas a la protección del medioambiente y la lucha contra el cambio climático. Las cláusulas más habituales apuestan por el reciclaje y la reducción del consumo de los gastos "corrientes" de la empresa, agua, calefacción, electricidad, papel. Además, y en función de la actividad que desempeñe la concreta empresa o subsector, cabe encontrar otras medidas vinculadas con el proceso productivo desarrollado.

Algunos convenios crean la figura del delegado medioambiental o del comité de medioambiente, al que le atribuyen competencias en materia de información y consulta.

Sin embargo, es preciso constatar, en la mayor parte de los casos, la ausencia de medidas concretas y objetivos a alcanzar establecidos numéricamente. También, de forma llamativa, faltan mecanismos de evaluación y seguimiento (o bien existen, pero son imprecisos) que garanticen el cumplimiento de las previsiones más o menos establecidas. En fin, tampoco, salvo error u omisión, aparece recogido algún sistema de registro de la huella de carbono, compensación y proyectos de absorción de dióxido de carbono.

Cuantos convenios muestran su sensibilidad con la defensa del medioambiente y su implicación (aunque sea indirecta) en la lucha contra el cambio climático, tratan de incorporar y extender tales previsiones a los subcontratistas y proveedores, a semejanza de cuanto ocurre en las medidas contenidas en las medidas de responsabilidad social.

En materia de representación en la empresa, la legislación laboral en España sí va abriendo, tímidamente, camino: el art. 64.2.b) ET reconoce el derecho de los representantes unitarios (y por extensión de los sindicales ex LOLS) a ser informados sobre las actuaciones medioambientales que tengan repercusión directa en el empleo, sin olvidar tampoco que la exigencia de información sobre el cumplimiento de la normativa medioambiental deriva también de los arts. 37 y 39 LPRL; el art. 64.7 ET encomienda al comité de empresa (y por extensión a todos los representantes de los trabajadores): "colaborar con la dirección de la empresa para conseguir el establecimiento de cuantas medidas procuren el mantenimiento y el incremento de la productividad, así como la sostenibilidad ambiental de la empresa", pero supedita el derecho a su reconocimiento por el convenio colectivo de aplicación. En fin, también ejercen una función de control y denuncia de ilícitos medioambientales vinculada a su función de controladores de las normas laborales y de aquéllas con incidencia en la empresa, en particular respecto a las conectadas con la prevención de riesgos laborales. A estos representantes les será de aplicación la protección dispensada por el art. 11 de la Directiva 89/391/CEE del Consejo que obliga a los Estados miembros a velar para que las personas trabajadoras o sus representantes no sufran perjuicios a causa de sus peticiones o propuestas a los empresarios para que tomen medidas adecuadas para paliar cualquier riesgo para los trabajadores o eliminar las fuentes de riesgo.

También la Directiva 2019/1937, de 23 de octubre de 2019, relativa a la protección de las personas que informen sobre infracciones del Derecho de la Unión, contempla dentro de su ámbito de actuación las denuncias realizadas en cuanto hace a la protección del medioambiente, como las aquí examinadas.

Por último, y dado que forma parte de las materias objeto de acuerdo colectivo y contenido de los derechos de representación, es posible la utilización de medios de conflicto colectivo para reivindicar su incorporación en la negociación o su cumplimiento.

7. BIBLIOGRAFÍA

AA.VV.: *Condiciones de trabajo decente para una transición ecológica justa*, Valencia, Tirant lo blanch, 2021.

AA.VV. (Miñarro Yanini, M., Dir.): *Cambio climático y Derecho Social: claves para una transición ecológica justa e inclusiva*, Jaén, Uja Editorial, 2022.

AA.VV. (Chacartegui Jávega, C., Dir.): *Labour Law and Ecology*, Cizur Menor, Thomson Reuters/Aranzadi, 2022.

ÁLVAREZ CUESTA, H.: *Empleos verdes. Una aproximación desde el Derecho del Trabajo*, Albacete, Bomarzo, 2016.

CHACARTEGUI JÁVEGA, C.: *Negociación colectiva y sostenibilidad medioambiental*, Albacete, Bomarzo, 2018.

TEST

1. Señala las estrategias de lucha contra el cambio climático adoptadas por la UE:
   a) Ninguna
   b) Adaptación
   c) Mitigación
   d) Adaptación y mitigación

2. Señala los sectores afectados por el cambio climático
   a) Agricultura
   b) Transporte
   c) Seguros
   d) Todos

3. Señale cuál de los siguientes contenidos no están previstos en la Ley de Cambio climático española que ha de contener un convenio de transición justa
   a) Una evaluación del estado de vulnerabilidad del área geográfica o colectivo afectado.
   b) Compromisos de las partes participantes en el convenio, incluidas las empresas beneficiarias de medidas de apoyo para la transición.
   c) Un calendario para la adopción de las medidas, con objetivos medibles y mecanismos de seguimiento
   d) Un estudio topográfico y geológico

4. Empleo verde es:
   a) Un empleo cuya finalidad sea la protección del medio ambiente.

b) Un empleo en tratamiento y depuración de las aguas residuales

c) Un empleo en gestión, tratamiento y reciclaje de residuos

d) Todas son correctas

5. Instrumentos en manos de los agentes sociales para luchar contra el cambio climático:

a) Huelga

b) Diálogo social y negociación colectiva

c) Todas son correctas.

d) Representación de los trabajadores

6. ¿Cuáles son los instrumentos más importantes previstos en la Ley de Cambio Climático española?

a) La Estrategia de Transición Justa y los Convenios de Transición Justa.

b) Los Acuerdos Climáticos y los convenios.

c) Los Convenios de transición justa y la Estrategia de Cambio climático.

d) Todas son falsas.

7. Los convenios de transición justa incluirán:

a) Una evaluación del estado de vulnerabilidad del área geográfica o colectivo afectado.

b) Compromisos de las partes participantes en el convenio, incluidas las empresas beneficiarias de medidas de apoyo para la transición.

c) Medidas de empleo, de protección social y actividades formativas para incentivar la adaptación de los trabajadores, supeditadas al cumplimiento de los objetivos establecidos en el convenio.

d) Todas son correctas.

8. ¿A través de qué instrumentos están protegidos los representantes de las personas trabajadoras que efectúan la tarea de vigilancia y control del contenido medioambiental en la empresa?
   a) No tienen ninguna protección.
   b) Directivas 89/391/CEE y 2019/1937, de 23 de octubre de 2019, relativa a la protección de las personas que informen sobre infracciones del Derecho de la Unión.
   c) Están solo protegidos por normativa interna.
   d) Todas las respuestas son falsas.

9. Señala la respuesta correcta:
   a) El contenido medioambiental suele aparecer unido a la prevención de riesgos laborales.
   b) En todos los convenios colectivos se fijan objetivos climáticos.
   c) Los convenios colectivos obligan a medir la huella de carbono.
   d) Todas las respuestas son falsas.

10. Señala la afirmación incorrecta:
   a) El art. 64.2.b) ET reconoce el derecho de los representantes unitarios a ser informados sobre las actuaciones medioambientales que tengan repercusión directa en el empleo.

b) El art. 64.2.b) ET reconoce el derecho de los representantes unitarios a ser informados sobre todas las actuaciones medioambientales.

c) El art. 64.7 ET encomienda al comité de empresa colaborar con la dirección de la empresa en materia de sostenibilidad ambiental de la empresa.

d) La a y la b son correctas.

Preguntas cortas

1. Define las estrategias de mitigación y adaptación frente al cambio climático.

2. ¿Cuáles son los sectores de actividad más afectados por los objetivos previstos por el Reglamento europeo del Clima?

3. Define empleo verde.

4. ¿Qué es un convenio de transición justa?

5. Señala las vías de participación de las personas trabajadoras en la empresa frente al cambio climático.

Caso práctico

Localiza convenios colectivos de los sectores cementero, energético y agroalimentario que incorporen una cláusula convencional en materia de lucha contra el cambio climático susceptible de ser calificada como buena práctica. Analiza y explica su contenido.

Soluciones test

Capítulo I

Instituciones de la Unión Europea

1. a)
2. d)
3. b)
4. c)
5. d)
6. a)
7. c)
8. b)
9. d)
10. d)

Capítulo II

El concepto de trabajador/a y de proteccion social (ejes del trabajo digno) en la jurisprudencia del Tribunal de Justicia de la Unión Europea

1. d
2. c
3. b
4. d
5. c
6. a
7. d

8. c
9. a
10. b

Capítulo III
Trabajo decente en el ámbito europeo

1. b)
2. a)
3. b)
4. c)
5. a)
6. d)
7. d)
8. a)
9. d)
10. d)

Capítulo IV
Libre circulación y desplazamiento de trabajadores en el marco de una prestación de servicios

1. b)
2. d)
3. c)
4. a)
5. d)
6. d)
7. c)

8. b)
9. b)
10. b)

Capítulo V

El trabajo en plataformas digitales

1. c)
2. d)
3. c)
4. c)
5. d)
6. a)
7. b)
8. a)
9. d)
10. b)

Capítulo VI

La transparencia en las condiciones de trabajo en la Unión Europea y en España como elemento que combate el abuso en las relaciones laborales

1. c)
2. b)
3. b)
4. a)
5. d)
6. a)
7. d)

8. c)
9. b)
10. a)

Capítulo VII

Contratación temporal y a tiempo parcial

1. a)
2. d)
3. a)
4. d)
5. a)
6. d)
7. a)
8. d)
9. a)
10. d)

Capítulo VIII

La normativa comunitaria en materia salarial: principio de igualdad retributiva y garantías de una remuneración suficiente

1. b)
2. a)
3. c)
4. c)
5. d)
6. d)
7. d)

8. a)
9. d)
10. c)

Capítulo IX

Tiempo de trabajo y desconexión

1. b)
2. b)
3. c)
4. c)
5. a)
6. b)
7. c)
8. a)
9. b)
10. a)

Capítulo X

Cuidados y corresponsabilidad: de la conciliación de vida laboral y familiar al intento de superar los roles de género

1. d)
2. d)
3. b)
4. a)
5. a)
6. b)
7. c)

8. c)
9. d)
10. a)

Capítulo XI

Garantías laborales en los traspasos de empresas: transmisión de empresas y contratas y subcontratas

1. c)
2. a)
3. d)
4. d)
5. b)
6. a)
7. a)
8. a)
9. d)
10. b)

Capítulo XII

La prevención de riesgos laborales en la política y normas de la Unión Europea

1. a)
2. c)
3. b)
4. b)
5. d)
6. a)
7. d)

8. d)
9. c)
10. c)

Capítulo XIII

Extinciones del contrato de trabajo: crisis empresarial. El despido colectivo

1. c)
2. a)
3. d)
4. d)
5. b)
6. b)
7. a)
8. c)
9. b)
10. d)

Capítulo XIV

El derecho a la protección de datos de las personas trabajadoras: normativa de la Unión Europea y su proyección en el ordenamiento jurídico español

1. c)
2. c)
3. d)
4. c)
5. c)
6. c)

7. a)
8. d)
9. b)
10. a)

Capítulo XV
La protección de los trabajadores en la Unión Europea y en España ante el impacto de la inteligencia artificial

1. d)
2. c)
3. b)
4. d)
5. d)
6. d)
7. d)
8. c)
9. c)
10. a)

Capítulo XVI
El principio de igualdad en el marco normativo europeo

1. d)
2. c)
3. b)
4. a)
5. b)
6. c)

7. d)
8. d)
9. b)
10. d)

Capítulo XVII
El diálogo social en Europa

1. c)
2. d)
3. c)
4. a)
5. a)
6. c)
7. c)
8. c)
9. b)
10. d)

Capítulo XVIII
Protección social en la Unión Europea y mecanismos de lucha contra la exclusión

1. a)
2. b)
3. b)
4. d)
5. d)
6. c)

7. a)
8. b)
9. a)
10. c)

Capítulo XIX

La lucha contra el cambio climático en la Unión Europea y en España: transición ecológica justa y empleos verdes

1. d)
2. d)
3. d)
4. d)
5. c)
6. a)
7. d)
8. b)
9. a)
10. b)

tirant PRIME

Inteligencia jurídica
en expansión

Trabajamos para
mejorar el día a día
del **operador jurídico**

Adéntrese en el universo
de **soluciones jurídicas**

96 369 17 28

atencionalcliente@tirantonline.com

prime.tirant.com/es/